काल से होड़ लेते कवि शमशेर और ग्रेस

(आलोचना)

काल से होड़ लेते कवि शमशेर और ग्रेस

पुरुषोत्तम कुंदे

वाणी प्रकाशन ग्रुप
भारतीय ज्ञानपीठ

वाणी प्रकाशन : भारतीय ज्ञानपीठ की पुस्तकों के एकमात्र प्रकाशक एवं वितरक

लोकोदय ग्रन्थमाला : ग्रन्थांक 1456

पहला संस्करण : 2021
दूसरा संस्करण : 2025

वाणी प्रकाशन ग्रुप
भारतीय ज्ञानपीठ

वाणी प्रकाशन : भारतीय ज्ञानपीठ की पुस्तकों के एकमात्र प्रकाशक एवं वितरक

वाणी प्रकाशन

4695, 21-ए, दरियागंज, नयी दिल्ली-110 002
दूरभाष : 011-23273167, 23275710
ईमेल : sales@vaniprakashan.in
www.vaniprakashan.com

ISBN : 978-93-7112-001-2

मूल्य : ₹ 960

काल से होड़ लेते कवि शमशेर और ग्रेस
(आलोचना)
पुरुषोत्तम कुंदे

KAAL SE HOD LETE KAVI SHAMSHER AUR GRESS
(Criticism)
by Purushottam Kunde

मुद्रक : आर. टेक ऑफसेट प्रिंटर्स, दिल्ली-110 032

महाराष्ट्र के हिंदी भाषा प्रेमी
भाषाविद् एवं साहित्यकारों के लिए

शुभाशंसा

इस बात को कई वर्ष बीत गए होंगे जब पहली बार श्री पुरुषोत्तम कुंदे जी ने मुझसे अपने शोध प्रबंध के सिलसिले में बात की थी। तब भी मुझे रोमांच हो आया था कि शोध के लिए ऐसा विषय! और आज जब यह शोध-कार्य एक पुस्तक के रूप में छप रहा है तब भी बहुत रोमांचित हो रही हूँ जैसे यह मेरी अपनी पुस्तक हो। कारण साफ है— शमशेर और ग्रेस दोनों ही मेरे प्रिय रचनाकार हैं और सौन्दर्यशास्त्रीय अभिगम मेरी हृदयस्थ दृष्टिकोण। इन दोनों रचनाकारों पर किया गया यह तुलनात्मक शोध-कार्य कई अर्थों में महत्वपूर्ण है। अकादमिक क्षेत्र में गंभीरता से शोध करने की प्रवृत्ति और परंपरा के क्षीण होते इस समय में जब ऐसे किसी विलक्षण काम की जानकारी हमें होती है तो सहसा अकादमिक जगत के प्रति हमारे मन में फिर एक बार उम्मीद जगती है।

तुलनात्मक साहित्य पर हिन्दीतर भाषी राज्यों में जम कर शोध कार्य होता है। चाहे वे दक्षिण के राज्य हों, या बंगाल, महाराष्ट्र, गुजरात आदि राज्य। लेकिन तुलनात्मक शोध-कार्य प्राय: दो रचनाकारों, दो कृतियों या ऐतिहासिक समय के संदर्भ में ही होते देखे गए हैं। अथवा फिर समाजशास्त्रीय प्रश्नों को लेकर प्राय: तुलनात्मक शोध कार्य की ओर शोधार्थियों की प्रवृत्ति होती है। इधर माध्यमों के परिप्रेक्ष्य में भी कार्य होने लगे हैं। तुलनात्मक अध्ययन की जो अमरीकी स्कूल है जिसमें काव्यशास्त्र, सौन्दर्यशास्त्र या स्वरूप के संदर्भ में तुलना अपेक्षित होती है उसमें अवगाहन करने का साहस कम ही लोग करते हैं। 'काम निपटाने' के इस दौर में सूक्ष्म का अध्ययन करने की रुचि और इतनी समझ भी अब कहाँ रही है। चुनौति भरे विषयों को चुनने और सोचने के संदर्भ में इस अकादमिक जगत में जिन गिने-चुने विरले शूरों की गिनती की जाएगी उनमें कुंदे जी का नाम अग्रिम पंक्ति में गिना जाएगा।

पर बात इतनी सरल नहीं है। कथा साहित्य के महासागर में गोते लगाते शोधार्थी और नाटक निबंध के तट पर सौंदर्य निहारते शोधार्थियों के लिए साहित्य शोध की जो सबसे उपेक्षित, लगभग अछूत समझी जाने वाली विधा है— वह है काव्य; उसमें भी शमशेर जैसे कवि को चुनना जिन पर अभी-अभी ही कुछ काम किया जाने लगा है और अभी भी जिन्हें दुरूह कवि की श्रेणी से मुक्त नहीं किया

गया है! फिर उनकी तुलना मराठी कवि ग्रेस की कविताओं से करना— जिनकी काव्य ख्याति मराठी में वैसी ही है जैसे हिंदी में शमशेर जी की कविताओं की— उतनी ही सुंदर पर उतनी ही कठिन। तो यों कुंदे जी ने दो समृद्ध भारतीय भाषाओं के दो विरले, विशिष्ट, कठिन और गहन अर्थ संदर्भों वाले कवियों के सौन्दर्यशास्त्रीय अध्ययन को अपने शोध का विषय बनाया— यह क्या कम साहस की बात है। अकादमिक जगत में साहस को पहचानना, स्वीकारना और निभाना तीनों के सायुज्जय से ही काम किया जा सकता है। इस पुस्तक का प्रकाशित होना इस बात को ही समर्थित करता है। सचमुच यह अकादमिक साहस हर किसी के वश की बात नहीं है।

हिंदी का पाठक वर्ग शमशेरजी से परिचित है। पर ग्रेस उनके लिए एक अजनबी-सा नाम हो सकता है; जैसे संभवतः शमशेर मराठी के पाठकों के लिए। ग्रेस— अर्थात् माणिक सीताराम गोड़घाटे। पर साहित्य रसिकों के लिए ग्रेस। माणिक सीताराम गोड़घाटे नाम में जो एक साधारणता और सामान्यता दिखाई पड़ती है वह ग्रेस शब्द के जुड जाते ही नहीं रहती। मैंने पहले ग्रेस के ललित निबंधों को पढ़ा था फिर उनकी कविताओं को। उनके ललित निबंध कविता की तरह ही आपके भीतर अपने सौन्दर्य के साथ लंबे समय तक बने रहते हैं। और मुझे याद आता है कि शमशेरजी ने चाहे थोड़ी मात्रा में ही रेखाचित्र और कहानियाँ लिखी हैं पर वे उनकी कविताओं की ही तरह हमारे भीतर बनी रहती हैं। दोनों रचनाकार चित्रकला से जुड़े हुए हैं अतः काव्य-वस्तु को देखने का उनका दृष्टि-पथ इतना अलग नहीं है। दोनों की लिखावट में जो एक मरोड़दार सौन्दर्य है, चाहे रोमन हो देवनागरी हो या उर्दू- वह जैसे उनकी सोच के सौन्दर्य को भी उजागर करने वाला है। मेरे पास ग्रेस के दो पत्र हैं जो मालूम नहीं मैंने कहाँ रख दिए हैं पर उनकी लिखावट मेरी स्मृति में ऐसे छपी हुई है जैसे आज ही वे खत मुझे मिले हों।

शमशेरजी और ग्रेस दोनों ही सघन काव्यात्मक गद्य लिखते थे। सौन्दर्यधर्मिता दोनों की रचनात्मकता के केन्द्र में रही है। दोनों ही दुरूह माने गए हैं। हाँ ग्रेस शमशेरजी के बाद वाली पीढ़ी में आते हैं। पुरुषोत्तमजी की इस पुस्तक में इन दोनों की कविताओं में सौन्दर्य बिन्दुओं को विश्लेषित करने का स्तुत्य प्रयास किया है।

तीन खंडों में विभक्त इस पुस्तक में डॉ. कुंदे जी ने दोनों कवियों की रचना प्रक्रिया, सौन्दर्य दृष्टि, भाव, विचार और मूल्य के सौन्दर्य तथा काव्य शिल्प और साथ में चित्रकला तथा अन्य कलाओं की चर्चा की है। मुझे विश्वास है कि यह पुस्तक अपने विषय के कारण एक उत्सुकता जगाएगी।

—रंजना अरगड़े

अहमदाबाद

20-01-2021

अनुग्रह

युगीन परिस्थितियाँ रचनाकार के रचनात्मक व्यक्तित्व पर गहरा प्रभाव डालती हैं और रचनाकार संसृति के लिए बेचैन हो उठता है। प्रत्येक रचनाकार को तत्कालीन धार्मिक, सामाजिक,राजनीतिक, आर्थिक और सांस्कृतिक परिस्थितियाँ आंदोलित करती हैं। कवियों के रचनात्मक व्यक्तित्व पर तो यह प्रभाव बहुत ही स्वाभाविक असर डालता है। चूँकि कवि मन अत्यंत संवेदनशील होता है। यह भी बहुत विलक्षण है कि प्रत्येक मनीषी अपने काल-निर्मिति का अपत्य होता है किंतु वह अपने सृजन-कार्य द्वारा काल से होड़ लेता है, काल से आगे चलता है, भविष्य काल की, सुंदर सहजीवन की कल्पना को मूर्त करता है।

कवि शमशेर और ग्रेस भारतीय साहित्य के श्रेष्ठ कवि हैं। उनकी काव्य कृतियों द्वारा काव्य-गुणों का अनुपम सौंदर्य अभिव्यंजित हुआ है। वह कवि ही क्या जिसकी कृति में संगीत तत्व न हो। काव्य-कला इसलिए बहुत ही विशिष्ट और श्रेष्ठ अभिव्यंजना है क्योंकि उसमें सर्वकालिक, कालजयी मानव-भाव संवेगों की मनमोहक अभिव्यंजना होती है। शमशेर ने हिंदी और ग्रेस ने मराठी काव्य-साहित्य में अपनी सर्जना से अमूल्य धरोहर प्रदान की है। दोनों ने अपनी भाषा में विशेष एवं विशिष्ट काव्य शैली का सूत्रपात किया है, आगे के कवियों का मार्गदर्शन किया है। दोनों की सृजन प्रतिभा का गुरुत्व वर्तमान कवियों पर दृष्टिगोचर होता है। दोनों कवि काव्य अभिव्यंजना में इसलिए श्रेष्ठ हैं क्योंकि उनकी रचनाओं में प्रभावी भाव-संप्रेषण का गुण है। वही काव्य आस्वादक को प्रभावी रूप में संप्रेषित होता है, जो प्रथमतः सर्जक से संप्रेषित होकर मूर्तरूप धारण करता है। प्रभावी काव्य सर्जना की अनिवार्य आवश्यकता है कि वह सर्वप्रथम रचनाकार को संप्रेषित होना चाहिए। शमशेर और ग्रेस की काव्य-अभिव्यंजना इसलिए अनुपम है क्योंकि दोनों कवियों के अनुभूत सत्य से संप्रेषित होकर कल्पना-सौंदर्य द्वारा अभिव्यंजना पाती है। दोनों कवियों की काव्य-अभिव्यंजनाएं भिन्न होते हुए भी काव्य-विधा को दोनों ने समृद्ध किया है। दोनों कवियों की काव्य प्रेरणा माँ हैं, बावजूद इसके जीवन अनुभूति भिन्न है। जीवन अनुभूति का रचनाकार की रचनात्मकता पर अमिट प्रभाव होता है, जिसे शमशेर और ग्रेस की कविताओं में हम देख सकते हैं। दोनों के रचनात्मक व्यक्तित्व पर रोमांटिसिज्म, अतियथार्थवाद और कुछ-कुछ अस्तित्ववाद का प्रभाव रहा है। काव्य सर्जन में रागानुगाभाव के प्रति दोनों की आस्था दिखाई देती है किंतु यह मांसलता से मुक्त

है। कल्पना की सजगता के कारण उत्तम उदात्तता ने इसे सात्विकता में ढाल दिया है। यह राग दुःख, करुणा, वेदना से गुजरता हुआ मधुर स्मृतियों से संलग्न होता है।

प्रत्येक कवि की काव्यकृतियों पर अचेतन हावी रहता है। शमशेर और ग्रेस ने कविता में अचेतन में स्थित प्रकृति का मानवीकरण करते हुए चित्रण किया है। नारी सौंदर्य के वर्णन में दोनों कवियों ने परंपरा का निर्वाह किया है कि दोनों वासना से दूर हैं। दोनों कवियों की काव्य अभिव्यंजना जीवन के प्रति सकारात्मक दृष्टि प्रदान करती है। उनके अनुसार जीवन का भद्दापन काव्य में सुंदरता पाता है। दोनों कवियों ने वर्ण्य-विषय की प्रभावी अभिव्यक्ति के लिए कला पक्ष से बिंबों का खासकर संश्लिष्ट बिंबों का प्रयोग किया है। दोनों कवि बहुभाषा पंडित होने के कारण भाषा की प्रभुता उनकी काव्य कृतियों में परिलक्षित होती हैं। दोनों कवि ललित कलाओं के ज्ञाता रहे हैं। शमशेर की कविता में चित्रकला का अद्‌भुत गुण अभिव्यक्त हुआ है, तो ग्रेस की कविता का शब्द-शब्द संगीत से संपृक्त हुआ है। दोनों कवियों ने काव्य-अभिव्यंजना द्वारा भारतीय कविता को विलक्षण रूप प्रदान किया है। शमशेर और ग्रेस की कविताओं में समसामयिक सरोकारों की अभिव्यंजना हुई है। शमशेर की कविता में युद्ध की भयानकता, राष्ट्रीयता जैसे विषयों की अभिव्यंजना हुई है। ग्रेस की कविता आत्मपीडा, कुंठा, अकेलापन, निराशा आदि को स्वर प्रदान करती है। मानवीय भाव सौंदर्य की स्वाभाविक अभिव्यक्ति दोनों की रचनाओं द्वारा प्रस्तुत हुई है। शमशेर की कविता में अभिव्यक्त प्रेम भाव मात्र प्रेमिका के सौंदर्य तक मर्यादित है, ग्रेस की कविता में प्रेमिका के कई रूप अभिव्यक्त हुए हैं, जैसे— माँ, बहन, सखी और प्रेमिका। ग्रेस की माँ से संबंधित कविता अतियथार्थवाद से काफी प्रभावित है। शमशेर की कविता में मानव सौंदर्य का बाह्य रूप उजागर हुआ हैं, तो ग्रेस की काव्य अभिव्यंजना में आतंरिक सौंदर्य।

'काल से होड़ लेते कवि शमशेर और ग्रेस' इस आलोचनात्मक ग्रंथ में डॉ. पुरुषोत्तम कुंदे ने (हिंदी तथा मराठी के पाठकों को) शमशेर और ग्रेस की काव्य-अभिव्यंजना सौंदर्य को तुलनात्मक अध्ययन द्वारा बहुत ही प्रभावी रूप में अभिव्यक्त किया है। पुरुषोत्तम को जन्मना आलोचनात्मक दृष्टि प्राप्त हुई है, इसकी अनुभूति यह आलोचनात्मक ग्रंथ पढ़ते समय स्वाभाविक रूप में होती है। हिंदी और मराठी साहित्य के पाठकों, शोधकर्ताओं और अध्यापकों को दोनों आलोच्य कवियों और काव्य अभिव्यंजना सौंदर्य का स्वाभाविक बोध करने में यह ग्रंथ सिद्ध होगा। पुरुषोत्तम द्वारा और कई महत्वपूर्ण विषयों पर ऐसी ही भारतीय साहित्य की सृजन सेवा की मैं उम्मीद करता हूँ। उन्हें साधुवाद देता हूँ।

—प्रो. सदानंद भोसले

अध्यक्ष, हिंदी विभाग, सावित्रीबाई फुले पुणे विश्वविद्यालय, पुणे

भेद खोलेगी बात ही

आजकल हिंदी में अनुवाद के माध्यम से विदेशी साहित्य की भरसक शिरकत हो रही है। सचमुच यह गौरव की बात है। इससे विदेशी भाषाओं के साहित्य में कौन क्या लिख रहा है, इसे शिद्दत से समझा जा सकता है। लेकिन भारतीय साहित्य का स्वरूप अगर देखा जाए तो अब भी ऐसे अनेक रचनाकारों लंबी फेहरिश्त बन सकती है, जिनकी चर्चा भारतीय भाषाओं में आपसी तौर पर न के बराबर है। अर्थात भारतीय भाषाओं में जो लिखा जा रहा है, वह एक भाषा से दूसरी भाषा में पहुंच रहा है, उसे जानने समझने हेतु निरंतर प्रयास हो रहे हैं, यह भी दावा नहीं किया जा सकता है। 'तुलनात्मक अध्ययन' या तुलनात्मक साहित्य की अवधारणा इसीलिए दृढ़ हुई है। चूँकि दो भिन्न-भिन्न भाषाओं का अध्ययन महज भाषा और साहित्य विधाओं का तक सीमित नहीं रहता है, अपितु संस्कृतिगत अदान-प्रदान भी अनायास ही संभव होता है। हिंदी में शमशेर बहादुर सिंह किसी भी काव्य आंदोलन से निरपेक्ष होकर कविता लिख रहे थे, उसके कुछ समय पश्चात ग्रेस ने अपनी कविता के जादू से मराठी रसिकों को मोह लिया था। शमशेर और ग्रेस की कविता के अनेक पाठक कायल रहे हैं। चाहे हिंदी समीक्षा हो या मराठी समालोचना, दोनों कवियों पर विशेषणों बौछार-सी हुई है। दरअसल इनकी कविता विशेषण की अपेक्षा विश्लेषण की अधिक मांग करती है। विश्लेषण के द्वारा ही इनकी कविता की सतह तक पहुंचा जा सकता है। यद्यपि आलोचकों ने दोनों कवियों पर दुर्बोधता की मुहर लगा दी है।

दुर्बोध इसलिए कि बिंब, प्रतीक, शैली का जो प्रयोग इन कवियों ने किया है, इससे पाठक को वाकई मशक्कत करनी पड़ती है। चूँकि पाश्चात्य अनेक कवियों का प्रभाव दोनों कवियों पर होने के कारण अभिव्यक्ति में संश्लिष्टता है। साथ ही ललित कलाओं में चित्रकला, संगीत, शिल्प, नृत्य दोनों की कविता में बहुत स्वाभाविक ढंग प्रवेश करते हैं। इस दृष्टि से शमशेर और ग्रेस कभी 'माध्यम' के पार जाना चाहते हैं, तो कभी काल से होड़ लेते लक्षित होते हैं।

वस्तुतः शमशेर और ग्रेस की कविता को सौंदर्यबोध करने के लिए रसिक को

कुछ अपनी भाव-भावनाओं, विचारों को कवि की व्यंजना में जोड़ना पड़ता है। तब उसे अर्थबोध के स्तर पर इनकी कविता नजदीक लग सकती है। चूँकि यहाँ मौन की भाषा का उतना ही महत्व है जितना कि अभिव्यक्त भाषा का होता है। प्राय: समीक्षकों द्वारा भी सवाल उठाया जाता है कि इन दोनों कवियों की कविता की क्या सामाजिक प्रतिबद्धता है? दोनों कवि सौंदर्य की बात करते हैं, इनकी कविता में संघर्ष नहीं है। शमशेर और ग्रेस की सामाजिकता इस बात में है कि इनकी कविता हमें 'आँख' प्रदान करती है, जिसकी सहायता से हम युगीन समसामयिक परिस्थितिओं से रू-ब-रू होते हैं। दोनों कवियों की इससे बढ़कर और क्या सार्थकता हो सकती है! इनकी कविता कठिन समय में उम्मीद का उजाला बुनने का तरीका समझाती है। वास्तव में, कविता के विषय महज संघर्षशील होने से ही कविता को सामाजिकता के श्रेणी में रखना समझदारी नहीं है। किसी कवि को सृजन करने के लिए जो सामग्री प्राप्त होती है, वह भी तो समाज से मिलती है।

इसलिए शमशेर और ग्रेस जिन उपादानों को प्रयुक्त कर कविता लिखते हैं, वह समाज की ही देन है। कोई कविता या कृति सबसे पहले कवि के मानस पटल में घटित होती है। उसके बाद प्रतीक, बिंबों के प्रयोग से वह शब्दबद्ध होती है। इस पुस्तक में दोनों कवियों की रचना प्रक्रिया, सौंदर्य दृष्टि और काव्य संवेदना तथा शिल्प पक्ष पर स्वतंत्र विचार किया है। यद्यपि विश्लेषण के लिए संवेदना और शिल्प को अलग-अलग परखा गया है। लेकिन कविता बनते समय वस्तु और शिल्प एक-दूसरे में घुल-मिल रहते हैं। इनके काव्य शिल्प में अमूर्तन भी शुमार है, इसे समझने के लिए हमें कभी स्मृतियों के उलझाव का सामना भी करना पड़ता है। साथ ही एक विशिष्ट तरह का 'नास्टेल्जिया' दोनों की कविता में देखा जा सकता है।

इस पुस्तक के निर्माण में गुरुवर प्रो. सदानंद भोसले जी का मार्गदर्शन हमेशा संबल प्रदान करता रहा है। पत्नी देविका तथा सुपुत्री सई एवं स्वरा का साथ अनायास ही ऊर्जा प्रदान करता है। पुस्तक के सुव्यवस्थित प्रकाशन के लिए जयराम गाड़ेकर और हरि भाऊ निकम तथा भारतीय ज्ञानपीठ के श्री दिनेश भटनागर और डॉ. महेश्वर जी के प्रति धन्यवाद ज्ञापित करना महज औपचारिकता नहीं है।

डॉ. पुरुषोत्तम कुंदे

अनुक्रमणिका

एक

एक शमशेर और दूजा ग्रेस भी है...

किसी कलाकार की रचना-प्रक्रिया या सृजन-प्रक्रिया समझने के लिए अनेक बिंदुओं पर विचार करना जरुरी है। प्राय: यह देखा जाता है कि किसी कलाकार की रचना प्रक्रिया उसकी कलाकृति को विश्लेषित करते हुए समझी जाती है। लेकिन इस दुविधा में क्या वाकई उसकी कला दृष्टि और सौंदर्य दृष्टि की सभी परतें खुलती हैं? यह एक पेचीदा सवाल है। शमशेर बहादुर सिंह और ग्रेस द्वारा अभिव्यक्त विचारों को केंद्र में रखकर उसके आधार पर दोनों कवियों की रचना-प्रक्रिया और सौंदर्य-दृष्टि समझने का प्रयास किया है। इसलिए आलोच्य कवियों की रचना-प्रक्रिया और सौंदर्य दृष्टि को समझने हेतु कला, कलाकार, रसिक, निर्मिति- प्रक्रिया के बारे में दोनों कवियों के विचार, आलोचकों के समीक्ष्य कवियों की निर्मिति प्रक्रिया के बारे में विचार आदि बिंदुओं को भी समझना होगा। किसी कलाकृति को समझने के लिए कलाकार की रचना प्रक्रिया को समझना आवश्यक है।

'नए साहित्य का सौंदर्यशास्त्र' में मुक्तिबोध लिखते हैं— "रचना-प्रक्रिया के भीतर न केवल भावना, कल्पना, बुद्धि और संवेदनात्मक उद्देश्य होते हैं वरन् वह जीवनानुभव होता है, जो लेखक के अंतर्जगत का अंग है, वह व्यक्तित्व है जो लेखक का अंतर्व्यक्तित्व है, वह इतिहास होता है, जो लेखक का अपना संवेदनात्मक इतिहास है।"[1] मुक्तिबोध के विचारों से स्पष्ट होता है कि कलाकार की रचना-प्रक्रिया में ऐसे अनेक बिंदू खुलते हैं, जो कलाकृति के साथ प्रत्यक्ष और अप्रत्यक्ष रूप से जुड़ते हैं। मुक्तिबोध इस पर भी प्रकाश डालते हैं कि कलाकार का जीवनानुभव किस तरह कलानुभव में परिवर्तित होता है। इसलिए सौंदर्यशास्त्र के अंतर्गत यह महत्वपूर्ण मुद्दा है कि कलाकृति का आस्वादन करते समय कलाकार की रचना प्रक्रिया भी केंद्र में रहे। यद्यपि यह बात ऐसे दौर में हो रही है जब रोला बार्थ सरीखे विद्वान ने 'रीडर रिस्पॉन्स थेअरी (Reader Response Theory) प्रधान मानी है। लेकिन इस संदर्भ में यह भी समझना होगा कि रोला बार्थ द्वारा स्थापित यह विचार सर्वमान्य नहीं है। यह उनकी अपनी धारणा है, जो संरचनावाद से उपजी है।

सृजन-प्रक्रिया के संबंध में निर्मल वर्मा के विचार मार्गदर्शक लगते हैं। उन्होंने लिखा है— "एक बार सृजन-प्रक्रिया के समाप्त हो जाने के बाद जिस कलाकृति का जन्म होता है, वह अपने में संपूर्ण और अंतिम है। उसे केवल उसी में निहित तत्वों के आधार पर आँका जा सकता है, इसे शायद वे समीक्षक नहीं समझेंगे, जिनके लिए कलाकृति महज़ एक आईना है— ठोस, स्वतंत्र सत्ता नहीं, जो अपने में संपूर्ण है।"[2]

इससे स्पष्ट है कि कलाकृति का अस्तित्व सृजन-प्रक्रिया पूरी होने के बाद है। कोई भी कलाकार अपनी कलाकृति में पूर्णता लाता है क्योंकि वह पुनर्निर्मिति है। निर्मल वर्मा इस तथ्य को भी स्पर्श करते हैं कि कलाकृति में निहित तत्व भी उसके मूल्यांकन के लिए उपयोगी हैं।

शमशेर बहादुर सिंह और ग्रेस की रचना-प्रक्रिया

शमशेर और ग्रेस की रचना-प्रक्रिया समझने के लिए उनका कला चिंतन, निर्मिति के बारे में विचार, आलोचकों की दृष्टि में उनकी रचना निर्मिति और काव्यात्मक दुर्बोधता आदि मुद्दों को सम्मुख रखा गया है।

शमशेर और ग्रेस की कलादृष्टि : शमशेर और ग्रेस ने कला तथा कलाकार के संबंध में स्वतंत्र चिंतन किया है। कला के प्रति उनकी अपनी स्वतंत्र दृष्टि रही है। इसलिए उन्होंने कला के स्वरूप से लेकर उसकी उपयोगिता तथा कलाकार की प्रतिबद्धता के बारे में विचार व्यक्त किए हैं। शमशेर कलाओं के आपसी संबंध से बखूबी परिचित हैं। उनका मानना है कि कलाओं का अंत:संबंध ही किसी कला को श्रेष्ठ बना सकता है। अपनी डायरी में उन्होंने लिखा है— "एक चीज जो आधुनिक कला और कविता का भी असर खास अंग बन जाती है— वह है प्रेरणा का, चित्र की जमीन से पैदा होना, उभरना... लगभग चित्र की जमीन पर ही रहना। कभी-कभी मूर्ति की जमीन से उभरना और मूर्ति 'की' रहना। कभी-कभी संगीत का पक्ष कविता मात्र का स्थान इस तरह ले लेता है कि कविता को संगीत की जमीन से परखने पर ही अर्थ खुल सकेंगे।"[3] इससे स्पष्ट है कि शमशेर ने ललित कलाओं को एक दूसरे से जोड़ते हुए उत्कृष्ट कला को परखने के लिए मानदंड निर्धारित किए हैं। असल में कोई भी कला अपना स्वरूप व्यापक तभी बना सकती है जब वह अन्य कलाओं के साथ अंत:संबंध स्थापित करें। किंतु इस संदर्भ में महत्वपूर्ण तथ्य यह है कि इस तरह से कलाओं को एक दूसरे से जोड़ने का कार्य कलाकार ही करता है। उसके द्वारा यह तभी संभव है जब वह विविध कलाओं के स्वरूप से अवगत है। शमशेर का मानना है कि कला जीवन का सच्चा दर्पण है। 'दूसरे सप्तक' के वक्तव्य में उन्होंने लिखा है— "ललित कलाएँ काफी एक दूसरे में समोयी हुई हैं। तस्वीर, इमारत, मूर्ति,

नाच, गाना और कविता इन सब में, बहुत कुछ एक ही बात अपने-अपने ढंग से खोलकर या छिपाकर या कुछ खोल कर कुछ छिपा कर कही जाती है। मगर इनके ये अलग-अलग ढंग दरअसल एक दूसरे से ऐसे अलग-अलग नहीं हैं, जैसे कि ऊपरी तौर से लगते हैं।''[4] शमशेर एक कवि होने के साथ-साथ चित्रकार भी हैं। साथ ही संगीत में भी उनकी रूचि रही है। यही कारण है कि उन्होंने सभी ललित कलाओं को एक दूसरे में समाया हुआ माना है। वस्तुतः काव्य का संबंध अन्य ललित कलाओं के साथ स्थापित करने की प्रवृत्ति अंग्रेजी रोमांटिसिज्म से पनपी है। आगे चलकर हिंदी में स्वच्छंदतावाद और छायावादी कविता में यह प्रवृत्ति चरम पर पहुंची है। सभी ललित कलाओं की यह विशेषता है कि अपने चरम विकास की अवस्था में एक कला दूसरी कला के साथ जुड़ती है। कोई कलाकार जब सृजन करता है तब एक तरह से वह अपनी स्वभावगत अभिरूचियों को भी प्रकट करता है। क्योंकि कला के द्वारा कलाकार का आंतरिक व्यक्तित्व अभिव्यक्त होता है। इस संबंध में शमशेर की धारणा है कि ''कला से एक तरह से हम Inner soul of the artist's Personality देख सकते हैं। शब्द, ध्वनि, रंग और रेखा द्वारा एक तरह से जीवन को ही देखते हैं।''[5] यह तथ्य सर्वमान्य है कि कलाकार जब कलाकृति का निर्माण करता है तब वह कलाकृति पर अपना प्रभाव शेड के रूप में रखता है। कलाकार के द्वारा साधन के रूप में शब्द, ध्वनि, रंग, रेखाओं का प्रयोग किया जाता है। असल में यह प्रयोग कला के अनुरूप होता है। कला परिवर्तन के साथ ही साधन भी बदलते हैं। लेकिन महत्वपूर्ण बात यह है कि कलाकार इन्हीं साधनों के द्वारा जीवनानुभूति को अभिव्यक्त करता है। जीवनानुभव जब कलानुभव के रूप में बदल जाता है तब कालाकार का आंतरिक व्यक्तित्व कलाकृति में स्पष्ट रूप से झलकने लगता है। शमशेर का कहना है कि, ''आर्ट में आर्टिस्ट की परसनालिटी उसी तरह छिपी रहती है जिस तरह बदन में रूह।''[6]

चूँकि कविता ललित कला का महत्वपूर्ण रूप है। आलोच्य कवि कविता में सच्चाई एवं रचनात्मकता का समर्थन करता है। शमशेर की दृष्टि से कला में सच्चाई का खास रूप मौजूद होता है। उन्होंने लिखा है— ''कविता में हम अपनी भावनाओं की सच्चाई खोजते हैं। उस खोज में उस सच्चाई का अपना खास रूप भी हमें मिलना ही चाहिए, जिस हद तक भी मुमकिन हो।''[7] शमशेर की कला के प्रति अटूट आस्था है। यह सच्चाई है कि कलाकार या कवि के द्वारा अभिव्यक्त विचार पाठकों को सच्चाई से युक्त लगने चाहिए। क्योंकि कलाकृति के माध्यम से ही कलाकार वास्तविक जीवन की कमियों को पूरा करता है। मतलब यह प्रक्रिया दो स्तरों पर चलती है। पहले रचनाकार के स्तर पर और फिर पाठक या आस्वादक के स्तर पर। अभिव्यक्ति की सच्चाई एवं ईमानदारी के अलावा कलाकार की अभिरूचि

भी बहुत महत्वपूर्ण होती है। उसकी दिलचस्पी भी एक तरह से कला में नयापन लाती है। इस संदर्भ में यह तथ्य भी विशेष उल्लेखनीय है कि शमशेर कला की अभिव्यक्ति में सच्चाई को वरीयता देते हैं। लेकिन कविता के प्रकाशन को उतना महत्वपूर्ण नहीं मानते हैं। उनका प्रयास हमेशा ही यही रहा है कि कला की अभिव्यक्ति जितनी अधिक महत्वपूर्ण है उतना प्रकाशन का कोई खास महत्व नहीं है। शमशेर के विचार उद्धरणीय हैं— "कवि का कर्म अपनी भावनाओं में, अपनी प्रेरणाओं में, अपने आंतरिक संस्कारों में, समाज सत्य के मर्म को ढालना, उसमें अपने को पाना है, और उस पाने को अपनी पूरी कलात्मक क्षमता से पूरी सच्चाई के साथ व्यक्त करना है, जहाँ तक वह कर सकता हो। मैं जितना महत्व ऐसी अभिव्यक्ति को देता हूँ— कवि के जीने मात्र के लिए मैं उसे जितना महत्वपूर्ण समझता हूँ। उतना उसके प्रकाशन को नहीं। कला के 'प्रकाशन' को वास्तव में मैं कोई महत्व नहीं देता। कला कैलेंडर की चीज नहीं है। वह कलाकार की अपनी बहुत ही निजी चीज है।"[8]

स्पष्ट है कि शमशेर एक ओर अभिव्यक्ति की सच्चाई के पक्षधर हैं तो दूसरी ओर कला की निजता और सार्वजनिकता पर भी मंतव्य प्रकट करते हैं। शमशेर प्रकाशन के प्रति गंभीर नहीं हैं। इस बात की पुष्टि उनकी अनेक कविताओं से होती हैं, जो बहुत पहले लिखी गईं लेकिन प्रकाशन काफी बाद में हुआ है। और यह स्थिति सभी काव्य संग्रहों में देखी जा सकती है। जिस निजता की वकालत कवि कर रहा है, वह असल में यही है। उसका दायित्व सृजन तक सीमित है। वास्तव में शमशेर का यह विचार उन बाज़ारवादी और ब्रैंडनुमा चीजों के आदी कलाकारों के लिए एक नसीहत है, जो स्वयं ही आलोचना करने के लिए समीक्षकों से याचना करते हैं। अब सवाल यह है कि एक ही कलाकार कभी निजता को धारण करें और उसी समय वह समाज से प्रतिबद्ध होकर भी कवि कर्म करें, यह कैसे संभव है? इस संबंध में स्वयं शमशेर की समग्र कविता बानगी के रूप में खरी उतरती है। शमशेर ने जिस निजता की बात की है। असल में वही कलाकार की आत्मानुभूति है। जो उसके गहरे चिंतन और अनुभव से उपजती है। कलाकार की सामाजिक प्रतिबद्धता के बारे में शमशेर लिखते हैं— "कलाकार के लिए सच्चे अर्थ में उबरने का एक ही रास्ता है, और वह यह कि वह पूरे समाज के जीवन में अपने आपको मिला देखो न दे, मिला दे।"[9] जाहिर है कि शमशेर कलाकार का जीवन समाज से अलग रहकर या कटकर नहीं मानते हैं। कलाकार का हमेशा प्रयास होना चाहिए कि वह अपने आपको समाज के साथ जोड़कर रखें। लेकिन समाज के साथ स्वयं को जोड़ते समय यह ध्यान रखना जरूरी है कि अपना अस्तित्व भी कायम बना रहे। अर्थात् समाज की धारा में बहना नहीं है।

शमशेर के विचारों में कलाकार के प्रति बहुत ही आदर दिखायी देता है। क्यों न हो कलाकार कला का निर्माण करते समय कला में क्या कुछ नहीं समेटता है। वह कभी अनुभूति को अभिव्यक्त करता है तो कभी अपने कालखंड को उजागर करता है। शमशेर की दृष्टि से "कलाकार वह किसी भी क्षेत्र का हो उसी का एक खंड पकड़ता है। ना, पकड़ता नहीं है, अनुबिंबित करता है। वह समझता है कि वो उसे पकड़ता है।"[10] समीक्ष्य कवि का मानना है कि कलाकार अपनी कलाकृति में अपने कालखंड को चित्रण के द्वारा नहीं बांधता है बल्कि नए-नए बिंबों का प्रयोग कर वह युगीन संदर्भों का चित्र बिंब के द्वारा प्रस्तुत करता है। बिंबों के माध्यम से अपनी अभिव्यक्ति करते हुए प्रायः कुछ बातों का जिक्र करने में कलाकार कठिनाई का अनुभव करता है।

वस्तुतः अपने आस-पास की घटनाएँ, प्रसंग स्थितियों को समझकर ही कलाकार उसे कलाकृति में उतार सकता है। इसके लिए अनिवार्यतः विचारों और अभिव्यक्ति की सहजता आवश्यक है। शमशेर का कहना है— "कलाकार बहुत सारी बातों का स्वयं कभी जिक्र नहीं करता। वह उन बातों को धीरे-धीरे समझता चलता है। यह उसकी समझ उसका अपना अंदरूनी निजी मामला होता है। बहुत-सी बातें हैं जो कहने में आ भी नहीं सकतीं, वो रंगों में नहीं खुल सकतीं वो गीत के स्वरों में भी पूरी-पूरी प्रकाशित नहीं हो सकतीं।"[11] असल में शमशेर कला में निहित मौन की भाषा की ओर संकेत कर रहे हैं। क्योंकि अपनी कविता में उन्होंने मौन की भाषा का सशक्त प्रयोग किया है। लेकिन इस तरह का मौन कोई कलाकार क्यों धारण करता है? क्या उसके पास शब्दों की कमी होती है? या वह चुपचाप अभिव्यक्ति में कटौति करना चाहता है? इन सभी प्रश्नों को टटोलते हुए शमशेर द्वारा बतायी गई कलाकार की निजता को भी समझना जरूरी है। क्योंकि हर कलाकार का जीवन स्वतंत्र है, उसका अपना स्वतंत्र अस्तित्व है। इसीलिए तो शमशेर लिखते हैं— "हर कलाकार की सृजन-प्रक्रिया दूसरे की सृजन-प्रक्रिया से बिल्कुल जुदा होती है। और हुई ही चाहे। कब नया बीज पड़ता है और कब नया अंकुर फूटता है, कहा नहीं जा सकता।"[12]

स्पष्ट है कि कलाकार के अनुरूप हर कला का स्वरूप भी बदलता है। इस तरह की भिन्नता एवं वैविध्य स्वाभाविक भी है क्योंकि कलाकार की जीवनानुभूति भिन्न-भिन्न होती है। साथ ही हर कलाकार का सांस्कृतिक, राजनीतिक, दार्शनिक भावबोध अलग होता है। अगर कोई कवि बनना चाहता है तो उसे अगाह करते हुए शमशेर समझाते हैं कि "एक अच्छे कवि के लिए यह जरूरी है कि वह अपने देश की और भाषा की काव्य परंपरा से अच्छी तरह परिचित हो। और इस परंपरा में आनेवाले श्रेष्ठ कवियों का उसने बार-बार प्रवचन और अध्ययन किया हो।"[13]

उल्लेखनीय है कि शमशेर काव्य परंपरा को समझने की बात कर रहे हैं। लेकिन काव्य परंपरा से जुड़ने की या उसकी एक कड़ी बनने का आग्रह भी नहीं कर रहे हैं। भले ही शमशेर ने यह बात उदीयमान कवियों के लिए कही हो। लेकिन उन्होंने स्वयं तुलसी से लेकर अज्ञेय और मुक्तिबोध तक हिंदी काव्य परंपरा का खूब अध्ययन किया है। न सिर्फ हिंदी काव्य परंपरा बल्कि उर्दू परंपरा से भी वे साझा हुए हैं। मीर, ग़ालिब, जफर, दाग, मोहसिन से लेकर नजीर, हाली, इस्माइल मेरठी, अकबर इलाहाबादी, इकबाल, जोश, फ़िराक, फैज, कैफी आजमी तक की शायरी को बखूबी समझा है। शमशेर का मानना है कि "सच्चे कवि के लिए ये कसब दिखाना जरूरी नहीं, न ही उसके लिए इसकी कोई अनिवार्यता है। वो किसी सामंत या संरक्षक या अभिवाचक के अधीन नहीं है। वो स्थितियों को अपनी आंखों देखता, अपनी अनुभूति की रोशनी में उन्हें समझता अपने निजी तर्क से उन्हें परखता और उसे अपनी निजी शैली में प्रस्तुत करता है।"[14]

उपर्युक्त विचारों से यह ज्ञात होता है कि शमशेर एक ओर कवि के लिए आवश्यक योग्यता निर्धारित करते हैं तो दूसरी ओर कवि की रचना-प्रक्रिया भी उजागर करते हैं। उन्होंने निजी तर्क और निजी शैली की बात की है जिसका प्रमाण उनकी कविता है। शमशेर की कविता के प्रति गहरी आस्था है। कविता के बारे में जब भी वे कुछ कहने लगते हैं तो उसमें उनकी भावात्मकता एवं संवदेनशीलता का परिचय हो जाता है। वे यहाँ तक कहने से नहीं चुकते हैं कि "अगर तुम कवि हो तो काव्य धर्म का निर्वाह करो। कलाकार को विवाह वगैरह नहीं करना चाहिए।"[15] स्पष्ट है कि प्रत्येक क्षेत्र में कार्यरत व्यक्ति का अपना धर्म होता है। यहाँ धर्म का अर्थ दायित्व या कर्तव्य है। शमशेर काव्य धर्म का पालन करने की सलाह देते हैं। उनका मानना है कि गृहस्थी जीवन भी कलाकार के जीवन में रोड़ा बन सकता है।

शमशेर की इस संबंध में स्पष्ट धारणा रही है कि कला हमेशा ही व्यक्ति एवं समाज का प्रतिनिधित्व करती है। 'अमूर्त कला' निबंध में शमशेर के विचार उल्लेखनीय हैं— "कला की अभिव्यक्ति व्यक्ति और समाज की आशाओं-आकांक्षाओं और क्षणिक समर्थताओं का एक सजीव और गतिशील दर्पण है। इस दर्पण में हम अपनी शक्ति देखते नहीं... पहचानते और समझते हैं।"[16]

जाहिर है कि शमशेर कलाओं में व्यक्ति एवं समाज की आकांक्षाएँ खोजते हैं। कला की सार्थकता इसी बात पर टिकी है कि उसमें व्यक्ति केंद्र में है या नहीं। शमशेर की दृष्टि से "कोई कलाकृति किसी अनुभूति को कितनी सच्चाई और सफलता से व्यक्त करती है इस पर उसका मूल्य है।"[17] वाकई कलाकृति में अनुभूति की सच्चाई अधिक महत्वपूर्ण है। वास्तव में कलाकार यदि कला में अनुभूति की सच्चाई भरता है तो वह कला रसिक के साथ सहजता से जुड़ती है।

और जो कलाकृति रसिक के साथ जुड़ती है उसका कला मूल्य सबसे अधिक है।

इस तरह शमशेर का कला तथा कलाकार से संबंधित चिंतन बहुआयामी है। इस चिंतन में उनका स्वानुभव निहित है।

ग्रेस ने भी कला के संबंध में गहन चिंतन किया है। उनका कला चिंतन एवं रचना प्रक्रिया तथा सौंदर्य दृष्टि समझने के लिए अनेक सूत्र उनके द्वारा लिखे गद्य चिंतन, में लक्षित होते हैं। ग्रेस ने अपने कला चिंतन में कलाकृति, कविता, ललित कला, कलाकार, आस्वाद प्रक्रिया पर काफी गहरा चिंतन प्रस्तुत किया है। काव्यकला और अन्य ललित कलाएँ साधन की दृष्टि से भिन्न हैं, स्वतंत्र हैं। सभी ललित कलाओं के साधन भिन्न-भिन्न होते हैं। लेकिन सभी ललित कलाओं में तात्विक अंत:संबंध निहित होता है। इस संदर्भ में ग्रेस का कहना है— ''काव्यकलेखेरीज इतर ललित कला या अदृश्य, तरल, जडद्रव्यांवर, अवलंबून असतात. सूर, रंग, शिल्प पाषाण इत्यादी आणि या कला माणसाला, पंचेद्रियांच्या संवेदना प्राप्त झालेल्या आहेत त्यांच्यावर त्या साक्षात प्रत्यक्ष आधारलेल्या असतात. जसे संगीत श्रवणेंद्रियावर, चित्रकला, शिल्पकला आपण प्रत्यक्ष डोळ्याने पाहतो म्हणजे दृकसंवेदनेवर आधारित आहेत. म्हणून या कलांना मर्यादाच नाहीत.''[18] (काव्य कला की तरह अन्य ललित कलाएँ अमूर्त और तरल चीजों पर निर्भर रहती हैं। सूर, रंग, शिल्प, पाषाण आदि से संबंधित कलाएँ मनुष्य की इंद्रिय संवेदनाओं पर निर्भर रहती हैं। यथा संगीत कानों पर, और चित्रकला तथा शिल्पकला आंखों पर या दृकसंवेदना पर निर्भर है। इसलिए इन कलाओं को सीमा नहीं होती है।)

ग्रेस का मानना है कि हर एक ललित कला का अपना स्वतंत्र अस्तित्व है। चूँकि उनके साधन और माध्यम भिन्न-भिन्न हैं। लेकिन सभी ललित कलाएँ संवेदना पर आधारित हैं। बोध की दृष्टि से भाव बोध, विचार बोध और इद्रिंय बोध के स्तर पर ही कला की गरिमा बनी रहती है। काव्य कला और अन्य कलाओं में भेद करते हुए ग्रेस लिखते हैं— ''काव्यकला संवेदनांची निर्मिति साक्षात किंवा प्रत्यक्षपणे करूच शकत नाही. तर ती त्या भाषेतील संवेदनांचा शब्द प्रतिमा निर्माण करीत असते. आणि त्या भाषेचे ज्ञान आणि सराव असल्या शिवाय त्या कलेचा अनुभव घेता येत नाही।''[19] (काव्यकला संवेदनाओं का निर्माण प्रत्यक्ष रूप से नहीं कर सकती है। वह उस भाषा में प्रचलित बिंबों में संवेदना भरती है। इसलिए उस भाषा का ज्ञान और अध्ययन आवश्यक है। अगर ऐसा नहीं है तो कलानुभव भी संभव नहीं है।)

चूँकि यह पहले भी कहा गया कि काव्य में शब्द साधन के रूप में कार्य करते हैं। काव्य में संवेदनाओं को मूर्त बनाने के लिए कवि बिंबों का प्रयोग करता है। किंतु अनुभूति के स्तर पर यह प्रक्रिया अर्मूत ही चलती है। ग्रेस की दृष्टि से संगीत ही

वह कला है जो प्रत्यक्ष संवेदनाओं पर आधारित है। उन्होंने लिखा है— ''संगीत ही प्रत्यक्ष संवेदनांवर आधारलेली सर्वश्रेष्ठ ललित कला आहे. काव्यकला ही कोणत्याही संवेदनांवर प्रत्यक्ष आधारलेली नाही.''[20] (संगीत प्रत्यक्ष संवेदनाओं पर आधारित सर्वश्रेष्ठ ललित कला है। काव्यकला किसी भी संवेदना पर प्रत्यक्ष रूप से आधारित नहीं है।) ग्रेस ने अपने जीवन में कलाओं को, विशेष रूप से ललित कलाओं को काफी महत्वपूर्ण स्थान दिया है। संगीतात्मकता उनके काव्य की महत्वपूर्ण विशेषता है। उनकी धारणा रही है कि कोई भी कला पूर्णता की ओर उन्मुख रहती है। अर्थात् किसी कलाकृति का निर्माण जब पूर्णता के कगार पर होता है तब उसमें संपूर्णता की अनेक संभावनाएँ बनी रहती हैं। कला में शुभ और अशुभ, पाप-पुण्य कुछ नहीं होता है। ग्रेस के विचार उल्लेखनीय हैं— ''कलेत बरेवाईट, शुभ-अशुभ, पाप-पुण्य असे काहीच नसते. ते असते वास्तवात।''[21] (कला में अच्छा-बुरा, शुभ-अशुभ, पाप-पुण्य कुछ नहीं रहता है। वह यथार्थ में निहित रहता है।)

वस्तुतः ग्रेस कला को अच्छाई-बुराई से परे मानते हैं। क्योंकि उन्होंने कला को सौंदर्य के धरातल पर परखा है। कलाकृति में यथार्थ चित्रण करते समय कलाकार जीवन की वास्तविकता रचनाबद्ध करता है। ऐसा करते समय उसके द्वारा दुःख, पीड़ा, अन्याय, अत्याचार, शोषण से संबंधित भी चित्रण किया जाता है। अब सवाल यह है कि इन चीजों को सुंदर कैसे माना जाए? क्योंकि यह तो वास्तविक जीवन की कुरूपता है। यह भली-भांति समझना होगा कि कोई कलाकार कलाकृति में वास्तव या यथार्थ जब प्रस्तुत करता है तब वह यथार्थ को कलाकृति में रूपांतरित करता है। रूपांतरण की इस प्रक्रिया में कलाकार की जीवन-दृष्टि और सौंदर्य-दृष्टि बहुत महत्वपूर्ण होती है। और यह रूपातंरण उसके मानस में चलता है। असल में कलात्मकता की शुरूआत भी यही से होती है। किसी कलाकृति में जब अन्याय, शोषण का वर्णन आता है तब रसिक के मन में शोषण के खिलाफ, अन्याय के विरूद्ध घृणा निर्माण होना ही सौंदर्य विधान का परिचायक है। यही उस कलाकृति का सौंदर्य है।

वास्तविक जीवन से संबंधित अनुभव जब कला में परिवर्तित होकर आता है तब जीवनानुभव और कलानुभव में भिन्नता आती है। इसीलिए ग्रेस को लिखना पडा, ''कलारूपात अवतीर्ण झालेल्या अनुभवाला जीवन, आयुष्य दुय्यम पर्यायांचे बांडगूळ वाटू लागते.''[22] (कला में रूपांतरित अनुभव को जिंदगी दोयम विकल्पों पर आश्रित लगती है।) कि कलाकार जीवनानुभवों को सृजनात्मकता के द्वारा कलानुभव के रूप में परिवर्तित करता है। इसीलिए कलाकृति में सृजनात्मक सत्य निहित रहता है न कि पूर्ण सत्य। ग्रेस लिखते हैं ''कलाकृतीत सत्याचा शोध घ्यावयाचा असतो या विधानाला माझी अंशतः मान्यता आहे. पण सत्याचा शोध ही

वाट आहे. तो वाटा नाही.''[23] (मैं इस बात से अंशतः सहमत हूँ कि कलाकृति में सत्य की खोज की जाती है। दरअसल यह सत्य खोजने की राह मात्र है न कि सत्य का अंश) ग्रेस का मानना है कि कलाकार अपनी कलाकृति में सृजनात्मक सत्य प्रस्तुत करता है।

किसी कलाकृति के आस्वादन के बाद रसिक उसमें सत्य की खोज करने लगता है। लेकिन उसमें अंतिम सत्य का अभाव रहता है। इसलिए कलाकृति सत्य की ओर जाने का महज मार्ग है। यद्यपि कलाकृति का जीवन के साथ गहरा संबंध है। लेकिन वह पूर्णतः जीवन के साथ प्रतिबद्ध नहीं होती है। अर्थात कलाकृति में जिन अनुभवों का चित्रण किया जाता है, कलाकृति में आकर वे पूर्णतः स्वतंत्र बन जाते हैं। क्योंकि ग्रेस की धारणा रही है कि वास्तविक जीवन में मनुष्य अनेक धरातलों पर समझौता करता है। लेकिन कलाकृति में रचनाकार कोई समझौता नहीं करता है। चूँकि वह पुनर्निर्मिति करता है। इसलिए जीवन की वास्तविकता से संबंधित अनेक अनुभव कला में परिपूर्णता में रूपाकार लेते हैं। इस संबंध में ग्रेस लिखते हैं— ''कलाकृति जीवनातूनच निर्माण होते, हे खरे आहे. पण कलाकृतीत व्यक्त झालेले हे जीवन हे साक्षात जीवनाशी निगडित असले, तरीही त्याचे ते कुठल्याही सबबीवर बांधील नसते... जीवनाच्या फटी आणि उणिवा बुजविण्याचे कार्य करणे, हेच कलाकृतीचे धर्म असतात.''[24] (यह सच है कि कलाकृति का निर्माण जीवन से ही होता है। किंतु कलाकृति में व्यक्त जीवन वास्तविक जीवन से संबंधित होते हुए भी पूर्णतः उससे प्रतिबद्ध नहीं होता है।... जीवन के अनेक अभावों को कमियों को कलाकृति पूरा करती है, यही उसका दायित्व है।)

उल्लेखनीय है कि ग्रेस हमेशा ही इस बात का पुरजोर समर्थन करते रहे कि कलाकृति पुनर्निर्मिति करती है। यह अगर पुनर्निर्मिति है तो फिर निर्मिति किसे माना जाए? वस्तुतः निर्मिति तो सृष्टि की देन है। उसमें परिवर्तन नहीं किया जा सकता है। किंतु कलाकृति के निर्माण में यह प्रक्रिया सहज संभव है। ग्रेस की कलाकार के प्रति गहरी आस्था रही है। तभी तो वे कहते हैं— ''मला वाटते जीवनानुभवाच्या पुनर्निर्मितिची अपवादात्मक दैवी कृपा लाभलेला दैवी कलावंत, हाच विश्वातील एकमेव सृजनशील घटक असतो. हा आरशा सारखा नसतो. हा आरसाच असतो.''[25] (मुझे लगता है जीवनानुभवों के पुनर्निर्माण की दुर्लभ दैवी कृपा कलाकार पर होती है। कलाकार ही विश्व का सबसे सृजनशील अंग है। यह आइने के समान नहीं बल्कि आईना ही होता है।)

ग्रेस का मानना है कि कलाकार आईने की तरह होता है। वस्तुतः इस आईने में जीवनानुभव कलानुभव के रूप में साफ-साफ दिखायी देते हैं। क्योंकि ग्रेस के मतानुसार— ''खरा कलावंत हा आपल्या कलेचा प्रचारक नसतो तर सौंदर्यानुभवाचा

तो प्रेरक असतो.''[26] (सच्चा कलाकार अपनी कला का प्रचारक नहीं होता है, वह सौंदर्यानुभव का निर्माता है।) कवि ग्रेस के उपर्युक्त विचार इस बात का प्रमाण है कि कलाकार ने हमेशा कला के प्रति निष्ठा रखनी चाहिए। उसके द्वारा निर्मित कला प्रदर्शन करने हेतु नहीं है। संभवत: इसीलिए ग्रेस की अनेक ऐसी कविताएँ हैं, जिनका प्रकाशन वर्ष आगे-पीछे हुआ है। अर्थात् जैसे सन् 1957 में लिखी कविता 1975 के बाद प्रकाशित हो रही है। दूसरी विशेष बात यह है कि ग्रेस ने कभी भी प्रकाशन को वरीयता नहीं दी है। उनकी धारणा रही है कि कलाकार ने ईमानदारी के साथ निर्मिति करनी चाहिए। ठीक उसी तरह कलाकृति का आस्वादन करते समय रसिक को जो कलानुभव प्राप्त होता है वह भी पुनर्निर्मिति है। मतलब पुनर्निर्मिति दो स्तरों पर होती है एक तो कलाकार के स्तर पर और अन्य रसिक के स्तर पर।

कलाकार पुनर्निर्मिति करता है इसलिए उसे गलती करने का अधिकार नहीं है। यह अधिकार तो ईश्वर को है क्योंकि वह निर्मिति करता है। इस संदर्भ में ग्रेस का मानना है— ''कलाकृतिच्या प्रक्रियेतील आदान प्रदानाची तरहाच अनोखी आणि अनवट असते. तिला प्रश्नोत्तरांच्या कुठल्याही लौकिक लिपीत बद्ध करता येत नाहीच. म्हणून तर कलानुभवाला मी जीवनाची पुनर्निर्मिति म्हणतो.''[27] (कला सृजन की प्रक्रिया में अदान-प्रदान का ढंग बडा अजीब और संश्लिष्ट होता है। उसे सवाल जवाबों के कटघरे में नहीं लिया जा सकता है। इसलिए मैं कलानुभव को जीवन की पुनर्निमिति मानता हूँ।) ग्रेस ने कलास्वादन की प्रक्रिया में रसिक की प्रतिबद्धता को भी महत्वपूर्ण माना है। कला के प्रति कलाकार की जो प्रतिबद्धता है वही बात रसिक में भी होनी चाहिए। यह एक कडवा सच है कि विज्ञान में भी प्रयोग करने के लिए पहले सिद्धांतों को समझा जाता है, प्रशिक्षण लिया जाता है, तब कहीं प्रयोग की प्रक्रिया आरंभ होती है। लेकिन कलास्वादन में न पूर्वज्ञान की बात आती है और न ही मानदंडों के जानकारी की। अर्थात् श्रोता या रसिक से कोई अपेक्षा ही नहीं की जाती इसलिए ग्रेस बहुत विनम्रता से इसे रेखांकित करते हुए लिखते हैं— ''मला वाटते इथेच रसिकांच्या बांधिलकीचाही प्रश्न यायला हवा. मला रसिकांचा अनादर अजिबात करायचा नाही पण त्यांचाही स्वत:चा असा एक पिंडधर्म तयार व्हायला हवा. इतकेच नम्रपणे सुचवायचे आहे. अभिरूचिला ही बांधिलकी हवी. विशिष्ट स्तर हवा. दिशा ही हवी.''[28] (मुझे लगता है रसिक की प्रतिबद्धता पर भी प्रश्न उठने चाहिए। इस संदर्भ में मुझे रसिक का अनादर बिल्कुल नहीं करना है लेकिन उसका भी एक खास धर्म होना चाहिए। यह बात मैं बहुत विनम्रता से सूचित करना चाहता हूँ कि अभिरूचि की भी प्रतिबद्धता हो, उसका अपना विशिष्ट स्तर हो, दिशा भी हो।)

ग्रेस कलास्वादन की प्रक्रिया में रसिक की भूमिका जरूरी मानते हैं। इसका

एक कारण यह भी है कि ग्रेस की दृष्टि से कलास्वादन की प्रक्रिया बहुत ही गंभीरता से करनी चाहिए। अक्सर देखा जाता है कि कलास्वादन कलाकृति को केंद्र में रखकर ही किया जाता है। लेकिन जब तक रसिक कलाकार की निर्मिति प्रक्रिया तक नहीं पहुंचता है, तब तक उसे कलास्वादन में सौंदर्य की अनुभूति नहीं हो सकती है। इसलिए ग्रेस लिखते हैं— "कलाकृतीचा आस्वाद आनंददायी असतो म्हणतात. मला फार जीवघेणा खेळ वाटतो. प्रत्येक आस्वाद प्रक्रियेत प्राण जखमी होऊन कंठाशी येऊन ठेपले आहेत असे वाटत राहते."[29] (ऐसा माना जाता है कि कलाकृति का आस्वाद आनंद युक्त होता है। मुझे तो यह बहुत अजीब और खतरनाक खेल लगता है। क्योंकि ऐसा लगता है कि आस्वादन प्रक्रिया में प्राण निकल रहे हैं।) अब प्रश्न यह भी है कि कलास्वादन में इस तरह का अनुभव क्यों होने लगता है? तो इसका एक कारण है कि कलाकार सृजन करते समय अनेक सांस्कृतिक संबंधों को, संदर्भों को पुनर्स्थापित करता है। उदा. के लिए ग्रेस की कविताओं में 'माँ' से संबंधित कविताएँ रूढ़ और प्रचलित माँ संबंधी कविताओं से पूर्णतः भिन्न हैं। अर्थात् तथाकथित रूढ़ सांस्कृतिक संदर्भों को ग्रेस दरकिनार करते हैं। ऐसे संदर्भों को समझने के लिए आस्वादक को कलाकार की निर्मिति प्रक्रिया को सम्मुख रखकर कलास्वादन करना होगा। इसलिए ग्रेस इस प्रक्रिया को खतरनाक खेल मानते हैं। साहित्य समीक्षा के संबंध में भी यह बात लागू होती है। समीक्षा के संदर्भ में प्रायः देखा जा सकता है कि परिपाटी से निर्धारित मानदंडों को ही सम्मुख रखकर साहित्य समीक्षा की जाती है। लेकिन कुछ कलाकृतियाँ ऐसी भी होती हैं जो निर्धारित मानदंडों के आधार पर समीक्ष्य नहीं बन पाती हैं। कलाकृति के आधार पर ही कुछ मानदंड बनाने पड़ते हैं और उसी आधार पर कलाकृति की समीक्षा संभव होती है। ऐसी स्थिति में साहित्यशरण भाव या समर्पित भाव ही उपयुक्त होता है। ग्रेस के शब्दों में कहा जा सकता है— "साहित्यशरण वृत्तीने कुठल्याही अनवट कलाकृतीकडे गेले की मग संभोगासाठी तिला विवस्त्र करण्याची प्रियकराला गरजच भासत नाही। तिच्या अंगावरची सर्व वस्त्रे आपोआप गळून पडतात. आणि मग आपली लाडकी समीक्षा मूल्ये आणि साहित्याचे तथाकथित महासिद्धांत सिद्ध करण्याकरिता कोणताही सुजाण समीक्षक कलावंतच्या कलाकृतीचा बळी मागत नाही."[30] (साहित्य शरण या समर्पण भाव से किसी दुर्बोध कलाकृति की ओर उसका प्रेमी अगर आता है, तो संभोग के लिए कलाकृति को विवस्त्र नहीं करना पड़ता है। उसके शरीर से सभी वस्त्र अपने-आप निकल जाते हैं। तब समीक्षक समीक्षा मूल्य और तथाकथित साहित्य सिद्धांतों को स्थापित करने के लिए कलाकृति की बलि नहीं चढ़ाता है।)

ग्रेस अतियथार्थवादी आंदोलन से प्रभावित हैं। इसलिए उनकी अभिव्यक्ति में भी यह प्रभाव साफ दिखायी देता है। इसीलिए उन्होंने 'संभोग' शब्द का प्रयोग

किया है। कोई दुर्बोध रचना कैसे सुबोध बन सकती है, ग्रेस इसी से अवगत करा रहे हैं। रसिक और समीक्षक से ग्रेस ने एक अपेक्षा की है— साहित्य शरण भाव या समर्पित वृत्ति। समीक्षक ऐसी अनेक रचनाओं को बलि चढ़ाते हैं, जिनका मूल्यांकन तथाकथित महासिद्धांतों को सिद्ध करने के लिए किया जाता है। ग्रेस ने अपने कला चिंतन में कला, ललित कलाएँ, कलाकृति, कलास्वादन, रसिक आदि पर स्वतंत्र रूप से चिंतन प्रस्तुत किया है। जिस तरह उन्होंने कला चिंतन किया है, वैसे ही अपनी रचना निर्मिति पर खुलकर विचार अभिव्यक्त किए हैं।

रचना निर्मिति के बारे में चिंतन : शमशेर ने जिस तरह कला के संबंध में स्वतंत्र चिंतन किया है, ठीक उसी तरह रचना निर्मिति पर भी विचार व्यक्त किए हैं। असल में यह एक मुश्किल प्रक्रिया है कि सृजन के संबंध में स्वतंत्र चिंतन कर उसी के अनुरूप रचना निर्मिति करना। किंतु शमशेर ने इसे सफल बनाया है। शमशेर का कवि व्यक्तित्व कभी भी किसी 'वाद' में या काव्यगत खेमेबाजी से नहीं जुड़ा है। इसलिए उनके काव्य में विविध कलात्मक आयाम दिखायी देते हैं। अपनी रचना-प्रक्रिया में शमशेर हर नई बात को काव्य में लाना चाहते हैं। और यह उन्होंने बखूबी किया है। 'दूसरा सप्तक' के वक्तत्व में उन्होंने लिखा भी है कि ''अपनी कविता में मेरी खास कोशिश यह रही है कि हर चीज की, हर भावना की जो एक अपनी भाषा होती है, जिसमें वह कलाकार से बातें करती है उसको सीखूँ।''[31]

शमशेर की धारणा है कलाकार जिस चीज का वर्णन या चित्रण कलाकृति में करता है, वह चीज एक तरह से कलाकार के साथ संवाद स्थापित करती है। इस संदर्भ में टी.एस. इलियट द्वारा बताए गए कविता के तीन स्वर उल्लेखनीय लगते हैं— ''प्रथम वह जिसमें कवि अन्य से नहीं स्वयं से बात करता है, द्वितीय वह जिसमें वह श्रोताओं से बात करता है और तृतीय वह जिसमें वह तिरोहित हो जाता है और पात्रों के माध्यम से बात करता है।''[32] असल में शमशेर पर भारतीय कवियों का जिस तरह प्रभाव रहा है उसी तरह विदेशी कवियों में वर्ले, लॉरेन्स, इलियट, पाऊण्ड, कमिंग्स, हापकिंस सिटवेल, डायलन टॉमस आदि का भी गहरा प्रभाव रहा है। शमशेर के विचारों पर अनेक पाश्चात्य कवियों का प्रभाव होने के कारण उनकी कविता विशिष्ट दायरे में सीमित नहीं है। कोई कलाकार अपनी कलाकृति का निर्माण करते समय बहुत सारे संस्कार उस पर करता है तब कलाकृति साकार होती है। शमशेर की यही धारणा उन्हें अपने समकालीन कवियों में अलग और विशिष्ट बनाती है। अपनी रचना प्रक्रिया के बारे में वे कहते हैं— ''लिखने का ढंग मेरा कई तरह का है और इसमें (आमतौर पर) मनुष्य मुख्य है कि वास्तव में आपको सच बताता हूँ कि पहली पंक्ति लिखने तक शायद मुझे इसका आभास भी नहीं होता कि मैं कोई

कविता लिखने जा रहा हूँ। यह तो जरूर है कि एक महीने, दो महीने, तीन महीने या कुछ अर्से तक तबीयत में एक बेचैनी-सी रहती है। क्यों रहती है? क्या रहती है उसमें? कुछ समस्याएँ रहती हैं, कुछ उलझने रहती हैं, कुछ बातें रहती हैं— बहुत सी बातें, कुछ लोग याद आते रहते हैं या कुछ समस्याएँ जो सामने रहती हैं, वो कचोटती रहती हैं।''[33] शमशेर अपनी रचना-प्रक्रिया की परतें भी खोल रहे हैं तो दूसरी ओर यह भी समझा रहे हैं कि कलाकार किस तरह अपनी जीवनानुभूति को कलानुभूति में परिवर्तित करता है। इसलिए यहाँ कविता भावनाओं का सहजोद्रेक बनकर नहीं उपजती है बल्कि बहुत-सी चीजें तराशकर बनती हैं। यही कारण है कि शमशेर एखाद कविता महीनों, सालों तक भी पूरी नहीं कर पाते हैं। उनकी रचना-प्रक्रिया का दूसरा पहलू भी है कि कविता बहुत ही सहजता से निर्माण होती है। इस संदर्भ में शमशेर अपने एक साक्षात्कार में कहते हैं— ''कविता मेरे सामने एक फ्लैश की तरह आती है। एकदम फोर्स के साथ। और अगर दो मिनट के लिए भी मैं चूक जाता हूँ, तो... तो Its gone. gone for good. Just gone for good फिर वह कभी आती ही नहीं। जैसे बिजली होती है न। बस पूरे force के साथ चमकती है। उसमें गर्जन भी होता है, पर बस क्षणिक ही। बाद में कुछ नहीं।''[34] शमशेर की काव्य कला में दो तथ्य महत्वपूर्ण हैं। एक यह कि उनकी कुछ कविताएँ बहुत तराशी हुई हैं, तो कुछ कविताएँ बड़ी सहजता से निर्मित हैं।

शमशेर के समय हिंदी कविता में अनेक मोड़ दिखायी देते हैं। लेकिन वे कभी एक ही विचारधारा या आंदोलन के साथ अंत तक नहीं बने रहें। इसका मुख्य कारण यह है कि उन्होंने काव्य सृजन को ही सबकुछ माना। रमण सिन्हा के साथ बातचीत में उन्होंने कहा है— ''मेरा प्रथम एवं अंतिम कार्य या दायित्व काव्य रचना के संदर्भ से है, मैं इसके बाहर जाऊँ या मुझे ले जाए वहाँ, जहाँ मैं कुछ उधम करूँ तो वह नहीं है मेरे लिए— दैट इज नॉट फॉर मी, एट ऑल । मैं तो यह कहूँ कि जो मैं देखता हूँ महसूस करता हूँ उसको मैं साकार रूप दे सकूँ ताकि दूसरे भी वह महसूस कर सकें।''[35]

यह सच्चाई है कि अगर कलाकार का कला के प्रति अपना दायित्व नहीं है तो कलाकृति रसिक को आकृष्ट नहीं कर सकती है। शमशेर की रचना निर्मिति में एक खास बात यह है कि रचना करते समय वे आत्मालोचना भी करते हैं। अर्थात् रचना के स्तर पर किसी घटना, प्रसंग या चीज को चित्रित करते समय पहले स्वयं को सहमत करते हैं। जो निर्माण हो रहा है उससे यदि शमशेर सहमत होते हैं तभी सृजन-प्रक्रिया आगे बढ़ती है। इस संदर्भ में उनके विचार उद्धरणीय हैं— ''मेरी आत्मालोचना हो जाती है... जितना मैं सहमत होता हूँ उतना कबूल कर लेता हूँ कि हाँ इतना ठीक है और फिर रचना को उसके सृजन के दौरान जिस रूप में वह आती

है उसको भी मैं परखता हूँ और तब तक नहीं लिखता जब तक वो जो भाव उमड रहे हैं अंदर ही अंदर महीनों से या हफ्तों से या सालों से, जब वह क्षण नहीं आ जाता।''[36]

जाहिर है कि शमशेर खुद की आलोचना सृजन के दौरान ही करने लगते हैं। असल में इसे आलोचना कहने की अपेक्षा यह किसी उत्कृष्ट कलाकार का कलात्मक कौशल ही है। क्योंकि हर चीज वह तराशते हुए ग्रहण कर रहा है। अपनी ही कविता को रूग्ण-सी कहने का साहस भला शमशेर के अलावा अन्य कवियों में नहीं देखा जा सकता है। शमशेर अपनी क्षमताओं और सीमाओं से भली-भांति अवगत रहे हैं। यही कारण है मलयज से बातचीत के दौरान शमशेर कहते हैं— ''अब मुझे अपनी कविताएँ रूग्ण-सी लगने लगी हैं... आखिर उनमें एक Romantic idealism के सिवा और क्या है, आज जो मनुष्य तमाम सायंसी तरक्कियों, परिवर्तनों के युग में रह रहा है उससे इसका क्या महत्व? जरूरत नई चेतना को ग्रहण करने की है।''[37]

क्या शमशेर अपनी कविता के प्रति संतुष्ट नहीं है? लेकिन इस विचार में वे यही दिखाना चाहते हैं कि कविता का स्वरूप युग के अनुरूप बदलना चाहिए। और इस तरह के बदलाव उनकी निर्मिति प्रक्रिया में बखूबी दिखायी देते हैं। तभी तो उनकी कविता में कभी छायावादी प्रभाव है, कभी प्रगतिवादी स्वर तो कभी प्रयोगवादी तेवर। फिर अपनी कविताओं को रूग्ण-सी क्यों कह रहे हैं? दरअसल यह समीक्षकों के द्वारा उनकी कविताओं पर जो आरोप होते रहे हैं उसी से आहत होकर अपना दु:ख उन्होंने प्रकट किया है। कविता हो या कला उसमें नई चेतना होनी चाहिए। इसलिए हमेशा ही उन्होंने इस बात का आग्रह किया है कि रचनाकार के पास निजी मौलिक अनुभूति होनी चाहिए। क्योंकि यही उनके लेखन या सृजन की सबसे पहली प्रेरणा है। विषय-वस्तु को शिल्प में ढालते हुए कवि अधिक सजग दिखायी देता है। लेकिन मात्र टेकनीक के प्रधानता देने में भी विरोध जताते हैं। उन्होंने लिखा है— ''जिसे हम टेकनीक या कला की अभिव्यक्ति का ढंग ताल, छंद, तोल, विन्यास का हिसाब रखना कहते हैं— वह सिर्फ जीवन की गुंजलक अनुभूतियों की गति का परतौ, उनकी परछाई, उनका आभास मात्र है।''[38]

इससे स्पष्ट है कि कला में अनुभूति प्रधान है। शमशेर शिल्प की महत्ता भी स्वीकार करते हैं। इसलिए उन्होंने स्पष्ट रूप से लिखा है ''भाषा की अवहेलना किसी भी रचना को सहज ही साहित्य के क्षेत्र से बाहर फेंक देती है और शिल्प की अवहेलना कलात्मक के क्षेत्र से।''[39] शमशेर ने काव्य कला में वस्तु और शिल्प दोनों पर ध्यान दिया है। कलाकार वस्तु को कलात्मक ढंग से प्रस्तुत करने के लिए शिल्प गढ़ता है। लेकिन इस परिप्रेक्ष्य में यह तथ्य भी समझना जरूरी है कि रचना की संरचना पर भी समाज का गहरा प्रभाव पड़ता है। चूँकि यह स्वाभाविक भी है

क्योंकि रचनाकार आँखें मूंदकर कलाकृति का निर्माण नहीं करता है। अर्थात् वह हर स्तर पर प्रभाव ग्रहण करता है। शमशेर स्वयं मानते हैं कि "रचना की संरचना को समाज की संरचना प्रभावित करती है। एक आंदोलन कई कला रूपों को प्रभावित कर सकता है। कला रूप एक दूसरे को भी प्रभावित कर सकते हैं। एक ही कला में विभिन्न विधाएँ और शैलियाँ भी एक-दूसरे को प्रभावित कर सकती हैं और करती हैं, लेकिन यह नहीं भूलना चाहिए कि प्रत्येक कला-रूप या विधा की अपनी एक मर्यादा होती है और वह मर्यादा कायम रखना जरूरी होता है। प्रभावों से रचनाकार बच नहीं सकता। मेरी अपनी कुछ कविताएँ ऐसी हैं जिन पर चित्रकला का प्रभाव है, क्योंकि मैं एक समय चित्रकारी में बहुत डूबा रहा या फिर मेरी कुछ कविताएँ ऐसी जिनमें दो-तीन भाषाओं के शब्द एक साथ आते हैं।"[40]

जिस तरह कलाकार का परिवेश होगा वैसी ही उसकी रचना होती है। दरअसल किसी कलाकृति पर सामाजिक प्रभाव वस्तु और रूप दोनों स्तर पर होता है। आदिकालीन हिंदी साहित्य से लेकर आधुनिक काल और आगे वर्तमानकालीन साहित्य के संबंध में भी यह बात खरी उतरती है। हर कालखंड में वस्तु और रूप के धरातल पर अंतर देखा जा सकता है। शमशेर यहाँ तक मानते हैं कि रचना का माध्यम भी कलाकार को प्रभावित किए बिना नहीं रहता है। उनके विचार उल्लेखनीय हैं— "रचना का माध्यम हमारी रचना-प्रक्रिया को प्रभावित करता है लेकिन हम भी अपने समय की आवश्यकताओं के अनुसार उस माध्यम को प्रभावित करते हैं। यह चीज हमसे, हमारे मिज़ाज से, अलग चीजें भी लिखवा लेती है।"[41]

शमशेर अपनी काव्यकला का एक तरह से समर्थन भी करते हैं। उनकी बिंबधर्मिता के संबंध में यह बात सचमुच लागू होती है कि उनकी रचना-प्रक्रिया को माध्यम ने प्रभावित किया है। साथ ही उनके अंतर्विरोध ने कहीं-कहीं माध्यम को भी प्रभावित किया है। इस तरह की रचना-निर्मिति शमशेर जैसा कवि ही कर सकता है। उनकी कुछ कविताओं के द्वारा भी सृजन-प्रक्रिया समझने में सहायता होती है।

इसी तरह ग्रेस ने रचना निर्मिति से संबंधित जो चिंतन प्रस्तुत किया है उससे उनकी कविता की ओर देखने के अनेक सूत्र प्राप्त होते हैं। चूँकि कविता से ही उनकी पहचान है। उनका कहना है कि—"My Poetry is my real identification, my poetry is my defence."[42]

अपनी कविता के प्रति ग्रेस के मन में गहरी आस्था है, विश्वास है। क्यों न हो किसी कलाकार का अस्तित्व उसके द्वारा निर्मित कलाकृति के कारण ही होता है। ग्रेस की कविता हमेशा ही चर्चा का विषय रही है। यह चर्चा कभी सकारात्मक होती है तो कभी नकारात्मक। कोई भी रचनाकार जिस भाषा में सृजन करता है एक तरह

से यह उस भाषा की उपलब्धि है। सृजन के कारण कोई भी भाषा समृद्ध बनती है। मराठी साहित्य परंपरा में ग्रेस ने जो भी लिखा है वह पथ से हटकर लिखा है। इसलिए काफी विश्वास के साथ ग्रेस कहते हैं— ''माझी कविता एक बेट आहे. मी ही एक बेटच आहे. या बेटावरून परतीच्या कुठल्याही बोटीची हमी देऊ शकत नाही मी परतावेसे वाटते तर स्वत:च होडी झाले पाहिजे.''[43] (मेरी कविता एक द्वीप की तरह है, मैं भी एक द्वीप ही हूँ। अगर यहाँ कोई आता है तो वापसी के लिए नाव मिलेगी या नहीं, मैं कुछ कह नहीं सकता। यहाँ से लौटना है तो स्वयं ही नाव बनना होगा) ग्रेस के विचारों से इस बात की पुष्टि होती है कि उन्हें अपनी कविता की विशिष्टता से कोई परहेज नहीं है। साथ ही उनकी कोशिश रही है कि हमेशा अपने समकालीन तथा पूर्ववर्ती काव्य परंपरा से भिन्नता बनाये रखें। ग्रेस की रचना प्रक्रिया हमेशा ही जिज्ञासा का विषय रही है। इसका एक कारण यह भी है कि उन्होंने अपनी निर्मिति प्रक्रिया के बारे में प्राय: भिन्न-भिन्न विचार व्यक्त किए हैं। परिणामत: ग्रेस की निर्मिति प्रक्रिया के बारे में कोई सुनिश्चित धारणा बनाना मुश्किल बनता गया है। अगर कोई कहे कि ग्रेस के अमुक-अमुक विचार ही महज निर्मिति प्रक्रिया को उजागर करते हैं तो यह कहना अधिक साहस भरा है। क्योंकि ग्रेस के विविध विचारों को एक साथ रखकर ही उनकी निर्मिति प्रक्रिया समझी जा सकती है। ग्रेस लिखते हैं, यथा "My poetry is like the sad evening rain bow of august, wich unites both of my strenuous worlds, the world of lyrical madness and the world of requiem"[44]

जाहिर है कि ग्रेस की कविता दुख की संध्या बेला से निर्मित इंद्रधनु की तरह है। अपने काव्य जगत में उन्होंने काव्यगत दीवानगी और शोकगीत को साकार किया है। ग्रेस कविता के द्वारा Lyrical madness और Requiem अर्थात् शोक को अभिव्यक्त करने की बात करते हैं। ग्रेस की निर्मिति प्रक्रिया का यह बहुत ही महत्वपूर्ण सूत्र है। एक ओर उन्होंने संध्या समय को महत्वपूर्ण माना है। विशेष रूप से यह संध्या दुख से युक्त है। संध्या समय उदासी, निराशा, जैसे भावों को जगाता है। यह महज प्राकृतिक दृष्टि से संधिकाल नहीं है बल्कि भावों की दृष्टि से भी कुछ परिवर्तन इसी समय होता है। lyrical madness के संबंध में यह एक महत्वपूर्ण तथ्य है कि ग्रेस के जीवन में कविता से बढ़कर अन्य किसी चीज को अहमियत नहीं है। इसीलिए बड़ी विनम्रता से उन्होंने लिखा है कि ''कोणत्याही विषयावर मला ठरवून कविता लिहिता येत नाही—''It's like an instantaneous immortality, only you have to snatch it before ist's burst. it's like a beautiful bubble on the Water.''[45] ग्रेस का मानना है कि कविता हमेशा ही सोच-समझकर नहीं बनती है। वे किसी विषय पर सोचकर कविता नहीं लिख सकते हैं। उनके मतानुसार कविता

का अमूर्त रूप पहले से ही मौजूद रहता है। बस उस तीव्र आवेग को काव्य रूप देने की आवश्यकता होती है। ग्रेस ने पानी पर निर्मित बुलबुले के समान कविता की निर्मिति अवस्था मानी है। ग्रेस के प्रस्तुत चिंतन पर कहीं-कहीं वर्डस्वर्थ के विचारों का प्रभाव दिखायी देता है, जिन्होंने कविता की निर्मिति भावनाओं के सहजोद्रेक में मानी है। ग्रेस की काव्य निर्मिति में अन्य एक महत्वपूर्ण पहलू है— अकेलापन। एक तरह से रचना निर्मिति की प्रेरणा बनकर यह कार्य करता है। तभी तो ग्रेस कहते हैं— "एकांत व एकाकीपणा ही माझ्या निर्मिति प्रक्रियेची जशी शैली नाही तसेच ते वैशिष्ट्य ही नाही. तिचा तो फक्त स्वभाव आहे. "It dose not mean that I am running away from the society, discarding reality."[46] (एकांत और अकेलापन जिस तरह मेरी निर्मिति प्रक्रिया की शैली नहीं है उसी तरह विशेषता भी नहीं है। वह उसका स्वभाव है। इसका मतलब यह भी नहीं कि मैं समाज से पलायन कर रहा हूँ और यथार्थ को नकार रहा हूँ।)

ग्रेस की निर्मिति प्रक्रिया में अकेलापन विशेष उल्लेखनीय पड़ाव है। इस पड़ाव पर ही उनके सृजनशील कवि ने काव्य निर्मिति की है। अक्सर यह विवाद का मसला रहा है कि ग्रेस का काव्य स्वप्न लोक से निर्मित है। उसका समाज से कोई सरोकार नहीं है। इस दृष्टि से उपर्युक्त विचार कारगर लगते हैं। क्योंकि ग्रेस अपनी निर्मिति प्रक्रिया से यथार्थ को दरकिनार नहीं कर रहे हैं। अपनी कविता की निर्मिति प्रक्रिया को अधिक सरल शब्दों में स्पष्ट करते हुए ग्रेस लिखते हैं— "रात्रीचा पहिला प्रहर उलटल्यावर मला जाग येते तीच मुळी डोक्यात शब्द-कल्पना, प्रतिमांची दाटी होऊन. निद्राभरल्या डोळयांना अस्पष्ट चित्रे दिसू लागतात आणि एक टाकी भराभर ओळी कागदावर उमटत राहतात. प्रचंड थकवा येतो आणि मी अंथरूणावर, कधी, कसा लवंडलो हे दुसऱ्या दिवशी मला आठवत ही नाही."[47] (रात को प्रथम प्रहर के बाद अचानक मेरी नींद खुलती है तब दिमाग में शब्द-कल्पना-बिंब की होड़ मचती है। आँखों में नींद लिए ही मुझे अनेक चित्र दिखते हैं और लगातार काग़ज़ पर पंक्तियाँ बनती जाती हैं। बाद में काफी थकान महसूस होती है। पता नहीं कब और कैसे मैं बिस्तर पर लेट जाता हूँ और सुबह कुछ याद भी नहीं आता है।)

ग्रेस अपनी निर्मिति प्रक्रिया में जिस ओर इंगित कर रहे हैं, कुछ हद तक यही बात अंग्रेजी कवि कॉलरिज में भी लक्षित होती है। उनकी भी यह आदत रही है कि नींद से उठकर या अर्द्ध निद्रा में अचानक वे कविताएँ सृजित करते रहे हैं। यहाँ तक माना जाता है कि कॉलरिज ने अधिकतर कविताएँ नींद में ही लिखी हैं। उनके द्वारा लिखित एक प्रसिद्ध कविता है-Kubala Khan यह कविता कॉलरिज नींद में लिख रहे थे, आधी रात गए उनकी पत्नी ने उन्हें आकर टोका जिससे वह कविता पुनः कभी भी कॉलरिज पूरी नहीं कर पाए। अब सवाल यह है कि कोई कवि या

कलाकार इस तरह की निर्मिति क्यों और कैसे करता है ? तो इस बात को मनोवैज्ञानिक धरातल पर देखना आवश्यक है। वस्तुतः यह पूर्ण चेतन अवस्था की निर्मिति नहीं है। चेतन और अचेतन के बीच की स्थिति है। ग्रेस की निर्मिति की पद्धति भी इसी स्थिति की उपज है। संधिकाल एक तरह से ग्रेस की निर्मिति प्रक्रिया का अनन्य हिस्सा है। उन्होंने स्पष्ट शब्दों में कहा भी है— "संधिकाल हा माझ्या निर्मिति प्रदेशाला शाप, अभिशाप आणि उ:पशाप या त्रिवेणी धारणेतून, निसर्गाकडून मला मिळालेला माझा वाटा आहे."[48] (संधिकाल मेरी निर्मिति प्रक्रिया को शाप, अभिशाप और उ:पशाप की त्रिवेणी धारणा से प्राप्त कुदरती हिस्सा है।) ग्रेस संधिकाल को शाप, अभिशाप के साथ जोड़ते हैं। क्योंकि संधिकाल निर्मिति का काल है। प्राकृतिक और भावात्मक स्तर पर अनेक परिवर्तन संध्या समय ही होते हैं। महज सूर्यास्त और रात्रि की आरंभिक स्थिति ही नहीं है बल्कि भाव के विविध आलोड़न-विलोड़न वाली अवस्था है। एक विशिष्ट धूधंलापन फैल जाता है। ऐसी स्थिति में भावों का आवेग भी तीव्र होता है। ग्रेस की दृष्टि से यही सृजन काल है। अपनी जीवनशैली को निर्मिति अवस्था के साथ जोड़ते हुए ग्रेस कहते हैं— "माझ्या जीवनशैलीचे अनुसंधान राखणारी एकमेव व्यवस्था आहे माझी निर्मिति अवस्था आणि या अवस्थेचे स्वभावलेखन करीत असते हृदयांतर्गत एक आदिम व्यवस्था।"[49] (मेरी जीवनशैली के साथ अनुबंध स्थापन करने वाली व्यवस्था मेरी निर्मिति अवस्था है और इस अवस्था का प्रारूपण कार्य होता है हृदयांतर्गत एक आदिम व्यवस्था में।)

ग्रेस जीवन शैली और निर्मिति अवस्था का समन्वय करते हुए दिखायी देते हैं। यह समझाते हैं कि अंततः निर्मिति प्रक्रिया है कि अवस्था में ही संभव है। 'व्यवस्था' शब्द का प्रयोग कर उन्होंने एक तरह से निर्मिति प्रक्रिया में तकनीक का समर्थन किया है। उनका यहाँ तक कहना है कि जीवन प्रक्रिया और निर्मिति प्रक्रिया में विभाजन रेखा बनाना प्रायः मुश्किल काम है। अपनी कलाकृति के माध्यम से कलाकार एक तरह से आत्मशोधन अर्थात स्वयं को समझने का भी प्रयास करता है। ऐसा करते समय वह कभी वास्तविक सत्य को अपनाता है तो कभी आभास को स्वीकृत करता है। मतलब वास्तविक सत्य और आभास के समायोजन से ही कलाकार सृजन करता है। लेकिन इन दोनों को प्रायः अलग-अलग देखा जाता है, जिसका खंडण ग्रेस ने स्वयं किया है— "आत्मशोधाचे आणि निर्मिति प्रक्रियेचे करकरीत वास्तव स्वीकारताना मला या वास्तवाचे सत्य आणि भास असे कप्पे करणे पसंत नाही. वास्तव हे सार्वभौम भासचक्रच आहे. असा माझा मनोमन विश्वास आहे."[50] (आत्मशोधन तथा निर्मिति प्रक्रियगत यथार्थ को अपनाते हुए यथार्थ के सत्य और आभास दो अलग हिस्से बनाना मुझे उचित नहीं लगता है। मेरा मानना है

कि यथार्थ भी सार्वभौम आभास ही है।)

इससे यह बात ज्ञात होती है कि ग्रेस ने अपनी निर्मिति प्रक्रिया में यथार्थ के अंतर्गत सत्य और आभास दोनों को संजोकर रखा है, जो उनकी कलात्मक आत्मनिष्ठा का परिचायक है। उन्होंने निर्मिति प्रक्रिया में जो कुछ नया पाया, उसे अपनी कविता में जोड़ दिया है या उसे निर्मिति प्रक्रिया का हिस्सा बनाया है। इस संबंध में उनके द्वारा निर्मिति प्रक्रिया और जीवनप्रक्रिया के साथ जोडी गई अनुभव प्रक्रिया की संकल्पना उल्लेखनीय है। ग्रेस के विचार हैं कि ''निर्मिति प्रक्रिया, अनुभव प्रक्रिया आणि जीवन प्रक्रिया यांचा क्रम (अतिक्रम सुद्धा!) स्वप्न, वास्तव आणि सत्य यांच्या कलाने, कलहाने, करुणेने, कौर्याने... तात्पर्य, ज्या-ज्या क्रमाने मला सापडत गेला, आठवत गेला, तसाच तो मी इथे मांडलेला आहे.''[51] (निर्मिति प्रक्रिया, अनुभव प्रक्रिया और जीवन प्रक्रिया का क्रम (अतिक्रमण भी) स्वप्न, वास्तव और सत्य की दृष्टि से, संघर्ष से, करुणा से, क्रूरूरता रो... अर्थात जिस क्रम में मुझे प्राप्त हुआ, याद आया, उसे मैंने प्रस्तुत किया है।)

ऐसा नहीं है कि ग्रेस के विचारों में ही सिर्फ निर्मिति प्रक्रिया के सूत्र निहित हैं, बल्कि अन्य कलाकारों के बारे में भी यह बात देखी जा सकती है। अक्सर निर्मिति प्रक्रिया संश्लिष्ट या जटिल मानी जाती है क्योंकि वह सर्वप्रथम कलाकार के मानस पटल पर अमूर्त रूप से चलती रहती है। ग्रेस ने निर्मिति-अनुभव और जीवन तीन सूत्रों में इसे पिरोया है। लेकिन यह भी स्पष्ट रूप से समझना होगा कि अनुभव ही वह सेतु है जो निर्मिति और जीवन के बीच बना है। निर्मिति से संबंधित सभी तत्व अंततः अनुभव और जीवन से ही जुड़े रहते हैं। जिसे शब्द बद्ध करना या कला बद्ध करना इतना सहज कार्य नहीं है। इसीलिए ग्रेस ''निर्मिति को Construcution of Mirage मानते हैं।''[52]

वस्तुतः ग्रेस ने कला क्षेत्र में पुनर्निर्मिति को श्रेष्ठ माना है। साथ ही अपनी निर्मिति प्रक्रिया के विविध पहलुओं पर विचार व्यक्त किए हैं। इन सभी पहलुओं में पर्याप्त विविधता है, लेकिन इन्हें जोड़कर ही उनकी रचना निर्मिति की प्रक्रिया का आकलन सुलभ हो सकता है। ग्रेस की निर्मिति प्रक्रिया पर पाश्चात्य अनेक कवियों का प्रभाव भी लक्षित होता है, जिसमें रार्बट कास्ट, कोलरीज, वर्डस्वर्थ, टी.एस. इलियट आदि अनेक कवि हैं, जो किसी न किसी रूप में ग्रेस की निर्मिति प्रक्रिया में उपस्थित दिखते हैं।

कविता में रचना-प्रक्रिया के सूत्र : शमशेर ने अपनी रचना धर्मिता से संबंधित चिंतन गद्य लेखन में किया है। लेकिन उन्होंने ऐसी भी कुछ कविताएँ लिखी हैं, जिनसे उनकी रचना-प्रक्रिया तथा उनका सृजन से संबंधित दृष्टिकोण समझने में

सहायता होती है। शमशेर की दृष्टि से एक कवि में जो शक्ति है वह अन्यत्र नहीं है। एक कवि अपने कवि कर्म के द्वारा बहुत सारे मानव निर्मित तथाकथित बंधनों को तोड़ देता है। मानवीय दीवारों को गिराने का कार्य कवि ही बड़े पैमाने पर करता है। शमशेर की एक कविता की पंक्तियां उद्धरणीय हैं— 'कवि घंघोल देता है /व्यक्तियों के जल/ हिला-मिला देता/कई दर्पनों के जल/ जिसका दर्शन हमें/शांत कर देता है/ और गंभीर/ अंत में।''[53]

शमशेर ने 'घंघोल देता है' कहकर कविकर्म की व्यापकता सिद्ध की है। उनके मतानुसार व्यक्ति और समाज में बढ़ती दूरी को मिटाने के लिए कविता महत्वपूर्ण भूमिका निभाती है। कविता में निहित आशय और कथ्य से जब रसिक अवगत होता है तब उसकी अनेक जिज्ञासाओं की पूर्ति होती है। यही कारण है कि अंत में रसिक गंभीर बनता है। क्योंकि कविता में निहित दर्शन भी वह समझ जाता है। अर्थात् वह सोचने के लिए बाध्य होता है। शमशेर की कविता को लेकर सबसे अधिक सवाल उठाए गए हैं। यहाँ तक कि उनके कवि अस्तित्व को ही बहुत बार चुनौती मिली है। लेकिन ऐसे में भी शमशेर डटे रहे हैं। इस संदर्भ उनकी 'राग' कविता महत्वपूर्ण है। कुछ पंक्तियाँ देख सकते हैं— ''उसने मुझसे पूछा, तुम्हारी कविताओं का क्या मतलब है?/मैंने कहा — कुछ नहीं/उसने पूछा— फिर तुम इन्हें क्यों लिखते हो?/ मैंने कहा— ये लिख जाती हैं।''[54]

शमशेर की रचना-प्रक्रिया का महत्वपूर्ण सूत्र उपर्युक्त पंक्तियों में दिखायी देता है। यह कवि जब कविता लिखता है तो स्वयं भी इससे पूरी तरह परिचित नहीं है कि कविता का अंतिम स्वरूप क्या होगा? लेकिन लेखन की सहजता और स्वाभाविकता के आधार पर ही वह अनायास लिखता रहता है और कविता आकार लेती है। इस संदर्भ में यह ध्यान रखना होगा कि शमशेर की सभी कविताएँ ऐसी नहीं हैं क्योंकि उनकी कविता में जो अंतर्विरोध दिखायी देता है, वह असल में उनकी रचना-प्रक्रिया से ही उपस्थित हो जाता है। कुछ पंक्तियाँ गौरतलब हैं— ''तारों सी हैं मेरी बातें/दुर्बोध, अति सरल, अति दूर, अति निकट,/पलकों में।''[55]

शमशेर की रचना-प्रक्रिया में अनेक विचार, भाव कभी प्राचीन तो कभी अभिनव रूप में प्रकट होते हैं। और इन्हें कविता में लाते समय कवि काफी जद्दोजहद करता है। इसलिए कविता पाठक के लिए कभी सरल तो कभी दुर्बोध बनने लगती है। शमशेर हमेशा एक दूसरे से मेल जोल रखनेवाले विचार अपनाते रहे हैं। अर्थात् वे कभी महज कवि या मात्र चित्रकार के रूप में सम्मुख नहीं आते हैं। उनके कवि में चित्रकार हमेशा मौजूद रहता है। साथ ही वे अपने मनुष्यत्व की भी रक्षा करते हैं और अपने प्रेमी रूप को भी संभालकर रखना चाहते हैं। उनकी रचना प्रक्रिया की जद्दोजहद इसी में निहित है। किंतु शमशेर का यह भी दावा है कि जब

उनकी कविताएँ रसिक समझने लगता है, तो उसे नशा होने लगता है। पाठक या रसिक इसी नशे में झूमता रहता है। शमशेर लिखते हैं— "नशा मुझे नहीं होता। नहीं होता।/मुझे पीने वालों को/होता/है— मेरी कविता को/अगर वो उठा सकें और एक घूंट पी सकें।"[56]

आलोच्य कवि की यह धारणा रही है कि उनकी कविता हमेशा विशिष्ट और अलग है। और इस विशिष्टता के कारण ही अपने समकालीन कवियों में शमशेर सबसे अलग कवि हैं। उपर्युक्त पंक्तियों में कवि का आत्मविश्वास भी झलकता है। उनका मानना है कि कविता का नशापान करने के लिए रसिक में पहले यह क्षमता होनी चाहिए कि शब्दों के अर्थ समझकर एक-एक घूंट पी सकें। एक कलाकार या रचनाकार के लिए सहृदय होना जरूरी है, संवेदनशीलता आवश्यक है। इस संदर्भ में शमशेर की कुछ पंक्तियाँ महत्वपूर्ण लगती हैं— "एक लेखक /सरल हृदय वो/नूतन युग और परंपरा का/मौलिकता औ अनुवर्तन का/सच्चा सरगम।"[57]

एक रचनाकार के लिए यह जरूरी है कि वह अपनी रचना में नूतनता और परंपरा का समन्वय करें। साथ ही मौलिकता और अनुकरण का भी समन्वय स्थापित करें। शमशेर का यही चिंतन उन्हें काल से भी आगे ले जाता है। शमशेर का मानना है कि लेखक किसी पथप्रदर्शक से कम नहीं है। लेकिन उससे संबंधित महत्वपूर्ण तथ्य यह भी है कि लेखक एक बच्चे के समान भी होता है क्योंकि अनेक अनुभवों को वह समाज ही से ग्रहण करता है। जिस तरह बच्चा बहुत ही निरागसता से जीवनानुभवों को अपनाता है वही बात लेखक में भी होती है। शमशेर की 'डायरी' कविता की कुछ पंक्तियाँ गौरतलब हैं— "लेखक एक बच्चा है/उसकी ऊँगली पकड़ो। अगर वह चल सकता है, तो/नहीं तो वह साफ प्रसंग के बाहर है/छोड़ों उसे कह।"[58]

इसमें दोराय नहीं कि कवियों की अभिव्यक्ति के कारण राजसत्ता हमेशा प्रभावित रहती है। लेकिन कुछ कवि या लेखक ऐसे भी होते हैं जो राजसत्ता के अधीन होकर लिखते हैं। असल में एक तरह से इन कवियों को 'दरबारी कवि' ही माना जाना चाहिए। ऐसे कवि प्रायः हर कालखंड में पाये जाते हैं। शमशेर व्यंग्य की चोट करते हुए कह रहे हैं— "कवि एक बड़ा-सा तोता है, जैसे कि मैं/जिसे उसके संरक्षक पालते हैं/कई होते हैं वो।"[59]

शमशेर जानबुझकर 'जैसे कि मैं' कह रहे हैं। लेकिन वास्तव में उन्होंने अपने कवि समय में किसी भी राजसत्ता के अधीन रहकर नहीं लिखा है। लिखते भी कैसे? वे किसी एक विचारधारा के अधीन नहीं हैं। इसलिए शमशेर ने एक तरह से कवियों को नसीहत भी दी है। राजसत्ता के अधीन रहकर 'तोतागिरी' करनी है या निडर होकर अपने कविकर्म से अमरता प्राप्त करनी है। इन दोनों में से एक राह का

चयन कोई भी विवेकशील व्यक्ति ही कर सकता है। शमशेर के लिए कवि कर्म व्यक्ति की अमरता का ही परिचायक है। उन्होंने स्पष्ट शब्दों में कहा है— ''आदमी की अमरता कवि है/और इस शब्द के मानी/ बहार है।''[60]

यही कारण है कि शमशेर की हमेशा कोशिश रही है कि कुछ ऐसी कविता का सृजन उनके द्वारा संभव हो जो सभी माध्यमों से पार होकर निर्मिति हो। उन्होंने कहा भी है— ''ओ माध्यम!/क्षमा करना/कि मैं तुम्हारे पार जाना चाहता रहा हूँ।''[61]

अपनी रचना प्रक्रिया में शमशेर हर नई चीज को विचार, प्रयोग को साकार करना चाहते हैं। इसलिए उनकी निर्मिति प्रक्रिया हमेशा गतिशील रही है। अपने काव्य में यदि कोई संभावना अगर उनके द्वारा सृजित नहीं हो पाती है तो इस पर भी विनम्रता और ईमानदारी से उस कमी को उन्होंने स्वीकार किया है। किंतु इस स्वीकार में कामना वैसे ही बरकरार है। वास्तव में यह न लिख पाना और लिखने की कामना के बीच का द्वंद्व है। ऐसा द्वंद्व सच्चे कलाकार में निरंतर जारी रहता है। समीक्ष्य कवि लिखता है। यथा— ''एक विलयनवादी काव्य जो कि केवल/मैं लिखता-लिख सकता हमेशा नहीं.../वैसा काव्य। जैसा कि इनमें/ ध्वनित-अध्वनितस्व इत्यादि।''[62]

शमशेर ने 'विलयनवादी काव्य' संकल्पना का प्रयोग किया है। इससे यह प्रतीत होता है कि उन्होंने कविता और कवि व्यक्तित्व को कवि कर्म में आवश्यक माना है। यह सच्चाई है कि शमशेर अपनी कविता में पूरी तरह डूबे दिखायी देते हैं क्योंकि उन्होंने ध्वनित (शब्द, मूर्त) और अध्वनित (मौन, अमूर्त) दोनों को कविता में वरीयता दी है। इसमें एक प्रकार की रिक्तता भी है, जिसका संबंध शमशेर 'स्व' के साथ स्थापित करते हैं।

काव्य सृजन के लिए कलाकार के पास जो विश्वास चाहिए, वह शमशेर में बखूबी दिखायी देता है। लेकिन एक संदेह उनके मन में फिर भी हमेशा बना रहा है। यही अभिव्यक्ति का संघर्ष है। हिंदी में ऐसे कवि प्रायः बहुत कम हैं, जिन्होंने स्वयं अपने ही काव्य पर टिप्पणी की है। शमशेर इसके लिए अपवाद हैं। उन्होंने कविता के द्वारा ही कविता के बारे में लिखा है। इस संदर्भ में कुछ पंक्तियां द्रष्टव्य हैं— 'मौन था अति मुख। केवल/मौन ही था काव्य। विराम/गद्य का/लय/मर्म ही था छंद मेरा।''[63]

स्पष्ट है कि शमशेर ने मौन भी अभिव्यक्ति का रूप समझा है। 'मर्म' से तात्पर्य मूल संवेदना है। काव्य में विराम, लय, छंद सभी साधन रूप में प्रयुक्त होते हैं। किंतु मर्म की अभिव्यक्ति कविता और कवि को गरिमामय बनाते हैं। शमशेर की दृष्टि से कविता सूर्य की भांति है। जिसकी किरणों से राग उत्पन्न होते हैं, ऊर्जा प्राप्त होती है। इसीलिए कवि कहता है— ''कविता तो/किरणों की धार में वेगमयी

सविता है/जहाँ से कि/राग, उत्तप्त हो.../अंततः निस्तब्ध होते हैं!/रह-रह जहाँ से कि दिव्यरंग/रक्त ऊर्जा/उभरती!''[64]

जिस तरह सूर्य की किरणों से ऊर्जा प्राप्त होती है, उसी तरह कविता के रागों से भी ऊर्जा का संचारण होता है। शमशेर संगीत और कविता का अंत:संबंध भी रेखांकित कर रहे हैं। जैसे किसी राग में निस्तब्ध करने की क्षमता होती है। आलोच्य कवि की दृष्टि से यही क्षमता कविता में भी है। कविता के प्रति गहरी आस्था के कारण ही कवि को लगता है उनकी कविता में 'बात बोलेगी' वे खुद नहीं बोलते हैं। अर्थात् कविता के अभिव्यक्ति पक्ष पर बल देते हुए शमशेर लिखते हैं— ''बात बोलेगी/हम नहीं/भेद खोलेगी/बात ही।''[65]

जाहिर है कि शमशेर वस्तु पक्ष के साथ-साथ रूप पक्ष को भी अपनी कविता में प्रधानता देते हैं। यही कारण है कि शमशेर की कविता में रूपगत अनेक प्रयोगों को देखा जा सकता है। असल में शमशेर अपने समय में होते हुए भी समय से बहुत आगे दिखायी देते हैं। वस्तुतः उन्होंने वर्तमान के लेखन में भूत और भविष्य को शामिल करने का महत्वपूर्ण विचार अपने काव्य चिंतन में प्रस्तुत किया है। ग्रेस ने जिस तरह ललित गद्य के द्वारा कला चिंतन तथा रचना निर्मिति के संबंध में विचार प्रस्तुत किए हैं। वैसे ही उनकी कुछ कविताओं के माध्यम से रचना प्रक्रिया, कला, दृष्टि समझने में सहायता होती है। ग्रेस की विशेषता रही है कि उन्होंने कविता में अपनी कविता, कवि व्यक्तित्व और निर्मिति प्रक्रिया पर भी बखूबी लिखा है। समीक्ष्य कवि का मानना है कि कविता लिखी नहीं जाती है बल्कि वह आ जाती है। भावों की तीव्रता और उद्रेक ही काव्य निर्मिति करते हैं। यही कारण है कि ग्रेस प्रश्न करते हुए पूछते हैं— ''कविता कशा लिहितात?/खरंच का कविता लिहायच्या असतात?''[66] (कैसे लिखी जाती है कविता?/क्या सचमुच लिखी जाती है कविता?)

कवि प्रश्न उपस्थित करता है कि कविता कैसे लिखी जाती है? अथवा कविता लिखकर बनती है या अनायास ही तीव्र भावावेग बनकर प्रकट होती है। ग्रेस की दृष्टि से कविता के लिए करुणा की आवश्यकता है। यथा— ''कवितेच्या हट्टाला/चिंब करुणा लागते''[67] (कविता निर्माण के लिए,/लगती है हृदय में करुणा) कवि के मतानुसार हृदय में करुणा उत्पन्न होने पर ही कविता संभव है। ग्रेस अपनी कविता के प्रति काफी निष्ठावान दिखायी देते हैं, और होना भी चाहिए। दरअसल आस्थावान और ईमानदार कवि की कविता ही रसिक को सौंदर्यानुभव प्रदान करती है। कवि ग्रेस जिन शब्दों का प्रयोग करते हैं। उनका महत्व किसी छंद से कम नहीं है। उनके शब्द जब छंदबद्ध होते हैं तब कविता निर्मित होती है। उनकी 'वैखरी' कविता इस संदर्भ में उल्लेखनीय है— ''अता शब्द माझे सुमंदार कविता/कशा ठेवु मी सांग चरणावरी?/मी शाक्तपंथीय, तू स्पर्श द्यावा/स्तनांचा, तरंगून ये वैखरी।''[68] (मेरे

शब्द है अब सुमंदार कविता/कैसे रखूँ चरणों पर मैं/शाक्तपंथीय हूँ मैं/तुम स्पर्श करों /उरोजों से/उतर आओ हे! वैखरी)

उपर्युक्त पंक्तियों में ग्रेस ने 'समुंदार कविता' कहा है। वास्तव में 'सुमंदार' एक छंद है। कवि स्वयं को शाक्तपंथीय कह रहा है। यहाँ शाक्त का अर्थ किसी धर्म ग्रंथ से संबंधित नहीं है बल्कि शाक्त का अर्थ है शक्ति। और शक्ति से तात्पर्य है प्रतिभा। स्वयं को कवि प्रतिभाषाली भी मानता है। दरअसल यह किसी सच्चे कलाकार की अहंमन्यता है। श्रेष्ठ कलाकार में थोड़ा अहं भी निहित रहता है। यह अहं भाव अपनी निर्मिति के कारण जगता है। इसे दोषपूर्ण नहीं माना जा सकता। कवि 'वैखरी' अर्थात् वाणी से अनुरोध करता है कि तुम आ जाओ जिससे काव्य का निर्माण होता है। ग्रेस की धारणा है कि कवित्व के सृजन में भी रचनात्मकता या विशिष्ट संतुलन की आवश्यकता है। यह संतुलन महज शब्द प्रयोगों का नहीं है, भावों एवं विचारों की प्रस्तुति का भी है। काव्य में लय एवं छंद का विशेष महत्व होता है। ग्रेस 'सांगतिणी' कविता में लिखते हैं— ''कवितेच्या चरणात सरणाचा तोल/जळणारया लाकडाने मागू नये मोल।''[69] (कविता के छंदों में चिता सा मेल/ जलती हुई लकड़ी न माँगे मोल।)

जाहिर है कि कवि अपनी कविता में वेदना, पीड़ा, दु:ख को अभिव्यक्त करता है। यह भावस्थिति उसके लिए मृत्यु के समान ही होती है। अत: कवि ने कविता लिखने के पश्चात उससे कभी भी कोई अपेक्षा नहीं करनी चाहिए। अपनी ही कविता का अवलोकन करना किसी भी कवि के लिए कठिन कार्य है। मतलब किसी कवि के द्वारा कविता लिखकर पूरी होने के बाद तटस्थ रहकर उसका अवलोकन या निरीक्षण प्राय: असंभव है। ग्रेस की दृष्टि से यह एक तरह से क्रूर कर्म ही है। कुछ पंक्तियाँ द्रष्टव्य हैं— ''आपल्या कवितांचा प्रदेश न्याहाळित/जाणे यासारखी/ क्रूर कर्म शैली/नाही।''[70] (अपनी कविताओं की भूमि निहारते रहना/इससे बढ़कर कोई/क्रूर कर्मशैली/नहीं है) आलोच्य कवि अच्छी तरह से जानता है कि अगर अपनी कविता का अवलोकन करना है तो कुछ ऐसे शब्दों को समझना पड़ता है, जिनका कविता के बाहर एक विशिष्ट अर्थ है और जो कविता में आकर अर्थपूर्ण बनते हैं। कविता में प्रयुक्त शब्दों में नए अर्थ प्रतीत होने लगते हैं। मतलब एक अर्थ नष्ट होता है और दूसरे अर्थ को तराशा जाता है। इस संदर्भ में ग्रेस की 'संत' कविता की कुछ पंक्तियां महत्वपूर्ण हैं— ''ही रीत जाणतो मी पाऊल टाकण्याची/कवितेत नष्ट झाल्या शब्दास धुंडण्याची।''[71] (यह रीत जानता हूँ मैं, पगन्यास करने की/कविता में नष्ट शब्द खोजने की)

कविता में शब्द साधन के रूप में प्रयुक्त होते हैं। ग्रेस शब्दों को ईश्वर के समान मानते हैं। क्यों न हो भारतीय परंपरा में शब्द को ब्रह्म के रूप में जो माना

जाता है। लेकिन कवि अपनी अभिव्यक्ति को सघन बनने हेतु ऐसे शब्दों का भी प्रयोग करना चाहता है, जिससे कथ्य सक्षम बन सके। इसी से कवि के मन में अंतरद्वन्द्व शुरू होता है। दरअसल कवि कविता के लिए ऐसे शब्द प्रयोग करना नहीं चाहता जो तथाकथित सभ्यता से बहिष्कृत हैं। ग्रेस अपनी 'भय' कविता में लिखते हैं— ''शब्द देवाच्या सारखे कसे त्यांना दुखवाव ?/एक कवितेच्यासाठी नख गळ्याला झोंबावे!''[72] (शब्द ब्रह्म के समान कैसे उन्हें दुखाए ?/एक कविता के लिए कैसे गला दबाए!)

कविता के प्रति ग्रेस की निश्चित धारणा नहीं है। इसमें काफी वैविध्य दिखायी देता है। उनकी कविता में पारदर्शिता है। यह पारदर्शिता ही ग्रेस की काव्यगत विशेषता है। कवि कहता है— ''मृत्यु सारखी नितळ माझी कविता''[73] (मृत्यु जैसी पारदर्शी मेरी कविता) जिस तरह मृत्यु अत्यंत पारदर्शी होती है उसी तरह ग्रेस की कविता भी पारदर्शी है। मृत्यु अंतिम सत्य मानी जाती है। चूँकि वह शाश्वत है। ग्रेस अपनी कविता को भी किसी दर्शन से कम नहीं मानते हैं। किंतु उनकी कविताओं को देखने के बाद यह धारणा संदेह पूर्ण लगती है क्योंकि उनकी कविताएँ अनेक जटिलताएँ लेकर चलती हैं। उनमें सत्य, वास्तव, स्वप्न और अवबोध से जुड़ी घटनाएँ, प्रसंग होते हैं। इसलिए ग्रेस की कविता में पारदर्शिता की अपेक्षा भावात्मक संश्लिष्टता अधिक लक्षित होती है। संभवत: इसीलिए ग्रेस को कहना पड़ा— ''कधी तरी या कवितेचा अर्थ स्पष्ट होत जाईल''[74] (कभी न कभी इस कविता का अर्थ स्पष्ट होगा)

साथ ही ग्रेस ने कविता को हमेशा परंपरा, विचारधारा, वाद से दूर रखा है। मराठी काव्य परंपरा में जितने भी कवि हुए हैं उनसे ग्रेस स्वयं को अलग मानते हैं। और यह भी चाह रखते हैं कि उनके बाद भी कोई कवि उनकी तरह कविता न लिख पाये। 'वंश' कविता में कवि कहता है—

''घरभर सरणाचे पात्र सांडून जाई/फिरूनि फिरूनि माझा वंश निर्वंश होई।''[75] (घर में चिता का पात्र लुंढक जाता है/बार-बार मेरा वंश निर्वंश होता है) कवि बारबार महसूस करता है कि उसकी मृत्यु नजदीक आयी है जिससे उनका वंश निर्वंश होने जा रहा है। लेकिन इस तरह निर्वंश होना काव्य परंपरा की दृष्टि से निर्वंश होना है।

ग्रेस का इस तरह से स्वयं को काव्य परंपरा वंशहीन मानना सुधी पाठकों के लिए सचमुच अखरता है। क्योंकि कोई कवि किसी प्रत्यक्ष अथवा अप्रत्यक्ष प्रभाव के बिना लिख सकता है? यह कतई संभव नहीं है। हर कलाकार पर अपने परिवेश और परंपरा, इतिहास का प्रभाव प्रत्यक्ष वा परोक्ष रूप में अवश्य रहता है। इसे दरकिनार कर वह सृजन कैसे कर सकता है? अगर हम थोड़ी देर के लिए यह भी

मान लेते हैं कि भारतीय काव्य परंपरा की दृष्टि से ग्रेस अनुवंशहीन कवि हैं। किंतु पाश्चात्य काव्य परंपरा का प्रभाव तो उनके काव्य पर अवश्य रहा है। उसे किस आधार पर नकार सकते हैं? इसलिए ग्रेस का स्वयं को निर्वंश कहना मेरी दृष्टि से अनुचित है। अपनी निर्मिति के बारे में कहना कलाकार के लिए प्राय: जटिल अनुभव होता है। और वह भी उस कला में जिसमें कलाकार लिखता है। किंतु ग्रेस ने इस जटिल कार्य को भी सुचारू ढंग से प्रस्तुत किया है। अपनी निर्मिति अवस्था को प्रकट करते हुए उन्होंने लिखा है— "भीतीने बावरलेल्या/शब्दांच्या संध्याकाळी/मी विसरून मोजत बसतो/कवितेच्या माझ्या ओळी."[76] (डर से हड़बड़ाती/शब्दों की श्याम/खुद को भुलकर मैं गिनने लगता हूँ/अपनी ही कविता की पंक्तियां)

ग्रेस की निर्मिति प्रक्रिया में डर हमेशा मौजूद रहता है। उनकी निर्मिति प्रक्रिया में शाम का उल्लेख विशेष रूप से लक्षित होता है। संध्या समय की विशेषता है कि इस समय में सूर्यास्त होकर रात्रि का आरंभ होने लगता है। ऐसे समय में कवि की भाववृत्ति अधिक उद्वेलित हो उठती है। यह समय ही ग्रेस की काव्य निर्मिति को प्रेरणा बनकर आता है। फिर भी सवाल यह है कि फिर कवि के मन में डर क्यों है? इस संदर्भ में ग्रेस की 'कावळा' (कौआ) कविता मार्मिक लगती है। कुछ पंक्तियाँ बानगी के रूप में देखिए— "दु:खात माझिया का दृष्टांत सोसवेना/खाऊन वेत' पहिले या मांजरीस तृष्णा/शोधून काढले मी ते कूळ ही करंटे/पहिल्या वधास लागे काळीज फार मोठे।"[77] (मेरा दुख न सह सके दृष्टांत/खाकर पहला वेत बिल्ली फिर भी प्यासी/खोज लिया मैंने, वह कुल अभागा/प्रथम वध के लिए चाहिए बड़ा कलेजा।) वेत'— प्रथम बार जब बिल्ली प्रसव होती है तब उसके पिल्ले को वेत कहते हैं। यह शब्द अन्य पालतू पशुओं के लिए भी प्रयुक्त है।

वस्तुत: निर्मिति प्रक्रिया बहुत ही अस्थिरता एवं भावोद्वेलन निर्माण करती है। ग्रेस के मतानुसार बिल्ली प्रसव के पश्चात पहला वेत खा लेती है, फिर भी उसकी तृष्णा कायम रहती है। 'प्रतिभा' के लिए बिल्ली का प्रयोग हुआ है। कवि ने 'निर्मितिनाश' के लिए पहला वध कहा है। असल में ग्रेस का कहना है कि सच्चे कलाकार के मन में डर निरंतर जारी रहता है। दरअसल यह डर निर्मिति से संबंधित है। अर्थात निर्मिति संभव और निर्मिति विनाश की दोहरी अवस्था में कलाकार जीता है। कलाकार को इस बात का डर लगा रहता है कि निर्मिति विनाश हुआ है? निर्मिति विनाश से तात्पर्य निर्मिति या निर्माण हो चुकी कलाकृति का नाश नहीं है बल्कि कलाकार के द्वारा निर्मिति न हो पाने के भाव से है। चूँकि निर्मिति एक तरह से निर्माण की प्रक्रिया है। निर्मिति की प्रक्रिया पूरी होने पर ही कलाकृति का निर्माण हो पाता है। इस संदर्भ में 'निष्पर्ण तरूंची राई' कविता की पहली पंक्ति में ग्रेस लिखते हैं— "भय इथले संपत नाही मज तुझी आठवण येते/मी संध्याकाळी गातो तू

मला शिकवली गीते.''[78] (डर कभी खत्म नहीं होता, याद तुम्हारी आती है/संध्या समय मैं गाता हूँ,गीत जो तुमने सिखाए हैं।)

हर एक कलाकार की निर्मिति प्रक्रिया भिन्न-भिन्न होती है। यह भिन्नता इसलिए आती है कि उनकी जीवन-दृष्टि एवं सौंदर्य-दृष्टि भिन्न होती है। किंतु सभी कलाकारों में एक समान स्थिति भी देखी जा सकती है कि जिसमें कलाकार निर्मिति के लिए आवश्यक सामग्री, अनुभव, विचार, कल्पना, निरीक्षण आदि पर विचार करता है। जीवनानुभव में भिन्नता होगी लेकिन प्रक्रिया समान चलती है। कुछ पंक्तियाँ प्रासंगिक हैं– ''संभवापूर्वीच गोळा करून ठेवले होते मी,/माझ्या निर्मितिचे पुरेसे क्षण।''[79] (निर्माण के पूर्व ही जमा किए थे मैंने/मेरी निर्मिति के लिए उपयोगी क्षण।)

वस्तुतः कवि अपनी निर्मिति से पूर्व ही अनुभव संचयन की पुष्टि करता है। इसमें दो राय नहीं कि कविता वेदना से उपजती है। साथ ही स्वप्न और सत्य, चेतन और अचेन के संघर्ष से ही कविता बनती है। ग्रेस कविता को क्षितिज की तरह मानते हैं। उनका मानना है कि कविता क्षितिज की तरह हो। क्षितिज की विशेषता है कि वह विराटता या विशालता धारण किए रहता है। एक स्थिति में वह जमीन पर टिका नज़र आने लगता है परंतु यह अभासी सत्य है। ग्रेस अपनी कविता में भी क्षितिज जैसी विशालता भरना चाहते हैं। उनका मानना है कि संध्या समय गाय रांभती है, ठीक वैसी ही अवस्था कवि की भी होती है। कवि ग्रेस 'संध्याकाळच्या कविता' संग्रह की भूमिका में लिखते हैं– ''क्षितिज जसे दिसते/तशीं म्हणावी गाणी,/ देहावरची त्वचा आंधळी छिलून घ्यावी कोणी,/गाय जशी हंबरते/तसेच व्याकुळ व्हावे,/बुडता-बुडता सांज प्रवाही/अलगद भरूनी यावे...''[80] (जैसे क्षितिज दिखे/ वैसे गाओ गीत/देह की त्वचा अंधी/छिलकर ले कोई/जैसे गाय राँभती/वैसे आकुल होवे/डूबते-डूबते संध्या समय/आहिस्ता ह्रदय भर आए...।)

ग्रेस की सबसे बडी खासियत यह है कि उन्होंने अपनी निर्मिति प्रक्रिया पर विशेष ध्यान दिया है। उनके मतानुसार जिस तरह गाय रांभती है, उसी तरह कवि को आकुल होना चाहिए। अपने बछड़े से मिलने के लिए गाय का रांभना अत्यंत मर्मस्पर्शी बनता है। ठीक उसी तरह के भाव जब कवि के मन में उठते हैं तब वह निर्मिति संभव को सफल बनाना है। जब वह कला निर्मिति करने लगता है तब मानो उसकी देह की त्वचा कोई छिल रहा हो। इससे कलाकार और कलाकृति निर्मिति की सघनता और अभिन्नता लक्षित होती है। परंतु आलोच्य कवि का मानना है कि इसके लिए कवि के मन में श्रद्धा होनी चाहिए। साथ ही कलाकार के लिए आवश्यक अहं भी। उनकी 'निर्मिति' कविता इस संदर्भ में सार्थक लगती है– ''विश्वनिर्मितिच्या रात्री/मला छेदावे श्रद्धेने/अशा लाघवी क्षणांना/माझ्या अहंतेचें टोक/शब्द फुटण्याच्या आधी/ऊर दुभंगते हाक।''[81] (विश्व निर्मिति की रात/मुझे बेध ले श्रद्धा/ऐसे मीठे

क्षणों की/मेरे अहं की धार/शब्द निकलने से पहले/हृदय से फूटे आवाज।)

दुःख की तीव्र अनुभूति ही कवि को काव्य लेखन के लिए प्रेरित करती है। लेकिन समीक्ष्य कवि को लगता है कि सृजन करते समय एक स्थिति ऐसी भी आती है जब वह अपनी ही निर्मिति पर संदेह करने लगता है। अर्थात् उसे न कुछ सुझता है और न वह लिख पाता है और जो निर्माण किया है उसमें भी अधूरापन महसूस करता है। इस संदर्भ में 'आता' शीर्षक की कविता उल्लेखनीय है— "आता लिहिताना काही/जरा वेगळे वाटते/माझ्या लेखणीची ओळ/तिळातिळाने तुटते/शब्द अनाथ दिसती/रेघ हळूच ओढावी/टिंब ठेवूनहि अंती/गीत अपुरे वाटते..."[82] (लिखते हुए भी अब कुछ/जरा अटपटा-सा लगता है/मेरी कलम की पंक्ति/तिलतिल मिटती है/शब्द अनाथ लगते हैं/धीरे से शिरोरेखाएँ बनाएँ/देकर पूर्ण विराम अंत में/गीत/फिर भी लगे अधूरा)

कवि के मन में जो अधूरापन उभरा है, वह एक तरह से इस बात का स्पष्ट संकेत है कि वह इससे बढ़कर और अलग कुछ लिखना चाहता है। यही एहसास उसे कविता में प्रयोग कराने के लिए उन्मुख करता है। कलाकृति जीवनानुभव को परिपूर्णता प्रदान करती है। लेकिन कवि का मानना है कि अभी भी लेखन में अधूरापन महसूस होता है। इस संदर्भ में यह तथ्य भली-भांति समझना होगा कि यह द्वंद्व ही कलाकार की रचना प्रक्रिया में सक्रिय रखता है। कवि ग्रेस इस अधूरेपन को पूरा करने की चाह भी रखते हैं। यथा— "मला खूप महत्वाची कविता लिहायची आहे।"[83] (मुझे बहुत महत्वपूर्ण कविता लिखनी है।)

ग्रेस की निर्मिति प्रक्रिया में शब्दों का प्रयोग बहुत सोच समझकर होता है। अनायास ही किसी शब्द के प्रयोग की यहाँ कोई गुंजाइश नहीं होती है। मतलब शब्दों को तराशा जाता है और फिर आशय के अनुरूप विशिष्ट क्रम में उनका प्रयोग किया जाता है। इसलिए ग्रेस ने भी कहा है कि— "मनात कविता जुळे चिणुनि शब्द माझा नवा..."[84] (मन में कविता आती है चिनकर शब्द नया...)

कवि की यही भाव स्थिति अकेलेपन में भी होती है। कविता और अकेलेपन का संबंध जोडते हुए वह कहता भी है— "निर्वंश समुद्रावरील वाळंवटात उभे/राहिले की मला ऐकु येतात/माझ्या कविता"[85] (निर्वंश समुद्र की मरूभूमि में खड़ा होने पर/मुझे सुनाई देती है मेरी कविता)

ग्रेस की कविता में दुःख व्यापक रूप में प्रकट हुआ है। दुःख की तीव्रता जब बढ़ जाती है तब कवि कविता लिखने के लिए प्रेरित होता है। यह भी संभव है कि कवि कविता के माध्यम से अपना दुःख अभिव्यक्त कर उसे कम करने की कोशिश में हो। क्योंकि ग्रेस के लिए कविता ही एक मंच है जहाँ पर आकर दुःख शब्दबद्ध हो सकता है। कुछ पंक्तियाँ गौरतलब हैं— "भरभर जमती हे मेघ प्राणात दाटी/सरळ लिहित जातो कोण कविता ललाटी/हृदय भरूनि आले ऐक माझी कहाणी मिटवुनि

कमळांना कोण गाईल गाणी?''[86] (आकर सीधे लिखे कविता ललाट पर कौन जाने/भर आया है ह्दय, सुनो मेरी कहानी/मूंदकर कमल गीत गाए कौन?

ग्रेस की दृष्टि से कविता बनाने के लिए ह्दय भर आना चाहिए। किंतु यह पूरी प्रक्रिया कैसे घटित होती है। कवि स्पष्ट रूप से कुछ नहीं कहता है। ग्रेस की यही तो खूबी है कि पाठकों के सामने कोई बात सीधे और सरल तरीके से नहीं ले जाते हैं। क्या वाकई कवि इससे अनभिज्ञ हैं कि कविता कौन लिख रहा है? या कैसे बन रही है? इससे सचमुच अनजान हो सकता है। ग्रेस के संबंध में यह बात सार्थक नहीं लगती है। क्योंकि ग्रेस स्वयं एक ओर कह रहे हैं— ''शापच आहे मला संगमरवरांत स्वप्न लपवून ठेवयाचा।''[87] (शाप ही है मुझे संगमरमर में स्वप्न छिपाने का)

वास्तव में ग्रेस का यह हुनर ही है। इस तरह की निर्मिति प्रक्रिया पर नाथों की चमत्कार शैली का प्रभाव उन पर दिखायी देता है। यद्यपि यह उलटबांसी भी नहीं है लेकिन शब्दों में तथ्यों को छिपाने की कला ग्रेस अच्छी तरह जानते हैं। कवि का यही हुनर उनकी 'कवितेचा पाठ' शीर्षक कविता में व्यक्त हुआ है— ''कवितेची देवा। अशी करावी बांधणी। निद्रेखालून चांदणी। हसताना।।/तिला द्यावा कौल। हाक फोडुनिया बोलराघू मैनेला सखोल। जसा करी।।''[88] (हे कवि! कविता ऐसे बनाए/जैसे नींद में चांदनी हंसते हुए।।/उसे दो कौल। वह ह्दय चीरकर कहे/तोता मैना गुफ़्तगू जैसे करें)

ग्रेस ने कवि के लिए 'देवा' कहकर संबोधित किया है। उनकी धारणा है कि कलाकार भी ईश्वर की तरह निर्मिति करता है। वास्तव में कलाकार के द्वारा पुनर्निर्मिति की जाती है। स्वप्नावस्था में चांदनी देखकर जिस तरह आह्लाद का अनुभव होता है वही आह्लाद सौंदर्य का अंग है। साथ ही कविता में जो बात कही जाएगी उसमें ह्दय की गहराई से निकली हुई बात होनी चाहिए। तोता अपने बोल से जिस तरह मैना को मनाता है, वही अंदाज कवि या कलाकार के लिए जरूरी है। ग्रेस की निर्मिति प्रक्रिया का अन्य एक महत्वपूर्ण हिस्सा है— लयबद्ध अभिव्यक्ति। उनकी अधिकतर कविताएँ इसी के ईद-गिर्द घूमती हैं। कारण स्पष्ट है कि ग्रेस कविता में अभिव्यक्ति पक्ष पर काफी बल देते हैं। उनका तो यहाँ तक कहना है— ''चालणे वृत्तात माझे/बोलणे वृत्तीपरी''[89] (चलना मेरा छंद में/बोलना आदत से परे)

इससे यह ज्ञात होता है कि समीक्ष्य कवि अपनी काव्य कला में अभिव्यंजना का काफी ध्यान रखता है। यह विशेष उल्लेखनीय है कि वृत्त और छंद की बात ग्रेस ऐसे दौर में कर रहे हैं जब मराठी कविता अधिकतर मुक्त छंद का दामन थामे हुए हैं। ग्रेस की निर्मिति प्रक्रिया में अनेक पड़ाव आते हैं, जो उनकी रचनाधर्मिता में कारगर सिद्ध हुए हैं। समीक्ष्य कवि ने जिस तरह कविता की निर्मिति प्रक्रिया पर स्वतंत्र विचार किया है उसी तरह कविता के रसिक के संबंध में भी विचार प्रस्तुत किए हैं।

बानगी के तौर पर निम्न पंक्तियाँ देख सकते हैं– "ज्याच्या मिठीत फुलनी येशिल, त्याच मिठीचा साजण माग।"[90] (जिसके आलिंगन में फूल सकोगी/उसी साजन के गले मिलो।)

जाहिर है कि ग्रेस ने कवि, कविता, कलाकार, रसिक आदि से संबंधित पर्याप्त चिंतन किया है। यह चिंतन काव्य में ढालने का कार्य कवि ने बखूबी निभाया है। असल में यह उनका कवि कौशल ही है। शमशेर की रचना प्रक्रिया समझने के लिए कुछ आलोचकों के विचार उल्लेखनीय हैं।

रचना-प्रक्रिया और आलोचक : शमशेर की कला दृष्टि और निर्मिति प्रक्रिया के बारे में उक्त चिंतन को विस्तार से समझने के बाद आलोचकों के विचारों के आधार पर भी उनकी रचना प्रक्रिया समझी जा सकती है। शमशेर की रचना प्रक्रिया तथा सौंदर्य दृष्टि के बारे में आलोचकों द्वारा जो विचार प्रस्तुत किए गए हैं, उनका अध्ययन इस संदर्भ में उचित लगता है। क्योंकि इस मुद्दे पर विचार करना सौंदर्यशास्त्र की ही मांग है। इस विचार की पुष्टि मराठी सौंदर्यशास्त्री रा.भा. पाटणकर के विचारों से होती है– "उनका मानना है कि समीक्षा व्यवहार में प्रयुक्त अवधारणाओं का तार्किक विश्लेषण करना सौंदर्यशास्त्र का प्रमुख कार्य है। इस दृष्टि से सौंदर्यशास्त्र Meta Criticism है। अर्थात् सौंदर्यशास्त्र समीक्षा की समीक्षा है।"[91] सौंदर्यशास्त्र Meta Criticism इस अर्थ में है कि समीक्षा के अंतर्गत जो स्थापना की जाती है, उसका तात्विक और बहुआयामी विवेचन सौंदर्यशास्त्र में किया जाता है। उदा. 'गुलाब का फूल सुंदर है।' यह वाक्य समीक्षागत स्थापना है। लेकिन फूल क्यों सुन्दर है? सुंदर शब्द से किसी गुणधर्म का निर्देश होता है। अगर फूल सुन्दर है तो इसके क्या निष्कर्ष दिए जा सकते हैं? आदि प्रश्नों का तर्क के आधार विश्लेषण सौंदर्यशास्त्र करता है।

समकालीन कवि एवं आलोचक कुंवरनारायण शमशेर की रचना-प्रक्रिया के बारे में विचार व्यक्त करते हुए लिखते हैं– "शमशेर की रचना-प्रक्रिया में एक तरह का त्रिकोणात्मक तनाव बराबर मौजूद रहता है। एक ओर तो रोमैंटिक तत्व जिसे 'लोग कहेंगे कि छायावादी रंग की, छायावादी फैगएंड की चीज, दूसरी ओर वे प्रगतिशील रचनाएँ जिनके बारे में मेरे दिल में हमेशा संदेह रहा कि ये कविता के रूप में अच्छी नहीं बन पड़ी है शायद...और तीसरा बिंदू है समकालीन यथार्थ का प्रामाणिक अनुभव।"[92]

कुंवर नारायण ने शमशेर के कवि रूपों के विविध आयामों को एक तरह से उजागर किया है। यह सत्य है कि शमशेर अपने समकालीन यथार्थ का प्रामाणिक अनुभव रचना में लेकर आते हैं। लेकिन यह भी तथ्य समझना आवश्यक है कि

शमशेर महज भारतीय परिवेश से संबंधित यथार्थ तक सीमित नहीं हैं। शमशेर का ध्यान वैश्विक यथार्थ पर टिका दिखायी देता है। यही कारण है कि शमशेर बहुत बार काव्य सृजन करते समय रसिक का ध्यान नहीं रखते हैं। उनका प्रयास मात्र रचना निर्मिति तक ही सीमित बना रहता है। इस तथ्य की पुष्टि विश्वनाथ त्रिपाठी के विचारों से भी होती है— ''शमशेर काव्य रचना करते समय श्रोताओं-पाठकों की परवाह नहीं करते। वह अपने आंतरिक जगत में लीन रहते हैं। पाठक श्रोता का उनकी कविताओं की रचना-प्रक्रिया में कोई हस्तक्षेप नहीं।''[93] शमशेर की रचना-प्रक्रिया में पाठकीय हस्तक्षेप न होने के कारण ही वह विशिष्ट बनती है। संवेदना ही शमशेर की रचना-प्रक्रिया में महत्वपूर्ण बिंदू है। इस संबंध में डॉ. विरेंद्र सिंह का कहना है कि ''शमशेर की रचना-प्रक्रिया में और उनकी संवदेनात्मक संरचना में एक अन्य तत्व महत्वपूर्ण है, जो उन्हें संक्षेपण की ओर ले जाता है। कवि का मानस् गोपन को इतना महत्व देता है कि वे अपनी बात को एक सेन्सर का रूप दे देते हैं।''[94]

शमशेर अपनी काव्य-रचना में एक ओर संवेदना के प्रति सचेत है तो दूसरी ओर संक्षेपण को भी महत्वपूर्ण मानते हैं। सवाल यह है कि संक्षेपण किस बात का है? तो यह संक्षेपण अभिव्यक्ति का है। साथ ही संवेदना की संरचना का भी है। उनकी इसी प्रवृत्ति के कारण संवेदना के सभी स्तर या परतें एकदम से नहीं खुलती हैं। मूलत: शमशेर के मानस पटल में कुछ छिपाने का भाव निहित रहता है। यह गोपन की प्रवृत्ति उन्हें संत परंपरा में प्रचलित 'उलटबाँसी' शैली के नजदीक ले जाती है। लेकिन यह उलटबाँसी भी नहीं है। इनका प्रयास शब्दों के माध्यम से चमत्कार उत्पन्न करना नहीं है बल्कि शब्दों में भाव, संवेदना, विचार को कहीं-कहीं छिपाये रखना है। अब शमशेर ऐसा क्यो करना चाहते हैं? तो यह उनका मानसिक अंतर्द्वद्व है जिससे शमशेर न ही खुलकर अपने आपको प्रकट कर पाते हैं और न ही कुछ पूर्णत: छिपाकर रख सकते हैं। मुक्तिबोध का भी मानना है कि ''शमशेर की मूल प्रवृत्ति एक इम्प्रेशनिस्टिक चित्रकार की है। इम्प्रेशनिस्टिक चित्रकार अपने चित्र में केवल उन अंशों को स्थान देगा जो उसके संवेदना ज्ञान की दृष्टि से प्रभावपूर्ण संकेत शक्ति रखते हैं।''[95]

जाहिर है कि शमशेर में बसा चित्रकार प्रभाववादी है। जिसकी चर्चा पहले हुई है। और चित्रकार की आंख से ही उनकी कविता में घटना, प्रसंगों तथा संवदेना को स्थान मिलता है। शमशेर की यही सोच उन्हें कभी क्लासिसिज्म की ओर ले जाती है तो कभी कम्युनिज्म की ओर। शमशेर की रचना प्रक्रिया में अभ्यास को बड़ी महत्ता मिली है। इस विचार की पुष्टि मलयज के विचारों से होती है— ''क्लासिसिज्म, कम्युनिज्म और शमशेर, शमशेर का अनुशासन काव्य में। रेहट्रिक और काव्य शिल्प

की अति कठोर मर्यादा के प्रति उनका आग्रह। उनका काव्य-अनुशासन तथा क्लासिक्स का अध्ययन भावों की सक्षम अभिव्यक्ति के एक आदर्श रूप की हैसियत से वे करते हैं। और उन काव्य-नियमों, मर्यादाओं और अभ्यासों पर बल देते हैं।''[96] स्पष्ट है कि मलयज ने शमशेर की रचना प्रक्रिया के संबंध में कुछ महत्वपूर्ण संकेत दिए हैं जिससे उनके काव्य शिल्प में निहित अनुशासन, नियम तथा सीमाओं को समझा जा सकता है। मलयज ने रेहटरिक और काव्य शिल्प के संबंध में शमशेर के कठोर आग्रह की बात की है। रेह्टरिक का अर्थ होता है छंदात्मकता। दरअसल शमशेर ने काव्य शिल्प में अनेक प्रयोग किए हैं। इसीलिए उनका दृष्टिकोण आग्रह से युक्त दिखायी देता है। इस तरह का आग्रह कवि इसलिए करता है कि वह भावाभिव्यक्ति के तकनीक को गंभीरता के साथ समझता है। और यह गंभीरता रचना प्रक्रिया में आद्यंत बनी रहती है। संभवतः इसीलिए कुंवर नारायण लिखते हैं— ''शमशेर को पढ़ना केवल उनकी कविताओं के अर्थ ग्रहण करना नहीं है, रचनात्मकता के अर्थ को भी अनुभव करना है।''[97]

यह निश्चित है कि शमशेर अपने काव्य शिल्प के प्रति बहुत अधिक सचेत हैं। क्योंकि उनकी रचना-प्रक्रिया में अनुभूति और यथार्थ को वरीयता शिल्प के बाद ही मिलती है। इस अर्थ में शमशेर काफी वस्तुनिष्ठ सोच रखने वाले कवि प्रतीत होते हैं। चूँकि जो कवि शिल्प पर इतना ध्यान पहले ही से देता है, वह अधिक वस्तुनिष्ठ सोचवाला भी होता है। शमशेर की शिल्प प्रधानता को लेकर आपत्ति इसलिए नहीं होनी चाहिए क्योंकि शमशेर साहित्य या कविता की चर्चा वस्तुनिष्ठता से आरंभ करते हैं, अनुभूति की बाद में। तो क्या शमशेर अनुभूति को गौण मानते हैं? ऐसा भी नहीं है। मलयज अपनी डायरी में लिखते हैं— ''शमशेर जी काव्य-कला या साहित्य की कोई भी बात किसी सर्जनात्मक चिंतन विश्लेषण के प्रसंग में, जब करने लगते हैं तब उनकी जबान पर जो पहला शब्द आता है वह प्रायः 'शिल्प' का होता है। वे अपनी बात न तो अनुभूति से शुरू करते हैं न यथार्थ से। अपनी कविताओं अथवा रचनाप्रक्रिया के बारे में भी चर्चा करते समय वे शिल्प से ही बात आरंभ करते हैं, बाद में भले ही अनुभूति और यथार्थ की बात आए।''[98]

इस संदर्भ में एक महत्वपूर्ण तथ्य यह समझना होगा कि शमशेर अपनी कविता की बात करते समय या रचना प्रक्रिया समझाते समय शिल्प से आरंभ कर रहे हैं। मतलब शमशेर तटस्थ होकर अपनी कविता को देखते हैं। असल में यह उनकी आलोचकीय दृष्टि का परिचायक है। लेकिन कोई भी कलाकार सृजन करते समय अनुभूति या यथार्थ से होकर ही शिल्प की यात्रा करता है। दूसरे शब्दों में कहे तो उसकी रचना निर्मिति की यात्रा अनुभूति से शिल्प की ओर ही होती है। इस तरह यह स्पष्ट है कि शमशेर की रचना-प्रक्रिया के संबंध में विद्वानों में पर्याप्त मतभिन्नता

है। ग्रेस हमेशा ही समीक्षकों के केंद्र में रहे हैं। कभी इनकी कविता के बारे में चर्चा हुई तो कभी रचना प्रक्रिया के संबंध में। मराठी में बहुत कम आलोचकों ने उनकी निर्मिति प्रक्रिया के बारे में सटीक टिप्पणी की है। इसका एक कारण स्वयं ग्रेस भी हैं क्योंकि उन्होंने अपनी निर्मिति प्रक्रिया के बारे में लगातार नित नवीन तत्वों को जोड़ा है, ग्रेस के द्वारा अपनी निर्मिति प्रक्रिया के बारे में भिन्न-भिन्न विचार व्यक्त करना ही आलोचकों की दृष्टि से सबसे बड़ी जद्दोजहद साबित होती रही है। इस संबंध में कुछ आलोचकों के विचारों को प्रस्तुत किया है, जिससे ग्रेस की रचना-प्रक्रिया समझने में सहायता होती है। इस संदर्भ में डॉ. अक्षयकुमार काळे लिखते हैं— ''ग्रेसच्या जाणिवेचे केंद्र स्थिर नाही. संपूर्ण कवितेची एक अनुभवाच्या अविष्कारणाभोवती रचना होत नाही. दोन ओळीत व्यक्त झालेला अनुभव पुढच्या दोन ओळींमध्ये विस्तारित होत नाही।''[99] (ग्रेस की चेतना का केंद्र अस्थिर है. पूरी कविता एक ही अनुभव के आधार पर रचना बद्ध नहीं होती है, दो पंक्तियों में व्यक्त अनुभव अगली दो पंक्तियों में नहीं आता है या विस्तार नहीं पाता है।)

डॉ. काळे के विचार इस तथ्य पर प्रकाश डालते हैं कि ग्रेस की रचना प्रक्रिया संश्लिष्ट है। उन्होंने अनेक अनुभवों को एक ही कविता में व्यक्त किया है। इसलिए एक पंक्ति का संदर्भ दूसरी पंक्ति से जुड़ेगा ही, ऐसा दावा नहीं किया जा सकता है। इसका करण ग्रेस स्वयं स्वीकार कर चुके हैं कि रचना प्रक्रिया के समय विचार, कल्पना, बिंब आदि की होड़-सी मच जाती है। यह सोचनीय मुद्दा है कि ग्रेस की चेतना अस्थिर है तो इसे उनकी विशेषता मानी जाए या सीमा। मेरी दृष्टि से यह समीक्ष्य कवि की रचना प्रक्रिया की विशेषता है। अपनी रचना प्रक्रिया में अनेक चीजों को एक साथ पिरोने की कोशिश में ही ग्रेस ऐसा कर सके हैं। इस बात की पुष्टि वरिष्ठ मराठी लेखक एवं समीक्षक वसंत अबाजी डहाके के विचारों से भी होती है। उनके विचार उल्लेखनीय हैं ''ग्रेस यांच्या काव्यशास्त्रात रोमैंटिसिज्म बरोबरच सौंदर्यवाद, प्रतिमावाद आणि प्रतीकवाद, संस्कारवाद, अभिव्यक्तिवाद यातले सारतत्वे आढळतात.''[100] (ग्रेस के काव्यशास्त्र गें रोगैंटिसिज्म के अलावा सौंदर्य, बिंबवाद, प्रतीकवाद, संस्कारवाद, अभिव्यंजनावाद के सारतत्व लक्षित होते हैं।)

इसमें दोराय नहीं कि ग्रेस सौंदर्य के कवि हैं। साथ ही उनकी कविता में स्वच्छंदतावाद, बिंबवाद प्रतीकवाद, संस्कारवाद तथा अभिव्यंजनावाद को भी बढ़ावा मिला है। ग्रेस की कविता में इन सभी तत्वों की स्वतंत्र पहचान है। इन तत्वों की पहचान सघन तभी बनती है जब रसिक भी उनकी निर्मिति प्रक्रिया में प्रतिभागी बनकर शामिल होता है। वरिष्ठ मराठी आलोचक डॉ. द.भि. कुलकर्णी लिखते हैं— ''कवी ग्रेस यांची कविता आपणांस निष्क्रिय राहूच देत नाही, ती आपली कल्पकता आणि प्रतिभा उन्मीलत करते. ती वाचकास निर्मिति प्रक्रियेतच अनुप्रवेश करावयास

लावते. ती शृंगराचा लालस प्रत्यय नाही, ती सुंदरतेचा सर्जनाचा अद्भुत प्रत्यय देते. ती रसिकाला कवी करून त्याचे अनुभूतिविश्व समृद्ध करते.''[101] (कवि ग्रेस की कविता हमें निष्क्रिय नहीं बनने देती वह हमारी सृजनशीलता और प्रतिभा को आकार देती है। वह पाठक को अपनी निर्मिति प्रक्रिया में शामिल करती है। उनकी कविता श्रृंगार का मांसल प्रत्यय नहीं देती बल्कि वह सौंदर्य, सृजन का अद्भुत प्रत्यय कराती है। वह रसिक को कवि बनाकर उसका अनुभूति जगत समृद्ध करती है।)

डॉ. कुलकर्णी के विचार उनके लिए नसीहत है, जो ग्रेस की कविता का आस्वादन बिना रचना प्रक्रिया में शामिल हुए करना चाहते हैं। वस्तुतः किसी कलाकार की रचना-प्रक्रिया दो तरह से समझी जा सकती है। एक तो उस कलाकार का व्यक्तित्व अर्थात् उसके जीवनानुभव को समझकर अथवा उसके कला संबंधी समग्र चिंतन से साझा होकर। दूसरा प्रत्यक्ष रूप से उसकी कलाकृति की रचना प्रक्रिया से रू-ब-रू होकर। ग्रेस के संबंध में उल्लेख्य दोनों सूत्र काम आते हैं। ग्रेस की निर्मिति प्रक्रिया में यथार्थ से सीधे मुकाबला कर उसे वास्तविक रूप में प्रकट करने की बात कहीं नहीं है। इसका कारण स्पष्ट है कि स्वप्न से यथार्थ की ओर उनकी यात्रा है। ऐसी यात्रा कभी-कभी जटिलता भी प्रतीत होने लगती है। इसलिए ग्रेस की काव्यात्मक दुर्बोधता को समझना भी आवश्यक है। और भिन्नता इसलिए भी है कि उतने आयाम शमशेर की रचना-प्रक्रिया के साथ जुड़े हैं। दुर्बोधता भी इसी से जुड़ा आयाम है।

काव्यात्मक दुर्बोधता : काव्यात्मक दुर्बोधता आलोचना के क्षेत्र में और पाठकीय आस्वादन में हमेशा चर्चा का मुद्दा रहा है। काव्य में दुर्बोधता से तात्पर्य है काव्य का अर्थ न समझ पाना। यह एक अहम् सवाल है कि इस तरह की दुर्बोधता कविता में या किसी कला में क्यों पनपती है? दूसरा सवाल यह है कि क्या कला निर्मिति करते समय कलाकार यह समझ पाता है कि उसकी कला में दुर्बोधता निर्माण हो रही है? ऐसे अनेक बिंदू हैं जो दुर्बोधता से जुड़े हैं। इस संदर्भ में टी.एस. इलियट के विचार उपयुक्त लगते हैं। उनका कहना है कि ''बहुत बार कविता कठिन या दुर्बोध लगती है। यह अनुभव अनेक पाठकों को हो सकता है। क्योंकि पाठक कविता में जो खोजता है, उसे ही कवि कविता में नहीं लाता है। इससे रसिक या पाठक भ्रमित हो जाता है। जो कविता में नहीं है उसे वह बारंबार खोजता है। जो अर्थ वहाँ नहीं है और होना भी नहीं चाहिए उस अर्थ को समझने के लिए रसिक या पाठक का मानसिक द्वंद्व जारी रहता है।''[102] इससे एक तथ्य स्पष्ट है कि रसिक कलाकार से अपेक्षा रखता है। यह आकांक्षा अर्थबोधन की है। जब अर्थबोध नहीं होता है तब कलाकृति दुर्बोध बन जाती है। लेकिन पाठक की अपेक्षा के अनुरूप कलाकार की भी अपेक्षा हो

सकती है। वह अपेक्षा है रसिक के द्वारा कलाकृति की सरहना या प्रतिसाद की। दरअसल ऐसा क्यों होता है? कलाकार और रसिक एक-दूसरे से इस तरह की अपेक्षा क्यों करते हैं? वह इसलिए कि दोनों भी सामाजिक और सांस्कृतिक धरातल पर जुडे होते हैं। दोनों में सामाजिक और सांस्कृतिक मूल्य जन्म के साथ संस्कार रूप में विद्यमान रहते हैं। यही कारण है कि वे दोनों आकांक्षा निरपेक्ष नहीं हो सकते हैं। दोनों को एक-दूसरे से कलाकृति को लेकर अपेक्षाएँ रहती हैं।

दुर्बोधता के संबंध में मजेदार बात यह भी है कि कुछ कलाकृतियों की दुर्बोधता महज आलोचकों तक ही सीमित है। वह पाठकों के लिए सहज एवं सुबोध लगती है। कुछ कलाकृतियाँ पाठकों के लिए दुर्बोध और आलोचकों के लिए सुबोध होती हैं। कुछ कलाकृतियाँ या रचनाएँ ऐसी भी हैं जो आलोचक और पाठक दोनों के लिए दुर्बोध होती हैं। इस तरह कलाकृतियों में दुर्बोधता के तीन स्तर या रूप दिखायी देते हैं। लेकिन एक अजीब तरह की दुर्बोधता भी आजकल प्रचलित है कि रचना या कलाकृति को बिना पढ़ या समझे भी उस पर दुर्बोधता की मुहर लगायी जाती है। इसमें दो राय नहीं कि रसिक का आस्वादन और आलोचक का आस्वादन भिन्न-भिन्न होता है। यहाँ तक कि सामान्य पाठक या दर्शक और रसिक या सहृदय की आस्वादन अनुभूति में भी भिन्नता होती है। क्योंकि आलोचक और रसिक कलागत विशेष तत्वों एवं अवधारणाओं से भली-भांति परिचित होता है। इसलिए उसकी अनुभूति सामान्य पाठक से भिन्न हो सकती है। आलोच्य दोनों कवियों पर दुर्बोधता की मुहर बारबार लगायी गई है। किंतु इसका आधार समग्र कविताएँ न होकर कुछ कवितओं के आधार पर ही दुर्बोधता की मुहर लगी है। साहित्यिक समीक्षा में यह सचमुच चिंतनीय मसला है। किसी कलाकृति का आस्वादन करते समय रसिक या पाठक तुरंत उसके अर्थ से रू-ब-रू होना चाहता है। यदि वह अर्थबोध में जटिलता महसूस करता है तो कलाकृति को दुर्बोध कहकर दरकिनार करता है। दुर्बोधता के संबंध में वरिष्ठ कवि अशोक वाजपेयी के विचार प्रासंगिक लगते हैं— "असल में अब हम कविता को खबर की तरह पढ़ते हैं या पढ़ना चाहते हैं। हमारी आदत ऐसी हो गयी है कि कोई कविता पढ़ते ही उसका तथाकथित सच जानना चाहते हैं, लेकिन ऐसा सच कविता में होता ही नहीं क्योंकि कविता खबर नहीं है, हां कविता खबर देती होगी और कभी खबर लेती भी है, लेकिन वह खबर नहीं है। निश्चय ही कविता सत्य को प्रस्तुत करती है लेकिन उसका सत्य ऐसा नहीं होता कि समोसे और रसगुल्ले की तरह तश्तरी में रखकर खा लिया जाये। कविता का सच अधूरा सच है, वह पूरा ही तब होता है जब आप उसमें थोड़ा-सा सच अपना मिला दें। इसीलिए एक ही कविता की अनेक व्याख्याएँ संभव होती हैं।"[103]

यद्यपि वाजपेयी ने प्रस्तुत विचार शमशेर की कविता के संबंध में अभिव्यक्त

किए हैं परंतु उनके ये विचार सभी कवियों के लिए लागू होते हैं। वाकई कविता खबर नहीं है। कविता में अधूरा सच होता है। पाठक, रसिक या आलोचक उसमें थोड़ा-सा अपना सच जोड़ता है। तभी कविता का पूरा सच बन जाता है। शमशेर की दुर्बोधता के बारे में विष्णु खरे लिखते हैं– "शमशेर उन कुछ कवियों में हैं जो आलोचकों के सामने एक चुनौती, एक संकट के रूप में आते हैं। ऐसे कवियों के पास सतह पर कुछ नहीं मिलता, मिलता भी है तो अक्सर वह भ्रामक होता है उनमें गहराई में जाना पड़ता है और वह गहराई किसी दर्शन, अध्यात्म या विचारधारा की उथली व्याख्या नहीं होती। ऐसी कविता बहुत दौड़ती है, नचाती है और कसरतें करवाती हैं।"[104]

शमशेर की कविता किसी चुनौती से कम नहीं है। विष्णु खरे के मतानुसार ये कविताएँ कसरते करवाती हैं। अब ये किस तरह की कसरते हैं? असल में शमशेर की जीवनानुभूति की जटिलता के कारण ही काव्य शिल्प में भी दुर्बोधता निर्माण हुई है। कोई कवि जब काव्य सृजन करता है तब उसे कहाँ मालूम कि कविता दुर्बोध हो रही है या सुबोध, वह मात्र लिखता जाता है। उसका दायित्व मात्र लेखन तक बना रहता है। तो कला में दुर्बोधता कैसे पनपती है? इस संबंध में एक तथ्य महत्वपूर्ण है कि कला सृजन में कलाकार की मनोवृत्ति भी बहुत कुछ प्रभाव कलाकृति पर करती है। अगर कलाकार की जीवनानुभूति में जटिलता है तो अनायास ही उसकी कलानुभूति भी जटिलता का वहन करती है। जिस कालखंड में शमशेर लिख रहे थे उसमें न सिर्फ शिल्प के स्तर पर प्रयोग हो रहे थे बल्कि कथ्य में भी नवीनता दिखायी देती है। कुछ लोगों को यही कथ्यगत नवीनता भी अखरती है। मुक्तिबोध इस संदर्भ में लिखते हैं– "लोगों को शमशेर का काव्य शिल्पग्रस्त प्रतीत होता है, तो इसका एक कारण शमशेर के तथ्य की नवीनता है। अभी तक पाठकों और आलोचकों की आत्मचेतना इतनी विकसित नहीं हुई है कि वे अपने जीवन में प्राप्त विभिन्न भावना-प्रसंगों के अतंर्गत स्वयं द्वारा भोगी गई संवेदनाओं के विभिन्न उलझे हुए रूप, गुण और प्रभाव पहचान पायें।"[105]

मुक्तिबोध की दृष्टि से शमशेर का काव्य शिल्प न समझ पाने का कारण पाठक तथा आलोचकों की अविकसित आत्मचेतना है। अपने ही जीवन में भोगे गए, उलझे हुए संवेदनों को रसिक और आलोचक ठीक तरह से नहीं समझ पाये हैं। इस तरह की उलझन क्यों है? तो इस संदर्भ में प्रो. गोबिंद प्रसाद के विचार उल्लेखनीय हैं– "शमशेर की कविताओं के साथ मुश्किल यह है कि उनकी कविताओं में रास्ता दूर तक किसी पगडंडी सा नहीं दिखायी देता। उनके अनुभव की निर्मिति इतनी सघन, गूढ़ और क्रिस्टलीय है कि उसके पार जाना तो दूर उसमें ढंग से झाँक पाना भी हर एक के बस की बात नहीं। कुछ दूर तक एक राह जाती हुई दिखायी देती है

लेकिन बाद में वह इतनी क्षीण हो जाती है कि चलने वाले के कदम ठिठकते हुए फिर कुछ न सुझाइ देने की उद्विग्नता में ठहर जाते हैं।''[106]

प्रो. गोबिंद प्रसाद का मानना है कि शमशेर की अनुभव निर्मिति सघन, गूढ़ और क्रिस्टलीय या सूक्ष्म है। यह इसलिए भी है कि शमशेर ने अचेतन के अनेक अनुभवों को काव्य में अभिव्यक्त किया है। प्रो. गोबिंद प्रसाद अपने विचारों में गूढ़ता को पाने के लिए कोई रास्ता सुझाते हुए नज़र नहीं आते हैं। इस तरह की गूढ़ता और सघना को समझने के लिए पुनः मनोविज्ञान की कसौटियों का जानकर शमशेर की रचना प्रक्रिया की ओर आना पड़ता है। जिस तरह शमशेर की कविता सभी के लिए सुबोध नहीं है ठीक उसी तरह वह सबके लिए दुर्बोध भी नहीं है। उसके पाठक या रसिक अलग-अलग स्तर के हैं। इस संबंध में स्वयं शमशेर का कहना है— ''मेरे तीन प्रकार के पाठक हैं। एक तो विद्यार्थी, जो कोर्स में मुझे पढ़ते हैं। एक वे, जिन्होंने Modernity की चर्चा में मुझे सुनना और पढ़ना वे अपना स्टेटस समझते हैं, और एक वे जो वास्तव में मुझे पसंद करते हैं।''[107]

स्पष्ट है कि शमशेर का काव्य सृजन हर स्तर के पाठक को सम्मुख रखकर है। इसलिए उनकी सभी कविताओं को एक ही मानदंड पर कसना और उन्हें दुर्बोध कहना उचित नहीं है। और यह भी जरूरी नहीं कि उनके कवि रूप या उनकी कविताओं को विशेषणों में लपेटकर हमेशा उनका अलग अस्तित्व स्थापित किया जाए। डॉ. रामस्वरूप चतुर्वेदी के विचार भी इस तथ्य की पुष्टि करते हैं— ''शमशेर की कविताओं को समझने के लिए विश्लेषण अपेक्षित हो सकता है, विशेषण नहीं।''[108] इससे ज्ञात होता है कि शमशेर और उनके काव्य को विशेषणों के द्वारा हाशिए पर रखने का जो प्रयास आलोचकों के द्वारा होता रहा है, उसमें परिवर्तन लाने के लिए शमशेर की कविता विश्लेषण के द्वारा समझने की बहुत आवश्यकता है। रमण सिन्हा इसी धारणा को स्पष्ट शब्दों में अभिव्यक्त करते हैं। उनके मतानुसार ''आलोचकों ने शमशेर की रचना पर अक्सर कठिनता और दुरूहता का आरोप लगाया है लेकिन इस दुरूहता का कारण संप्रेषण की असफलता नहीं है बल्कि रचनाकार के विशिष्ट अवबोध की प्रामाणिकता है। शमशेर किसी भी कीमत पर अपने अवबोध की प्रामाणिक अभिव्यंजना से समझौता नहीं करते। वे अपनी रचना को सहज संप्रेषणीय बनाने के नाम पर अपने अनुभवों की विशिष्टता को तज कर सामान्यीकरण का कभी सहारा नहीं लेते।''[109]

रमण सिन्हा एक तरह से शमशेर काव्य की दुर्बोधता का समर्थन करते हैं। और काव्यगत कठिनता के कारण भी उजागर करते हैं। यह सच्चाई है कि शमशेर ने जो जीवन जीया है, उसे सृजन के धरातल पर पहुंचाते समय उनका अवबोध बहुत ही जटिल बनता है। चूँकि शमशेर की पूरी कोशिश है उनके अचेतन अनुभव

प्रामाणिकता के साथ कविता में साकार हो। इसलिए अपने अनुभवों को उन्होंने विशिष्ट ही रहने दिया है, न कि सामान्य। शमशेर की कविता में दुरूहता का कारण जिस तरह अचेतन की प्रामाणिक अभिव्यक्ति है उसी तरह विविध ललित कलाओं का कविता में संमिश्रण भी है। डॉ. किशोर वासवाणी का कहना है कि "भावाभिव्यक्ति की तकनीक को गंभीरता से समझते हुए शमशेर जी ने विशेषकर प्रतिनिधि कलाओं (Representative Arts) मूर्ति, चित्र एवं साहित्य (कविता) को समन्वयात्मक रूप में लिया। शायद इसीलिए उन्हें क्लिष्ट मानकर कम समझा गया। उनकी रचना को अगर ऐसे पाठक मिलते जो भावाभिव्यक्ति के स्तर पर प्रतिनिधि कलाओं तथा कुछ हद तक निष्पादन कलाओं (Representative Arts) अर्थात् संगीत, नृत्य, नाटक की पृष्ठभूमि लेकर चलते तो संभवत: वे शमशेर की रचनाओं को भाव संप्रेषण के आधार पर आत्मसात कर सकते थे।"[110] जाहिर है कि शमशेर की कविताओं में निहित दुर्बोधता पाटने के लिए ललित कलाओं के स्वरूप को भी समझना आवश्यक है।

संभवत: इसीलिए शमशेर की कविता को समझने के लिए मलयज के अनुसार पाठक या रसिक को गहरी तैयारी करनी पड़ती है। अपनी डायरी में उन्होंने लिखा है— "शमशेर की कविता को जरा गौर से पढ़ना होगा। वह सीधे नहीं उतरेगी आपकी संवेदना में आपको कुछ तैयारी करनी होगी। एक सीमा तक आपको अपने को दीक्षित करना होगा। उन प्रणालियों से वाकिफ होना पड़ेगा जिन्हें शायद आप भूल चुके हैं या भूलते जा रहे हैं।"[111] अब सवाल यह कि मलयज किस प्रणाली से वाकिफ और दीक्षित होने की बात कर रहे हैं? असल में यह उनके शिल्प और रचना प्रक्रिया को समझने की दीक्षा है।

शमशेर की कत्रिता दुरूहता या जटिलता का सामना इसलिए करती है कि कवि एक स्थिति को पूर्णत: अभिव्यक्त करने से पहले ही दूसरी स्थिति से स्वयं को जोड़ता है। भाव और स्थितियों के साथ उसकी यह अस्थिरता ही कविता में जटिलता निर्माण करती है। लेकिन यह जटिलता भाव, अनुभूति से शिल्प की ओर प्रवाहित होती है। वस्तुत: शमशेर का यह प्रयास चेतन और अचेतन में मौजूद द्वंद्व को अभिव्यक्त करते समय दिखायी देता है। इस तरह शमशेर की रचना-प्रक्रिया में कोई एक निश्चित सूत्र या बिंदू नहीं है जिसके आधार पर उनकी कविता को विश्लेषित करने की सोच प्राप्त होती है। उनकी रचना-प्रक्रिया के अनेक आयाम हैं जो कविता पाठ तथा पुनर्पाठ के द्वारा धीरे-धीरे खुलते हैं। आधुनिक मराठी कवियों में ग्रेस की काव्यात्मक दुर्बोधता हमेशा ही विवाद का विषय रही है। आमतौर पर काव्य में दुर्बोधता क्यों आती है? इस संबंध में डॉ. द.भि. कुलकर्णी के विचार सोचनीय हैं— "कविता दुर्बोध आहे, संदिग्ध आहे. अनेकार्थसूचक आहे असे आपणांस वाटू

लागते, ते खरे नसते. कवितेतील मूर्त आशय आणि अमूर्त आशय यांच्यातील भेद आणि यांच्यातील व्यामिश्र संबंध न कळल्यामुळे आपण तसे समजत असतो, असे गांगरून जात असतो।''[112] (प्रायः हमें ऐसा लगता है कि कविता दुर्बोध है, संदिग्ध है, अनेकार्थ सूचक है लेकिन यह सच नहीं है। दरअसल हमें कविता का मूर्त आशय और अमूर्त आशय का भेद और उनका परस्पर संबंध समझ में न आने के कारण ऐसा लगता है।) डॉ. कुलकर्णी ने कविता में मूर्त आशय और अमूर्त आशय की ओर ध्यान आकृष्ट किया है। मूर्त आशय शब्दों में होता है। लेकिन अमूर्त आशय दो पंक्तियों के बीच छिपे अर्थ में रहता है। वस्तुतः यह चित्रकला से ही कविता में आया है। क्योंकि अमूर्त चित्रकला का युरोप में काफी सक्रिय आंदोलन चला है। ग्रेस की दुर्बोधता के बारे में जयंत परांजपे ने लिखा है— ''ग्रेस आणि दुर्बोधता या दोन शब्दांचे असे काही अतूट नाते आता जुळले आहे की परस्पर जागा बदलून समानार्थी प्रतिशब्द म्हणून ते वापरले तरी फारशी हरकत नसावी।''[113] (ग्रेस और दुर्बोधता का परस्पर गहरा संबंध बन गया है। यह संबंध इतना घनिष्ठ है कि अगर दोनों को एक दूसरे के समानार्थी शब्दों के रूप भी प्रयोग करें तो कोई आपत्ति नहीं होगी।) जयंत परांजपे अपने विचारों में एक तरह से नई स्थापना ही करते हैं। लेकिन सवाल यह भी उठता है कि क्या ग्रेस एकमात्र कवि हैं जो दुर्बोधता से युक्त लिखते हैं? क्या नाथ परंपरा की उलटबांसियाँ सुबोध हैं? या फिर कबीर या अन्य संतों द्वारा प्रयुक्त उलटबांसियाँ सरलता से समझी जाती हैं? इसलिए काव्यगत सुबोधता और दुर्बोधता को युगीन परिवेश में टटोलना भी आवश्यक है। ग्रेस की काव्यात्मक दुर्बोधता के बारे में डॉ. द.भि. कुलकर्णी लिखते हैं— ''ग्रेस यांची कविता दुर्बोध नाही तर ती त्यांच्या दुर्बोध व्यक्तित्व केंद्रातून उफाळून आलेली व म्हणून विच्छिन्न आणि असंबद्ध आहे।''[114] (ग्रेस की कविता दुर्बोध नहीं है बल्कि वह उनके दुर्बोध व्यक्तित्व से आवेग के साथ उपजी है, इसलिए विच्छिन्न और असंबद्ध है।)

डॉ. कुलकर्णी दुर्बोधता का संबंध ग्रेस के व्यक्तित्व के साथ जोड़ते हैं, जो कि दुर्बोध ही है। क्योंकि आस-पास वास्तव जितना अधिक जटिल होता है व्यक्तित्व में उतनी अधिक दुर्बोधता पनपने लगती है। ग्रेस के संबंध में यह बात पूरी तरह सच है। लेकिन डॉ. कुलकर्णी ने अंत में असंबद्धता का उल्लेख किया है, जो अंतर्विरोध को दर्शाता है। चूँकि कोई भी कलाकृति असंबंद्ध कैसे हो सकती है? कलाकृति में वस्तुगत, अभिव्यक्तिगत दुर्बोधता संभव है तो इससे थोड़ी ही वह असंबद्ध ठहरायी जा सकती है। क्योंकि जो कवि दुर्बोधता के संबंध में स्वयं कह रहा है— ''मी दुर्बोधतेला रहस्यशरणाचीच दैवी लिपी मानतो।''[115] (मैं दुर्बोधता को गूढ़ता की दैवी लिपि मानता हूँ।) ऐसे कवि की कविता असंबद्ध कैसे हो सकती है? कलाकृति के आस-पास जो यथार्थ है, ग्रेस उसे दुर्बोध मानते हैं। उनकी दृष्टि

से— ''कलाकृति दुर्बोध नसते तिच्या भोवतीचे छिनाल वास्तव दुर्बोध असते।''[116] (कलाकृति दुर्बोध नहीं होती है। उसके आस-पास का छिनाल वास्तव दुर्बोध होता है।)

कलाकार प्रत्यक्ष जीवन यापन करते समय जिन अनुभवों को संजोता है, उसमें यदि कड़वाहट है, जटिलता है तो वह कलाकृति में आशय के रूप में उतरता है। कलाकृति के आस-पास का परिवेश जैसे सामाजिक, राजनीतिक, धार्मिक, आर्थिक, सांस्कृतिक, सांप्रदायिक आदि सभी घटक कलाकृति की निर्मिति प्रक्रिया में उपयुक्त होते हैं। और इस यथार्थ में ही अगर दुर्बोधता है तो कलाकार की निर्मिति प्रक्रिया भी इससे प्रभावित हुए बगैर नहीं रह सकती है। कलाकार जिस कालखंड में सृजन करता है, उस समग्र परिवेश का प्रभाव उसकी रचना प्रक्रिया पर होता है। ग्रेस की कविता भी इससे भिन्न नहीं है। ग्रेस की कविता पर समीक्षक हमेशा ही दुर्बोधता की मुहर लगाकर कन्नी काटते रहे हैं। ग्रेस अपनी कविता में दुर्बोधता समर्थन करते हैं लेकिन जानबुझकर दुर्बोध ठहराने का समीक्षकों का प्रयास उन्हें आहत भी करता है— ''दुर्बोधतेच्या आरोपामुळे मी जरा स्वभावाने आक्रस्तळा झालो आहे. काही बाही लिहून जातो. काही बाही बोलून जातो, पण आत्म्याच्या ठणक्याला ठोकर मारत नाही।''[117] (दुर्बोधता के आरोपों के कारण मेरा स्वभाव विलाप करने लगा है। कुछ भी लिख देता हूँ। कुछ भी बोल देता हूँ। लेकिन मैं सृजनात्मकता को ठोकर भी नहीं मारता हूँ।)

प्राय: यह देखा जाता है कि हम किसी कलाकृति का आस्वाद ग्रहण करना चाहते हैं। लेकिन उसका आकलन यदि करना है तो भिन्न-भिन्न तत्वों के आधार पर उसे समझते हैं। इससे यह स्पष्ट है कि यद्यपि आस्वादन और आकलन की प्रक्रिया परस्पर आश्रित होते हुए भी भिन्न है। इसीलिए द.भि. कुलकर्णी का मानना है कि ''ग्रेस यांची कविता आपण नुसती आस्वादायला निघालो की ती दुर्बोध वाटते; पण तिच्या निर्मिति प्रक्रियेत सहभागी झालो की मग आपण निखळ रसिक राहत नाही. कवीच होऊन जातो।''[118] (ग्रेस की कविता का अगर हम महज आस्वादन करें तो वह दुर्बोध लगती है, लेकिन अगर उसकी निर्मिति प्रक्रिया में शामिल हो गए तो फिर हम सिर्फ रसिक नहीं रहते हैं, कवि ही बन जाते हैं।)

डॉ. कुलकर्णी के पूर्ववर्ती विचार और उपर्युक्त विचारों में पर्याप्त भिन्नता देखी जा सकती है। उन्होंने पहले ग्रेस को दुर्बोध नहीं बल्कि असंबद्ध ठहराने की कोशिश की। वही अब निर्मिति प्रक्रिया में शामिल होकर उनकी कविता का आकलन करने की बात कही है। यह सच्चाई है कि महज कलास्वादन ही किसी कलाकृति का अंतिम उद्देश्य नहीं बल्कि उसका आकलन भी बेहद जरूरी है। इसके लिए कलाकृति की निर्मिति प्रक्रिया से जुड़कर स्वयं कलाकार की भी भूमिका वहन करने पर उसका आकलन सहज होता है। इस तरह कहा जा सकता है कि दुर्बोधता ग्रेस की कविता

की सीमा नहीं बल्कि विशेषता है। अतः इस दुर्बोधता को पाटने के लिए निर्मिति प्रक्रिया से रू-ब-रू होना आवश्यक है। ग्रेस की रचना प्रक्रिया का दूसरा महत्वपूर्ण पहलू है उनकी सौंदर्य-दृष्टि। जिसे निम्नरूप से समझा जा सकता है।

शमशेर और ग्रेस की सौंदर्य-दृष्टि

किसी कलाकार की सौंदर्य दृष्टि उसकी रचना प्रक्रिया का महत्वपूर्ण पहलू है। कलाकार का व्यक्तित्व जब आकार लेने लगता है तब से उसकी सौंदर्य दृष्टि भी विकसित होने लगती है। अर्थात् कलाकार के संस्कार, जीवनानुभव के आधार पर उसका सौंदर्य विषयक चिंतन भी दृढ़ होता है। कलाकार की सौंदर्य-दृष्टि मात्र, जीवनानुभूति और संस्कार ही नहीं बल्कि उसकी प्रतिभा और परिवेश पर निर्भर रहती है। कभी-कभी बहुत कम उम्र में भी उकृष्ट रचना का निर्माण कलाकार के द्वारा संभव होता है। यद्यपि उसका जीवनानुभव अधिक नहीं होता है। यह उसकी प्रतिभा के कारण ही संभव है। साथ ही कलाकार जिस परिवेश में रहता है। उसमें धार्मिक, राजनीतिक, सामाजिक, आर्थिक, सांस्कृतिक आदि महत्वपूर्ण हैं। इसलिए कलाकृति में निहित सौंदर्य विश्लेषित करने से पहले यह जरूरी है कि कलाकार की सौंदर्य-दृष्टि आरंभ में समझी जाए। कलाकार की सौंदर्य-दृष्टि से अभिप्राय है कि कोई कलाकार सौंदर्य के प्रति क्या धारणा या मान्यता रखता है? साथ ही अपने सौंदर्य विषयक चिंतन का कला सृजन में किस तरह उपयोग करता है। कलाकृति के सौंदर्यशास्त्रीय विश्लेषण में यह आरंभिक बिंदू है कि कलाकार की सौंदर्य-दृष्टि कैसी है? इसी विचार को केंद्र में रखते हुए आलोच्य कवियों का सौंदर्य चिंतन तथा आलोचकों की दृष्टि से दोनों कवियों की सौंदर्य दृष्टि आदि बिंदुओं को सम्मुख रखकर समीक्ष्य कवियों की सौंदर्य दृष्टि समझने का प्रयास किया है। शमशेर की तरह ही ग्रेस ने भी सौंदर्य पर स्वतंत्र चिंतन किया है। चूँकि यह चिंतन उनकी रचना प्रक्रिया में बखूबी देखा जा सकता है।

सौंदर्य विषयक चिंतन : कला और सौंदर्य के बारे में शमशेर ने स्वतंत्र चिंतन प्रस्तुत किया है। जीवन-यापन करते समय आस्थावान होकर अपने आस-पास के परिवेश को देखने से सुंदरता का अनूठा अनुभव प्राप्त होता है। नजरिया विस्तृत बनाकर देखने से अपने आस-पास भी वही परिवेश नजर आने लगता है। शमशेर 'दूसरा सप्तक' के वक्तव्य में लिखते हैं— ''सुंदरता का अवतार हमारे सामने पल-छिन होता रहता है। अब यह हम पर है, खास तौर से कवियों पर कि हम अपने सामने और चारों ओर की इस अनंत और अपार लीला को कितना अपने अंदर बुला

सकते हैं।''[119]

जाहिर है कि शमशेर सौंदर्य के प्रति व्यापक दृष्टिकोण रखते हैं। अपने आस-पास के परिवेश में सौंदर्य का अनुभव बारंबार किया जा सकता है। इसके लिए जरूरी है कि हम स्वयं को परिवेश के साथ जोडकर देखें। शमशेर जिस लीला का जिक्र कर रहे हैं, असल में वह प्रकृति के साथ-साथ भौतिक जगत् की भी है। सौंदर्य की प्रेरणा शमशेर के लिए सबसे पहले उनकी माँ हैं। वे कहते हैं— My Mother was the loveliest and prettiest woman I had ever seen…मैं शायद पक्षपात करूँ, पर मैंने और लोगों को भी कहते हुए सुना था। she became a symbol of beauty for me[120] स्पष्ट है कि शमशेर को सौंदर्य विषयक प्रेरणा आरंभ में अपनी माँ से मिली है। चूँकि इसमें ममत्व भाव निहित है। शमशेर मूलत: हर चीज में सौंदर्य का अनुभव करते हैं। सौंदर्य का निर्माण उनकी कविता में अनायास ही होने लगता है। शमशेर का कहना है— ''मेरी चेतना इतनी, कह तो कि कंडीशंड हो चुकी है कि हर चीज में मुझे एक अंत:सौंदर्य दिखायी देता है। बिना किसी अतिरिक्त कांशस प्रयत्न के सौंदर्य का पूरा एक कंपोजिशन दृश्य जगत। पहले मेरी नजर में सौंदर्य एक कम्पोजीशन के रूप में ही आता है— मैं प्रभावित होता हूँ।''[121] असल में, शमशेर ने जिस अंत:सौंदर्य का जिक्र किया है वह उनकी अंत: प्रेरणा से ही उपजा है। एक तरह से उन्होंने यह भी प्रतिपादित किया है कि सौंदर्य व्यक्ति में निहित है। इसीलिए बिना किसी विशेष प्रयत्न के उसे सौंदर्य का समग्र दृश्य ही मानस-पटल पर दिखायी देता है।

वस्तुत: शमशेर कला में जीवन की सच्चाई और सौंदर्य की अभिव्यक्ति को कला की साधना समझते हैं। 'दूसरा सप्तक' के वक्तव्य में उन्होंने लिखा है— ''अपनी कला चेतना को जगाना और उसकी मदद से जीवन की सच्चाई और सौंदर्य को अपनी कला में सजीव से सजीव रूप देते जाना, इसी को मैं साधना समझता हूँ। और इसी में कलाकार का संघर्ष छिपा हुआ देखता हूँ।''[122] शमशेर के विचारों से कलाकार सृजन करते समय संघर्षरत रहता है। यह संघर्ष आंतरिक अथवा मानसिक और भावात्मक है। शमशेर द्वारा जिस महत्वपूर्ण तथ्य को उठाया गया है, वह है सौंदर्य को सजीवता के साथ चित्रित करना। इसलिए ऐसा सौंदर्य-चित्रण किसी साधना से कम नहीं है। फिर भी यह सवाल बना रहता है कि किस तरह की सजीवता अपेक्षित है? असल में यह सजीवता जीवन मूल्यों के द्वारा ही निर्माण की जा सकती है। क्योंकि मूल्य हमेशा शाश्वत रहते हैं।

संक्षेप में, शमशेर का सौंदर्य चिंतन स्वानुभव के आधार पर उपजा है। शमशेर सौंदर्य के संबंध में अपना स्वतंत्र चिंतन इसलिए भी कर पाए हैं क्योंकि कला को लेकर उनकी गहरी सोच है। उनके कला चिंतन और सौंदर्य चिंतन में एक सेतु है—

अभिव्यक्ति की सच्चाई। इसी नींव पर उनकी कला और सौंदर्य दृष्टि टिकी है। आलोचकों के विचारों द्वारा भी शमशेर की सौंदर्य दृष्टि समझने में सहायता होती है।

ग्रेस ने अपनी निर्मिति प्रक्रिया के बारे में खूब लिखा है। किंतु सौंदर्य के संबंध में प्रत्यक्ष रूप से प्रायः कम ही लिखा है। यह अलग बात है कि उनकी कविता में सौंदर्य की प्रस्तुति अधिक दिखायी देती है। फिर भी ग्रेस ने यत्र-तत्र अपने सौंदर्य चिंतन को उजागर किया है, जिसमें उनके सौंदर्य विषयक विचार व्यक्त हुए हैं। असल में, जीवन की कमियों को सौंदर्य के आधार पर ही पूरा किया जा सकता है। वास्तविक जीवन में अनेक विसंगतियाँ होती हैं, अभाव होते हैं। उन्हें दूर करने का कार्य कलाकृति करती है क्योंकि कलाकृति यद्यपि जीवन की पूर्णता नहीं है। लेकिन पूर्णता की ओर जाने की राह जरूर है। इस संदर्भ में ग्रेस के विचार सोचनीय हैं। वे लिखते हैं— ''जीवनातील उणिवांची भरपाई सौंदर्य सत्ता करीत असते।''[123] (जीवन में अभावों की पूर्ति सौंदर्य करता है।)

इस संदर्भ में महत्वपूर्ण विचार यह है कि सौंदर्य कोई अलौकिक चीज नहीं है। उसका सीधा संबंध मानव और प्रकृति के साथ है। कलाकार जीवन, प्रकृति और सौंदर्य में समन्वय स्थापित करते हुए सौंदर्य की स्वतंत्र पहचान हमेशा बनाए रखता है। जीवन यापन करते समय कलाकार प्रकृति से जो अनुभूति ग्रहण करता है, उसे सौंदर्य के माध्यम से अभिव्यक्त करता है। इसी बात को ग्रेस के विचार भी प्रमाणित करते हैं। उनका कहना है— ''सौंदर्य सत्तेची सगळी निर्मितिची सामग्री, साक्षात मानवी जीवन आणि आजूबाजूची निसर्गसत्ता हीच असते।''[124] (मानव जीवन और उसके आस-पास का प्रकृतिगत रूप ही सौंदर्य निर्मिति के साधन हैं।)

ग्रेस ने प्रकृति और मानव जीवन के साथ सौंदर्य को जोड़कर सौंदर्य निर्मिति के लिए दोनों तत्वों को महत्वपूर्ण ठहराया है। सौंदर्य चिंतन परंपरा में अनेक दार्शनिकों ने योगदान दिया है। आधुनिक काल में मराठी काव्य परंपरा में ग्रेस जैसा कवि यह महसूस करता है कि सौंदर्यबोध की संकल्पना पर नए तरीके से विचार करने की आवश्यकता है। यह ग्रेस की सौंदर्य-दृष्टि का अनन्य पहलू है। क्योंकि ग्रेस सौंदर्य को पुनः परिभाषित करने की बात छेडते हुए लिखते हैं— ''अनुभव, अनुभूति-जीवनानुभूती, सौंदर्यानुभव-सौंदर्यानुभूती, प्रतिभेच्या आविष्कारातील या चतुर्विध पुरूषार्थांच्या सर्व जोड़या, विजोड़या, मला वाटते पुन्हा एकदा तपासून घ्याव्यात।''[125] (मुझे लगता है कि अनुभव, अनुभूति-जीवनानुभूति, सौंदर्यानुभव-सौंदर्यानुभूति, प्रतिभा के इन चारों पुरुषार्थ पदों को पुनः तराशने की आवश्यक है।)

ग्रेस द्वारा प्रतिपादित उपर्युक्त विचार वर्तमान परिप्रेक्ष्य में बहुत सार्थक प्रतीत होते हैं। क्योंकि सौंदर्य देश, काल और व्यक्ति सापेक्ष है। मूलतः सौंदर्य वस्तु का गुण है, जिसका बोध मनुष्य को होता है। इसलिए मनुष्य के आस-पास का परिवेश,

परिस्थितियाँ ज्यों-ज्यों बदलती हैं। उसी तरह सौंदर्यबोध भी बदलता है। अतः सौंदर्यबोध की कसौटियों पर नई सोच अपनानी चाहिए। कलाकार जीवन यापन करते समय जिन जीवनानुभवों को ग्रहण करता है। उसे अपनी निर्मिति प्रक्रिया के द्वारा कलाकृति में ढालता है। जो आगे चलकर सौंदर्यानुभव के रूप में तब्दील होता है। चूँकि ग्रेस इसी विचार के पक्षधर हैं। उनका कहना है— "मी द्वैती असल्याने जीवनातील अनुभवाचे एकदा का सौंदर्यानुभवात रूपांतर झाले की, मग तो सौंदर्यानुभवच मला कलाकृतीचा आत्मा वाटतो।"[126] (मैं द्वैत को मानता हूँ इसलिए जीवनानुभव जब सौंदर्यानुभव में रूपांतरित होता है तब वह सौंदर्यानुभव ही मुझे कलाकृति की आत्मा लगती है।) ग्रेस का सौंदर्य चिंतन एक तरह से सबसे अनूठा लगता है। क्योंकि यह निरी कल्पना के आधार पर नहीं बल्कि जीवनानुभव की प्रत्यक्ष अवस्था पर टिका है। कलाकृतियाँ सौंदर्य का साकार रूप होती हैं। यद्यपि कला और सौंदर्य एक ही सिक्के के दो पहलू हैं।

प्रत्येक व्यक्ति की सौंदर्य के संबंध में भिन्न-भिन्न धारणाएं होती हैं। कोई भी चीज समान रूप से सबको सुंदर नहीं लगती है क्योंकि सौंदर्य व्यक्ति, कला और देश सापेक्ष है। इस तरह की सापेक्षता इसलिए होती है कि सौंदर्य के ईर्द-गिर्द वास्तव जीवन से जुड़े अनुभव ह्योते हैं। इसी कारण कोई चीज एक व्यक्ति को सुंदर प्रतीत होती है तो दूसरे को असुंदर लगती है। अतः यह स्पष्ट होता है कि दृष्टा अपने वास्तविक जीवन के संदर्भों को सौंदर्य के साथ जोड़कर देखता है। इसी से सौंदर्यानुभूति में भिन्नता आती है। अतः सौंदर्य चयन में कलाकार स्वतंत्र होना चाहिए। ग्रेस इस संदर्भ में लिखते हैं— "ताजमहल सुंदर आहे हे मला माहीत आहे. पण आग्र्याला गेलो तरीही मी ताजमहाल बघणार नाही इतके निवड स्वातंर्त्य मी स्वतः पाशी राखू इच्छितो. राखू शकतोही. प्रत्येक सुंदर वस्तू बघावीशी वाटतेच असे नाही, आपलीशी करावी वाटते असेही नाही. कारण सौंदर्याभोवती संदिग्ध वास्तवाची अस्ताचलीन आरास विखुरलेली असते. हे विखुरलेले तुकडे एक-एक करून ओंजळीत जमा करायचे. हे सौंदर्याचे संदर्भ नव्हेत, सौंदर्याचे अध्याहृत।"[127] (मैं जानता हूँ कि ताजमहल सुंदर है लेकिन आगरा जाने पर भी मैं ताजमहल नहीं देखूंगा. क्योंकि चयन की इतनी आजादी तो मैं अपने पास रखना चाहूँगा और रखूंगा भी। ऐसा नहीं है कि हर सुंदर चीज देखने की इच्छा होती ही है या उसे पाने की चाह होती है। सौंदर्य के आस-पास संदिग्ध यथार्थ की अस्ताचलीन अरास बिखरी हुई होती है। इन बिखरे हुए टुकडों को एक-एक कर अजंलि में इकट्ठा करना चाहिए। वैसे यह सौंदर्य के संदर्भ नहीं है बल्कि परिकल्पित सौंदर्य है।) कलाकार के रूप में ग्रेस सौंदर्य चयन की आजादी स्वयं के पास रखना चाहते हैं। क्योंकि किसी कलाकृति में सौंदर्य निर्मिति के पूर्व यथार्थ के विविध रूप होते हैं जिनके आधार पर कलाकृति में

सौंदर्य निर्माण होता है।

इस तरह ग्रेस के विचारों में सौंदर्य के संबंध में नव चिंतन दिखायी देता है। जीवन यापन करते समय अनेक अनुभवों को कलानुभव के रूप में कलाकार निर्मिति करता है। यही से सौंदर्य निर्माण होने लगता है। वास्तव में सौंदर्य ही जीवन की कमियों को पूरा करने की कोशिश करता है। क्योंकि सौंदर्य की यात्रा हमेशा पूर्णता की ओर होती है। ग्रेस की सौंदर्य-दृष्टि की अगली कड़ी आलोचकों के विचार हैं।

सौंदर्य-दृष्टि और आलोचक : शमशेर की सौंदर्य-दृष्टि का परिचय आलोचकों द्वारा अभिव्यक्त भिन्न-भिन्न विचारों के द्वारा भी होता है। इस बात को बहुत ही गहराई से समझना होगा कि शमशेर की सौंदर्य-दृष्टि भी उनकी रचना-प्रक्रिया का ही एक हिस्सा है। साथ ही उनकी काव्यानुभूति ही सौंदर्यानुभूति बन जाती है। इस संबंध में डॉ. विजयदेव नारायण साही के विचार उल्लेखनीय हैं— ''शमशेर की काव्यानुभूति सौंदर्य की ही अनुभूति है। जिन लोगों का ख्याल है कि छायावाद के बाद हिंदी कविता ने सौंदर्य का दामन छोड़ दिया है, उन्होंने शायद शमशेर की कविताओं का आस्वादन करने का कष्ट कभी नहीं किया। मैं एक कदम और आगे बढ़कर कहना चाहूँगा कि आज तक हिंदी में विशुद्ध सौंदर्य का कवि यदि कोई हुआ है, तो वह शमशेर है।''[128] स्पष्ट है कि शमशेर की काव्यानुभूति में सौंदर्य बुनियादी तत्व है। लेकिन साही के विशुद्ध सौंदर्य शब्द को लेकर आपत्ति हो सकती है क्योंकि शमशेर महज विशुद्ध सौंदर्य के कवि भी नहीं हैं। सामाजिक प्रतिबद्धता भी उनकी कविताओं में लक्षित होती है। इस संदर्भ में विष्णु खरे के विचार महत्वपूर्ण लगते हैं। उनका कहना है— ''शमशेर की कविता में सौंदर्य है, वह उनकी प्रतिबद्ध कविताओं गें भी है और तथाकथित एकांतिक, रागात्मक कविताओं में भी लेकिन शुद्ध सौंदर्यवादी खेमा उनकी प्रगतिशील कविता को उनकी हाशिए की कविता सिद्ध कर देने पर आमादा रहा और प्रगतिशील खेमा उनके उस एकांतिक पहलू के अपने विपक्षियों द्वारा इतने व्यापक स्वीकार से इस कदर सशंकित हो गया कि उसने न तो शमशेर की प्रतिबद्ध कविताओं को अंकुठ भाव से स्वीकारा और न उस व्यापक सौंदर्यशास्त्र की खोज करने की कोशिश की जिसके अंतर्गत शमशेर का समग्र सृजन समझा और स्वीकार जा सके।''[129] इससे यह ज्ञात होता है कि शमशेर की सौंदर्य-दृष्टि के अनेक आयाम हैं। विष्णु खरे उन कविताओं में भी सौंदर्य देखने के पक्षधर हैं जो तथाकथित दुर्बोधता के कटघरे में खड़ी है। साथ सामाजिक प्रतिबद्धता को उजागर करनेवाली कविताओं में सौंदर्य विद्यमान है। असल में विष्णु खरे ने अपने विचारों के द्वारा उन अध्येताओं, पाठकों, आलोचकों को नसीहत दी है कि शमशेर को समग्र कवि के रूप में अपनाना होगा। इसका कारण स्पष्ट है कि शमशेर किसी साहित्यिक खेमे या

गुटबाजी में कभी नहीं रहे। इसलिए उनकी कविताओं में भी सौंदर्य के विविध रूप पाये जाते हैं। इस तरह की विविधता में ही शमशेर की सौंदर्यदृष्टि निहित है और उनके सौंदर्यशास्त्र का मूल भी। डॉ. नामवर सिंह के विचार उद्धरणीय हैं– "शमशेर के सौंदर्यशास्त्र का मूल मंत्र यदि यहां नहीं तो कहीं नहीं है। इसी सौंदर्यशास्त्र के द्वारा उन्होंने प्रत्येक पदार्थ को पदार्थता दी और पार्थिव वस्तुओं को उनकी पार्थिवता।... वस्तुत: शमशेर की कविता पदार्थ की पदार्थता का जयगान है और देह की दैहिकता का पावन महोत्सव। शमशेर सौंदर्य के उद्गाता नहीं, रूप के तक्षक हैं। उनकी दृष्टि प्राय: उस पर टिकती है जो ठोस है और खूब गठा हुआ।"[130]

जाहिर है कि शमशेर वस्तु की अपेक्षा उसका अस्तित्व बहुत महत्वपूर्ण मानते हैं। उनकी सौंदर्यनुभूति उसी तरह की है। चूँकि सौंदर्यशास्त्र में भी इसी पर बल रहा है कि वस्तु की अपेक्षा उससे उत्पन्न अनुभूति महत्वपूर्ण है। उदा. किसी ने अंधेरे में सफेद कपड़ा देख लिया और उसके मन में डर उत्पन्न हुआ तो वही उसकी अनुभूति है। सौंदर्यशास्त्र में ऐसी अनुभूति ही Aestetics experience (सौंदर्यानुभूति) मानी गई है।

शमशेर की सौंदर्य-दृष्टि विशिष्ट इसलिए लगती है कि उसमें चीजों का ठोसपन मौजूद है। वे मार्क्सवाद से प्रभावित होने के कारण भी यह संभव है। मार्क्सवाद और सौंदर्यबोध शमशेर के कवि कर्म की शक्ति है। इसलिए वरिष्ठ कवि मंगलेश डबराल लिखते हैं– "जर्मन विचारक वाल्टर बेंजामिन ने बेर्टोल्ट ब्रेस्ट के बारे में कहा था कि ब्रेस्ट का महत्व मार्क्सवादी होने में नहीं है, बल्कि इसमें है कि वे अपनी रचनाओं में हर बार मार्क्सवाद का नये ढंग से अविष्कार करते चलते हैं। एक दूसरे स्तर पर शमशेर के यहाँ भी हम मार्क्सवाद और सौंदर्यबोध, दोनों की परिचित शक्लों से अलग होने की विशिष्टता देख सकते हैं। इसलिए उनका मार्क्सवाद तैयारशुदा किस्म का नहीं है और न सौंदर्यबोध उस तरह पिलपिला है जैसा कि हिंदी कविता में खूब दिखता है। उनके मार्क्सवाद और उनके सौंदर्यवाद को एक मानकर पढ़ना शायद उन्हें समझने का पहला कदम हो सकता है, क्योंकि शमशेर दरअसल आज़ादी के कवि हैं।"[131]

वस्तुत: मंगलेश डबराल पाठकों और अध्येताओं को स्पष्ट निर्देश करते हैं कि शमशेर को समझने के लिए मार्क्सवाद और सौंदर्यवाद को अभिन्न रखना जरूरी है। क्योंकि शमशेर की कविता में सत्य और सुंदर का समन्वय बखूबी किया गया है। उनकी कविता में ये दोनों तत्व एकरूप हो जाते हैं। यही बात अशोक वाजपेयी को अधिक पसंद है। उन्होंने लिखा है– "शमशेर के यहाँ सत्य और सौंदर्य में भेद है, पर दूरी नहीं है। उनके यहाँ सत्य अंतत: सुंदर होता है। वह इस अर्थ में सौंदर्य के कवि हैं कि उनके यहां सत्य को भी सुंदर होने पर विवश होना पड़ेगा।"[132]

वाजपेयी द्वारा अभिव्यक्त विचारों से एक सवाल उठता है कि शमशेर की कविता में सत्य सुंदर कैसा बनता है? तो इस संदर्भ में पुनः शमशेर के मूल कवि स्वभाव की ओर जाना होगा जिसमें अभिव्यक्ति की सच्चाई निहित है। दूसरा कारण यह भी है कि हर चीज को वे जिस अंदाज में महसूस करते हैं, उसमें जो सौंदर्य देखते हैं, वह अनूठा अनुभव है।

इस तरह कह सकते हैं कि शमशेर ने प्रकृति और भौतिक जगत् की हर चीज में नित नया सौंदर्य अनुभव ग्रहण किया है। उन्होंने जिस तरह कला के संबंध में स्वतंत्र चिंतन किया है उसी तरह सौंदर्य विषयक भी अपना अभिमत बनाया है। इसीलिए कोई कलाकार जब कला तथा सौंदर्य के संबंध में स्वयं का चिंतन गढ़ता है तब उसकी कलानुभूति विशिष्ट बनती है। शमशेर ने जिस तरह कला और सौंदर्य के संबंध में स्वतंत्र दृष्टि विकसित की है। उसी तरह कवि ग्रेस ने भी गद्य लेखन के द्वारा अपनी स्वतंत्र कला दृष्टि का परिचय दिया है। ग्रेस की सौंदर्य-दृष्टि के बारे में मराठी आलोचकों ने लगभग न के बराबर चिंतन प्रस्तुत किया है। फिर भी डॉ. द.भि. कुलकर्णी ने ग्रेस के संबंध जो विचार अभिव्यक्त किए हैं। उसके आधार पर ही प्रस्तुत विवेचन किया जा रहा है। डॉ. कुलकर्णी के विचार हैं कि ''कवी ग्रेस हा दु:खाचा, कारुण्याचा, करुणेचा, निसर्गप्रेमाचा, मातृप्रेमाचा, मातृगंडाचा कवी नाही; तो सौंदर्यसत्तेचा स्वामी आहे।''[133] (ग्रेस दु:ख, करुणा, प्रकृति, मातृप्रेम और मातृगंड का कवि नहीं है। वह सौंदर्य सत्ता का स्वामी है।) डॉ. कुलकर्णी के विचार भी ग्रेस को विशुद्ध सौंदर्य का कवि साबित करते हुए लगते हैं। शमशेर के संबंध में हम देख चुके हैं कि यही बात विजयदेव नारायण साही ने भी कही है। डॉ. कुलकर्णी का समीक्षा विचार इसी ओर इंगित करता है। लेकिन इस संदर्भ में उल्लेखनीय तथ्य यह है कि अपने विचारों में डॉ. कुलकर्णी ने जिन बिंदुओं को उठाया है। (दु:ख, करुणा, प्रकृति प्रेम, मातृप्रेम) दरअसल यही ग्रेस की कविता की बुनियाद है, जिसके माध्यम से ग्रेस सौंदर्य को उद्घाटित करते हैं। इस तरह कहा जा सकता है कि ग्रेस ने सौंदर्य के संबंध में नवचिंतन प्रस्तुत किया है। उनके सौंदर्य चिंतन में जीवनानुभव केंद्र में रहा है। उपर्युक्त समग्र विवेचन के बाद आलोच्य कवियों की रचना प्रक्रिया कला-दृष्टि और सौंदर्य-दृष्टि के संबंध में साम्य तथा वैषम्यगत निष्कर्ष निम्नवत हैं— शमशेर और ग्रेस ने कला, कलाकार और निर्मिति प्रक्रिया, दुर्बोधता तथा ललित कलाओं के अंत:संबंध पर मार्मिक चिंतन किया है। साथ ही काव्य को अन्य ललित कलाओं के तत्वों के आधार पर परखने की पक्षधरता की है।

शमशेर और ग्रेस ने इस बात की पुष्टि की है कि कलानिर्मिति में जीवनानुभवों का महत्वपूर्ण स्थान है। निर्मिति के दौरान कलाकार के व्यक्तित्व की अमिट छवि कला पर होती है। समीक्ष्य दोनों कवियों ने कला में अभिव्यक्ति की सच्चाई को

वरीयता दी है न कि प्रकाशन को। उनका मानना है कि अनुभूति की सच्चाई पर ही कला का मूल्य टिका होता है। साथ ही दोनों का मानना है कि कलाकार समाजशील होना चाहिए न कि समाज परस्त। शमशेर और ग्रेस की रचना-प्रक्रिया पर भारतीय संत, कवि, तथा पाश्चात्य कवियों का प्रभाव लक्षित होता है। दोनों कवि अपनी रचना प्रक्रिया में अनुशासित शिल्प के पक्षधर हैं। अर्थात तराशे हुए शिल्प प्रयोग को महत्वपूर्ण माना है। शमशेर और ग्रेस की निर्मिति प्रक्रिया में गोपन की प्रवृत्ति भी अधिक दिखायी देती है। दोनों की निर्मिति प्रक्रिया दर्शन तथा विचारधाराओं का वहन करती है। आलोचकों की दृष्टि से दोनों कवियों की कविता दुर्बोध है। समीक्ष्य कवियों का मानना है कि कलाकार की तरह रसिक के लिए भी प्रतिबद्धता जरूरी है। दोनों कवियों की निर्मिति प्रक्रिया में संवेदना के केंद्र स्थिर नहीं हैं। दुर्बोधता के आरोप से दोनों कवि आहत हैं। शमशेर और ग्रेस के मतानुसार कलाकृति जीवन की कमियों, अभावों को कम करती है। सौंदर्य-दृष्टि के बारे में समीक्ष्य दोनों कवियों की धारणा में समानता दिखायी देती है। अपने आस-पास के जीवन और प्रकृति में जो परिवर्तन होता रहता है उसमें सौंदर्य देखने का आग्रह दोनों कवियों ने किया है। साथ ही निर्मिति में आवेग की तीव्रता और अभिव्यक्ति की कसावट को जरूरी माना है। सृजन-प्रक्रिया में वास्तव, सत्य, अचेतन, चेतन का संमिश्रण है। हिंदी और मराठी समीक्षा में दोनों कवियों को विशुद्ध सौंदर्यवादी साबित करने की अधिक कोशिश हुई है। समीक्ष्य दोनों कवियों की दृष्टि ने सौंदर्य व्यक्तिनिष्ठ माना है।

शमशेर ने ललित कलाओं में चित्रकला को अधिक महत्ता दी है तो ग्रेस ने संगीत तत्व को काव्य सृजन में अनिवार्य माना है। शमशेर ने रचना प्रक्रिया में मौन की भाषा को भी महत्वपूर्ण स्थान दिया है। ग्रेस अधिक से अधिक भाव, विचार, अनुभूति को कला के माध्यम से अभिव्यक्त करने पर बल देते हैं। शमशेर ने कला सृजन को अधिक महत्व दिया है तो ग्रेस ने कालास्वादन की प्रक्रिया को खतरनाक खेल माना है। शमशेर के यहाँ सत्यं, शिवं, सुंदरम् का रूप है तो ग्रेस ने कलाकृति को महज सत्य की ओर जाने की राह मानी है। ग्रेस कलाकृति को सत्य-असत्य, पाप-पुण्य, शुभ-अशुभ से परे मानते हैं। ग्रेस ने अपने कला चिंतन में कलास्वाद, रसिक और समीक्षक तक विचार अभिव्यक्त किए हैं। शमशेर ने समीक्षकों के बारे में अपनी धारणा स्पष्ट नहीं की है। ग्रेस अपनी निर्मिति प्रक्रिया पर अहं व्यक्त करते हैं और स्वयं की कविता अनुवंशहीन मानते हैं। साथ ही उनकी निर्मिति प्रक्रिया में भय विद्यमान रहता है। ग्रेस दुर्बोधता के बारे में कहीं-कहीं स्वीकृति जताते हैं तो कहीं प्रतिरोध। शमशेर के यहाँ स्वीकृति नहीं है और न ही प्रतिरोध। शमशेर आलोचकों के आरोपों से आहत जरूर हैं। ग्रेस की दृष्टि से कलाकृति दुर्बोध नहीं होती वास्तविक जीवन में दुर्बोधता होती है। ग्रेस ने सौंदर्य के बारे में नवचिंतन भी

प्रस्तुत किया है। शमशेर प्राय: अंत: प्रेरणा से उपजे सौंदर्य को श्रेष्ठ मानते हैं। शमशेर की दृष्टि से कलाकार सृजन में साधना करता है। तो ग्रेस का मानना है वह पुनर्निर्मिति करता है।

संदर्भ संकेत सूची

01. नए साहित्य का सौंदर्यशास्त्र— गजानन माधव मुक्तिबोध, पृ.82
02. शब्द और स्मृति-निर्मल वर्मा, पृ.42
03. कुछ गद्य रचनाएँ— शमशेर बहादुर सिंह, पृ.331
04. दूसरा सप्तक— वक्तव्य शमशेर बहादुर सिंह, संपा. — अज्ञेय, पृ.87
05. कवियों का कवि शमशेर— डॉ. रजंना अरगड़े द्वारा लिए गए साक्षात्कार के अवसर, पृ.225
06. कुछ गद्य रचनाएँ— शमशेर बहादुर सिंह, पृ.274
07. दूसरा सप्तक— वक्तव्य, शमशेर बहादूर सिंह, संपा. अज्ञेय, पृ.87
08. कुछ कविताएँ व कुछ और कविताएँ— वक्तव्य, शमशेर बहादूर सिंह, पृ.75
09. कुछ और गद्य रचनाएँ — वक्तव्य, शमशेर बहादूर सिंह, पृ.173
10. कुछ और गद्य रचनाएँ — शमशेर बहादुर सिंह, पृ.227
11. कुछ और गद्य रचनाएँ — शमशेर बहादुर सिंह, पृ.229
12. कुछ और गद्य रचनाए — शमशेर बहादुर सिंह, पृ.230
13. कुछ और गद्य रचनाएँ — शमशेर बहादुर सिंह, पृ.234
14. कुछ और गद्य रचनाएँ — शमशेर बहादुर सिंह, पृ.238
15. एक और शमशेर भी है — संपा. दूधनाथ सिंह, पृ.142
16. कुछ और गद्य रचनाएँ — शमशेर बहादुर सिंह, पृ.165
17. कुछ और गद्य रचनाएँ — शमशेर बहादुर सिंह, पृ.167
18. मृगजळाचे बांधकाम — ग्रेस, पृ.117, 118
19. मृगजळाचे बांधकाम — ग्रेस, पृ.118
20. ग्रेसविषयी — डॉ. अक्षकुमार काळे, पृ.61
21. कावळे उडाले स्वामी — ग्रेस, पृ.103
22. मितवा — ग्रेस, पृ.177
23. चर्चबेल — ग्रेस, पृ.73
24. वाऱ्याने हलते रान — ग्रेस, पृ.004
25. ओल्या वेळूची बासरी — ग्रेस, पृ.108
26. वाऱ्याने हलते रान — ग्रेस, पृ.95
27. ओल्या वेळूची बासरी — ग्रेस, पृ.35
28. मितवा— ग्रेस, पृ.69
29. मितवा— ग्रेस, पृ.119
30. मितवा— ग्रेस, पृ.201
31. दूसरा सप्तक, वक्तव्य शमशेर— संपा. अज्ञेय, पृ.85
32. पाश्चात्य काव्यशास्त्र— डॉ. भगीरथ मिश्र, पृ.121
33. उद्भावना— संपा. विष्णु खरे, होड़ में पराजित काल— शमशेर विशेषांक, पृ.316

34. डॉ. रजंना अरगड़े के साथ शमशेर की बातचीत, कवियों का कवि शमशेर— डॉ. रजंना अरगड़े, पृ.204
35. शमशेर के साथ रमण सिन्हा की बातचीत, पक्षधर (जुलाई 2011, अंक 11) सं. विनोद तिवारी, पृ.25
36. वही, पृ.26
37. एक शमशेर भी है — संपा. दूधनाथ सिंह, पृ.23
38. कुछ और गद्य रचनाएँ— शमशेर बहादुर सिंह, पृ.164
39. कुछ और गद्य रचनाएँ— शमशेर बहादुर सिंह, पृ.232
40. कुछ और गद्य रचनाएँ— शमशेर बहादुर सिंह, पृ.16
41. कुछ और गद्य रचनाएँ— शमशेर बहादुर सिंह, पृ.13
42. वेदना आणि सौंदर्य, (प्रणातली उदासी, सुजाता षेणई) — संपा. अजय देशपांडे, पृ.291
43. मितवा— ग्रेस, पृ.180
44. वार्यानं हलते रान— ग्रेस, पृ.118
45. वेदना आणि सौंदर्य, (प्रणातली उदासी, सुजाता षेणई)— संपा. अजय देशपांडे, पृ.287
46. ग्रेस विषयी— डॉ. अक्षकुमार काळे, पृ.26
47. ग्रेस नावांच गारूड — संपा. प्रवीण बर्दापुरकर, पृ.03, 04
48. मृगजळाचे बांधकाम — ग्रेस, पृ.52
49. मितवा— ग्रेस, पृ.158
50. मितवा— ग्रेस, पृ.167
51. संध्यामग्न पुरुषाची लक्षणे— ग्रेस, पृ.भूमिका से
52. संध्यामग्न पुरुषाची लक्षणे— ग्रेस, पृ.185
53. काल तुझसे होड़ मेरी— शमशेर बहादुर सिंह, पृ.93
54. कुछ कविताएँ व कुछ और कविताएँ— शमशेर बहादूर सिंह, पृ.18
55. चुका भी हूँ नहीं मैं— शमशेर बहादुर सिंह, पृ.57
56. चुका भी हूँ नहीं मैं— शमशेर बहादुर सिंह, पृ.14
57. उद्भावना— संपा. विष्णु खरे, ओम भारती, होड़ में पराजित काल — शमशेर विशेषांक, पृ.124
58. कहीं बहुत दूर से सुन रहा हूँ— शमशेर बहादूर सिंह, पृ.46
59. इतने पास अपने— शमशेर बहादुर सिंह, पृ.41
60. कुछ कविताएँ व कुछ और कविताएँ— शमशेर बहादुर सिंह, पृ.86
61. चुका भी हूँ नहीं मैं— शमशेर बहादुर सिंह, पृ.90
62. चुका भी हूँ नहीं मैं— शमशेर बहादुर सिंह, पृ.12
63. उदिता, अभिव्यक्ति का संघर्ष— शमशेर बहादुर सिंह, पृ.13
64. बात बोलेगी— शमशेर बहादुर सिंह, पृ.1108
65. बात बोलेगी— शमशेर बहादुर सिंह, पृ.59
66. सांध्यपर्वातील वैष्णवी— ग्रेस, पृ.38
67. सांध्यपर्वातील वैष्णवी— ग्रेस, पृ.61
68. सांध्यपर्वातील वैष्णवी— ग्रेस, पृ.91
69. सांध्यपर्वातील वैष्णवी— ग्रेस, पृ.120
70. सांध्यपर्वातील वैष्णवी— ग्रेस, पृ.173
71. चंद्रमाधवीचे प्रदेश— ग्रेस, पृ.161
72. चंद्रमाधवीचे प्रदेश— ग्रेस, पृ.167
73. राजपुत्र आणि डार्लिंग— ग्रेस, पृ.11

74. राजपुत्र आणि डार्लिंग— ग्रेस, पृ.02
75. चंद्रमाधवीचे प्रदेश— ग्रेस, पृ.168
76. चंद्रमाधवीचे प्रदेश— ग्रेस, पृ.35
77. चंद्रमाधवीचे प्रदेश— ग्रेस, पृ.176
78. चंद्रमाधवीचे प्रदेश— ग्रेस, पृ.144
79. राजपुत्र आणि डार्लिंग— ग्रेस, पृ.103
80. संध्याकाळच्या कविता— ग्रेस, पृ.भूमिका से
81. संध्याकाळच्या कविता— ग्रेस, पृ.17
82. चंद्रमाधवीचे प्रदेश— ग्रेस, पृ.39
83. राजपुत्र आणि डार्लिंग— ग्रेस, पृ.53
84. चंद्रमाधवीचे प्रदेश— ग्रेस, पृ.56
85. चंद्रमाधवीचे प्रदेश— ग्रेस, पृ.145
86. चंद्रमाधवीचे प्रदेश— ग्रेस, पृ.170
87. संध्याकाळच्या कविता— ग्रेस, पृ.53
88. बाई ! जोगिया पुरुष— ग्रेस, पृ.143
89. सांजभयाच्या साजणी— ग्रेस, पृ.50
90. चंद्रमाधवीचे प्रदेश— ग्रेस, पृ.54
91. सौंदर्य मीमांसा— रा. भा. पाटणकर, अनुवाद — डॉ. चंद्रकांत बांदिवडेकर, पृ.19
92. शमशेर बहादुर सिंह: इतने पास अपने, कुंवर नारायण, उद्भावना शमशेर विशेषांक-सं. विष्णु खरे, पृ.78
93. जो कि है का है— विश्वनाथ त्रिपाठी, उद्भावना — संपा. विष्णु खरे, पृ.81
94. बिंबो से झाँकता कवि: शमशेर— डॉ. वीरेन्द्र सिंह, पृ.23
95. शमशेर: मेरी दृष्टि में— ग.मा. मुक्तिबोध, उद्भावना, संपा. विष्णु खरे, पृ.04
96. शमशेर जी, मलयज, एक शमशेर भी है — संपा. दूधनाथ सिंह, पृ.27
97. शमशेर बहादूर सिंह: इतने पास अपने, कुंवर नारायण, उद्भावना शमशेर विशेषांक, सं. विष्णु खरे, पृ.75
98. शमशेर जी, मलयज, एक शमशेर भी है — संपा. दूधनाथ सिंह, पृ.34
99. ग्रेस विषयी— डॉ. अक्षकुमार काळे, पृ.101
100. वेदना आणि सौंदर्य (ग्रेस यांचे काव्यशास्त्र— प्रा. वसंत आबाजी डहाके) सं. अजय देशपांडे, पृ.04
101. समीक्षेचा एकांत— डॉ. द. भी. कुलकर्णी, पृ.65
102. T.S. Eliot— The use of poetry and the use of Criticism, Page—151
103. शमशेर प्रेम की असंभावना के कवि हैं— अशोक वाजपेयी, उद्भावना, पृ.97
104. शमशेर की सम्यक समझ की ओर एक प्रारंभिक उपक्रम — विष्णु खरे, उद्भावना, पृ.29
105. शमशेर: मेरी दृष्टि में— गजानन माधव मुक्तिबोध, उद्भावना, पृ.08
106. कुछ बातें: शमशेर के बारे में— गोबिंद प्रसाद, उद्भावना, पृ.181
107. कवियों का कवि शमशेर— डॉ. रंजना अरगड़े, पृ.227
108. आधुनिक कविता यात्रा— डॉ. रामस्वरूप चतुर्वेदी, पृ.122
109. शमशेर का काव्य संसार— रमण सिन्हा, पृ.33
110. डॉ. किशोर वासवाणी द्वारा केंद्रीय हिंदी संस्थान अहमदाबाद केंद्र में दिनांक 30 जनवरी, 2011 को दिए भाषण से उद्धृत।
111. शमशेर जी, मलयज, एक शमशेर भी है— संपा. दूधनाथ सिंह, पृ.40
112. समीक्षेचा एकांत— डॉ. द. भी. कुलकर्णी, पृ.12

113. ग्रेस आणि दुर्बोधता— डॉ. जयंत परांजपे, पृ.13
114. समीक्षेचा एकांत— डॉ. द. भी. कुलकर्णी, पृ.54
115. ग्रेसविषयी— डॉ. अक्षकुमार.काळे, पृ.65
116. मृगजळाचे बांधकाम— ग्रेस, पृ.106
117. संध्यामग्न पुरुषाची लक्षणे — ग्रेस, पृ.69
118. समीक्षेचा एकांत-- डॉ. द. भी. कुलकर्णी, पृ.59
119. दूसरा सप्तक— वक्तत्व, शमशेर— संपा. अज्ञेय, पृ.87
120. कवियों का कवि शमशेर— डॉ. रंजना अरगड़े, पृ.220
121. उद्भावना— संपा. विष्णु खरे, क्या भला मुझको परखने का नतीजा निकला, मधु शर्मा, पृ.175
122. दूसरा सप्तक— वक्तत्व, शमशेर— संपा. अज्ञेय, पृ.88
123. मृगजळाचे बांधकाम— ग्रेस, पृ.112
124. ओल्या वेळूची बासरी— ग्रेस, पृ.13
125. वा:याने हलते रान— ग्रेस, पृ.115
126. संध्यामग्न पुरुषाची लक्षणे— ग्रेस, पृ.131, 132
127. मितवा— ग्रेस, पृ.68
128. शमशेर की काव्यानुभूति की बनावट-विजयदेव नारायण साही, उद्भावना, डॉ. विष्णु खरे, पृ.15
129. शमशेर की सम्यक समझ की ओर एक प्रारंभिक उपक्रम-विष्णु खरे, उद्भावना, पृ.33
130. शमशेर के साथ वह आखिरी मुलाकात-नामवर सिंह, नया पथ संपा-मुरली मनोहर प्रसाद सिंह, पृ.51
131. साबुत आईने में ही दिखते हैं शमशेर— मंगलेश डबराल, कुरजां, संपा.— प्रेमचंद गांधी, पृ.105
132. शमशेर प्रेम की असंभावना के कवि हैं-अशोक वाजपेयी, उद्भावना, संपा.-विष्णु खरे, पृ.100
133. समीक्षेचा एकांत— डॉ. द.भि. कुलकर्णी, पृ.65

दो

समसंवेदना के कर शिखर सर...

यह बात आरंभ में ही स्पष्ट करना जरूरी है कि किसी भी कलाकृति के दो पक्ष होते हैं। एक 'वस्तु' पक्ष और दूसरा 'रूप'। दूसरे शब्दों में कहे तो आंतरिक पक्ष और बाह्य पक्ष। वस्तुतः सौंदर्यशास्त्र में जिस सौंदर्य की चर्चा होती है वह भाव बोध, विचार और इद्रिंयबोध की ही तो परिणति है। और सौंदर्य का सर्वोच्य रूप तो मूल्य में निहित है। इसलिए दोनों कवियों के भावमूलक, विचारमूलक सौंदर्य को विश्लेषित करते हुए उनके काव्य में निहित मूल्य सौंदर्य भी को निम्नवत समझा जा सकता है–

शमशेर बहादुर सिंह और ग्रेस की काव्य संवेदना का तात्विक विवेचन—

भाव पक्ष के विविध आयाम

किसी कला का निर्माण और उसका आस्वादन भावों पर ही निर्भर होता है क्योंकि कलाकार भावों को ही कलाकृति में ढालता है और उसका आस्वादन रसिक भावों के आधार पर ही करता है। आचार्य रामचंद्र शुक्ल ने लिखा है— "नान्त विषयों के बोध का विधान होने पर ही उनसे संबंध रखने वाली इच्छा की अनेकरूपता के अनुसार अनुभूति के भिन्न-भिन्न योग संघटित होते हैं जो भाव या मनोविकार कहलाते हैं।"[1] इससे स्पष्ट है कि अनुभूति का संघटित रूप ही भाव है। विविध विषयों का बोध भी भावों के कारण ही संभव है। कलाकृति में भाव तत्व का विशेष महत्व है। इस संदर्भ में डॉ. भगीरथ मिश्र के विचार सोचनीय हैं— "भाव, मनोवेगों के संस्कार रूप में प्रतिष्ठित, स्मृत और पुनः अनुभूत स्वरूप है। भाव संक्रामक होते हैं। उनकी अभिव्यक्ति दूसरों के हृदय में भी उसी प्रकार की अनुभूति जाग्रत करती है।"[2] स्पष्ट है कि भाव मनोवेग या इच्छा के द्वारा संस्कारित होते हैं। साथ ही भाव संक्रामक है इसलिए कलाकार और रसिक दोनों के लिए कार्य करते हैं। असल में भाव हृदयगत अनुभूति है। और अनुभूति में संवेदना प्रधान रहती है। अगर हृदय में

कोमल भाव जैसे आशा, करुणा, उत्साह, लज्जा आदि मौजूद हैं तो सौंदर्य निर्माण और आस्वाद दोनों में कोई बाधा नहीं है। लेकिन इसके विपरीत यदि हृदय में क्रोध, घृणा, वासना, द्वेष, भय, ग्लानि विद्यमान है तो सौंदर्य निर्मिति और सौंदर्यास्वादन में बाधा आती है। भावों की सुखात्मक और दुःखात्मक दोनों अनुभूतियाँ महत्वपूर्ण है। लेकिन इस संदर्भ में यह याद रखना होगा कि दुःखात्मक स्थिति में सौंदर्य की अनुभूति में बाधा निर्माण होती है। कोई भी कलाकार या कवि कला वस्तु में अनेक पहलुओं पर विचार करता है। 'उदिता-अभिव्यक्ति का संघर्ष' की भूमिका में शमशेर स्वयं लिखते हैं— ''अगर मेरी वाणी में इन्सान का दर्द है— छोटा-सा ही दर्द सही, मगर सच्चा दर्द... भावुकता, ललक, आकांक्षा, तड़प और आशा, कभी घोर रूप से निराशा भी लिए हुए, कभी उदासी, कभी-कभी उल्लास भी एक प्रेमी कवि कलाकार, एक मध्यवर्गी भावुक नागरिक का, जो मार्क्सवाद से रोशनी भी ले रहा है और सांस्कृतिक और धार्मिक विविध परंपराओं में अपनी नैसर्गिक शक्ति और ऊर्जा के स्रोत भी तलाश कर रहा है— एक ऐसा व्यक्ति जिसको सभी देशों, सभी धर्मों और सभी भाषाओं और साहित्यों से प्यार है और सबसे अपने दिल को जोड़ता है... तो अगर उपर्युक्त तमाम सूत्रों के साथ मैं इंसान से जुड़ता हूँ, तो मेरे लिए फिलहाल इतना काफी है।''[3] शमशेर के काव्य में भाव मूलक सौंदर्य के विविध आयाम लक्षित होते हैं।

प्रेम मूलक : प्रेम के कारण ही मनुष्य की विशेष पहचान है। शमशेर की कविता में प्रेम के अनेक पहलू दिखायी देते हैं। कभी इनमें अतृप्ति की भावना है तो कभी खोये हुए प्रेम के प्रति दुख की भावना। मूलतः शमशेर की प्रेम भावना रोमांटिक कवियों की श्रेणी में आती है। क्योंकि प्रेम में असफलता पाने पर भी पुनः उसी राह पर चलने का जज्बा यही पर देखा जा सकता है। इस संदर्भ में 'तुमको पाना है अविराम' कविता उल्लेखनीय है— ''तुमको पाना है, अविराम/सब मिथ्याओं में/ओ मेरी सत्य।/मुझसे टूट अलग न जाओ/मुझको छोड़ न दो/तुम्हें मेरे प्राणों की सौगंध।''[4]

जाहिर है कि उपर्युक्त पंक्तियों में प्रेम को अविराम पाने की जो चाहत है, उसमें सौंदर्य निहित है। अपने प्रिय के प्रति जो चाहत होनी चाहिए, उसकी सशक्त अभिव्यक्ति यह कविता है। शमशेर की प्रेम भावना छायावादी प्रेम भाव से इसलिए भी प्रभावित लगती है क्योंकि उसमें प्रेम का आदर्श रूप लक्षित होता है। यह बात वाकई आज के बाज़ारवादी और उपभोक्तावादी समय में अटपटी लग सकती है। लेकिन कवि बड़ी शिद्दत के साथ अपनी मनीषा व्यक्त करता है-– ''ओ मेरी ही केवल तुम/मेरे साथ रहो/मुझको छोड़ो नहीं/स्वप्न में भी,/तुमको/मेरे प्राणों की शपथ।''[5]

स्पष्ट है कवि की प्रेम के प्रति गहरी आस्था है। क्यों न हो, प्रेम ही मनुष्य को इन्सान बनाता है। शमशेर की प्रेम कविताओं की सबसे महत्वपूर्ण विशेषता यह है कि उनमें लगातार प्रेम की चाहत बनी रहती है। इसका एक कारण यह भी है कि बचपन से ही प्रेम भाव की पूर्ति के लिए उन्हें हमेशा यहाँ-वहाँ जाना पडा है। उनका यह संघर्ष प्रेम को लेकर ही है। कवि प्रेम की गरिमा अच्छी तरह समझता है। इसलिए बहुत ही संवेदनशीलता से 'प्रेम' में कविता लिखता है— ''द्रव्य नहीं कुछ मेरे पास/फिर भी मैं करता हूँ प्यार/रूप नहीं कुछ मेरे पास/फिर भी मैं करता हूँ प्यार''[6]

प्रस्तुत कविता प्राय: सन 1936-37 के आस-पास लिखी है। अर्थात यह छायावादोत्तर काल है। प्रगतिवाद लगभग शुरू ही हुआ है। शमशेर प्रेम को काम-वासना से परे मानते हैं। लेकिन हर एक अनुभव में बसे होने की भी बात कहते हैं। उनकी प्रेमानुभूति में हमेशा पारदर्शिता रहती है। यथा— ''काम वासना नहीं,/तीव्र तुम हालांकि/मेरे अनुभव-अनुभव में।''[7]

स्पष्ट है कि शमशेर प्रेम में सौंदर्य की उपस्थिति तभी देखते हैं जब उसमें काम वासना या मासंलता का अभाव है। यद्यपि शमशेर का यह भाव उच्च कोटि का प्रतीत होता है। क्योंकि 'लिव इन रिलेशन शिप' की संकल्पना समाज में जितनी तेंजी से बढ़ रही है। एक तरह से सहवास ही अब समझ में आता है, प्यार या प्रेम नहीं। ऐसी समाज व्यवस्था के लिए यह भाव कम सुंदर नहीं हो सकता है।

इसमें दोराय नहीं कि प्रेम के आधार पर भी शोषण संभव हो सकता है। अत: यह जरूरी नहीं कि संघर्ष के द्वारा शोषण किया जाता है। असल में प्रेम में भी बहुत बार शोषण की स्थिति देखा जा सकती है। इसलिए शमशेर 'लूट चुके तुम' कविता में कहते हैं— ''लूट चुके तुम/मुझे/एक एक साँस/शन्य हुई-सी।''[8]

कवि की समर्पित वृत्ति ही उसके प्रेम सौंदर्य को उजागर करती है। शमशेर अपनी कविता 'टूटी हुई बिखरी हुई' में प्रेमियों को जो संदेश देते हैं उसकी सुंदरता नि:संदेह अनुकरणीय है। हालांकि कवि यह बात अपनी प्रिया से कह रहा है। लेकिन यह बात उन सभी रिश्तों के लिए लागू होती है जिनकी बुनियाद प्रेम पर टिकी है। बानगी के तौर पर कुछ पक्तियाँ द्रष्टव्य हैं— ''हाँ, तुम मुझसे प्रेम करो/जैसे मछलियाँ लहरों सें करती हैं/जिनमें वह फंसने नहीं आती/जैसे हवाएँ मेरे सीने से करती हैं/जिसको वह गहराई तक दबा नहीं पातीं,/तुम मुझसे प्रेम करो जैसे मैं तुमसे/करता हूँ।''[9]

प्रेम भाव में इससे बढ़ कर सुंदरता अन्यत्र प्राय: दुर्लभ है क्योंकि प्रेम के आधार पर जो शोषण होता है, उससे कवि परहेज करता है। क्या यह मार्क्सवाद दृष्टि से निर्मित सौंदर्य नहीं है? जहाँ शोषण का विरोध और समानता का आग्रह है। इसलिए शमशेर की प्रेम भवना महज एक ही भाव स्थिति का वहन नहीं करती है।

उसमें अनेक पड़ाव देखे जा सकते हैं। कभी वह छायावाद से प्रभावित है तो कभी प्रगतिवाद और प्रयोगवाद से, तो कभी नई कविता से जुड़कर। यह विशेष उल्लेखनीय है कि उनकी प्रेम की तलाश कहीं भी खत्म नहीं हुई है। यही कारण है कि कवि शमशेर लिखते हैं— "चुका भी हूँ नहीं मैं/कहाँ किया मैंने प्रेम अभी।/जब करूँगा प्रेम/पिघल उठेंगे/युगों के भूधर/उफन उठेंगे/सात सागर।"[10]

जिस धैर्य और संयम की प्रेम के पथ पर आवश्यकता है, कवि उसका वहन कर रहा है। लेकिन वह इस बात से भी रू-ब-रू है कि जब वह प्रेम करेगा तो प्रकृति में भी अनेक परिवर्तन संभव है। अब सवाल यह है कि इस तरह के परिवर्तन की कामना कवि क्यों कर रहा है? सात सागर के उफन उठने की बात किस तरफ इशारा करती है?

दरअसल यह कवि का असफल प्रेम है, जिसे कवि व्यक्त कर रहा है। किंतु भूधर और सागर वास्तव में कवि की मन की अवस्थाएँ हैं। प्रेम के कारण ही जीवन उन्नति की ओर अग्रसर होता है। जिस तरह सागर उफनता है उसी तरह प्रेम के कारण जीवन में भी आल्हाद निर्माण होता है। हार की स्थिति में भी हौसला बढ़ाने का कार्य प्रेम के द्वारा ही होता है। कवि 'हार-हार समझता मैं' कविता में कहता भी है कि— "हार-हार/समझा मैं तुमको/अपने पार।"[11]

कवि की अनूठी प्रेम की चाहत महज अतिशयता से युक्त नहीं है बल्कि उसमें सच्चाई की झलक भी देखी जा सकती है। शमशेर की एक ग़ज़ल का शेर उल्लेखनीय है— "हजार हम उसे चाहे कि अब न चाहे और,/जो साँस-साँस में रम जाए वो, तो क्योंकर हो!"[12]

वाकई जिसे साँस में भरने की बात कवि कर रहा है वह प्रेम भावना आदर्श रूप है। शमशेर जैसा भावुक कवि ही प्रेम के प्रति इतनी अधिक सदाशयता के साथ लिख सकता है। कवि शायराना मिजाज में अपनी ग़ज़ल में लिखता भी है— "शमशेर और कुछ नहीं दुनिया-जहान में/इक दिल है, ढूंढता हूँ, उसी बेखबर को मैं।"[13]

यहाँ पुनः बेखबर को ढूंढने की बात आयी है। तो क्या इसे एक तरफा प्रेम माना जाए? शमशेर हमेशा ही खुलकर बात करने से कतराते रहे हैं। यह उनकी स्वभावगत विशेषता भी है। अतः कभी कभार उस तरह की भी स्थितियाँ निर्माण हुई हैं कि उन्होंने अपने प्रेम का इजहार कभी खुलकर नहीं किया है। इसलिए प्रेम की तलाश का एक कारण यह भी अवश्य है। इस तलाश में कहीं न कहीं अतृप्ति का भाव निहित है। इस संदर्भ में सवाल उठता है कि सौंदर्य तृप्ति में है या अतृप्ति में? तो दोनों स्थितियों में सौंदर्य की उपस्थिति है। क्योंकि अतृप्ति भी एक सकारात्मक चाह ही है, जो तृप्ति की ओर जाती है। चूँकि सुंदरता व्यक्ति, देश और काल तथा स्थिति सापेक्ष होती है।

शमशेर की अन्य भी कुछ कविताएँ हैं जो उनकी प्रेममूलक सौंदर्य चेतना को दर्शाती हैं। जैसे–इतने पास अपने (प्यार का मौसोलियम पृ.42, सौंदर्य पृ.57, थरथराता रहा पृ.56), उदिता– अभिव्यक्ति का संघर्ष– (पागल का गीत पृ.56, तुम्हें तो पृ.78) आदि। इस तरह कह सकते हैं कि शमशेर की प्रेम भावना में उनकी सौंदर्य दृष्टि का आद्यंत प्रभाव छाया है। इसी कड़ी में ग्रेस की कविता भाव प्रधान है। उसमें मानवीय भावों की विभिन्न छटाएँ अभिव्यक्त हुई हैं। भाव सौंदर्य के विविध तत्व जिसमें प्रेम सौंदर्य का मार्मिक चित्रण हो या प्रकृति से अटूट श्रद्धा की बात साथ ही मानवीय सौंदर्य को उजागर करते हुए उन्होंने मानवोचित भाव भावनाओं का भी मनोरम चित्रण किया है। जिसमें दृश्य की तीव्रता, वैयक्तिकता, अकेलापन, आशावादी दृष्टिकोण, रहस्यानुभूति, क्षणबोध, निराशा आदि भाव सौंदर्य की विभिन्न झाकियाँ दिखायी देती हैं। ग्रेस के भाव सौंदर्य में सबसे अनूठा वर्णन है उनके द्वारा चित्रित माँ विषयक वर्णन। मराठी कविता में अनेक कवियों ने माँ विषयक चित्रण किया है लेकिन ग्रेस की काव्य संवेदना से माँ के जो विविध रूप सामने आए हैं, वह प्रायः मराठी भाषी अन्य कवियों में दुर्लभ है। इस तरह का चित्रण हिंदी में भी न के बराबर दिखायी देता है। ग्रेस की काव्य संवदेना में भाव सौंदर्य के जो विभिन्न आयाम हैं।

प्रेम गानव जीवन की सबसे बुनियादी आवश्यकता है। आलोच्य कवि की प्रेम तत्व में गहरी आस्था है। ग्रेस बचपन से ही प्रेम की अभिलाषा करते रहे किंतु उन्हें न ही वात्सल्य में यह प्राप्त हुआ और न ही जीवन संगिनी के द्वारा। ग्रेस की माता और बाद में पत्नी की भी मृत्यु उनके लिए एक भारी सद्मा ही रहा है। इसीलिए उनकी कविता में प्रेम की तलाश निरतंर जारी रहती है। यद्यपि उनके द्वारा चित्रित इस प्रेम वर्णन पर रोमांटिसिज्म का काफी गहरा प्रभाव भी दिखायी देता है। क्योंकि कवि ने इसमें अत्यंत उत्कटता भर दी है। ग्रेस 'साजण' कवित में लिखते हैं– ''तुझा आला गे साजण/नको त्याच्यापुढे जाऊं!/त्याने यात्रेंत भेटल्या/कोण्या पोरीच्या देहाला/दिले आभाळाचे बाहू...''[14] (आया है तुम्हारा साजन/न जाओ उसके सामने/मेले में मिली किसी लडकी को उसने/दी है आकाश की भुजाएँ।)

ग्रेस ने प्रेमपरक वर्णन करते समय आंतरिक सौंदर्य को काफी महत्वपूर्ण स्थान दिया है। दरअसल यह आंतरिक सौंदर्य प्रेमी अथवा प्रेमिका का है। जो उन्हें एक दूसरे के प्रति आकृष्ट करता है। ग्रेस का काव्य नायक बिना किसी संकोच के साथ अपना अनुराग व्यक्त करता है। 'गुलाब वाळवण्याची गोष्ट ' कविता इस दृष्टि से अत्यंत मनोरम है। इस समूह की चौथी कविता की कुछ काव्य पंक्तियाँ दृष्टव्य हैं– ''तू माझी मैत्रीण होशील?/कधी होशील?/कुठे होशील?/काय देशील?/मनावरून माझ्या पीस फिरनार ना?/निर्गंध होणार माझी पाकळी पाकळी?''[15] (तुम मेरी बनोगी?/कब?/कहाँ बनोगी?/क्या दोगी?/मेरे मन को छुओगी मयुर पंख से?/

गंधहीन होगी मेरी पखुंड़ी पखुंड़ी।)

प्रेम भावना में जिस स्पष्टता की आवश्यकता होती है, वह ग्रेस की कविता में लगभग न के बराबर है। इसका कारण यह है कि कवि संकेतों में ही अधिक कहता है। इस दृष्टि से उपर्युक्त पंक्तियाँ अपवाद स्वरूप दिखायी देती हैं। इसमें काव्य नायक अपनी प्रेम भावना का इजहार स्पष्ट रूप से करता है। किंतु कवि मन में संदेह कायम रखते हुए प्रश्नात्मक शैली में अभिव्यक्त करता है। ग्रेस की सबसे बड़ी खूबी है कि जहाँ उन्हें भाव-भावनाओं को आशय में प्रतिपादित करने के लिए संकोच अनुभव होता है, वे तुरंत शैली की ओर ध्यान आकृष्ट करते हैं। इसी से ग्रेस की कविता में सौंदर्य की अधिक वृद्धि होती है। प्रेम में उत्कटता ही उनके काव्यगत सौंदर्य का वास्तविक रूप है। यही कारण है कि ग्रेस का काव्य नायक प्रेमिका से गहरी आसक्ति रखते हुए 'डोंगर' कविता में अपने भावों को अभिव्यक्त करते हुए कहता है— "मज नीज अशी येते गं/तू माझ्या जवळी ये ना,/वैकुंठ तमाच्या डोळी/ओठांनी चुंबुनी घे ना।"[16] (मुझे नींद ऐसी भाये/तुम आओ मेरे पास/मन मोहक अंधेरी रात/ओठों से चुम लेना।)

ग्रेस के प्रेम सौंदर्य की सबसे बड़ी विशेषता यह है कि उसमें मांसलता का अभाव है। प्रेम में विरह, दुख, पीड़ा, आकुलता तो रोमांटिसिज्म की देन है। चूँकि ग्रेस का काव्य प्रायः इसी से उपजा है। रोमांटिसिज्म में जिस तरह शरीरी प्रेम का अभाव है। ठीक उसी तरह ग्रेस की कविता भी शरीरी प्रेम से परहेज रखती है। ग्रेस की अनेक कविताओं में प्रेम की तलाश निरंतर जारी है। पत्नी के आकस्मिक निधन के पश्चात कवि खुद को पूर्णतः अकेला महसूस करता है। प्रेम की आस और अधिक तीव्र होती है। 'कढ' कविता की पंक्तियाँ उद्धरणीय हैं— "सुपाटोपलीच्या/तुझ्या संसारात/गार सावलीत/राहीन मी!/मधे तुटताना/माझी प्राणतार/मला मांडीवर/घेशील ना?"[17] (सुपटोकरी की तुम्हारी गृहस्थी/रहूँगा मैं उसकी छाँव में/टूटे अगर बीच में/मेरे प्राणों की तार/मुझे गोदी में तुम भर लेना प्रिये।)

विस्तार की दृष्टि से बहुत ही छोटी कविता है। लेकिन भाव सौंदर्य का सबसे निश्चल रूप उपर्युक्त कविता में उजागर हुआ है। दरअसल वास्तविक जीवन में जो अनुभूति समीक्ष्य कवि की रही है, वही काव्य में अभिव्यक्त हुआ है। ग्रेस की काव्य संवेदना में प्रेम भावना का चित्रण बहुत ही शिद्दत के साथ हुआ है। प्रेम सौंदर्य की सर्वोच्च छवि कल्पित करते हुए कवि 'राखण' कविता में लिखता है— "जीव राखता राखता तुला हाताशी घेईन/झडझडीचा पाऊस डोळे भरुन पाहीन/तुझे सोडवीन केस त्याचा बांधीन आंबाडा/देहझडल्या हातांनी वर ठेवीन केवडा."[18] (दिल लुटाते-लुटाते तुम्हें बाहों में भर लूंगा/घनघोर बरसात आँखों से देख लूंगा/तुम्हारे गेसुओं का मैं बनाऊ जुड़ा/समर्पित हाथों से केवड़ा रखूं।)

उपर्युक्त पंक्तियां न सिर्फ प्रेम भावना का सर्वोच्च रूप है बल्कि प्रेमपरक सौंदर्य चित्रण का श्रेष्ठतम रूप है। यह वर्णन रमणीयता का मूर्त रूप है। यद्यपि कवि ने यह अनुभूति ग्रहण नहीं की है। यह तो मात्र कवि अपनी चाहत को व्यक्त करता है। ग्रेस की कविता में प्रेम सौंदर्य से जुड़े ऐसी अनेक काव्य संवेदनाएँ या अनुभूतियाँ हैं, जो कवि द्वारा की गई प्रेम की तलाश से उपजी हैं। दरअसल मराठी कविता में ग्रेस द्वारा किया गया प्रेम वर्णन इसलिए भी अन्य कवियों से भिन्न है। आलोच्य कवि स्वयं इस बात की पुष्टि करता है कि उसकी प्रेमानुभूति ही अलग है। जिसमें हमेशा दुख की छाया मंडराती रहती है। इस संदर्भ में 'प्रीत' कविता उल्लेखनीय है— ''ही माझी प्रीत निराळी/संध्येचे श्यामल पाणी/दुःखाच्या दंतकथेला/डोहांतून बुडवुन आणी''[19] (मेरा प्रेम है सबसे अलग/जैसे संध्या श्यामल जल/दुःख की दंत कथा/हौज से लाए डुबोकर।)

वस्तुतः कवि ग्रेस ने अपनी प्रेमानुभूति को सबसे अलग ही माना है। यह एक तथ्यात्मक पहलू है। क्योंकि ग्रेस की यह भावना विविध काव्य नायिकाओं के साथ उभरकर आती है। तो कभी स्त्रग्धरा या कभी साऊल सरीखे काव्य बिंबों के रूप में दस्तक देती हैं। इतना ही नहीं अपनी प्रेमानुभूति को अधिक तीव्रता प्रदान करने हेतु कवि इतिहास और पुराणों से भी कुछ स्त्री पात्रों को काव्य बद्ध करता है। इसमें राधा, उर्मिला, सीता, गांधारी, कुंती का उल्लेख प्रायः दिखायी देता है। ग्रेस स्मृति के आधार पर भी प्रेम सौंदर्य का मार्मिक चित्रण करते हैं। 'आठवण' कविता की कुछ पंक्तियाँ देखिए— ''डोळे झाकले तरीही/तुझी आठवण आली/माझ्या देहातून पुन्हा/माझी पांगली सावली''[20] (आँखें मिट गइं/पर तुम्हारी याद आयी/ देह से मेरे पुनः/मेरी ही बिखरी छाया।)

सचमुच प्रेम के प्रति कवि के मन में गहरी आत्मीयता है। साथ ही अपने आत्मीय को पुनः पुनः याद करने की भावना इसी बात का सूचक है कि कवि उसे भुलना नहीं चाहता है। ग्रेस अपनी प्रेम भावना व्यक्त करते हुए 'सखी' शब्द का प्रयोग बारबार करते हैं। कुछ कविताओं में उन्होंने 'साजणी' शब्द का प्रयोग भी किया है। परिणामतः उनकी कविता किस 'सखी' या 'साजणी' का मूर्त रूप है यह समझना पाठकों के लिए इतना सहज नहीं है। और कारण है कि ग्रेस की कविता आलोचकों की दृष्टि से दुर्बोधता धारण किए हुए है। बानगी के तौर पर 'रचनेचे मागणे' कविता देख सकते हैं— ''जीव मोहरुन आला/गेलो सखीच्या दारात/जशी एकट चांदणी/शिरे ढगाच्या कुशित''[21] (प्राण बौराए मेरे/गया सखी के दर पर/जैसे एक सितारा/छिपे बादलों की गोद में।)

मूलतः उपर्युक्त कविता में 'सखी' रचना-प्रक्रिया के लिए कहा गया है। ग्रेस रचना-प्रक्रिया को किसी प्रेमिका से कम नहीं मानते हैं। 'गेलो सखीच्या दारात'

यही दर्शाता है। ग्रेस के प्रेम सौंदर्य की सबसे बड़ी खूबी है कि उन्होंने प्रेमानुभूति की भिन्न-भिन्न अवस्थाएँ चित्रित की है। अर्थात कहीं-कहीं उनकी काव्य नायिका भी प्रेम का राग आलापते हुए दिखायी देती है। प्रेम की इसी पद्धति को ग्रेस ने 'साऊल रीत' कहा है। साऊल काव्य नायिका है। कवि कहता है— ''सांजवेळेची साऊल/ निघे मला शोधावया /जीव जोखण्याची माया/एकेकाची''[22] (संध्या समय की साऊल/निकली मुझे ढूंढने/प्राणों को तौलने की माया/हर एक की।)

इतना ही नहीं, नायिका मात्र नायक की तलाश में ही नहीं निकली है। उसके मन में नायक से मिलने की जो आस है वह अत्यंत चरम पर पहुंची है। इसी कविता में कवि आगे लिखता है— ''आलिंगनासाठी घेई/अडगळीचा काळोख/अंधाराचीही पारख/तिची जुनी।''[23] (आंलिगन के लिए सहारा/कबाड़ का अंधेरा/अंधेरी की परख/है उसकी बहुत पुरानी।)

ग्रेस के प्रेमपरक सौंदर्य वर्णन में ऐसे प्रसंग बहुत कम हैं जहाँ नायिका पहल कर रही है। इसका एक कारण यह भी हो सकता है कि प्रस्तुत कविता इक्कीसवीं सदी के सांस्कृतिक प्रभाव से निर्मित है। रचनाकार की सौंदर्य दृष्टि में भी समयानुरूप परिवर्तन आता है। प्रस्तुत कविता जिस काव्य संग्रह में संग्रहीत है, वह ग्रेस की मृत्यु के बाद प्रकाशित हुआ है। ग्रेस के काव्य सृजन का अंतिम पड़ाव है 'बाई! जोगिया पुरुष'। किंतु इस संग्रह में भी ग्रेस की अनुभूति नहीं बदली है। मात्र सौंदर्य विधान के ढंग में बदलाव देखा जा सकता है। ग्रेस की समग्र काव्य संवेदना से उन कविताओं को नज़र अंदाज नहीं किया जा सकता है। जिनमें प्रेम सौंदर्य का मनोरम चित्रण हुआ है। यथा— 'आषाढ़ वन', पृ.100, 'उर्मिलेच्या कविता-2', पृ.77, 'डार्लिंग 22', पृ.102 (राजपुत्र आणि डार्लिंग), 'मरण', पृ.007, 'वेळ', पृ.57, 'गर्व', पृ.60, 'संध्याकाळ', पृ.85, 'कहाणी', पृ.992, 'उखाणा', पृ.993, 'शरीर माझे तुडुंब', पृ.994, 'नभ', पृ.997, 'पाणी-1', पृ.106, 'रान', पृ.111, 'रक्त', पृ.115, 'वाटेपाशी', पृ.128, 'हळदफेड', पृ.144, 'दुःख', पृ.185 (चंद्रमाधवीचे प्रदेश), 'वळ' (सांध्यपर्वातील वैष्णवी), 'अस्तशेज', पृ.69, 'अश्वदूत', पृ.134 (सांध्यपर्वातील वैष्णवी) आदि।

इससे यह स्पष्ट है कि ग्रेस की काव्य संवेदना में प्रेम सौंदर्य की विविध छ्टाएँ मौजूद हैं। उनकी प्रेमानुभूति रोमांटिसिज्म की विचारधारा से काफी हद तक प्रभावित है।

प्रकृति परक सौंदर्य— प्रकृति और मनुष्य का अटूट संबंध है। हिंदी कविता में प्रकृति चित्रण की लंबी परंपरा रही है। प्रकृति मनुष्य की सबसे बड़ी सहचर है। काव्य में सुंदरता का विधान करने के लिए कवियों ने प्रकृति की शरण ली है। इसमें दो प्रधान कारण दिखायी देते हैं, एक तो प्राकृतिक सुंदरता के प्रति कलाकार या कवि

का रूझान। और दूसरा महत्वपूर्ण प्रयोजन है कि कवि अपने भावों को प्रकृति के माध्यम से अर्थात् प्रकृति के विविध रूपों के द्वारा क्षमता के साथ प्रस्तुत करता है।

शमशेर की कविता में प्रकृति की विविध छटाएँ दिखायी देती हैं। इनके प्रकृति सौंदर्य में कभी स्वच्छंदतावादी झांकी है, तो कभी नई कविता से उपजा भाव बोध। अर्थात् जब शमशेर स्वच्छंदतावादी तर्ज पर प्रकृति का अंकन करते हैं तो उसमें छायावादी कवियों की भाँति प्रकृति का कोमलतम रूप दिखायी देता है। लेकिन जब कवि नई कविता की वैचारिकी अपनाता है, तब मानव की अनेक भाव-भावनाएँ, अनुभूतियाँ प्रकृति के द्वारा ही अभिव्यक्त होती हैं। इस संदर्भ में शमशेर की 'एक पीली शाम' कविता की पंक्तियाँ सार्थक लगती हैं— ''एक पीली शाम/पतझर का जरा अटका हुआ पत्ता/मेरी शांत भावनाओं में तुम्हारा मुखकमल/कृश ढलान हारा-सा''[24]

स्पष्ट है कि कवि 'पीली शाम' के द्वारा अपनी भाव स्थिति का चित्रण कर रहा है जिसमें उदासी का स्वर है। कविता की अंतिम पक्तियाँ सुंदरता का श्रेष्ठ रूप मानी जा सकती है। जब शमशेर जैसा भावुक कवि लिखता है— ''अब गिरा अब गिरा वह अटका/हुआ आँसू सांध्य तारक-सा/अतल में।''[25]

प्रस्तुत कविता शमशेर ने सन 1954 के आसपास लिखी है। इस कविता में कवि की भाव स्थिति अभिव्यक्त हुई है। अपनी पत्नी की अंतिम अवस्था का कवि स्मरण करता है; जो बीमारी के कारण मृत्यु शय्या पर लेटी है। और अपने पति (शमशेर) को लेकर चिंतित है। इसलिए उसकी आँखें भर आयी हैं। उल्लेखनीय तथ्य यह है कि शमशेर ने करुणा से युक्त प्रसंग को याद करते हुए उसे कविता में प्रस्तुत किया है। वास्तव में यह शमशेर की चित्रकारिता की झांकी ही है। कवि आँखों से टपकते आँसू और आकाश से टूटते हुए सितारे का संबंध स्थापित करता है, जो करुणा से युक्त सौंदर्य का अनूठा रूप है।

शमशेर के प्रकृति सौंदर्य की विशेषता है कि प्रकृति के विविध रूपों को उन्होंने महज चित्रित नहीं किया है, उसे भाव स्थितियों के साथ भी जोड़ा है। अत: कह सकते हैं कि शमशेर के प्रकृति सौंदर्य का सबसे सबल पक्ष है— प्रकृति का मानवीकरण। इस संदर्भ में 'वह सलोना जिस्म' कविता प्रासंगिक है— ''शाम का बहता हुआ दरिया कहाँ ठहरा!/सांवली पलकें नशीली नींद में जैसे झुकें/चांदनी से भारी बदलियाँ हैं,/खाब में गीत पेंडा लेते हैं,/प्रेम की गुइयाँ झुलाती हैं उन्हें/उस तरह का गीत, वैसी नींद, वैसी शाम-सा है/वह सलोना जिस्म।''[26]

स्पष्ट है कि कवि सलोने जिस्म पर शाम आरोपित कर अपनी बात कहता है। इसी तरह उनकी 'एक नीला दरिया बरस रहा' कविता भी मार्मिक प्रतीत होती है— ''एक नीला दरिया बरस रहा है/और बहुत चैडी हवाएँ हैं/मकानात हैं मैदान/किस कदर ऊबड़-खाबड़/मगर एक दरिया/और हवाएँ/मेरे सीने में गूंज रही हैं।''[27]

शमशेर के कवि कौशल का ही यह परिचायक है कि कवि कह रहा कि मेरे सीने में दरिया और हवाएँ गूंजती है। दरअसल यह उनकी भाव स्थिति का ही चित्रण है। मनोवैज्ञानिक धरातल पर सोचे तो हर व्यक्ति के मन में इस तरह की गूँज उठती है। जो उसके अंर्तद्वंद्व को दर्शाता है। चूँकि यह अस्थिर मनोदशा का भी परिचायक है। प्रकृति पर भावों का आरोपण करना कोई नई बात नहीं है लेकिन शमशेर के यहाँ नवीनता इस बात में है कि उन्होंने प्रकृति के अंगों को भी चित्रों की तरह उतारा है। क्यों न हो एक चित्रकार कवि के लिए ही यह संभव है। कभी-कभी शमशेर प्रकृति सौंदर्य का चित्रण करते समय इतने गहराई में डूबे हुए दिखते हैं कि यह तैय कर पाना मुश्किल-सा लगता है कि अमुक-अमुक दृश्य का वर्णन कवि की चेतन अवस्था से निर्मित हुआ है अथवा यह अवबोध की अवस्था है। यथा— उनकी 'पूर्णिमा का चाँद' कविता उल्लेखनीय है— "चाँद निकला बादलों से पूर्णिमा का/गल रहा है आसमान।/एक दरिया उमड़कर पीले गुलाब का/चूमता है बादलों के झिलमिलाते/स्वप्न जैसे पाँव।"[28]

उपर्युक्त कविता की पंक्तियों में शमशेर आसमान के गलने की बात करते हैं और स्वप्न जैसे पाँवों को चूमने की अभिलाषा रखते हैं। क्या इसे शमशेर की निरी कल्पना माना जाए? लेकिन प्रकृति की आड में कवि अपनी प्रेम भावना ही व्यक्त कर रहा है। पूर्णिमा का चाँद दरअसल उसकी प्रेमिका की छवि है। और आसमान का गलना तो एक तरह से नायिका की सौंदर्यमयी छवि का टपकना है। शमशेर की सबसे बडी खूबी यही है कि उन्होंने सौंदर्य को छिपाए रखा है। छिपाया इस अर्थ में कि उन्होंने कभी भी सरलता से, सहजता से काव्य सौंदर्य निर्माण नहीं किया है। उसमें छिपाकर रखने की भावना है। अनायास ही सवाल उठता है कि ऐसा क्यों? इसका एक कारण यह है कि शमशेर अपने सभी समकालीन कवियों में भिन्न हैं। उन्होंने न कभी खुलकर तीव्र विरोध किया, और न ही कडा विद्रोह। उनका यह एक तरह से आत्मसंघर्ष भी है। इसलिए सौंदर्य की कसौटी महज खुलकर की जाने वाली अभिव्यक्ति ही नहीं है बल्कि कथन की गूढ़ ता, मौन भी सौंदर्य की महत्वपूर्ण भंगिमाएँ हैं। इस कथन की पृष्टि नाथ और संत परंपरा में प्रचलित उलटबाँसियों से भी होती है।

शमशेर ने कहीं-कहीं स्वच्छंदतावादी प्रेरणा के आधार पर भी प्रकृति सौंदर्य का मनोरम चित्रण किया है। 'कवि-कला का फूल हूँ मैं' कविता की अंतिम पंक्तियाँ उद्धरणीय हैं— "आज वासंती उषा में/रंग लिये हैं पंख अपने!/इन्द्र-धनुषी धन-पथों से/हंस उड़ता जा रहा है!"[29]

जाहिर है कि शमशेर वसंत ऋतु की सुबह का मनोरम चित्र प्रस्तुत करते हैं। जहाँ इंद्रधनुष्य निकला है और हंस आकाश में विचरण कर रहे हैं।

शमशेर की प्रकृति सौंदर्य परक अन्य कुछ कविताएँ उल्लेखनीय हैं— 'कुछ कविताएँ व कुछ और कविताएँ'— (राग पृ.20, 'उषा', पृ.23, 'घनीभूत पीड़ा', पृ.58, 'वसंत आया', पृ.61), 'चुका भी हूँ नहीं मैं'— (क्षीण नीले बादलों में, पृ.799), 'इतने पास अपने'— (संध्या, पृ.13), 'उदिता— अभिव्यक्ति का संघर्ष' (सहन-सहन बहता है वायु, पृ.29, घिरते आकाश को) 'काल तुझसे होड़ है मेरी' (प्रकृति रूप, पृ.104) आदि।

इस तरह कह सकते हैं कि शमशेर का प्रकृति सौंदर्य विविध विचारधाराओं की बुनियाद पर टिका है। कभी वह स्वच्छंदतावाद से प्रभावित है, अर्थात कॉलरिज, शेली, वर्ड्सवर्थ का प्रभाव यहाँ खूब देखा जा सकता है। कहीं-कहीं शमशेर यथार्थवादी धरातल पर भी प्रकृति सौंदर्य का निर्माण करते हैं। इसका सबसे बड़ा उदाहरण शमशेर द्वारा लिखी गई सन् 50 के बाद की प्रकृति परक कविताएँ हैं। प्रकृति का मानवीकरण शमशेर के प्रकृति सौंदर्य की सबसे महत्वपूर्ण विशेषता है। शमशेर के प्रकृति परक सौंदर्य की अगली कड़ी है, उनके द्वारा किए गए मानवीय सौंदर्य का चित्रण। ग्रेस की काव्य संवेदना में प्रकृति सौंदर्य के विविध रूप दिखायी देते हैं। किंतु इस संदर्भ में महत्वपूर्ण तथ्य यह भी है कि ग्रेस के कवि कर्म में प्रकृति की जो चहल-पहल है वह पूर्णतः वस्तुनिष्ठ नहीं है। अर्थात् प्रकृति के ऐसे अनेक दृश्य हैं जो ग्रेस के अचेतन से उपजे हैं। फिर भी उनकी कविता में प्रकृति पुनः पुनः आती है। इसका मुख्य कारण है प्रकृति और कवि की भाव भावनाओं का सुंदर समन्वय अनेक कविताओं में हुआ है। कवि प्रकृति के निश्चल रूप की अपेक्षा अपनी भावनाओं के साथ जोड़कर प्रकृति की सौंदर्यमयी छबि अंकित करता है। इस सौंदर्य चित्रण पर स्वच्छंदतावाद का गहरा प्रभाव भी है। मूलतः ग्रेस प्रकृति को सहचरणी के रूप में मानते हैं। प्रकृति उनके सुख-दुख साथी है। इसलिए अपने जीवन के अकेलेपन में प्रकृति ही उन्हें संवरने का कार्य करती है। एक ओर उन्होंने प्रकृति का कोमल और मनोरम चित्रण किया है तो दूसरी ओर उसे अपने भाव संवेदनों के साथ जोडा है। यद्यपि मराठी काव्य परंपरा में प्रकृति का मनोरम चित्रण होता रहा है। लेकिन ग्रेस उन सभी कवियों से स्वयं का अस्तित्व अलग सिद्ध करते हैं। इसका कारण यह है कि कवि की व्यक्तिगत अनुभूति प्रकृति के क्रिया-कलापों में हस्तक्षेप करती है। सौंदर्य गुणों में एक महत्वपूर्ण घटक है स्तर और अनुपात। इन दोनों की दृष्टि से ग्रेस के काव्य में प्रकृति की दखल अंदाजी प्रचूरतम है। इसलिए उनका प्रकृति सौंदर्य अनूठा है और अपने समकालीनों से भिन्न भी। संध्या समय ग्रेस की रचना-प्रक्रिया में बहुत महत्वपूर्ण रहा है। कवि ग्रेस 'डोळे' शीर्षक कविता में लिखते हैं— ''एक सांज अशी/तिचा रंग जरा लाल''[30] (ऐसी एक संध्या/उसका रंग थोड़ा लाल।)

आलोच्य दोनों कवियों को शाम के प्रति विशेष आकर्षण है। दोनों की रचना-प्रक्रिया में शाम काव्य सृजन की प्रेरणा बनकर आती है। इतना अवश्य है कि भाव स्थिति के अनुरूप शाम के रंग भी बदलते हैं। सौंदर्य सृष्टि का यह श्रेष्ठतम दृश्य है। ग्रेस का मानना है कि दिन का अस्त रात के आरंभ से पहले संक्रमण की स्थिति होती है। यही शाम है। दरअसल सूर्य के अस्त और चंद्रोदय के पूर्व का यह समय है। इसी समय प्रकृति में भी पर्याप्त परिवर्तन होता है। 'भगवंत' कविता की कुछ पंक्तियाँ दृष्टव्य है— "ही चंद्र उदयिनी वेळा/घननीळ कांठ मेघांचे/भरतीच्या क्षितिजावरुनी।"[31] (यह चंद्र उदयन बेला/घननील तट मेघों से/भराव के क्षितिज से।)

ग्रेस की खासियत है कि किसी दृश्य का वर्णन करते हुए बीच में ही नई भावस्थिति स्थापित करते हैं। 'घर दूर जसे सजणाचें...' पंक्ति में यही आशय है। नायिका के मन की आकुलता कवि एक ही पंक्ति में अभिव्यक्त करता है। लेकिन उससे पूर्व की सभी पंक्तियाँ प्रकृति सौंदर्य का मूर्त रूप है। जब समीक्ष्य कवि की भाव स्थिति बदलती है, तो वह 'श्रावण' कविता में लिखता है— "हा श्रावण गळतो दूर/नदीला पूर/तरुवर पक्षी/घन ओलें त्यांतुन/चंद्र दिव्यांची नक्षी..."[32] (सावन दूर रिसता है/नदी में बाढ़ /तरूवर पंछी/घन गीला उसमें/चंद दीपों की रंगसाजी।)

ग्रेस की कविता में सावन बरसते हुए नहीं आता है बल्कि उसकी शुरुआत रिसते हुए होती है। कवि से काफी अंतर रखते हुए वह बरसता नहीं रिसता है। अब सवाल यह है कि कवि रिसने की बात क्यों करता है। वस्तुतः यह कवि की बदलती मनोदशा का ही मूर्त रूप है। कवि अगर अपनी मनोदशा में बदलाव महसूस करता है तो वही बात कविता में आकर भी बदलती है। इसीलिए कवि 'आठवण' कविता में कह रहा है— "या व्याकुळ संध्यासमयी/शब्दांच्या जीव वितळतो।"[33] (इस आकुल संध्या समय/शब्दों के प्राण पिघलते हैं।)

संध्या का रूप यहाँ आकुलता धारण करता है। यह कवि कौशल से उपजा सौंदर्य है। जो संध्या समय को सृजन के प्रेरक तत्व मानता है। ग्रेस अपने समय के सभी कवियों से इसलिए भी भिन्न है कि उन्होंने भाव और शब्द के बीच हमेशा संतुलन बनाए रखा है। यह सब वही कवि कर सकता है जो धृष्टता के साथ कहता हो— "माझ्या पोटाशी येऊन/चंद्र निवांत निजला।"[34] (मेरी गोदी में आकर/चाँद निश्चित सोया है।)

प्रकृति के साथ कवि कितनी गहराई के साथ जुड़ा है, इसे समझने के लिए कवि के ही शब्द सार्थक प्रतीत होते हैं। कवि ग्रेस की 'संध्यामाई' कविता इसी बात का द्योतक है। यथा— "तू हसलिस तेव्हा माझ्या/हृदयात मिसळली जाई,/तू दूर तरीही घेते,/मज कुशीत संध्यामाई।"[35] (तुम्हारे हँसने पर/मेरे हृदय में चमेली समायी/तुम्हारे दूर रहने पर भी/मुझे गोदी में लेती है संध्यामाई।)

संध्या का आगमन अब 'संध्यामाई' बनकर हुआ है। शाम ने अब एक तरह से माँ की जगह ली है। क्योंकि 'माई' संबोधन तो माँ के लिए प्रयुक्त होता है। यहाँ प्रकृति के सुकुमार कवि सुमित्रानंदन पंत का स्मरण होना स्वाभाविक है। वास्तव में ग्रेस ही ऐसे कवि हैं जिन्होंने शाम का वर्णन इतनी आत्मीयता और सदाशयता के साथ किया है। अपने भावों की उत्कटता प्रकृति पर आरोपित करते हुए ग्रेस ने प्रकृति का मानवीकरण भी सुंदर ढंग से किया है। यथा 'तरंगभूल' कविता में कवि कहता है— "क्षणात येईल चंद्र नदीवर/बिंबित होतिल तारा/किती काजवे झरझर इरती/शोधित रूसला वारा..."[36] (पल में आयेगा चाँद नदी पर/खिल उठेंगे सितारे/कितने जुगनू चम-चमताते हैं/उन्हें ढूँढते रूठी है हवा।)

कवि अंतिम पंक्ति में हवा के रूठने की बात कह रहा है। लेकिन जिस दृश्य की कवि ने योजना की है, उसके क्रम को समझते हुए ऐसा लगता है कि इसमें गतिशीलता का ध्यान कवि ने रखा है। अनेक घटना संदर्भों को एक साथ जोड़ते हुए उसमें यथोचित गति स्थापित करना ही सौंदर्य विधान है। अतः उपर्युक्त विधान किया है। एक तो प्रकृति का मानवीकरण करते हुए और दूसरा दृश्य योजना में गतिशीलता भरते हुए। प्रायः गतिशीलता की इसी होड़ में अचरज एवं संभ्रम की अवस्था भी निर्माण होती है। 'अरण्याभास' कविता में यह स्थिति बखूबी देखी जा सकती है। "कधी बावरतो वारा/घेतो वादळाचे रूप/जसे विजेच्या मनात/सले ढगातले पाप..."[37] (कभी झुंझलाती है हवा/लेती है तुफान का रूप/जैसे बिजली के मन में/चुभे बादलों का पाप।)

आलोच्य कवि इस बात को भली-भांति जानता है कि इस तरह की गतिशीलता प्रायः विसंगति की ओर भी उन्मुख होती है। लेकिन ग्रेस इसकी परवाह करते हुए नहीं दिखायी देते हैं। इसलिए उनका प्रकृति सौंदर्य अनूठा है।

दरअसल अमेरिकन कवयित्री एमिली डिकिन्सन का काफी गहरा प्रभाव ग्रेस के प्रकृति सौंदर्य पर दिखायी देता है। एमिली ने भी अपने वैयक्तिक जीवन से संबंधित अनेक बातों को प्रकृति के साथ जोड़ा है। अतः पाठक को यह निर्णय करना जटिल होता है कि वह शुद्ध प्रकृति वर्णन पढ़ रहा है अथवा रचनाकार की वैयक्तिक अनुभूति। ग्रेस के प्रकृति सौंदर्य में और एक महत्वपूर्ण बात है कि उन्होंने कुछ कविताओं में प्रकृति का मनोरम चित्रण किया है। लेकिन यह वर्णन स्थल और काल निरेपक्ष है। अर्थात् पढ़ कर यह सुनिश्चित नहीं किया जा सकता कि ग्रेस अमुक-अमुक स्थल, प्रदेश की प्रकृति सौंदर्य उद्घाटित करते हैं। मुख्यतः बर्फीले प्रदेशों का सौंदर्य वर्णन करते हुए कवि ने इसका विशेष ध्यान रखा है। अतः यह तैय कर पाना मुश्किल है कि कविता में जो बर्फ का वर्णन कवि करता है वह असल में कश्मीर का है या यूरोप के किसी देश का। जैसे 'आगगाडीच्या कविता-4' की कुछ पंक्तियाँ

उद्धरणीय हैं— "बर्फ इतका बेसुमार पसरला की, लाकडाचे ढीग/आणि अरण्य यांचा एक पांढरा शुभ्र/खडकाळ प्रदेश झाला/जगोजाग शेकोटमा, बिलगलेल्या/मने सुनिश्चित/हळवे स्पंदन नाही।"[38] (इतनी बर्फ फैली है कि/लकड़ी का ढेर और जंगल/मानों सफेद पथरीला प्रदेश हो/जगह-जगह अलाव, चिपके मन/कोई स्पंदन नहीं।)

निःसंदेह ग्रेस इस तरह की चमत्कृति काव्य सौंदर्य बढाने के लिए ही करते हैं। लेकिन एक दूसरा पहलू भी इस संदर्भ में विचारणीय है कि ग्रेस स्वयं को वैश्विक कवियों के साथ देखना चाहते हैं। इसीलिए घटना, प्रसंग और दृश्य का चित्रण उन्होंने स्थल, काल निरपेक्ष भी किया है। वस्तुतः उनकी यह उपज अपने अचेतन मन से आयी है। परिणामतः सौंदर्य की छबि और अधिक निखर आयी है। इसी तरह ग्रेस की अन्य भी कुछ कविताएँ हैं, जो प्रकृति सौंदर्य का अनुपम रूप उद्घाटित करती हैं। यथा— 'ओळख', पृ.28, 'पांढरे हत्ती', पृ.20, 'लाटांचे देऊळ', पृ.23, 'जन्म', पृ.44, 'छंद', पृ.52, 'अंगाईपणा', पृ.57, 'घर', पृ.60, 'वार्ता', पृ.63 (संध्याकाळच्या कविता), 'डार्लिंग-7', पृ.81 (राजपुत्र आणि डार्लिंग), 'पाऊस', पृ.4, 'आठवणी', पृ.9, 'पाऊसगाणे', पृ.28, 'गंगास्तोत्र', पृ.32, 'सूर्यास्ताचे पाणी', पृ.42, 'लपंडाव', पृ.54, 'ऊद', पृ.66, 'पावसाच्या सरी', पृ.77, 'निमित्त', पृ.84, 'ऊन', पृ.86, 'रक्त', पृ.115, 'थेंब', पृ.124, 'दूसरा पाऊस', पृ.180 (चंद्रमाधवीचे प्रदेश), 'देवाचा पाऊस', पृ.70, 'नदीचे कूळ', पृ.106, 'प्रार्थनेतील पाऊस', पृ.1200 (सांजभयाच्या साजणी), 'पाझर', पृ.799, 'रांगोळी', पृ.85 (सांध्यपर्वातील वैष्णवी), 'रानोमाळचे तत्व', पृ.71, 'देहपत्राची साधना', पृ.131 (बाई! जोगिया पुरुष) आदि।

इस तरह स्पष्ट है कि ग्रेस की काव्य संवेदना में प्रकृति सौंदर्य के विविध रूप दिखायी देते हैं। यद्यपि उनका प्रकृति सौंदर्य परंपरागत चित्रण का अनुकरण नहीं है।

मानवीय सौंदर्य — शमशेर जिस तरह प्रकृति की विभिन्न छटाओं को प्रस्तुत करते हुए सौंदर्य सृष्टि करते हैं, उसी तरह मानव को केंद्र में रखकर भी उन्होंने सौंदर्य विधान किया है। असल में उनके मानवीय सौंदर्य का आधार नारी सौंदर्य है। और नारी सौंदर्य में उन्होंने प्रेमिका का सौंदर्य केंद्र में रखा है। उनके मानवीय सौंदर्य वर्णन की सबसे अलग विशेषता है ऐन्द्रियता। सघन ऐन्द्रियता के आधार पर ही शमशेर ने नारी सौंदर्य को उद्घाटित किया है। शमशेर प्रेयसी का सौंदर्य वर्णन करते हैं— "यह पूरा/कोमल काँसे में ढला/गोलाइयों का आईना/मेरे सीने में कसकर भी/आज़ाद है/जैसे किसी खुले बाग में/सुबह की सादा/भीनी-भीनी हवा/यह तुम्हारा ठोस बदन/अजब तौर से/मेरे अंदर बस गया है।"[39]

कवि की सघन ऐन्द्रियता इस बात में है कि वह 'ठोस बदन' कह रहा है।

और कोमल कांसे में ढला गोलाइयों का आईना नायिका के वक्ष हैं। कवि नायिका का सौंदर्य वर्णन कर रहा है, तो अंत में कहता है कि मेरे अंदर बस गया है। अब यहाँ आकर द्वैत की स्थिति नहीं रहती है, पूर्णत: अद्वैत की स्थिति निर्माण होती है। जो शमशेर की सौंदर्य दृष्टि एवं सृष्टि दोनों हैं। असल में कवि अपने भीतर नायिका को महसूस करता है। जिसमें उसकी समर्पण वृत्ति लक्षित होती है। और यह स्वाभाविक भी है क्योंकि शमशेर मूलत: प्रेम और सौंदर्य के कवि हैं। सुंदरता का चरम रूप देखने के लिए निम्न काव्य पंक्तियाँ उपादेय लगती हैं— ''तुम्हारा सुडौल बदन एक आबशार है/जिसे मैं एक ही जगह खड़ा देखता हूँ/ऐसा चिकना और गतिमान/ऐसा मूर्त सुंदर उगवल।''[40]

इसमें संदेह नहीं कि शमशेर पर रूमानियत का गहरा प्रभाव है। शमशेर के पहले भी नारी सौंदर्य का प्रचुरतम अंकन हुआ है। लेकिन जिस तरह की वासनात्मक मांसलता और बीभत्सता से युक्त चित्रण की परंपरा रही है, वह शमशेर के यहाँ लगभग न के बराबर है। यद्यपि यह ठोस चित्रण ही है, लेकिन वैसा भाव यहाँ नहीं है जो रीतिकालीन परंपरा में देखा जा सकता है। उपर्युक्त काव्य पंक्तियों में नायिका का जो रूप शमशेर ने चित्रित किया है वह किसी शिल्प में अनायास ही देखा जा सकता है। चूँकि आजकल ऐसी छवियाँ विविध मॉल में सजे पुतलों के रूप में दिखायी देती हैं। कवि की दृष्टि से नायिका का बदन 'आबशार' के समान है। आबशार का अर्थ होता है जल-प्रपात। जल प्रपात महज देखा जा सकता है। उसमें डूबने का विचार नहीं किया जाता है, इसी बात की ओर शमशेर इंगित कर रहे हैं। साथ ही शमशेर यह भी स्पष्ट कर रहे हैं कि सौंदर्य मूर्तता, चिकनाहट, गतिमानता, उज्वलता से निर्मित होता है। और उनके भाव मूलक सौंदर्य का चरम रूप तो इस बात में है कि जब कवि कहता है कि 'जिसे मैं एक ही जगह खड़ा देखता हूँ'। गौरतलब है कि यहाँ छूने का अर्थात भोगने का भाव कहीं भी नहीं है। इसी तरह का चित्रण शमशेर 'एक ठोस बदन अष्ट धातु का सा' कविता में भी करते हैं। यथा— ''एक ठोस बदन अष्टधातु का-सा/सचमुच?/जंघाएं दो ठोस दरिया/ठैरे हुए से/मगर जानता हूँ कि वो/बराबर-बराबर बहुत तेज/रौ में हैं/ठै रा हुआ-सा मैं हूँ मेरी/दृष्टि एकटक।''[41]

जैसे कि पहले कहा गया शमशेर ठोस बदन को कविता में प्रस्तुत करते हैं। इस तरह का ठोसपन उनकी चित्रकारिता की देन है। और कविता पढ़ते समय रसिक के सामने आकृति बनती है। एक शिल्प आकार लेता है। इसे शमशेर की करीगरी या कवि कौशल ही समझना चाहिए। उनकी एक अन्य कविता है 'रोशनी' जिसमें बदन एक तरह से सुनहरी सुबह जैसा सुंदर रूप धारण करता है। कुछ पंक्तियाँ दृष्टव्य हैं— ''हर सुनहरी सुबह/तुम्हारा बदन है/एक सावलेपन के/आर-पार नाचता/बार-बार/हर/हर सुबह।''[42]

आलोच्य कवि की कुछ अन्य कविताएँ भी हैं जिनमें नारी सौंदर्य का मनोरम चित्रण हुआ है। मनोरम शब्द का प्रयोग यहाँ इसलिए उचित लगता है कि इसमें वह तथाकथित भद्दापन नहीं है। कहीं बहुत दूर से सुन रहा हूँ— (कन्या, पृ.24, एक बिंब, पृ.26) आदि। शमशेर की कविताओं में मानवीय सौंदर्य का दूसरा रूप है पुरुष देह का सौंदर्य अंकन। नित नयापन सौंदर्य का महत्वपूर्ण गुण है। और यहाँ नयापन इस अर्थ में है कि आज तक मानवीय सौंदर्य वर्णन में नारी ही केंद्र में रही है। लेकिन शमशेर जैसा कवि अपनी काव्य संवेदना में नवीनता लाते हुए 'मकई से वे लाल गेहुँए तलवे' कविता लिखकर अपनी पहल सार्थक ठहरता है। कुछ पंक्तियाँ गौरतलब हैं— "मकई-से वे लाल गेहुँए तलवे/मालिश से चिकने हैं।.../सूखी भूरी झाडियों में व्यस्त/चलती-फिरती पिंडलियाँ../(मोटी डालें, जांघों से न अड़े!)/सूरज को आईना जैसे नदियाँ हैं/इन मर्दाना रानों की चमक/'उनको' खूब पसंद"[43]

आलोच्य कवि ने तलओं के लिए मकई और गेहूँ का शब्द प्रयोग किया है, जो अपने आपमें नई अनुभूति प्रदान करता है। इस कविता के संदर्भ में डॉ. रंजना अरगड़े लिखती हैं— "यह बड़ा ही 'फिजिकल' और 'अनरोमांटिक' वर्णन है कि मूलत: गेहुँए तलुओं में थोडी लालिमा संभवत: रक्तसंचार की स्वस्थ तलुओं की बात है। यह बिल्कुल काव्यात्मक नहीं है। इसके बाद की पंक्ति में कारण भी देते हैं जो उतना ही काव्यात्मक है— 'मालिश से चिकने हैं' अर्थात् अकाव्यात्मक पंक्तियों में भी कवि ने रंग और संस्पर्श (टेक्सचर) के बोध की भूमिका बना दी।"[44]

वस्तुत: शमशेर की यह खूबी है कि अपनी भावगत दुनिया में रसिक को दूर तक ले जाते हैं और बीच में ही एखाद पंक्ति में उसकी अनुभूति पूर्णत: बदल जाती हैं। 'उनको खूब पसंद' इसी का सूचक है। उनको मतलब किसे ? इस बात को कवि कविता में बताना उचित नहीं समझता। उस सच तक रसिक को अनुमान के आधार पर पहुंचना पडता है। चूँकि शमशेर द्वारा किए गए मानवीय सौंदर्य वर्णन में नारी सौंदर्य ही प्रधान है। उपर्युक्त विवेचन के बाद स्पष्ट होता है कि उन्होंने नारी सौंदर्य का ठोस चित्रण किया है। वर्तमान परिप्रेक्ष्य में स्त्रीवादी सौन्दर्यशास्त्र की दृष्टि से शमशेर द्वारा किए गए नारी विषयक सौंदर्य वर्णन पर सवाल उठाए जा सकते हैं। चूँकि उठाए भी गए हैं। (उद्भावना में प्रकाशित सविता सिंह का आलेख) लेकिन इस संदर्भ में यह भी ध्यान रखना होगा कि शमशेर द्वारा किया गया नारी सौंदर्य का चित्रण एक चित्रकार की दृष्टि से है। एक चित्रकार की आँखें मूलत: चीजों को ठोस रूप में देखने की आदि होती हैं। और जिस कालखंड में कवि ने सृजन किया है, उसे भी हमें सम्मुख रखना होगा। इसमें दोराय नहीं कि शमशेर ने नारी विषयक सौंदर्य वर्णन में परंपरा का वहन किया है। चूँकि गहरे स्तर पर शमशेर परंपरावादी भी हैं। लेकिन वर्तमान स्त्रीवादी सौन्दर्यशास्त्र की दृष्टि से यह सवाल पुन: उपस्थित होता है

कि शमशेर की कविता में कोई मजदूर स्त्री पसीने से लथ-पथ होकर क्यों नहीं आती? या सदियों से अन्याय ढोती कोई स्त्री विद्रोह क्यों नहीं करती? जिसका सौंदर्य वर्णन भी ठोस हो सकता है। ग्रेस की काव्य संवेदना में जिस तरह प्रकृति सौंदर्य का अनुपात प्रचूरतम है उसी तरह मानवीय सौंदर्य को भी उन्होंने विविध रूपों में उजागर किया है। मानवीय सौंदर्य में नारी सौंदर्य की अनेक अवस्थाएँ ग्रेस ने प्रस्तुत की है। उनकी काव्य संवेदना में नारी के विविध रूप मुखर होते हैं। कभी वह प्रेमिका का रूप धारण करती है। कभी वह बहन है तो कभी सखी के रूप में प्रस्तुत है। इसके अलावा 'संध्या मग्न पुरुषाची लक्षणे' लिखकर पुरुष सौंदर्य का भी कुशलता के साथ वर्णन किया है। उन्होंने जहाँ-जहाँ नायिका का सौंदर्य निरुपित किया है वहाँ अपने कवि कौशल का परिचय अवश्य दिया है। इस संदर्भ में 'चुड़ा' कविता उल्लेखनीय है। यथा— "तुला पाहिले मी नदीच्या किनारीं/तुझे केस पाठीवरी मोकळे/इथे दाट छायांतुनी रंग गळतात/या वृक्षमाळेंतले सावळे!/तुझी पावले गं धुक्याच्या महालांत/ना वाजलीं ना कधी नादलीं/निळागर्द भासे नभाचा किनारा/न माझी मला अन् तुला सावली..."[45] (तुम्हें देखा है मैंने नदी के तटपर/तुम्हारे बाल पीठ पर बिखरे/धनी छाँव रो यहाँ रंग रिसते हैं/इस वृक्षश्रृंखला से साँवले/तुम्हारे कदम कोहरे के महल में/न बजते हैं न कोई नाद/नीला ही लगे किनारा/न मुझे और न तुम्हे छाया।)

ग्रेस की समग्र कविता में नारी विषयक बिंबों की भरमार सी है। अतः मानवीय सौंदर्य वर्णन में क्लासिकल मोड़ भी यहाँ दिखायी देता है। साथ ही दृशात्मकता की अपेक्षा चित्रात्मक प्रवृत्ति भी अपना प्रभाव जमाती है। उपर्युक्त कविता इसी का द्योतक है। नायिका के सौंदर्य को श्रृंगार में बद्ध करते हुए कवि लिखता है— "भाळी शिशिराची फुले अंगी मोतियांचा जोग/तुझ्या पापण्यांच्या काठी मला पहाटेची जाग!/नाही दुःखाचा आडोसा नको सुखाची चाहूल/झाड वाढता-वाढता त्याने होऊ नये फूले.."[46] (ललाट पर शिशिर के फूल, अंग में मोतियों का योग/तुम्हारी पलकों से खुली मेरी भोर की नींद/दुःख का आश्रय नहीं, सुख की भी आहट नहीं/पेड़ होते-होते उसने नहीं बनता है फूल।)

प्रेमिका का सौंदर्य वर्णन करते समय ग्रेस उसे अधिक अशरीरी बनाने की होड़ में दिखते हैं। लेकिन नारी सौंदर्य का जहाँ-जहाँ ठोस चित्रण हुआ है। वहाँ भी मांसलता का अभाव है। वहाँ वासना का कोई अस्तित्व नहीं है। अतः मानवीय सौंदर्य वर्णन में यह एक महत्वपूर्ण पड़ाव ग्रेस की काव्य संवेदना में लक्षित होता है। दरअसल स्त्री के शरीर से होते हुए उसकी आत्मा तक ग्रेस की काव्यसंवेदना दस्तक देती हुई दिखती है। इस तथ्य की पुष्टयर्थ मराठी समीक्षक डॉ. अक्षयकुमार काळे के विचार प्रासंगिक लगते हैं— "स्त्रीच्या शरीराला तर ते विलक्षण महत्व देतात स्त्रीच्या शरीरावयाचे सतत आणि सहेतुक येणारे उल्लेख केवळ उपभोगाच्या पातळीवर

येत नाहीत... ही स्त्री भारतीय स्त्रीजीवनाचे प्रतीक म्हणून समोर येते।''[47] (स्त्री देह को उन्होंने अधिक महत्व दिया है। स्त्री के अंगों का पुनः पुनः होनेवाला उल्लेख प्रयोजनयुक्त है। यह वर्णन भोगयुक्त नहीं है। यहाँ स्त्री भारतीय नारी-जीवन का प्रतीक बनकर हमारे सम्मुख आती है।) डॉ. काळे की धारणा है कि आलोच्य कवि ने भारतीय स्त्री जीवन केंद्र में रखते हुए नारी सौंदर्य का वर्णन किया है। 'तू नाचत जाशी पोरी' कविता में कवि यही वर्णन करते हुए लिखता है– ''तू नाचत जाशी पोरी/तव काया हळदी गोरी/वारा उनाड;/उचलीत झाड;/ही कोण लाजते नवरी?''[48] (तुम नाचते-ठुमकते जाओगी छोरी/तुम्हारी काया हलदी सम गोरी/हवा उन्मुक्त/उठाते हुए पेड़/यह कौन शर्माए दूल्हन।)

अंतिम पंक्ति में कवि कहता है 'ही कोण लाजते नवरी?' दरअसल कवि की सौंदर्य दृष्टि से यही भारतीय स्त्री की सहज सुलभ चेष्टा है। जो उसका सौंदर्य और अधिक बढ़ाती है। यहाँ पुनः स्त्रीवादी समीक्षक सवाल उपस्थित कर सकते हैं कि क्या ग्रेस की नारी विषयक दृष्टि परंपरावादी है। तो इस संदर्भ में कहा जा सकता है कि ग्रेस नारी को परंपरावादी दृष्टि से भले ही देखते हैं लेकिन भोगवादी दृष्टि से नहीं। वास्तव में उनकी काव्य निर्मिती में प्रेरणा तो स्त्री है। अतः वासना और वीभत्सता को ग्रेस की कविता में स्थान नहीं है। आह्लाद सौंदर्य का महत्वपूर्ण गुण है। आज तक नायिकाओं का मुखमंडल विविध उपमाओं से काव्य की शोभा बढाता रहा है। लेकिन ग्रेस अपनी नायिका 'साऊल' का वर्णन करते हुए कहते हैं– ''सुन्न बदामी चेहऱ्यावरती/चित्रव्यथेची उरते धून/साऊल म्हणजे उधळित उधळण/धम्मक पिवळे हळदी ऊन...''[49] (बादमी चेहरे पर/चित्रव्यथा की धून शेष/साऊल मतलब उंडेलती/पीली-पीली हलदी धूप।)

ग्रेस का सौंदर्य चित्रण महज वस्तु में ही सौंदर्य नहीं भरता है बल्कि रसिक की भी सौंदर्य दृष्टि विकसित करने में अहम योगदान देता है। नायिका के बाह्य सौंदर्य का वर्णन जितनी सहजता से किया है उतनी ही सहजता से उन्होंने पुरुष के आतंरिक सौंदर्य को भी उद्घाटित किया है। इस दृष्टि से 'जिवाची वैष्णवी' कविता सरस प्रतीत होती है। यथा– ''मी पुरुष असतानाही/तू केस उदविले माझे/गंगेच्या पाण्यावरती/तू दिले केवढे ओझे!''[50] (मैं पुरुष होकर भी/तुमने मेरे बालों को सुंगध दी/गंगा के पानी पर/तुमने दिया कितना बोझ।)

वस्तुतः कवि यहाँ एक पुरुष के बालों में सुगंध से युक्त धूप देने की बात कह रहा है। किंतु यह विधि प्रायः स्त्रियाँ अपने बालों के लिए करती हैं। इसके बावजूद कवि कह रहा है। असल में कवि यह सूचित करना चाहता है कि मैं पुरुष होकर भी मुझमें स्त्रीत्व जागृत करने का कार्य तुमने किया है। क्योंकि गंगा तो शुचिता का प्रतीक है। कवि स्त्री रूप को भी पवित्रता का परिचायक ही मानता है। लेकिन इसे

पुरुष में भरने से वह भी पवित्र ही बनता है। एक तरह से पुरुष के आंतरिक सौंदर्य को कवि उद्घाटित करता है। इस तरह कह सकते हैं कि ग्रेस मानवीय सौंदर्य का बाह्य और आंतरिक रूप भी उजागर करते हैं। जिन कविताओं में मानवीय सौंदर्य का उद्घाटन हुआ है, उनमें मुख्यत: 'माझी बहीण', पृ.55, 'डार्लिंग', पृ.5, 'डार्लिंग-10', पृ.86, 'डार्लिंग-16', पृ.993, 'डार्लिंग—17', पृ.94 (राजपुत्र आणि डार्लिंग), 'काळा घोडेस्वर', पृ.51 (चंद्रमाधवीचे प्रदेश), 'देवी', पृ.21, 'माझे युद्ध', पृ.188, 'अभिशेक पारंबी', पृ.192 (सांध्यपर्वातील वैष्णवी), 'रंगावळीच्या पुरुष', पृ.87 (बाई! जोगिया पुरुष), आदि। उल्लेख्य सभी कविताओं में मानवीय सौंदर्य का मनोरम चित्रण आलोच्य कवि ने किया है। ग्रेस की कविता में भाव सौंदर्य की अगली कड़ी है निराशा या उदासी का स्वर। शमशेर और ग्रेस जिस तरह प्रकृति, मानव और प्रेम परक सौंदर्य रूपों को काव्यबद्ध करते हैं, उनका यही हुनर निराशा और दुख के चित्रण में भी दिखायी देता है।

निराशा का स्वर— शमशेर के काव्य में निराशा का स्वर भी बहुत तीव्र है। निराशा आगे चलकर कवि का गहरा दुख भी बनती है। लेकिन इस संदर्भ में सोचनीय बिंदू है कि कोई भी कलाकार या कवि इस तरह निराशा अपने साहित्य में क्यों लाना चाहता है। "मनोविज्ञान के अनुसार निराशावाद एक मानसिक रोग है, जिसे मैलंकोलिया (Melancholia) भी कहते हैं। इस रोग के दो मुख्य कारण हैं। पहला कारण तो आत्मोन्मुख विकृति है और दूसरा कारण आत्मविश्वास के अभाव में आस्थाहीनता का विकास है।"[51]

गनोवैज्ञानिक धरातल पर निराशा के उपर्युक्त दोनों कारण हैं। लेकिन साहित्य में इस तरह की निराशा रचनाकार क्यों लाता है? यह बात पूर्णत: स्पष्ट नहीं होती है। अत: धीरेंद्र वर्मा के विचार इस संदर्भ में सार्थक लगते हैं। उनका कहना है कि "हिंदी साहित्य में यह निराशावाद तीन कारणों से विकसित हुआ। प्रथम तो यह कि आदर्शोन्मुख भावधारा जब विकसित भावबोध को ग्रहण करने में असमर्थ सिद्ध हुई और उसके बाद छायावाद की स्वच्छंद प्रवृत्ति को मजबूर होकर यथार्थ की ओर उन्मुख होना पड़ा तो उसके संस्कारों की रिक्तता को अंतिम रूप में समस्त वेदनाओं के साथ यथार्थ को स्वीकार करना पड़ा। इन दो विरोधी तत्वों से जिस भावना का सहज ही प्रस्फुटन होना अनिवार्य था, वह था निराशावाद। दूसरा कारण था देश-काल के प्रति उपेक्षा।... एक तीसरा कारण जिससे इस निराशावाद को शीघ्रता पूर्वक हिंदी काव्य क्षेत्र में विकसित होने का अवसर मिला, स्वयं वह परिवेश था, जिसमें एक ओर यथार्थ अपने कटू सत्यों के साथ उभरकर सामने आ रहा था, और दूसरी ओर वह बौद्धिक अकर्मण्यता भी जो उसके तत्वों को स्वीकार करने में असमर्थ थी।"[52]

जाहिर है कि हिंदी साहित्य कोश के अनुसार साहित्य में निराशा पनपने के तीन कारण हैं। पहला तो आदर्श और यथार्थ का द्वंद्व है। दूसरा रचनाकारों का अपने समसामयिक स्थितियों और देश-काल से दरकिनार होकर लिखना। एक तरह से देशकाल की उपेक्षा करना है। तीसरा बहुत ही मुख्य कारण रहा है कि युगीन स्थितियाँ अत्यंत जटिल हो गई थीं। अर्थात् जीवनानुभूव अत्यंत जटिल हुआ जिसकी परिणति संश्लिष्ट यथार्थ में हुई। चूँकि बुद्धिवादी मानस ऐसे जटिल अनुभवों को सहजता से स्वीकार नहीं करता है। इससे निराशा युक्त अभिव्यक्ति जोर पकडती रही है। अत: शमशेर की कविता में निराशा क्यों पनपी? इसे समझने के लिए युगीन परिस्थितियों की तह में जाना जरूरी है। सबसे मुख्य कारण लगता है उनका अंतर्मुखी व्यक्तित्व। जो बारंबार कविता में झलकता है। अपने संघर्ष भरे जीवन में कवि ने जो कुछ जीवनानुभव प्राप्त किए हैं, उन्हें कलानुभव के रूप में कविता में देखा जा सकता है। असल में कोई भी कलाकार या कवि जब सृजन करता है तब प्राय: जीवनानुभव ही कलानुभव के रूप में कलाकृति में उतरते हैं।

यहां इस तथ्य को अत्यंत गहराई से समझना होगा कि कोई भी कलाकार अपनी कलाकृति में विविध भावों को अभिव्यक्त करते समय उसकी कोशिश होती है कि कलाकृति में पूर्णता आ जाए। शमशेर हर चीज में सौंदर्य देखने के पक्षधर रहे हैं। इसलिए निराशा और दु:ख को उन्होंने दरकिनार नहीं किया है। लेकिन यह पूर्णता तभी साकार हो सकती है जब कलाकृति में अधिक-अधिक भाव स्थितियों को अभिव्यक्त किया जाए। अब किसी कविता में निराशा झाँकने लगती है तो उसमें सुंदरता से अभिप्राय यही है कि रसिक उस निराशा भरे प्रसंग, घटना, को पढ़ कर निराश नहीं होता बल्कि सहानुभूति के धरातल पर, सदाशयता के स्तर पर उसका बोध करता है, जो कि यही उसका सौंदर्य बोध है। असल में कलाकृति को स्वाभाविक बनाने के लिए कलाकार के द्वारा ही यह योजना की जाती है। उसमें मानवोचित सहजताएँ एवं स्वाभाविकता हमेशा बनी रहे। नि:संदेह शमशेर इसमें अग्रणी रहे हैं। शमशेर की निराशा प्रकृति में अधिक घुल-मिल जाती है। 'सूना-सूना पथ है, उदास झरना' कविता की कुछ पंक्तियाँ देख सकते हैं— "सूना-सूना पथ है, उदास झरना/एक धुँधली बादल-रेखा पर टिका हुआ आसमान।"[53]

इस तरह का सूनापन तभी अनुभव किया जा सकता है जब मन की अवस्था पूर्णत: विचलित हो। संभवत: इसीलिए कवि उसी मन से भिडता है— "तू कि पत्थर हो गया है/ओ विहग— मन,/बैठता जाता रहा है/किस दिशा में?"[54] कवि का इस तरह अपने ही मन से पूछना कि क्या वह पत्थर बन गया है? एक गहरे मानसिक द्वंद्व को दर्शाता है। जिस मन की अवस्था कभी एक विहग के समान थी उसे पत्थर में तब्दील होने की बात कवि कह रहा है। यहाँ शमशेर मन की एक अवस्था सजीव

रूप में चित्रित करते हैं दूसरी ओर निर्जिव बनाते हैं। लेकिन क्या वाकई मन सजीव या निर्जिव की अवस्था में तब्दील हो सकता है? या कवि मन की कठोरता को सूचित करना चाहता है, जो पहले कभी बहुत संवेदनशील रहा है। असल में कवि की निराशा इसलिए बढ़ती है कि वह अपने आस-पास की असंवेदनशीलता सजग होकर देखता है। चूँकि निराशा में एक आंतरिक आवाज हुआ करती है जो डेसीबल से नांपी नहीं जा सकती। उसे सुनने की अपेक्षा महसूस किया जा सकता है। सचमुच कवि का इस तरह से निराश होना आज के संवेदनाहीन माहौल में बहुत ही प्रासंगिक है। क्योंकि यह एक ऐसा दौर है, जहाँ किसी व्यक्ति के साथ कुछ गलत घटित हो रहा है या मदद के लिए वह तड़प रहा है तो दूसरी ओर उसकी इस हालत का मोबाइल द्वारा चित्रण हो रहा है। आलोच्य कवि की निराशा इस हद तक बढ़ जाती है कि वह शाम को मटमैली खपरैल तक बना डालता है। यथा— 'शाम की मटमैली खपरैल/सामने मेरे कमरे के.../पड़ी वह कतनी सूनी।''[55]

वस्तुतः कोई व्यक्ति जब गहरी निराशा में डूब जाता है, तब वह हारा हुआ-सा या थका हुआ महसूस करने लगता है। किसी कलाकार का इस तरह निराशा में डूबना एक धरातल पर इसलिए स्वीकार्य है क्योंकि आखिरकार वह भी तो आदमी ही है। अतः उसकी यह निराशा मनवोचित व्यवहार का ही एक हिस्सा है। इसीलिए कवि 'जगा-सा थका-सा मन मेरा' कविता में कहता है— "जगा-सा थका-सा मन मेरा।/जग में सवेरा/मेरे बंद घर में अंधेरा।/यह सुबह जो शाम सी हुई है,/मानो यह अभी हुई नहीं है,/समय! यह कौन स्वप्न मेरा?/जग में सवेरा...''[56]

जाहिर है कि जग में सवेरा है लेकिन कवि के घर में अंधेरा है। अर्थात कवि निराश है। इसलिए कवि सुबह को भी शाम की तरह उदासी, सूनेपन को बढ़ानेवाली कह रहा है।

इस तरह स्पष्ट है कि शमशेर की कविता निराशा को भी अपनाकार चलती है। लेकिन यह निराशा रसिक को निराश नहीं करती बल्कि उस विशेषता की ओर ले जाती है, जिसके कारण कवि निराश है। अतः इस निराशा में कवि-चिंतन कहीं-कहीं झलकता है। शमशेर की निराशा कुछ अन्य कविताओं में भी दिखायी देती है। उदिता— अभिव्यक्ति का संघर्ष (बार-बार मन चाहता है, बोलो आकाश क्यों मलिन, निशा निमंत्रण के कवि से), कहीं बहुत दूर से सुन रहा हूँ (चाँद डूबा) आदि। यही निराशा का स्वर आगे दुख की तीव्रता बनकर प्रकट होता है। ग्रेस की काव्य संवेदना में निराशा का स्वर भी विद्यमान है। चूँकि यह पुनः स्पष्ट करने की आवश्यकता नहीं है कि निराशा भी सौंदर्य वृद्धि का एक अंग है। शमशेर की काव्य संवेदना को समझते हुए हमने इस पर विस्तार से विचार किया है। निराशा तो रोमांटिसिज्म से आयी है। साथ ही सौंदर्यवाद में अत्यधिक आस्था भी इसके लिए

जिम्मेदार है। अपने अतीत को याद करते हुए कवि प्रायः उदासी का अनुभव करता है। यह निराशा इस हद तक कभी-कभी बढ़ जाती है कि कवि अपने आस-पास के परिवेश में भी वही भाव स्थिति अनुभव करने लगता है। 'स्मृतिगंध' कविता में ग्रेस लिखते हैं— "तू उदास मी उदास मेघ ही उदासले/स्मृतीतले विदग्ध नाद पैंजणांत सांडले!"[57] (तुम उदास मैं उदास मेघ में छायी उदासी/स्मृति के विविध नाद नुपूर में गूंज उठे।)

ग्रेस की कविता में निराशा अक्सर संध्या समय ही आती है। अतः संध्या और निराशा का यह रचनात्मक संबंध है। रचनात्मक इस अर्थ में है कि यही ग्रेस का निर्मिति समय है। 'सांज' कविता इसी का द्योतक है— "सांज घराला आली/विश्वाची हलवित काया/मांडीवर मी निजलेला/वर तुझी उदासिन माया।"[58] (शाम घर आयी/विश्व की काया हिलाते/गोदी में सोया मैं/और तुम्हारी उदास वात्सल्य।)

प्राकृतिक दृष्टि से अगर देखा जाए तो शाम बहुत बार उदासी ही लेकर आती है। यह अवस्था संक्रमण की होती है। संध्या प्रहर मानव मन के बैचेनी को बढ़ाने का कार्य भी करता है। ग्रेस इन भाव स्थितियों को काव्यबद्ध कर पुनर्निर्मिति करते हैं। जिससे ग्रेस की काव्य संवेदना का सौंदर्य और अधिक दृढ़ होता है। निराशा की अभिव्यक्ति अनेक कवियों ने की है। लेकिन आलोच्य कवि जिस ढंग से निराशा का स्वर अलापता है वह सबसे अलग है। 'मरण' कविता की कुछ पंक्तियाँ उद्धरणीय हैं— "भयाण मज करतो रूधिरअस्त गांधार हा/उदास भयस्वप्न की समीर येथला कोवळा।"[59] (यह गांधार मुझे भययुक्त करता है/यह उदास भयस्वप्न या हवा नाजुक है।)

इस संदर्भ में अहम् सवाल यह है कि कवि इस तरह की निराशा का अनुभव क्यों कर रहा है? इस प्रश्न का उत्तर स्वयं ग्रेस ही अपनी एक कविता में देते हुए लिखते हैं— "अधू झाले मोझे डोळे/आणि अधू झाली नाती/जीर्ण वडाच्या पारात/जशा गळतात वाती।"[60] (अपाहिज है मेरी आँखें/अपाहिज है सभी रिश्ते/जीर्ण बरगत के नीचे/जैसे गिरती बाती।)

दरअसल कवि का आर्त स्वर में कहना 'आणि अधू झाली नाती' ही इस समस्या की जड़ है। वह खुद यह महसूस करता है कि उससे जुड़े सभी रिश्ते अपाहिज हो गए हैं। और यह सच्चाई है कि जब भी रिश्तों में इस तरह अलगाव युक्त स्थिति निर्माण होती है, तब कोई भी संवेदनशील और भावुक कवि हृदय गहराई से यही पुकार लगाता है— "उदासीच्या नावे। स्वप्नभंगाची पालखी।/कवितेतून सारखी। मिरवते।"[61] (उदासी के नाम। मोहभंग की डोली।/कविता से हमेशा। झाँकती।)

आलोच्य कवि अच्छी तरह जानता है कि इस तरह की उदासी या निराशा

कविता में पनपने के कौन-से कारण जिम्मेदार है। फिर भी वह अपने प्रिय पक्षी कौए से अनुरोध करता है कि कुछ निराशा वह भी आकर आपने साथ ले जाए। 'कावळा' शीर्षक की कविता में कवि यही अनुरोध करते हुए लक्षित होता है— "ये कावळ्या इथे ये! आहेस तू उपाशी/माझी खुडून खा ना प्राणातली उदासी/बघणार ना तुला रे कोणी इथून राजा/चोचीत पिंड घे तू सावत्र बाप माझा।"[62] (हे, कौअे! यहाँ! आओ तुम हो भूखे/खोंटकर खा लो मेरे प्राणों की उदासी/कोई देखेगा नहीं तुम्हें हे राजा!/ चोंच में पिंड उठाओ,/तुम हो मेरे सौतेले बाप।)

समीक्ष्य कवि कौए से अनुरोध कर रहा है। इसके साथ सांस्कृतिक संदर्भ जुड़ा है। किसी की मृत्यु के पश्चात पिंडदान करने की परंपरा हमारे यहाँ रही है। ऐसी धारणा है कि जब तक कौआ पिंड छूता नहीं है, तब तक मृतात्मा को शांति नहीं मिलती है। इसलिए कवि कौए को सौतेला बाप तक मानता है। वास्तव में भावों को अत्यंत संवेदनशीलता के साथ प्रस्तुत करने का कार्य ग्रेस की कविता करती है। ग्रेस की कुछ अन्य कविताओं में भी निराशा का स्वर दिखायी देता है। यथा— 'कलश', पृ.43, 'शाप', पृ.46 (संध्याकाळच्या कविता), 'राजपुत्र-13', पृ.09, 'राजपुत्र-18', पृ.12 (राजपुत्र आणि डार्लिंग), 'प्रतीक्षा', पृ.16, 'शोकगीत', पृ.17, 'सत्य', पृ.46, 'चंद्रमोजणी', पृ.61, 'ऊन-2', पृ.112, 'चुडे', पृ.1500, 'गणगोत', पृ.151, 'घात', पृ.1600 (चंद्रमाधवीचे प्रदेश), 'नदीवरचा पाऊस', पृ.300, 'अस्ताशेज', पृ.68, 'कोसळलेले घर', पृ.117, 'गाणे', पृ.1680 (सांध्यपर्वातील वैष्णवी) 'आदि।

संक्षेप में कह सकते हैं कि ग्रेस की कविता में निराशा की छाया अनेक कविताओं में है। लेकिन कवि इस निराशा की अभिव्यक्ति कभी प्रकृति में भरकर प्रस्तुत करता है तो कभी इसी से दुख की तीव्रता अधिक सघन बनती है। जो ग्रेस के भाव सौंदर्य का महत्वपूर्ण पड़ाव है।

दुःख की तीव्रता— शमशेर की कविता में दुःख की अनुभूति होती है। कवि का इस तरह से दुःख प्रकट करना अपने व्यक्तित्व से जुड़े जीवनानुभवों को ही अभिव्यक्त करना है। 'वस्तुतः दुःखवाद का मूल आधार बौद्ध दर्शन है। जहाँ गौतम बुद्ध ने 'सब्बं दुःखं-सर्व दुःखम' की घोषणा की है। हांलाकि उपनिषदों में भी जो अनित्य, नश्वर है, वह दुख से संबंधित माना गया है। दुःखवाद साहित्य में क्यों पनपा? तो इस संदर्भ में महत्वपूर्ण तथ्य यह है कि मध्ययुगीन संतों ने दुःखवाद को वैराग्यवाद की भूमिका कहा है। उनका मानना था कि दुःखवाद का फल वैराग्यवाद और वैराग्यवाद की परिणति आनंदस्वरूप भक्ति है।"[63]

मूलतः दुःखवाद साहित्य में एक रचनात्मक शक्ति के रूप में आया है। लेखन की प्रेरणा इसी दुःख के कारण मिलती है। इसलिए शमशेर जैसा संवेदनशील कवि

भी इसके लिए अपवाद नहीं है। कवि 'दुख नहीं मिटा' कविता में कह रहा है— "दुःख नहीं मिटा।/घिरा और घुमड़ा आकाश/फिर बरसा दिर भर।/खुला नहीं।/बहीं हवाएँ भी बुदियाँ भर-भर।/झांके भी हृदय उड़ाते हुए चले।/पर खुला नहीं राग।"[64]

असल में कोई भी कलाकार अपनी रचना के द्वारा कभी भी निराशा और दुख फैलाने का पक्षधर नहीं होता है। लेकिन शमशेर का दुख इसलिए भी तीव्रता धारण करता है कि इनकी कविता में घटना, प्रसंग, चरित्र स्वयं आकर आपबीती कहने लगते हैं। एक तरह से ये सभी कवि के 'हमकलाम' बनने की होड़ में दिखते हैं— "मेरे दर्द से हमकलाम/न हो !/जा अब सो,/न रो।/तू मेरी बेबस बाँहों पर, सर रख कर, ओह, न रो!"[65]

शमशेर के काव्य में दुख की तीव्रता इसलिए भी है कि उन्होंने अपने जीवन में प्रेम से संबंधित जो अनुभव लिए हैं, अक्सर कविता में उन्हें आवेग के साथ प्रस्तुत किया है। इसीलिए शायर शमशेर कह उठते हैं— "दर्द को पूछते थे वो, मेरी हँसी थमी नहीं।/दिल को टटोलते थे वो, मेरा जिगर हिला नहीं।"[66]

इसी तरह का गहरा दुख लेकर शमशेर की एक ग़ज़ल है, जिसमें कवि शब्दों और भावों की तीव्रता एक साथ लाता है—"फिर निगाहों ने तेरी दिल में कहीं चुटकी ली/फिर मेरे दर्द ने पैमान वफा का बाँधा/और तो कुछ न किया इश्क में पड़कर दिल ने/एक इन्सान से इन्सान वफा का बाँधा/एक फाहा भी मेरे जख्म पे रखा न गया।/और सर पे मेरे एहसान दवा का बाँधा"[67]

शमशेर हमेशा अपने जीवन में किसी कमी को महसूस करते रहे हैं किंतु यह कमी क्या है? किसकी है? उसे स्पष्ट रूप से कभी प्रकट भी नहीं किया है। उस कमी के कारण कवि हमेशा बेचैन रहा है। यथा— उनकी 'वह शख्स' (एक) कविता यही सूचित करती है— "डूब भी गया वह बोझ भारी/मन के अतल तम में।/वह छल/रंग न सका— सत्य को;/दुःख दे गया/दुःखमय भाव का विषाद,/मौन, बन गया।"[68]

शमशेर की कविता में दुख की उपस्थिति दो धरातल पर दिखायी देती है। एक ओर कवि अपनी पीड़ा को भी प्रस्तुत करता है और दूसरे स्तर पर लोगों के दुख को भी वाणी देता है। शमशेर की कविता में यह बात विशेष रूप से रेखांकित की जा सकती है। 'बात बोलेगी' कविता द्रष्टव्य है— "एक-जनता का/दुख एक।/हवा में उड़ती पताकाएँ/अनेक।"[69]

स्पष्ट है कि शमशेर कविता में अपने दुःख-दर्द को भी उदात्तता के आधार पर लोगों के साथ जोड़ते हैं। कवि को लगता है कि सभी लोगों का दुख-दर्द एक जैसा ही है। लेकिन उनके दुख के भिन्न-भिन्न कारण (पताकाएँ) हैं। कभी यह कारण चाहत है तो कभी समसामयिक विसंगतियाँ। शमशेर की कुछ अन्य कविताओं में भी

दुख की तीव्रता दिखायी देती है। 'कुछ कविताएँ व कुछ और कविताएँ' (घिर गया है समय का रथ, पृ.119), 'चुका भी हूँ नहीं मैं' (गीत गाये गये पृ.80, एक आदर्श/लहरों के पार पृ.59), 'उदिता' (उपेक्षित, बरस कर थमती न/आसुओं की धारा पृ.38, ज्योति पृ.57) आदि।

इस तरह स्पष्ट है कि शमशेर की कविता में दुःख को भी उतनी ही महत्ता दी गई है जितनी निराशा को मिली है। कवि ने अपने दुख को प्रकट तो किया है लेकिन उसमें अतिशयता नहीं है, जो कि यह उनकी खूबी भी है। उन्होंने संतुलन बनाए रखते हुए अपना दुख प्रकट किया है। सौंदर्यशास्त्रीय दृष्टि से यह संवेदना इसीलिए महत्वपूर्ण लगती है कि कवि महज अपने दुख को काव्य में अभिव्यक्त नहीं करना चाहते हैं और न ही कविता के माध्यम से दुख का प्रसार। चूँकि इस तरह की कामना कोई भी कलाकार नहीं करता है। दरअसल शमशेर अपनी कविता के माध्यम से पुरजोर कोशिश में हैं कि दुःख सहने के लिए, संघर्ष के लिए विशिष्ट ताकत उनमें बनी रहे। यही कोशिश उन्हें आत्ममग्नता की ओर ले जाती है, जो उनकी कविता की प्रधान विशेषता है। ग्रेस की काव्य संवदेना में दुःख की छाया सर्वत्र देखी जा सकती है। एक तरह से दुःख ही ग्रेस की कविता में स्थायी भाव के रूप में उपस्थित रहता है। कारण स्पष्ट है कि आलोच्य कवि स्वयं कह रहा है। "मी महाकवी दुःखाचा/प्राचीन नदीपरी खोल"[70] (मैं हूँ दुःख का महाकवि/प्राचीन नदी सम गहरा।)

वस्तुतः रोमांटिसिज्म में भी कवियों ने दुःख की तीव्रता अत्याधिक मात्रा में ओढ ली है। ग्रेस भी इस प्रभाव से अछूते नहीं रहे हैं। उनका दुःख कभी चेतन मन से उभरकर आता है तो कभी अचेतन की सघन अनुभूति के रूप में अपना प्रभाव जमाता है। यही कारण है कि ग्रेस की अधिकतर कविताओं में दुःख की अभिव्यक्ति हुई है। और उनकी अनेक कविताओं के शीर्षक भी दुःख की ओर ही इंगित करते हैं। 'दुख घराला आले' कविता में ग्रेस लिखते हैं— "अंधार असा घनभारी/चंद्रातून चंद्र बुडाले;/स्मरणाचा उत्सव जागुन/जणु दुःख घराला आलें/दाराशी मी बसलेला/दुःखावर डोळे पसरून/क्षितिज जसे धरणीला/श्वासांनी धरते उचलून..."[71] (ऐसा घना अंधेरा/चंद्र ही अस्त हुआ/स्मृति का उत्सव बनाकर/जैसे दुःख घर आया/दहलिजपर मैं बैठा/दुःख को भूलकर/जैसे क्षितिज धरती को/उठाता है श्वासों से।)

प्रायः अंधेरा जब अधिक सघन होता है तो चाँद उस अंधेरे को रोशन करने का कार्य करता है। लेकिन कवि ग्रेस जिस चंद्रमा को दर्शाते हैं वह स्वयं अंधेरे के सम्मुख फिका नज़र आता है। यही अंदाज ग्रेस की काव्य संवदेना में सौंदर्य की वृद्धि करता है। इस परिप्रेक्ष्य में यह सवाल सहज ही उभरता है कि क्या कारण है कि ग्रेस अपनी कविता में दुःख को इतनी वरीयता देते हैं? इस संदर्भ में यह तथ्य भी सम्मुख आता है कि अमेरिकन कवयित्री एमिली डिकिन्सन और जर्मन कवि रिल्के

का काफी गहरा प्रभाव ग्रेस की इस तरह की अभिव्यक्ति पर रहा है। यही कारण है उनकी कविता में 'नास्टेल्जिया' भी दुख की जड़ में है। ग्रेस के व्यक्तित्व से जुड़ी अनेक बातें हैं जिन्हें कवि महज संकेतों में उद्घाटित करना चाहता है। 'आसवांत पापणी' कविता की कुछ पंक्तियाँ द्रष्टव्य हैं— "मी इथें व्यथालयांत/दुख सांगतों तुला/घे मला कुशीत आज/पावलांत शृंखला!"[72] (मैं यहाँ व्यथालय में/दुःख तुम्हें बताता हूँ/गोदी में ले मुझे/पैरों में है सांखल।)

ग्रेस इस अर्थ में भी विशिष्ट कवि हैं कि उन्होंने अपने दुख की प्रस्तुति भी सौंदर्य प्रधान बनायी है। कवि ने 'व्यथालय' शब्द का प्रयोग किया है। जहाँ मात्र व्यथाओं या पीड़ाओं को आश्रय दिया जाता है। और ऐसी जगह वह दुख कहने की बात कर रहा है। यही उनकी काव्य संवेदना में सौंदर्य विधान होता है। अपने एक साक्षात्कार में ग्रेस कहते हैं— "माझ्या कवितेत वारंवार दुःखाचे उल्लेख येतात. या दुःखाचे स्वरूप कोणते? दुःखाचे पुरावे गोळा केल्यावर दुःख कळते ? समजते? इट इज ए लोनली वे टू गो टू फाईण्ड ए लोनली सिटी, फूल ऑफ रेन अँड स्टेजर्स डॉ. काळे, एच. डब्लू, लाँग फेलो फार मोठा कवी नाही, पण तो छोटा ही कवी नाही. त्यांच्या काही ओळींनी मला दुःख समजून घेण्याची एक अनागर पण शालीन, शहाणी रीत शिकविली आहे."[73] (मेरी कविता में बारबार दुःख का उल्लेख है। इस दुःख का स्वरूप क्या है? दुःख के प्रमाण ढूँढने पर यह दुःख समझ में आता है? इट इज ए लोनली वे टू गो टू फाईण्ड ए लोनली सिटी, फूल ऑफ रेन अँड स्टेजर्स डॉ. काळे, एच. डब्लू, लाँग फेलो बहुत बडा कवि नहीं है लेकिन वह छोटा कवि भी नहीं है। उसकी कुछ पंक्तियों ने मुझे दुःख को समझने का सही ढंग सिखया है।)

उपर्युक्त विचारों से ज्ञात होता है कि ग्रेस की कविता में दुख की उपस्थिति अनायास ही नहीं हुई है। ग्रेस सोद्देश्य दुख का चित्रण अपनी कविता में करना चाहते हैं। कुछ हद तक कवि इसमें सफल भी हुआ है। आलोच्य कवि के इस व्यवहार में दरअसल स्वयं को विश्वकवियों के साथ जोड़ने की ललक भी दिखायी देती है। इस संबंध में दूसरा पहलू भी है कि समीक्ष्य कवि अपने वैयक्तिक जीवन के दुःख को भी इसमें प्रकट करना चाहता है। ऐसा करने के लिए उसने विविध तरीके अपनाये हैं। कभी वह विलाप करता है। यथा— 'डार्लिंग-26' कविता में कवि कहता है— "दुःखाने व्याकुळ झालेला वारा/वाहत राहिला सर्वप्रहर/इथला धर्मपुरुष मेल्यावर/कळले नाही कुणाला।"[74] (दुःख से आकुल हवा/बहती है प्रति प्रहर/यहाँ के धर्मपुरुष की मृत्यु/जान सका न कोई।)

दरअसल ग्रेस की यह धारणा है कि दुःख साझा करने से ही हल्का होता है। अगर मन ही मन दुख दबाया गया तो एक दिन अत्यधिक तीव्रता धारण कर लेता है। इसलिए बहुत ही शिद्दत के साथ दुख का सामना करना चाहिए। ग्रेस की 'दुःख'

कविता इस दृष्टि से सार्थक लगती है— "दु:ख सांगितले की हलके होते,/आकर्षक होते जगून दाखविले की!/दु:ख मिटते?"[75] (दु:ख बताने पर कम होता है/आकर्षक बनता है उसे सहते हुए जीने पर/दु:ख कभी मिटता है?)

आलोच्य कवि की दृढ़ धारणा है कि दुख को हमेशा अभिव्यक्त करना चाहिए। इसी से जीने की प्रेरणा मिलती है। कवि की दृष्टि से जिंदगी की सार्थकता तो तब है जब हृदय में बहुत सारा दुख संजोकर जिंदगी जी जाती है। नि:संदेह उसका आकर्षण कुछ और ही होता है। वस्तुतः ग्रेस की धारणा है कि मृत्यु के पश्चात भी दुख से मुक्ति नहीं मिलती है। इसीलिए कवि प्रश्न करते हुए कहता है कि 'मरून दाखविल्यावर दु:ख मिटते?' कवि ने इस धारणा को लेकर संदेह जताया है कि मृत्यु के बाद दुख मिटता है। दुख के कारण कवि अत्यंत भावविभोर हो जाता है। इसी से वह अनुरोध करता है कि कोई उसका दुख सुन ले। 'हृदय भरूनि आले' कविता में ग्रेस लिखते हैं— "हृदय भरूनि आले ऐक माझी कहाणी/नितळ सर ढगांची वर्शली की विराणी।"[76] (हृदय भर आया सुनो मेरी कहानी/तरल धारा बादलों की या विराणी।)

ग्रेस का मानना है कि जब दुख अधिक सघन हो जाता है तब वह शब्दबद्ध होकर प्रकट होना चाहिए। एक तरह से ऐसे गीत ईश्वर के गीत होते हैं। "शब्दानां गहिवर येता देवाजीची गावी गाणी।"[77] (जब शब्द भावविभोर होते हैं/तब गाओ प्रभु के गीत।)

जिंदगी में सकारात्मकता की क्या महत्ता है, इसका प्रतिपादन ग्रेस की कविता करती है। वास्तव में यही सबसे बड़ा सौंदर्य मूल्य है। दुख सहना हर एक के बस की बात नहीं है। 'आरसा' कविता की कुछ पंक्तियाँ उल्लेखनीय हैं—"नसे शोकाला साजण/नसे दु:खाला वारसा"[78] (शोक का साजन नहीं/दु:ख की विरासत नहीं।)

यद्यपि यह सच है कि दुख की स्थिति में कोई साथ नहीं देता है। और न ही अपना दुख किसी और को देकर उसे उत्तराधिकारी बनाया जा सकता है। इसके बावजूद ग्रेस ने दुख को और अधिक विराट होने की प्रार्थना की है। प्राय: दुख का विराट रूप जब रचनात्मकता धारण करता है तब वह अधिक सामर्थ्य का निर्माण करता है। 'दुख होऊ दे विराट' कविता की कुछ पंक्तियाँ इसी बात की ओर इंगित करती है। यथा— "रात्र जाऊ दे अशीच घे धुळीत हे ललाट/मावळेल ध्यास हा ही दु:ख होउ दे विराट!"[79] (रात ऐसे ही बीत जाए ले धूल में ललाट/अस्त होगी यह चाह दु:ख होने दे विराट।)

अब सवाल यह है कि आलोच्य कवि अपने दु:ख को विराट होने का अनुरोध क्यों कर रहा है? उल्लेखनीय है कि जिस तरह मंत्रोच्चार में संपूर्ण शरीर

झंकृत हो उठता है। उसी तरह कवि के मन में जो दुःख है, उसे अभिव्यक्त करने हेतु शरीर के सभी इंद्रियां कार्यरत हैं। 'निष्पर्ण तरूंची राई' कविता की पंक्तियाँ द्रष्टव्य हैं— "स्तोत्रात इंद्रिये अवघी गुणगुणती दुःख कुणाचे?/हे सरता संपत नाही चांदणे तुझ्या स्मरणाचे..."[80] (स्तोत्र में भी इंद्रिये सभी गुनगुनाते हैं दुःख किसका?/कहीं भी यह खत्म नहीं होता सिलसिला तुम्हारी याद का।)

योगी अरविंद ने मंत्र कविता का निरूपण किया है। यद्यपि उन्होंने यह संकल्पना भिन्न अर्थ में प्रयुक्त की है। लेकिन ग्रेस जिस तरह से यह प्रतिपादन करते हैं कि दुःख को अभिव्यक्त करने के लिए सभी इंद्रिय स्तोत्र प्रस्तुत कर रहे हैं। या मंत्रगान कर रहे हैं। सचमुच इस तरह भावों को सृजनशीलता के धरातल पर लाने का कार्य ग्रेस ही कर सकते हैं। 'चांदणे तुझ्या स्मरणाचे' में एक खास नास्टेल्जिया है। ग्रेस का कहना है कि रोना भी एक तरह से दुःख को अभिव्यक्त करने का माध्यम ही है। 'साऊलस्वयंवर' में ग्रेस लिखते हैं— "Crying is always meant/For the tamentation of soul;/Weeping a melancholy/Of the shadows of eyelids"[81]

इस तरह ग्रेस की अन्य भी कुछ कविताओं में दुख की तीव्रता लक्षित होती है जिससे उनकी कविता और अधिक सुंदरता धारण करती है। यथा— 'हळवी', पृ.15, 'माहेर', पृ.22, 'वर्षाव', पृ.29, 'कलश', पृ.34, 'प्रारंभ', पृ.37, 'दुपारचे ऊन', पृ.38, 'बहार', पृ.38, 'दुपार', पृ.39, 'भेट', पृ.41, 'नाद', पृ.44, 'भूल', पृ.45, 'माणूस', पृ.59, 'घोड़े', पृ.61 (संध्याकाळच्या कविता) 'राजपुत्र-7', पृ.006, 'राजपुत्र-12', पृ.99, 'चंद्र', पृ.15, 'तीन चरण', पृ.21 (राजपुत्र आणि डार्लिंग), 'वादळ', पृ.09, 'वेळ', पृ.13, 'रूप', पृ.14, 'नीज', पृ.34, 'चंद्रमाधवीचे प्रदेश', पृ.400, 'झोका', पृ.55, 'लाज', पृ.65, 'दुरावा', पृ.67, 'गौळण', पृ.87, 'बहर', पृ.88, 'दान', पृ.103, 'किमया', पृ.105, 'वर्शा', पृ.109, 'रान', पृ.111, 'त्रिवेणी-1 दुख', पृ.125, 'दुःख', पृ.185 (चंद्रमाधवीचे प्रदेश), 'बंध', पृ.18, 'दुःख भराला आलें', पृ.29 (सांजभयाच्या साजणी), 'चौघी', पृ.11, 'जिवाची वैष्णवी', पृ.107 (सांध्यपर्वातील वैष्णवी), 'मरण', पृ.17, 'जळभंग', पृ.142, 'दुःख', पृ.28 (बाई! जोगिया पुरुष) आदि।

इस तरह कह सकते हैं कि दुख ग्रेस की कविता में स्थायी रूप में मौजूद है। वह कभी चेतन के स्तर पर है तो कभी अचेतन रूप में प्रकट होता है। आलोच्य कवि का वैयक्तिक जीवन ही इस दुख की जड़ में है। ग्रेस कहीं-कहीं स्वयं की वैष्विक तुलना कवियों के साथ करते हुए भी दिखायी देते हैं। इसलिए उन्होंने अपनी कविता में दुख को अधिक स्थान दिया है। ग्रेस की कविता में दुख की उपस्थिति उनकी आत्ममग्नता के कारण भी है। जो उनके भाव सौंदर्य की अग्रिम कड़ी है।

वैयक्तिकता की भावना— शमशेर की कविता में वैयक्तिकता का स्वर भी विशेष रूप से ध्वनित होता है। वास्तव में वैयक्तिकता का समावेश स्वच्छंदतावाद से ही शुरू है। यह प्रवृत्ति अधिक तीव्रतम तब बनी जब नई कविता का आंदोलन सक्रिय हुआ। काव्य में कवि विचारों की प्रधानता आने लगी। परिणामतः उनकी यह व्यक्तिवादिता अहं के रूप में भी प्रकट होने लगी। इस तरह की वैयक्तिकता में कहीं-कहीं अस्तित्ववादी दर्शन का भी प्रभाव खूब देखा जा सकता है। यहाँ इस तथ्य को भली-भांति समझना होगा कि कोई भी कलाकार या कवि अपने जीवनानुभव ही कलाकृति में व्यक्त करता है। यद्यपि ऐसा करते समय उसके व्यक्तित्व में उदात्तता होती है। जो सामान्य मनुष्य में नहीं पायी जाती है। कलाकार के वैयक्तिक जीवनानुभव जब कलानुभव बनकर कलाकृति में चित्रित होते हैं तब वे एक तरह से समष्टि के साथ जुडते हैं। आलोच्य कवि की यही कोशिश दिखायी देती है। इसीलिए शमशेर का कहना है— ''खयाल भी है मेरा जिस्म, गो नहीं वह मैं/ये जिंदगी की है एक किस्मः गो नहीं वह मैं/जो होने-होने को हो, वो मैं हूँ— यकीन करो,/खुदा भी है मेरा ही इस्म — गो नहीं वह मैं।''[82]

शमशेर की जिन-जिन कविताओं में 'मैं' की अभिव्यक्ति हुई है, वहाँ प्रायः उनकी आत्माभिव्यंजना दिखायी देती है। इस तरह की वैयक्तिकता व्यक्ति के प्रति आस्था निर्माण करती है। साथ ही कवि का अपना दर्शन भी इसी बहाने प्रकट होता है। शमशेर उस हद तक ही वैयक्तिकता लाते हैं जहाँ तक आपबीती को स्वर देना है— ''मैं यहाँ नहीं हूँ। मैं दूर बहुत दूर जहाँ/गुम हूँ, वह केवल अपना ही, केवल/मेरा अपना ही अपनापन है।/और जो कुछ है सब धोका है।''[83]

इसमें दोराय नहीं कि शमशेर की कविता में स्वच्छंदतावादी प्रवृत्ति के कारण वैयक्तिकता पनपी है। यही स्वर आगे चलकर 'नई कविता' में और अधिक तीव्र बना है। लेकिन इसके अलावा कवि का अपना संघर्षमय जीवन भी झलकने लगता है। 'और जो कुछ है सब धोका है'। कवि एक तरह से इंगित करता है, जहाँ-जहाँ उसे धोखा हुआ है। यह धोखा कभी दैनंदिन जीवन अपने रिश्तेदारों से मिला है तो कभी व्यवहार में जीवन-यापन करते समय। संभवतः इसलिए भी कवि किसी की नहीं सुनता है। ''मैं नहीं सुन रहा हूँ। मैं किसी की नहीं सुनता।''[84]

कवि की आत्ममग्नता बहुत बार निराशा से भी उपजी हुई प्रतीत होती है। इस संदर्भ में 'कमरे में आया' कविता की कुछ पक्तियाँ द्रष्टव्य हैं— ''मैं भी कहाँ कौन जाने कब/बैठा उस तम की मिट्टी में/उसके संग समाया।''[85]

ऐसा नहीं कि शमशेर अपनी इस आत्ममग्नता से वाकिफ नहीं थे, उनकी सौंदर्य दृष्टि से यह बात कभी ओझल नहीं हो पायी है। आत्ममग्नता में अधिक डूबना अहंमन्यता का ही सूचक है। तभी तो कवि 'ईश्वर अगर मैंने अरबी में प्रार्थना की'

कविता में कहता है—"न होता मैं तो क्या होता.../न था मैं तो खुदा था/कुछ न होता तो खुदा होता!/डूबोया मुझको होने में/न मैं होता तो क्या होता!"[86]

शमशेर की उपर्युक्त पक्तियों पर एक ओर कबीर का प्रभाव दिखायी देता है तो दूसरी ओर मिर्जा गालिब की शायरी से मिलती जुलती बात कवि कह रहा है। किसी कलाकार की कलाकृती सुंदर तभी बन सकती है तब उसमें भावों और विचारों का संतुलन बना रहता है। आलोच्च कवि तथाकथित दखल-अंदाजी पर प्रहार करता है, जो उसे शायर की कोटि में मानने से परहेज करते हैं। इसी कारण शमशेर जैसा शायर तड़प उठता है— "चुपके कोई कहता है: शायर नहीं हूँ मैं।/क्यों अस्ल में हूँ वो जो बजाहिर नहीं हूँ मैं।"[87]

जाहिर है कि शमशेर को इस बात की शिकायत है कि कुछ तथाकथित आलोचक, विद्वान उन्हें शायर नहीं मानते हैं। चोरी-चुपके नुक्ताचीनी करते रहते हैं और उस छवि को प्रस्तुत करना चाहते हैं, जो कवि की नहीं है। अगर इस तरह की वैयक्तिकता को शमशेर प्रस्तुत करते हैं तो इसे उनका कलागत संघर्ष मानना होगा, जिससे कवि अपने अस्तित्व की लड़ाई लड़ता हुआ दिखयी देता है। क्या यह भाव किसी सुंदरता से बढ़ कर है। जहाँ अस्तित्व की लड़ाई चरम पर पहुँची है। ग्रेस की कविता में वैयक्तिकता का प्रभाव सर्वत्र दिखायी देता है। जो कुछ जीवनानुभव आलोच्य कवि के हैं, उन्हें कविता में प्रकट करने का कार्य ग्रेस ने बखूबी किया है। ग्रेस की आत्ममग्नता रोमांटिसिज्म के प्रभाव से निर्मित है। साथ ही कलावाद के आग्रह के कारण भी कवि अपनी कविता को विशिष्ट बनाये रखना चाहता है। ग्रेस आत्ममग्नता को अधिक विस्तृत बनाने हेतु अजनबीपन भी कविता में भरते हैं। इसके कारण भी उनकी कविता मर्मस्पर्शी बनती है। बानगी के तौर पर 'शोध' कविता की कुछ पंक्तियाँ उद्धरणीय हैं— "हरवले आहे माझे काहीतरी/जवे कुण्यादारी कळेचना!/इथे सभोवती मांझा गोतावळा/मुलूख निराळा पण मला!/ओळखीची माती रक्ताचे इमान/माझी मला खूण पटेचना!"[88] (खो गया है मेरा कुछ/कहाँ जाए समझ न आए/यहाँ आसपास सभी आत्मीय/प्रदेश अनजाना फिर भी मुझे!/पहचान की मिट्टी, रक्त का इमान/खुद से ही मैं अजनबी।)

कुछ खोने का भाव कवि मन में सदैव बना रहता है। एक तरह की असुरक्षा कवि महसूस करता है। आलोच्य कवि प्राय: भीड़ में तनहाई का अनुभव करता है। बचपन से ही हर एक रिश्ते का अपने से अगल होना कवि को अधिक वैयक्तिकता की ओर ले जाता है। इस तरह का अनुभव कवि की अत्याधिक भावप्रवणता को सूचित करता है। इस दृष्टि से ग्रेस की अभिव्यक्ति महज उन्हीं तक सीमित नहीं रह जाती है। कोई भी व्यक्ति अपने जीवन में इस तरह का अनुभव कर सकता है। हालांकि अपने अनुभव को साकार करने के लिए ग्रेस के पास रचनात्मक शब्द हैं जो

सामान्य जन के पास प्रायः नहीं होते हैं। संवेदनशील पाठक जब इस भाव के साथ अपनत्व स्थापित करता है तब वह न सिर्फ कवि के प्रति सहानुभूति एवं सदाशयता की भावना अपनाता है बल्कि स्वयं की संवेदना भी उससे जोडता है। वस्तुतः यह आलोच्य कवि की सौंदर्य दृष्टि की ही निर्मिती है। ग्रेस का भाव सौंदर्य अन्य कवियों से अलग इसलिए भी दिखता है कि उनके कहने का ढंग अन्य कवियों से भिन्न है। यही भिन्नता बहुत बार सौंदर्य विधान का कारण बनती है। इस संदर्भ में 'फुंकर' कविता की कुछ पंक्तियाँ सटीक लगती हैं— ''मी भिऊन अंधाराला/अडगळीत लपुनी जाई/ये हलके हलके मागे/त्या दरीतली वनराई।''[89] (मैं डरकर अंधेरे से/कबाड में छिप जाए/खाई से मेरे पीछे/जंगल आए।)

उपर्युक्त कविता में ग्रेस अंधेरे से निकलकर कबाड में जाकर छिपने की बात कह रहे हैं। कवि अंधेर से डरने की भी बात कहता है। अब सवाल यह है कि अंधेरे से डरकर पुनः कबाड़ में जाकर छिपने की बात कवि क्यों कर रहा है? क्योंकि कबाड़ ऐसी जगह है जहाँ सारी अनावश्यक चीजें रखी जाती हैं। प्रायः वहाँ अंधेरा ही होता है। आलोच्य कवि अंधेरे से प्रकाश की ओर न जाते हुए पुनः अंधेरे की शरण ले रहा है। ग्रेस का सौंदर्य विधान तो इसी बात में है। अतः अपने जीवन से संबंधित अतीव वैयक्तिकता भी कवि कविता में अभिव्यक्त करता है। पत्नी की नौकरी भी कविता में अनायास ही विषय बनकर प्रस्तुत होती है। इस परिप्रेक्ष्य में 'कैक्टसची टेप' कविता बहुत ही प्रासंगिक लगती है। कवि ग्रेस अत्यंत सदाशयता के साथ उस प्रसंग को कविता में प्रस्तुत करते हैं— ''हॉस्पिटल मध्ये संध्याकाळ येते/फक्त महत्वाची ऑपरेशन संपवून ये.../लीली परत येते/तिचा पाचोळयासारखा मनस्वी थकवा/दरवळत असतो;/केवढया कठोर आर्जवाने मी उदास/आहे./हॉस्पिटलसारखा विसावा नाही./सावकाश मोजून घ्या लीलीच्या/मुखोद्गत बरगडया''[90] (अस्पताल में संध्या आती है/सिर्फ जरूरी ऑपरेशन निपटाकर आओ.../लीली फिर आती है/उसकी पताई की तरह थकान/महकती है/कितना उदास हूँ मैं/अस्पताल की तरह सुकून नहीं/धीरे से गिनना लीली की पसलियाँ।)

स्पष्ट है कि आलोच्य कवि ने अपने जीवनानुभव को ही काव्यानुभव के रूप में चित्रित किया है। ऐसा करते समय कवि अत्यंत वैयक्तिकता को भी कविता में काव्यबद्ध करता है। अपने जीवन को ग्रेस जितनी वस्तुनिष्ठता के साथ देखते हैं, वह अपने आप में अनोखा है। दरसअल ग्रेस का ही मानना है कि उनकी कविता हर चीज को भावों में रूपांतरित करने की क्षमता रखती है। ग्रेस की सौंदर्य दृष्टि का परिचय तब भी अधिक होता है जबकि कवि स्वयं कैन्सर की बीमारी से पीडित है और दीनानाथ मंगेशकर अस्पताल, पुणे में भर्ती है। ग्रेस उस प्रसंग को भी सृजनशीलता के द्वारा सौंदर्यबोध का विषय बनाते हैं। जीवन के अंतिम पडाव में उनके द्वारा

लिखित 'इस्पितळाचे तत्व' कविता महत्वपूर्ण है। गले में कैन्सर फैला हुआ है। ग्रेस अत्यंत मार्मिकता के साथ पाठक की सहानुभूति जुटाते हैं। यथा— "कोण उसवू पाहतो/माझ्या गळयातली गाठ?/जसा भाजल्या मातीचा/उरी भरकतो माठ ××× लख्य इस्पितळ माझे,/जळे देहात गोवरी,/मीच मोडून चालतो/ओल्या वेळूची बासरी"[91] (कोई उधेड़ना चाहता है/मेरे गले की गाँठ/जैसे भुनी मिट्टी का/हृदय में भर आए घडा/चमकता अस्पताल मेरा/जलते हैं देह में उपले/मैं ही तोडकर चलता हूँ/गीले बाँस की बांसुरी।)

प्रस्तुत कविता ग्रेस ने अस्पताल में लिखी है। दीनानाथ मंगेशकर अस्पताल, पुणे में स्थित है। कवि अपनी अंतिम अवस्था को दर्शाते हुए कह रहा है 'जळे देहात गोवरी'। कैन्सर की बीमारी के कारण जो इलाज हो रहे हैं उससे जिस पीडा का अनुभव शरीर कर रहा है उसे ग्रेस ने अत्यंत मर्मस्पर्शी बनाकर प्रस्तुत किया है। यह सच्चाई है कि जो ईलाज उल्लेख्य बीमारी में किए जाते हैं। वे एक तरह शरीर में उपले जलने के समान ही होते हैं। यद्यपि कवि ने इस प्रसंग को अत्यंत संकेतात्मक रूप देकर सृजनात्मक बनाया है। ग्रेस 'गंजलेल्या खिळयांची कहाणी' कविता में अत्यंत मार्मिक प्रसंग प्रस्तुत करते हैं— "Whosoever/Looses me,/Quits the God/Of is dreamyard,/The gain is, a tiny crak/Beside the wounds/ With the dolls!/Measure the distance, count /the Pulse now, /between me and you and in between/my to mbstones"[92]

आलोच्य कवि यह महसूस करता है कि कोई उसे हरा रहा है। दरअसल यह मृत्यु है। कवि अंत में कहता भी कि वह स्वयं ही अंतिम पलों को गिन रहा है। यहाँ तक कि अपनी चिता भी कवि देख रहा है। अत: ग्रेस अपनी कविता में जहाँ-जहाँ वैयक्तिक जीवन को उजागर करते हैं। उससे उनका जीवन एवं व्यक्तित्व दोनों को समझने में सहायता होती है। यहाँ तक कि उनकी सौंदर्य दृष्टि का भी बोध होता है। असल में आलोच्य कवि की समग्र कविता या काव्य संवेदना ही आत्ममग्नता में डूबी हुई दिखायी देती है। हालांकि यह आत्ममग्नता अनायास ही ग्रेस की कविता में नहीं आयी है। अपने समकालीन अनेक आलोचकों से ग्रेस हमेशा दूर ही रहते हैं। साहित्यिक खेमेबाजी और गुटबाजी से ग्रेस ने कभी भी नजदीकी नहीं की है। इसलिए मराठी भाषी समीक्षकों, बुद्धिजीवियों, पाठकों के प्रति ग्रेस हमेशा नाराजगी का स्वर अलापते रहे हैं। 'हुतात्म्याचे स्वगत' कविता में उन्होंने लिखा है—

"इथे प्राणभाषेतल्याही कवीचा/पतंगाप्रमाणेच मृत्यु हवा!"[93] (यहाँ मानक भाषा के कवि की,/पंतगे की तरह मृत्यु हो जाए।)

ग्रेस ने प्राण भाषा का प्रयोग किया है जो मातृभाषा को सूचित करता है। लेकिन इस बात को लेकर कवि मन में गहरा क्षोभ है कि मातृभाषा में लिखनेवाला

कवि और पतंगा दोनों की अवस्था समान ही है। जिस तरह पतंगे को तड़पना पड़ता है और तड़पते हुए मृत्यु ही अंतिम पड़ाव है। ठीक वही बात मातृभाषा में लिखनेवाले कवि के संदर्भ में भी देखी जा सकती है। यद्यपि कवि यहाँ स्वयं की बात कह रहा है। इस तरह ग्रेस की अनेक कविताओं में उनकी आत्ममग्नता या वैयक्तिकता ध्वनित होती है। जैसे—'पांढरा खडक', पृ.19, 'मुलगी', पृ.24 'झाडांची टिपणे', पृ.27, 'गुलाब वाळवण्याची गोष्ट 07. 8', पृ.33, 'पहाडी थिएटर', पृ.42, 'डॉ. झिवॅगोची कविता', पृ.49, 'वहिनी', पृ.56, 'डार्लिंग-10', पृ.83, 'डार्लिंग-15', पृ.992 (राजपुत्र आणि डार्लिंग), 'वादळ', पृ.9, 'प्रपंच', पृ.22, 'आई-03', पृ.39, 'हिवाळ्याच्या दिवसांत', पृ.43, 'सत्य', पृ.46, 'घर', पृ.48, 'चंद्रमोजणी', पृ.61, 'हिमसंध्या', पृ.102, 'भीती', पृ.104, 'प्राक्तनगंधी तलाट', पृ.116, 'गाणे', पृ.123, 'खेळ', पृ.159, (चंद्रमाधवीचे प्रदेश), 'प्रणाली', पृ.14, 'देवी', पृ.21, 'साजणभिक्षा', पृ.22, 23, 'पानवेचणी गळतीची', पृ.44, 'मुलींच्या कविता', पृ.83, 'उरलेल्या घराचे गाणे', पृ.993, 'कन्येची समजूत', पृ.994, 'सल', पृ.139, 'पाऊसकाळातील पत्र 07', पृ.177, (सांध्यपर्वातील वैष्णवी), 'राघवची समजूत', पृ.54, (सांजभयाच्या साजणी), 'दुःख', पृ.28, 'संध्येचे पाटपाणी', पृ.63 (बाई! जोगिया पुरुष) आदि।

इस तरह स्पष्ट है कि ग्रेस का भाव सौंदर्य आत्ममग्नता के कारण उनके जीवनानुभव को और अधिक पारदर्षी बनाता है। इसी पारदर्शिता की शृंखला में उनके जीवन में मंडराता अकेलापन महत्वपूर्ण कड़ी है।

अकेलापन एवं अजनबीपन— एक दूसरे से संपर्क कटने पर अकेलेपन की स्थिति निर्माण होती है। इस तरह की भावना मूलतः अस्वस्थता फैलाती है। चूँकि यह महानगरीय जीवन की सबसे दर्दभरी दास्तान है। व्यक्ति समाज से कटकर, परिवेश, समूह से दूर होकर प्रायः कुंठा, अविश्वास, भ्रम का शिकार होता है। दरअसल मनोविज्ञान की दृष्टि से यह किसी मनोविकार से कम नहीं है। वस्तुतः अलगाव और अकेलापन तथाकथित चरम विकास की ही देन है। स्वाधीनता के पश्चात भारत में नगरों का विकास जितनी तेजी से होने लगा, उतनी ही गति से मनुष्य की अस्तित्व को लेकर छटपटाहट शुरू हुई। इसमें कुछ हद तक द्वितीय महायुद्ध की पृष्ठभूमि भी कारणदायी है। अतः व्यक्तिवादी दर्शन ने जितना जोर पकड़ा उससे कहीं अधिक अकेलेपन की भावना समाज में बढ़ गई। अब यहाँ विचारणीय बिंदू यह है कि शमशेर द्वारा चित्रित अकेलेपन में सौंदर्य गुण किस तरह लक्षित किया जाये? क्योंकि अकेलापन तो जीवन की कुरूपता दर्शाता है। अतः उसमें सुंदरता का बोध कैसे? इस परिप्रेक्ष्य में इतना ही स्पष्ट किया जा सकता है कि वास्तविक जीवन की कुरूपता

कलाकृति में कलानुभव के रूप में आकर सौंदर्य प्रधान बनती है। क्योंकि अकेलेपन के प्रति रसिक या सुंदरिक अनुराग नहीं जताता है बल्कि अकेलेपन का विरोध करने लगता है। इसे ही कलाकृति की सौंदर्यपूर्ण अभिव्यक्ति माना जा सकता है। आलोच्य कवि में इस तरह की चेतना प्रचूरतम दिखायी देती है। 'आओ' कविता की कुछ पंक्तियाँ बानगी के रूप में पेश हैं— ''खुश हूँ कि अकेला हूँ,/कोई पास नहीं है-/बजुज एक सुराही के,/बजुज एक चटाई के,/बजुज एक जरा से आकाश के,/जो मेरा पड़ोसी है मेरी छत पर।''[94]

स्पष्ट है कि शमशेर अपने अकेलेपन के लिए किसी से गिला-शिकवा नहीं करते हैं। सबसे खास बात यह है कि कवि कोई अफसोस भी नहीं करता है। आकाश को छत कहता है। असल में शमशेर उस विराटता को सूचित कर रहे हैं जो अक्सर नज़र अंदाज होती है। इतनी प्रतिकूलता के बावजूद भी कवि अपने हालातों का डटकर मुकाबला कर रहा है। और न सिर्फ स्वयं कर रहा है बल्कि आगे चलकर दूसरों को भी इसी तरह की प्रेरणा देता है। जो कवि की सौंदर्य चेतना की सबसे विशिष्ट मिसाल है। अकेलापन जब अधिक बढ़ जाता है। तब कहीं-न-कहीं धूमिल-सी निराशा कवि के मन में पनपने लगती है। 'मुझे-न मिलेंगे-आप' कविता की कुछ पंक्तियाँ देख सकते हैं— ''मुझे/न मिलेंगे आप,/आपका/एकाकी क्षण हूँ मैं/आपका/भय और पाप,/आपका/एकाकीपन हूँ मैं।''[95]

आलोच्य कवि की जो चाहत है, उसे वह प्राप्त नहीं कर सका है। उसे असंभव मानते हुए अकेलेपन में अपने प्रिय को बारबार याद कर अपने अकेलेपन को दूर कर रहा है। तभी तो वह कहता है 'आपका एकाकीपन हूँ मैं'। अकेलेपन में कवि का इस तरह का भावबोध उत्कृष्टता को ही सूचित करता है। क्योंकि कवि ऐसी भावना तब प्रकट कर रहा है जब उसका कोई सहारा नहीं है। वह स्वयं अपना अस्तित्व 'एक कण' के समान मान रहा है। 'लेकर सीधा नारा' की पंक्तियाँ बहुत सटीक लगती हैं— ''मैं समाज तो नहीं; न मैं कुल/जीवन ।/कण-समूह में हूँ मैं केवल/एक कण।/कौन सहारा!/मेरा कौन सहारा!''[96]

उपर्युक्त पंक्तियों में शमशेर अपने अकेलेपन को व्यक्त करते हैं लेकिन उसमें एक तरह से आत्मविलोपन भी दिखायी देता है। जो कवि के विनय को दर्शाता है। क्योंकि कवि स्वयं कह रहा है— 'कण समूह में हूँ मैं केवल एक कण। इसमें मूलतः कवि की विनम्रता ही सूचित होती है। कवि का अकेलापन अधिक गहरी अनुभूति तब है जब वह अन्य चीजों के साथ संबंध स्थापित करते हुए अपना अकेलापन पाटने लगता है। शमशेर की 'हमारी जमीन' कविता इस संदर्भ में उद्धरणीय लगती हैं— ''एक तरह से बँधी-सी ही हुई मगर सदैव/के लिए अकेली-हमारी ज़मीन जिस पर मैं हूँ हम दोनों कितने/अकेले इस विश्व में! एकदम कितने/अकेले-दूर सबसे-

सबसे!/यद्यपि गुंजान खिलखिलाते या मिचमिचाते/तारों से घिरे हुए-एकदम घबरा देनेवाली (तारों की)/झिलमिलाती झाडियों से घिरे हुए फिर भी/उफ़ कितने असहाय और अकेले मैं/और मेरी जमीन, इस विश्व में।''[97]

शमशेर ने अकेलेपन की तीव्रता प्रतिपादित करने के लिए प्रायः प्रकृति की शरण ली है। अपनी भाव स्थिति को प्रकृति के विविध घटकों के साथ जोड़ते हुए प्रस्तुत किया है। यद्यपि उनका यह प्रयास अकेलेपन से संवरने के लिए है। चूँकि यह मानव सुलभ चेष्टा भी है। अक्सर मनुष्य अपने अकेलेपन में प्रकृति से संवाद स्थापित करता है। शमशेर की कुछ अन्य कविताएँ भी हैं, जिनमें उनका अकेलापन मुखर हुआ है। यथा— 'चुका भी हूँ नहीं मैं' (अति उपेक्षा भार, पृ.72), 'उदिता— अभिव्यक्ति का संघर्ष' (आज के दिन, पृ.67), 'काल तुझसे होड है मेरी' (तुमने मुझे, पृ.103), 'कहीं बहुत दूर से सुन रहा हूँ' (किसकी मुस्कानों में जलकर, पृ.70) आदि। आलोच्य कवि ने बचपन से ही अकेलेपन का सामना किया है। उनके व्यक्तित्व का यह अहम हिस्सा रहा है। माँ का ममत्व बचपन में नहीं मिला और न ही पिता का लाड़-प्यार। ग्रेस को बचपन में महज घृणा, द्वेश, दुत्कार आदि बातें ही परिवार में मिलती रही है। साथ ही सौतेली माताओं के द्वारा जो अत्याचार होते रहे, वही ग्रेस के वात्सल्य की पूंजी है। इसे ही कवि जिंदगी भर अपनी कविता में संजोता रहा है। आगे चलकर पत्नी के साथ भी हमेशा ही अनबन होती रही है। हालांकि पत्नी लीला माटे के साथ ग्रेस का प्रेम विवाह हुआ है। पत्नी की मृत्यु के बाद कवि के जीवन में अकेलेपन की स्थिति हमेशा मंडराती रही है। चूँकि कवि हमेशा ही इससे बचने की कोशिश में लगा रहता है। लेकिन अकेलापन कवि ग्रेस को बचपन में ही मिला है। इसीलिए ग्रेस की कविता में अकेलापन पुनःपुनः झाँकता रहता है। 'आई-1' कविता में ग्रेस लिखते हैं— ''अंगणात गमले मजला/संपले बालपण माझे/खिड़कीवर धुरकट तेव्हा/कंदील एकटा होता''[98] (बचपन में ही समझा मैंने/खत्म हुआ मेरा बचपनापन/खिड़की में धूंधला-सा/तब था अकेला लालटेन।)

जाहिर है कि अपने अकेले होने का भाव बोध कवि बचपन में ही करता है। यही कारण है कि कवि लालटेन के अकेले हो जाने के संकेत में खुद की बात कह रहा है। इससे कवि जिस तथ्य की ओर इंगित करना चाहता है कि अकेलेपन का अहसास उसे बचपन या आंगन में खेलने-कूदने की उम्र में ही हुआ है। कवि जिस तरह अकेले लालटेन को देखता है। उसी के साथ वह अपना संबंध स्थापित कर लेता है। अकेलापन महज रिश्तेदारों एवं आत्मीय जनों के कारण ही नहीं मिलता है। दरअसल यह प्रभाव सामाजिक भी होता है। कवि ग्रेस के व्यक्तित्व के संबंध में अनेक धारणाएँ समाज में प्रचलित रही हैं। यह प्रचलन विशेष रूप से उनके स्वभाव से संबंधित है। ग्रेस भी इस बात से रू-ब-रू हैं कि लोग आकर उन्हें मिलने से डरते

हैं। लेकिन इसके कारण जो स्थितियाँ निर्माण होती हैं। वह अत्यंत सोचनीय है। 'आठवणी' कविता की कुछ पंक्तियाँ देखिए—"दीर्घ आजारासारखे/सारे आयुष्य चाललले/कोणी भेटाया न आले/नाही निरोपाची फुले।"[99] (दीर्घ बीमारी की तरह/ जिंदगी गुजर रही है/कोई मिलने नहीं आया/और बिदाई के लिया कोई नहीं आया।)

ग्रेस का अधिकतर संबंध हमेशा नगर एवं महानगरीय परिवेश ही रहा है। इसलिए इस तरह रिक्तता बोध कवि में पनपना सहज भी है। अपने मन को समझाते हुए कवि 'मर्म' कविता में लिखता है— "ज्याचे त्याने घ्यावे/ओंजळीत पाणी/ कुणासाठी कोणी/थांबू नये।"[100] (हर एक ने लेना है/अंजुलि में पानी/किसी के लिए कभी/नहीं रूकना चाहिए।)

जाहिर है कि ग्रेस न सिर्फ खुद को समझा रहे हैं बल्कि किसी से भी कोई अपेक्षा न रखने की दार्शनिकता प्रस्तुत करते हैं। दार्शनिक दृष्टि से यह सौंदर्य विधान का एक पहलू है। ग्रेस अपनी काव्य संवेदना में हमेशा ही इस बात पर बल देते रहे हैं कि कोई अनुभव, प्रसंग, घटना, जीवनानुभव काव्यरूप धारण करते हुए प्रस्तुत हो जाए। कवि अपना अकेलापन प्रकृति में भी अनुभव करने लगता है। कवि 'डार्लिंग-12' कविता में कहता है— "हिवाळ्याची पानगळ सुरू झालीय/वृक्ष पोरके दिसतात मला।"[101] (जाड़े की पतझड़ शुरू हुई है/पेड अनाथ दिखते हैं मुझे।)

इसमें दो राय नहीं कि ग्रेस का कवित्व हमेशा ही उनके जीवन के अकेलेपन के साथ जुझता रहा है। फिर भी कवि के मन में अकेलेपन का जो भाव है वह अत्यंत गहरा है। एक तरह अचेतन में यह धारणा हमेशा मौजूद रहती है। और क्यों न रहेगी? जिस भाषा में कवि लिख रहा है उसी भाषा में वह अनाथ होने की भावना महसूस करता है। संभवतः इसीलिए वह कहता है— "ज्या भाषेत मी जन्माला आलो तिथे ही अनाथ वाटते मला!"[102] (मैं जिस भाषा में पैदा हुआ/उसमें अनाथ महसूस करता हूँ।)

अब सवाल यह है कि अपनी ही भाषा में कवि अनाथ क्यों कह रहा है? दरअसल इस एक काव्य पंक्ति के साथ अनेक संदर्भ जुड़े हैं। जो ग्रेस के साहित्यगत संघर्ष को दर्शाते हैं। ग्रेस पूरी उम्र एक कवि रूप में अपना अस्तित्व सिद्ध कराने में संघर्ष करते रहे। उनकी कविता को दुर्बोधता के कटघरे में हमेशा खड़ा किया गया है। एक तरह से यह कवि ग्रेस को ही खड़ा करना है। और कवि इन सभी बातों से अच्छी तरह परिचित है। समाज का विशिष्ट वर्ग है जो ग्रेस की कविता के साथ अनन्य संबंध जोड़ना चाहता है। लेकिन जब बात साहित्यकारों, समीक्षकों की आती है, तब यह मसला विपरित हो जाता है। अतः उपर्युक्त भाव का कवि के मन में उठना अनुचित नहीं लगता है। आलोच्य कवि का यह गुस्सा अन्यत्र भी देखा जा सकता है। जब वह गुस्से के साथ कहता है— "नाही निश्चितच नाही. मी डुक्कर म्हणून जन्माला येईन पण तेही च्या महाराष्ट्रात ग्रेस ची खरी किमंत नाही. तेथे

नाही।''[103] (नहीं, कभी नहीं, मैं सुअर के रूप में भी जन्म लूँगा लेकिन महाराष्ट्र में नहीं, क्योंकि यहाँ ग्रेस का कोई महत्व नहीं है।)

यद्यपि यह बात ग्रेस अत्यंत गुस्से में प्रकट कर रहे हैं। लेकिन उस व्यवहार को भी प्रकट कर रहे हैं, जो हमेशा ही युगीन आलोचक एवं तथाकथित पाठक करते रहे हैं। अत: कह सकते हैं कि ग्रेस ने कभी भी कोई समझौता नहीं किया है। और न ही किसी बात की परवाह की है। इसलिए भी प्राय: उन्हें अकेलेपन का सामना करना पड़ा है। इस दृष्टि से ग्रेस की कुछ और कविताएँ भी बहुत महत्वपूर्ण हैं। यथा—'सोन्याच्या मोहरा', पृ.12, 'कावळ्याचा रंग', पृ.36, 'दुपार', पृ.39, 'माणूस', पृ.59, 'वाट', पृ.62, 'चिमणी', पृ.64, 'रंगास्त', पृ.70 (संध्याकाळच्या कविता), 'राजपुत्र-02', पृ.03, 'गुलाब वाळवण्याची गोष्ट-01', पृ.300, 'डार्लिंग-12', पृ.87 (राजपुत्र आणि डार्लिंग), 'पळस', पृ.007, 'सनई', पृ.27, 'पिंजरा-01', पृ.37, 'पक्षी', पृ.63, 'कौलांची घरे पृ.1399', 'मंदिरे सुनी सुनी', पृ.152, 'दुख', पृ.185 (चंद्रमाधवीचे प्रदेश), 'तिची समजूत', पृ.29, 'चार माकडे', पृ.121 (सांध्यपर्वातील वैष्णवी), 'जात्यातली बांगडी', पृ.132 (बाई! जोगिया पुरुष) आदि। उल्लेख्य कविताओं में भी ग्रेस अकेलेपन की भावना को व्यक्त करते हैं। सौंदर्य बोध की दृष्टि से कवि ने अकेलेपन का चित्रण जिस ढंग से किया है, वह अपने आप में अनूठा है।

आशावादी दृष्टिकोण— शमशेर की कविता में जिस तरह निराशा, दु:ख, अकेलापन, अजनबीयत की स्थिति दिखायी देती है। उसी तरह आशावादी दृष्टिकोण भी अनेक कविताओं में भर पड़ा है। मूलत: कोई भी रचनाकार अपनी रचना के माध्यम से आशावादी दृष्टिकोण या सकारात्मकता का ही वहन करता है। चूँकि उसने ऐसा करना भी चाहिए। अन्यथा कला कभी भी कला नहीं कहलायी जा सकती है। यहाँ तक कहा जा सकता है कि कला का मूलाधार सकारात्मक या रचनात्मक दृष्टि प्रदान करना ही है। असल में किसी कला का सौंदर्य भी इसी बात में निहित है। जीवन की कुरूपता भी कला में आकर सौंदर्य विधान बन जाती है। शमशेर ने अपनी कविता में आशावादिता के आधार पर सौंदर्य सृष्टि की है। 'मैं भारत गुण-गौरव गाता' कविता द्रष्टव्य है— ''प्रथम स्वप्न-सा आदि पुरातन,/नव आशाओं से नवीनतम,/प्राणाहुतिओं से युग-युग की/चिर अजेय बलदाना।''[104]

शमशेर नव आशाओं की बात सन् 1933 में कर रहे हैं। यह वह समय है, जब आज़ादी का आंदोलन चरम पर पहुँचा है। ऐसे दौर में कवि प्राणाहुति की बात कर रहा है। इससे समकालीन स्थितियों के साथ कवि की प्रतिबद्धता भी दिखायी देती है। आशावादी दृष्टिकोण के कारण ही कवि अपनी रचनात्मक शक्ति संजो पाया है।

'आज हृदय भर-भर आता है' कविता की कुछ पंक्तियाँ देखिए— "उठता सुख से सिहर मरूस्थल/मेरे उर का दो कण पाकर/उस सुषमा की छाँह निमिष का/जिसमें अस्फुट-सा आशा स्वर।"[105]

स्पष्ट है कि अस्फुट-सा आशा का स्वर भी कवि के मरूस्थल रूपी जीवन में सुषमा लाता है। मूलतः शमशेर की जीवन के प्रति गहरी आस्था है। अगर उनकी इस आस्था को ही सौंदर्य वृद्धि का एक कारण मान लिया जाए तो अनुचित नहीं होगा। शमशेर की 'वाणी' कविता इस दृष्टि से उल्लेखनीय है जिसमें कवि ने मन के कर्म कठोर बनने की कामना की है— "कर्म कठोर बनेगा मन/बरसेगा घिर कर गुरु घन/विहर-विहर वन-वन मानी/वन-वन देश देश घिर कर,/घन बरसायेगा पानी!"[106]

शमशेर अत्यंत भावुक कवि हैं। कठोरता उनके स्वभाव के विपरीत है। फिर भी कवि कर्म कठोर बनने की कामना करता है। इसमें कहीं-न-कहीं कवि ने जीवन-यापन करते समय जो यातनाएँ सही हैं उससे उबरने के लिए ही वह ऐसी कामना करता है। कवि यहाँ नियतिवादी नहीं बल्कि अस्तित्ववादी विचारधारा से प्रेरित नज़र आता है। जो कि उसकी सौंदर्य चेतना का आधार भी है। आलोच्य कवि की अन्य कविताएँ भी आशावादी दृष्टिकोण का वहन करती हैं। इनमें उल्लेखनीय हैं— 'चुका भी नहीं हू मैं-' (एक प्रभात फेरी, पृष्ठ-46), 'उदिता अभिव्यक्ति का संघर्ष' (मेरा झूठा भान, पृ.59, जब वह क्षण आयेगा, पृ.66, जीवन की कमान, पृ.83) आदि। इस तरह स्पष्ट होता है कि शमशेर की कविता में आशावादी स्वर के कारण काव्य सौंदर्य में वृद्धि हुई है। समीक्ष्य कवि लिखता है— "और.../जादू टूटता है इस उषा का अब/सूर्योदय हो रहा है।"[107]

यद्यपि कवि की दृष्टि से सूर्योदय हो रहा है लेकिन यह प्रकृति से संबंधित सूर्योदय न होकर कवि मन में निर्माण होती आशावादिता का सूर्योदय है। जो निराशा की घनी और लंबी रात के बाद हो रहा है। चूँकि किसी भी कलाकार के मन में इस तरह का ही सूर्योदय अपेक्षित है। सही मायने में सृजनात्मकता का यह महत्वपूर्ण बिंदू है। कवि ग्रेस की कविता में दुःख, पीड़ा, आत्मगत अकेलापन, डर आदि की उपस्थिति अनेक कविताओं में है। लेकिन अपनी काव्य संवेदना में संतुलन बनाते हुए ग्रेस ने आशावादी या सकारात्मक सोच भी अपनायी है। क्यों न हो आशाविदता का स्वर प्रस्तुत करना किसी भी कवि के लिए रचनात्मक कार्य ही होता है। ग्रेस अपनी काव्य संवेदना में जहाँ-जहाँ आशावादिता का समावेश करते हैं। वहाँ उम्मीद और अपेक्षा भी जताते हैं। कभी यह अपेक्षा माँ से है तो कभी प्रेमिका से। 'आठवण' कविता इसी बात को सूचित करती है— "तूं मला कुशीला घ्यावें/अंधार हळू ढवळावा.../संन्यस्त सुखाच्या कांठी/वाळवीचा पाऊस यावा!"[108] (तुम मुझे गोदी में भर लेना/अंधेरा धीरे-धीरे घोलता/संन्यस्त सुख के तटपर/घनघोर बरसे बादल।)

जाहिर है कि माँ की गोद और अंधेरे का अंत:संबंध दिखाते हुए कवि अनुरोध करता है कि माँ उसे गोद में उठाए। कवि का मानना है माँ की गोद में ही वह क्षमता है, जो दुख दर्द रूपी अंधेरे को दूर करती है। अंतिम पंक्ति सौंदर्य बोध की दृष्टि से बहुत महत्वपूर्ण है जिसमें कवि अपेक्षा करता है कि जिस तरह संन्यासी के सुखमय जीवन में मौसम पूर्व ही बरसात का आगमन हो जाता है वही मेरे जीवन में होना चाहिए। अब सवाल यह है कि संन्यासी के जीवन में सुख कैसे हो सकता है ? वहाँ तो वैराग्य है। फिर भी कवि मौसम पूर्व बरसात की कामना कर रहा है। यह बरसात असल में सुख के समान है, आनंद के समान है। 'वाळवीचा पाऊस' मौसम पूर्व बरसात के लिए कहा जाता है। जो अनपेक्षित भी है। अत: ग्रेस हर बात को अपने अंदाज में व्यक्त करते हैं। वास्तव में कवि के मन में यह विश्वास है कि माँ का आँचल ही उसके जख्मों को भर सकता है। और कवि हमेशा यही उम्मीद लगाए बैठा है। 'माहेरपण-2' कविता कुछ पंक्तियाँ द्रष्टव्य हैं— "तुझ्या चिंब पदराने/माझे भरतील घाव।"[109] (तुम्हारे गीले आँचल से/मेरे भर आएंगे घाव।)

यह उल्लेखनीय है कि ग्रेस जब कविता में अपनी भावना व्यक्त कर रहे हैं तब ग्रेस की माँ जीवित नहीं है। इसके बावजूद कवि यह उम्मीद, आशावाद जताता है कि माँ के आंचल से उसके सारे घाव मिट जाएंगे। वास्तव में कवि की ऐसी अभिव्यक्ति अचेतन से निकली हुई है, जिसमें माँ के प्रति गहरा अनुराग है। यद्यपि ग्रेस की कविता में आशावादी स्वर प्राय: अधिक तीव्र कहीं भी दिखायी नहीं देता है। फिर भी कवि का मानना है जब तक जिंदगी है तब तक उसका डटकर सामना करना चाहिए। प्राणों की भी परवाह करना गवारा नहीं है। उनकी नायिका 'माहेर' कविता में कहती है—"चला उठा ग जाऊ सगळे माती उडवित गाऊ/गळते आहे तोवर आपण जीव पणाला लावू।"[110] (चलो सभी मिट्टी उंडेलते गाओ/रिसता है तब तक प्राणों की बाजी लगाओ।)

इससे स्पष्ट है कि ग्रेस की प्राय: कम कविताएँ हैं जो आशावाद की सर्जना करती है। चूँकि सौंदर्यवादी कवियों की यह खूबी रही है कि उन्होंने सोद्देश्य कविता से आशावाद नदारद किया है। उसकी जगह गहरे दुखवाद ने ली है। हालांकि कवि का यह दुख वैयक्तिक है। इसकी अगली कड़ी कवि की माँ है, जिस पर स्वतंत्र विचार करना आवश्यक है।

माँ विषयक भावबोध— शमशेर अत्यंत भाव प्रधान कवि हैं। उनकी कविताओं में विषय का चयन भी इसी भावुकता और संवेदनशीलता की उपज है। बचपन में ही उन्हें मातृवियोग सहना पड़ा इसलिए उनकी अनेक कविताओं में माँ की याद या उसके प्रति गहरी आत्मीयता दिखायी देती है। कवि अपनी माँ का स्मरण करते हुए

'धूप कोठरी के आइने में खड़ी' कविता में लिखता है— "आज बचपन का,/उदास माँ का मुख/याद आता है"[111]

इससे स्पष्ट है कि समीक्ष्य कवि माँ का उदास चेहरा बारबार याद करता है। यह उदासी इसलिए भी है क्योंकि माँ को बच्चों की चिंता सताई जा रही है। शमशेर के यहाँ इस तरह भाव विभोर करनेवाले अनेक प्रसंग और दृश्य हैं, जो सौंदर्य का श्रेष्ठतम रूप है। इस संदर्भ में सौंदर्य विधान इसलिए भी सफल प्रतीत होता है कि जब कवि अपनी माँ को याद करता है तब वह अपने पिता की छवि भी ओझल नहीं होने देता है। माता-पिता का चित्रण तो उनके काव्य सौंदर्य में वृद्धि करता ही है लेकिन जब इस चित्रण में पत्नी की भी उपस्थिति दर्ज होती है, तब सचमुच यह अनुभव होने लगता है कि शमशेर की कविता करुणा से युक्त सौंदर्य का मूर्त रूप है। बानगी के रूप में 'कौन बुलाता मेरे पथ में मुझको' कविता दृष्टव्य है— "कौन बुलाता मेरे पथ से मुझको/उस जगत की ओर.../गये हैं जहाँ पिता मेरे,/गयी है माता मेरी जहाँ/और पत्नी असहाय?/बुलाता कौन मुझे दिन-रात पथों की दुनियाओं के पार?/नहीं सुनता मैं उनके स्वर,/समझता हूँ उनके संकेत,/हृदय में चुप-चुप से भी परे/अनेक-अनेक।"[112]

उपर्युक्त पंक्तियों से ज्ञात होता है कि शमशेर की कविता में एक तरह का नास्टेल्जिया विद्यमान है। नास्टेल्जिया से तात्पर्य कुछ खोने के भाव से है। इसमें प्राय: ऐसी धारणा बनती है कि कुछ खो गया है, जिससे अतीत की घटनाओं की यादें बारबार उभरकर आती हैं। अतीत के प्रति ललक होती है। स्मृति के आधार पर किसी घटना को दोहराना इसका मूलाधार है। इसी से शमशेर अपने माता-पिता और पत्नी की यादों को शब्दबद्ध कर काव्यात्मक संवेदना सघन बनाते हैं। यहाँ तक कि कवि अपनी प्रतिभा को पुकारते हुए 'आह्वान' कविता में अनुरोध करता है— "आओ मेरे पिता के गाने की धुन-सी/उमंग! हड्डी-सी पुराने/युग की!/जिसमें बसा मेरी माँ का प्रेम!/आओ!"[113]

शमशेर का काव्य सौंदर्य विशिष्ट इसलिए भी लगता है कि इसमें माँ की उपस्थिति भिन्न-भिन्न रूपों में हुई है। एक ओर इनकी माँ भारत माता का रूप लेकर आती है तो दूसरी ओर समाज सेविका बनकर मौजूद है। साथ ही वह शक्ति का रूप धारण कर प्रस्तुत होती है। अत: इस संदर्भ में महत्वपूर्ण तथ्य यह भी समझना होगा कि शमशेर अपनी माँ की छवि अनेक रूपों में महसूस करते हैं। तभी तो बहुत ही सदाशयता के साथ कवि 'ओ मेरे घर' कविता में लिखता है— "ओ मेरे घर/ओ हे मेरी पृथ्वी/साँस के एवज तूने क्या दिया मुझे/ओ मेरी माँ?"[114]

स्पष्ट है कि शमशेर माँ को पृथ्वी कहकर उसमें विराटता का अनुभव कराते हैं। लेकिन कवि के मन में एक शिकायत भी है। शिकायत इसलिए है कि माँ का वियोग

उन्हें सहना पडा है। परिणामतः ममत्व या वात्सल्य की भूख कवि के मन में टीस बनकर हमेशा उभरती रही है। यही कारण है कि समीक्ष्य कवि माँ से संबंधित चित्रण में वैविध्य अपनाता है। उनकी 'ओ माँ शक्ति' कविता इसी बात का परिचायक है— ''ओ माँ शक्ति!/क्रोध में विशाल, शांत/स्नेह में कृपण, कठोर माँ!/निर्मम कर्तव्यनिष्ठ माँ!माँ शक्ति!''[115]

असल में कवि माता के जिस रूप का वर्णन कर रहा है उसमें स्वभावगत विशेषताएँ अधिक स्पष्ट रूप से लक्षित होती है। कला की अभिव्यक्ति करने की प्रेरणा शमशेर में अपनी माँ से ही पायी है। फिर चाहे चित्रकला की बात हो या काव्य सृजन की। इसी तरह उन्होंने 'काल तुझसे होड़ है मेरी-' (मदर तेरेसा, पृ.39), 'कहीं बहुत दूर से सुन रहा हूँ-' (मैं था अभी, पृ.63) आदि कविताओं में भी माँ के प्रति बहुत आदर प्रकट किया है। यद्यपि 'मदर तेरेसा' कविता उन्होंने मदर तेरेसा की समाज सेवी वृत्ति से प्रभावित होकर लिखी है लेकिन उसमें भी अपनी माँ की यादों को जोडते हुए प्रस्तुत किया है। कवि ग्रेस की समग्र काव्य संवेदना का महत्वपूर्ण हिस्सा माँ है। न सिर्फ मराठी बल्कि भारतीय भाषाओं में भी माँ को लेकर अनेक कविताएँ लिखी गई हैं। लेकिन ग्रेस की संवेदना में, अनुभूति में जो माँ बसी है, वह अन्यत्र दुर्लभ है। क्योंकि ग्रेस जिस तरह से माँ का वर्णन करते हैं, वह परिपाटी से हटकर है। वहाँ महज वात्सल्य और ममत्व का रूप नहीं देखा जा सकता है। ग्रेस की कविता में माँ कभी-कभी मात्र स्त्री या मादा बनकर तो कहीं-कहीं आदिशक्ति का भी रूप धारण करती है। ग्रेस का माँ विषयक चित्रण तथाकथित सभी परंपराओं की दहलीज पार करता है। अतः भाव सौंदर्य की दृष्टि से विविध आयाम माँ विषयक दिखायी देते हैं। अपने साक्षात्कार में ग्रेस कहते हैं— ''आई एकतर सर्जनाचे प्रतीक- मातृत्वाचे प्रतीक— वात्सल्यचे प्रतीक अशा सांस्कृतिक अर्थाचे अवतरण घेऊनच आतापर्यंत मराठी काव्यात अवतरली आहे. माझी आई तशी नाही. शी स्टँडस् इन माय पोएट्री अॅज स सुप्रिम सिक्बॉल ऑफ एंटायर वुमनहुड किंवा फ्राईडने जो मदर फिक्सेशनचा सिद्धांत मांडला आहे. त्यातही माझ्या वासनांचे स्मृतिरूप जागरण. माझी आई-स्त्री देहाच्या शक्तिचे अंतिम भयाण केंद्र माझी आई माझे क्रौर्य आणि माझी आई माझी करुणा।''[116] (मराठी कविता में माँ अब तक सृजन का प्रतीक, मातृत्व का प्रतीक अथवा वात्सल्य का प्रतीक बनकर ही चित्रित हुई है। मेरी कविता में माँ इससे भिन्न है षी स्टँडस इन माम पोयट्री अॅज ए सुप्रिम सिक्बॉल ऑफ एंटायर वुमन हुड अथवा फ्राइड ने मदर फिक्सेशन का जो सिद्धांत लागू किया है, उसमें भी मेरी स्मृति से युक्त वासनाओं का जागरण है। मेरी माँ, नारी देह की शक्ति का अंतिम डरावना केंद्र है। मेरी माँ मेरा क्रोध भी है और मेरी करूणा भी।)

उपर्युक्त विचारों से यह स्पष्ट है कि ग्रेस की काव्य संवेदना में माँ की

उपस्थिति तथा उससे संबंधित चित्रण अन्य कवियों में न के बराबर हुआ है। वास्तव में ग्रेस ही इस तरह की अनेक छाटाएँ माँ के रूप में देख सकते हैं। यहाँ आलोच्य कवि का रूझान कुछ अतियथार्थवाद की ओर दिखायी पड़ता है। इस संदर्भ में अह्म सवाल यह भी है कि क्या सचमुच कवि भारतीय परिप्रेक्ष्य में माँ के संबंध में विचार प्रस्तुत कर रहा है? क्योंकि 'मातृ देवो भव:' का अनुसरण करनेवाले पाठक की दृष्टि से ये विचार समझ से परे भी है। और स्वीकृति से भी दूर है। किंतु एक तथ्य भली-भांति रू-ब-रू होने की आवश्यकता है कि ग्रेस की काव्य संवेदना में माँ का अस्तित्व हमेशा मौजूद है। माँ का विविध रूपों में चित्रण करना कवि की व्यापक सौंदर्य दृष्टि का ही परिचायक है। यहाँ कवि का प्रायोगिक दृष्टिकोण भी समझ में आता है।

आलोच्य कवि को हमेशा ही मातृप्रेम से दूर ही रहना पड़ा है। साथ ही माँ के जीवन से संबंधित अनेक ऐसे संदर्भ हैं जिन्हें कवि ने संकेतों में बाँधकर रखा है। यहाँ तक कि ऐसे बहुत कम समीक्षक हैं जिन्होंने ग्रेस की निजी जिंदगी में दखल अंदाजी की है। यद्यपि जानते सभी हैं। लेकिन स्पष्ट रूप से किसी भी समीक्षक ने नहीं लिखा है। इस बात के लिए ग्रेस का व्यक्तित्व या स्वभाव भी जिम्मेदार है। ग्रेस 'उखाणे' कविता में अत्यंत मार्मिक वर्णन करते हुए लिखते हैं— ''संध्याकाळी आई/देवघरात रड़ते/तिच्या पदाराज्या मागे/केवड्याचे पाते''[117] (संध्या समय माँ/देवालय में रोए/उसके आँचल के पीछे/केवड़े के पत्ते।)

जैसा कि पहले उल्लेख किया गया कि ग्रेस माँ के संबंध में चित्रण करते हुए अत्यंत व्यापकता एवं विविधता अपनाते हैं। संध्या समय माँ देवालय में जाकर रोती है। उसके आँचल से केवडे की खुशबू आ रही है। पूजा-अर्चन करने हेतु माँ ने केवडे के फूल लाए हैं। गौरतलब है कि जिसका रंग सफेद है वह केवडा है और जो पीले रंग का होता है वह 'केतकी' है। आमतौर पर यह धारणा है कि केवड़ा शापित फूल है। क्योंकि वह कीचड़ में ही फूलता है। साथ ही इस फूल में सुगंध अत्यंत सुमधुर होती है। अत: इसमें हमेशा साँप सरीखे जीव भी मौजूद होते हैं। जिससे इस फूल में भी दोष हैं। लेकिन सुगंध के कारण ही वह ईश्वरीय पूजा में इस्तेमाल किया जाता है। अब प्रश्न है कि माँ का रोना और केवडे के फूल में कवि संबंध क्यों स्थापित करता है? क्या माँ में भी कोई दोष कवि देख रहा है। उसे वह स्पष्ट रूप से अभिव्यक्त नहीं करता है बल्कि महज संकेतात्मक तरीके से ही उसे अभिव्यक्त करता है। वस्तुत: यही ग्रेस की सौंदर्यदृष्टि है। ग्रेस का काव्य सौंदर्य तब अधिक प्रकट होता है जब कवि माँ का स्मरण भी बहुत ही शिद्दत के साथ करता है— ''घर थकलेले संन्यासी/हळू-हळू भिंतही खचते/आईच्या डोळयामधले/नक्षत्र मला आठवते...''[118] (घर थका हुआ संन्यासी/धीरे-धीरे दीवार धँसती/माँ की आँखों की/

नक्षत्रमाला मुझे याद है।)

स्पष्ट है कि ग्रेस की काव्य संवेदना तब अधिक विस्तृत होती है जब कवि माँ के साथ जुडी स्मृतियों को उजागर करता है। यही कारण है कि माँ के जाने का असर महज कवि पर ही हुआ है, ऐसा नहीं है। समग्र घर इससे प्रभावित होता है। संन्यासी की खूबी है कि वह दिन भर भटकता है और शाम को निष्क्रिय होकर थम जाता है। ठीक उसी तरह माँ के जाने के पश्चात घर में कोई चहल-पहल नहीं है। शरीर के साथ-साथ कवि मन भी थका हुआ महसूस करता है। हालाकि कवि अपनी उसी माँ के लिए यह सब लिख रहा है। जिसका व्यवहार अपने बच्चों के प्रति अत्यंत निष्ठुर रहा है— "आई घरी मुलांना वाटून दे उन्हाळा"[119] (माँ घर पर बच्चों को बांटती है धूप।)

यद्यपि यह विचार भारतीय परंपरा में अंगीकृत करने में थोडा अटपटा लगता है। फिर भी हमें इस तथ्य को भली-भांति समझना पडता है कि ग्रेस की कविता में चित्रित माँ अन्य कवियों से निःसंदेह भिन्न है। क्योंकि परेशानी रूपी धूप कोई माँ अपने बच्चों को कैसे दे सकती है? लेकिन आलोच्य कवि की यह स्वानुभूति है। इसलिए वही इस बात को बेहतर ढंग से प्रस्तुत कर रहा है। संभवतः यही कारण है कि कुछ कविताओं में ग्रेस अपनी माँ के प्रति गुस्सा प्रकट करते हुए भी दिखायी देते हैं। यद्यपि यह गुस्सा मानव मन की सहज उपज है। इस संदर्भ में 'आई-3' कविता की पंक्तियाँ द्रष्टव्य हैं— "आडवाच झोपलो असतो/मीही गर्भाशयात तर/येऊ दिले असते का/तुझ्या वाटयाला माऊलीचे भाग्यपण?"[120] (टेढ़ा ही अगर सोता/मैं भी गर्भाशय में/क्या मिलता तुम्हें/माँ बनने का सौभाग्य?)

ग्रेस अंतिम पंक्ति में जो प्रश्न कर रहे हैं वह बहुत ही मार्मिक लगता है। वस्तुतः किसी स्त्री के जीवन में मातृत्व धारण करना बहुत बड़ी उपलब्धि मानी जाती है। ग्रेस ने माँ के लिए 'माऊली' शब्द का प्रयोग किया है। यही उनका कवि कौशल है। 'माऊली' शब्द के साथ ही आदरणीय, पूज्यनीय सभी भाव जुड़े हैं। इसलिए ग्रेस का मानना है कि मैं अगर 'गर्भाशय' के बाहर ही नहीं आता तुम्हें यह सब श्रेष्ठतत्व कहाँ मिलता? अतः मेरे कारण ही तुम्हें यह सौभाग्य प्राप्त हुआ है। यद्यपि आज तक माँ के संबंध में अनेक कविताएँ लिखी गयी हैं। लेकिन इस तरह की पुनर्निमिति ग्रेस की काव्य संवेदना में देखी जा सकती है। जो सौंदर्य विधान का परिचायक है। ग्रेस की कविता में माँ विषयक जितना वर्णन आता है उसमें दिव्यत्व और पावित्र्य का अभाव है। उनके माँ विषयक वर्णन में माँ स्त्रीत्व धारण किए हुए हैं या वह आदिशक्ति या आदिमाया का रूप धारण करती है। 'ग्रेसची आई' कविता में कवि लिखता है— "त्याही नंतर आई निघते/कळशी घेऊन दूर/तेव्हा कळतो खुळ्या नदीला/या मादीचा सूर.../आई माझी झुळझुळताना/किणकिणतीही तारा/तिच्याच

पदराखाली होता.../शालिन, शिंदळ वारा'"[121] (उसके बाद भी माँ निकलती है/घड़ा लेकर दूर/फिर समझ आता है दीवानी नदी के/इस मादा का सूर।/मेरी माँ कलकल करती/सितारे टिमटिमाते हैं/उसके आँचल में/सुशील, व्यभिचारी हवा।)

वास्तव में ग्रेस की कविता में अतियथार्थवाद का गहरा प्रभाव दिखायी देता है। 'या मादीचा सूर' पंक्ति इसी बात को सूचित करती है। ग्रेस ने हवा को सुशील और व्यभिचारी दोनों रूपों में प्रस्तुत किया है। और उसे माँ के आँचल के साथ जोड़ दिया है। असल में यह संकेत माँ की ओर ही ले जाता है। यही बात उनकी अन्य एक कविता 'बुक्क्याचे गोंधळी' में ध्वनित होती है— "फक्त कोवळी होऊन/नाही उजळत काया;/बाई! चोचीत घेऊन/पाहा पाखरांची माया..."[122] (सिर्फ नाजुक बनकर/ निखरती नहीं है काया/मैया! चोंच में लेकर देखना/कभी बच्चों की माया।)

'पाहा पाखरांची माया' पंक्ति के द्वारा कवि महज अनुरोध नहीं कर रहा है बल्कि उपदेश भी कर रहा है। अत: इससे स्पष्ट है कि ग्रेस की कविता में माँ के विविध रूप दिखायी देते हैं। उनकी अन्य कविताएँ भी इसी बात की द्योतक हैं। यथा— 'वाट', पृ.62 (संध्याकाळच्या कविता), 'संध्यामठ', पृ.22, 'डालिंग-08', पृ.82 (राजपुत्र आणि डालिंग), 'घर', पृ.48, 'गावातल्या आठवणी', पृ.50, 'काही धारा माझ्या पोरी', पृ.995, 'पाऊस', पृ.71, (चंद्रमाधवीचे प्रदेश) 'आत्माचा आकांत', पृ.25, 'माझी आई सुमित्रा', पृ.45 (सांजभयाच्या साजणी), 'जाच', पृ.17, 'संन्यासी', पृ.43, 'हाडांची सावली', पृ.61, 'कंदील', पृ.75, 'सांगतिणी', पृ.120 (सांध्यपर्वातील वैष्णवी), 'पहिली कथा', पृ.(बाई! जोगिया पुरुष) आदि। माँ विषयक अनेक संकेत कभी-कभी रहस्यानुभूति लेकर आते हैं। जो ग्रेस की काव्य संवेदना में भाव सौंदर्य की वृद्धि करता है।

रहस्यानुभूति— रहस्यानुभूति में रहस्य शब्द मूल है। हिंदी साहित्य में रहस्यावाद शब्द का प्रयोग सबसे पहले सन् 1920 में आलोचना के क्षेत्र में किया गया है। यह आलोचना विशेष रूप से छायावादी कवियों से संबंधित रही है। अंग्रेजी में 'मिस्टिक' या 'मिस्टिकल' शब्द के विकल्प के रूप में हिंदी पर्याय रहस्यवाद बना है। दरअसल रहस्यानुभूति मनुष्य की श्रेष्ठतम अनुभूति मानी जाती है क्योंकि मनुष्य जिज्ञासू है। इस संदर्भ में उल्लेखनीय तथ्य यह भी है कि रहस्यवाद और रहस्यभावना भिन्न-भिन्न अवधारणाएँ हैं। रहस्यभावना तथा रहस्यानुभूति प्राचीन समय से प्रयुक्त होती आयी है किंतु रहस्यवाद यह संकल्पना आधुनिक है। डॉ. अमरनाथ का कहना है—"रहस्यवादियों को ज्ञान की प्रतीति किसी रहस्य के उद्‌घाटन या अनावरण के बोध के रूप में होती है। प्रतीयमान जगत् की अवास्तविकता का बोध होने के बाद इस प्रतीति के साधनों में अविश्वास होना स्वाभाविक है। फलत: रहस्यदर्शी इंद्रिय

बोध के साथ-साथ बौद्धिक ज्ञान का भी निषेध करता है। रहस्य ज्ञान में इंद्रियों को प्राय: बाधक कहा गया है और बुद्धि का विरोध किया है क्योंकि विश्लेषण परक होने के कारण बुद्धि सत्य को खंड-खंड करती है और भेदों की सृष्टि करती है।''[123]

इससे यह ज्ञात होता है कि रहस्यवादियों ने बुद्धि तत्व की अपेक्षा भाव तत्व को प्रधानता दी है। दूसरे शब्दों में कहे तो रहस्यवाद की बुनियाद भावना पर टिकी है। एक तरह से रहस्यवादियों ने परम सत्य को अज्ञेय माना है। ऐसा मानने में ही इन्हें आनंद मिलता है। यद्यपि रहस्यवादी विचारों से जीवन और जगत् से संबंधित मुश्किलें, समस्याएँ दूर नहीं हो सकती हैं। लेकिन इसकी सार्थकता फिर भी बनी रहती है। इस बात की पुष्टि डॉ. अमरनाथ के विचारों से भी होती है— ''हिंदी में रहस्यवादी कविता का ऐतिहासिक महत्व है। इसने मनुष्य में आत्मप्रसार तथा आत्म-विश्वास की भावना जगाई, प्राचीनता की कारा में घिरे हुए मन को उन्मुक्त असीम वातावरण दिया, विश्व मानवता की सार्वभौम भावना उत्पन्न की, स्थूल तथ्यों को भेदकर जीवन सत्यों को देखने की अंर्तदृष्टि दी और गहन अनुभूति के क्षणों का सूक्ष्म मनोवैज्ञानिक चित्रण किया।''[124]

उपर्युक्त विचारों से स्पष्ट है कि रहस्यवाद की अपनी सीमाएँ हैं लेकिन इसी प्रवृत्ति ने दर्शन और साहित्य के क्षेत्र में महत्वपूर्ण गोगदान दिया है। कवि शमशेर में भी रहस्यानुभूति दृष्टिगत होती है। उनकी विशेषता इस बात में है कि उन्होंने एक ओर रहस्यानुभूति के द्वारा प्रकृति से संबंधित बातों को प्रस्तुत किया है तो दूसरी ओर जीवन जगत् से जुड़ी अज्ञात चीजों के बारे में भी प्रस्तुति की है। चूँकि शमशेर की इस रहस्यानुभूति में विराटता लक्षित होती है, जिससे सौंदर्य में वृद्धि होती है। गौरतलब तथ्य यह है कि उनकी रहस्यानुभूति में उस अज्ञात तत्व की तलाश या जिज्ञासा हमेशा बनी रहती है। 'जिसको उस शाम हमने मारा था' कविता का उदाहरण हैं— ''यह आसमान/चूम रहा है मेरी चैखट।/मैं चाँद और सूरज को निकालूँ/आल्मारी में रखे हुए एलबम से।/तुम आओ न!/तुम कहाँ हो? य घटा...।''[125]

उपर्युक्त पंक्तियों में शमशेर किसी को बुला रहे हैं। कवि अनुरोध करता है— आने का। लेकिन यह रहस्य बना ही रहता है कि कवि किसे बुला रहा है। क्या यह प्रेमिका है? या सृजन की शक्ति प्रतिभा। शमशेर ने 'य घटा' कहा है 'य' के ऊपर मात्रा नहीं लगायी है। यही आलोच्य कवि की खूबी है। वह शब्दों के साथ अपनी सुविधा के अनुरूप तोड़-मरोड़ करता है। कवि जिसे पुकार रहा है, उसे घटा कह रहा है। लेकिन यह सचमुच घटा भी तो नहीं है। अत: शमशेर कविता में रहस्य तो निर्मित करते हैं। परंतु उसे रहस्य ही बना रहने देते हैं। रहस्य उद्घाटन के लिए समीक्ष्य कवि ने 'तुम' सर्वनाम का प्रयोग अनेक कविताओं में किया है। इसलिए तर्क के अनेक गोते लगाने के बावजूद भी हम उस परम सत्य तक नहीं पहुंच पाते हैं,

जहाँ असल में कवि हमें पहुंचाना चाहता है। इस दृष्टि से सौंदर्यशास्त्रीय प्रश्न उपस्थित होता है कि फिर ऐसी रहस्यानुभूति में सौंदर्य विधान कैसे हुआ? वास्तव में जीवन जगत् से जुड़े रहस्यों के प्रति जिज्ञासा रखना और उन्हें कला में प्रस्तुत करना मनुष्य स्वभाव है। शमशेर के संबंध में उल्लेखनीय तथ्य यह है कि उनकी रहस्यानुभूति आध्यात्मिकता की अपेक्षा प्रत्यक्ष्य जीवन से संबंधित अधिक है। दरअसल कवि ऐसा जानबुझकर भी करता हुआ प्रतीत होता है। उनके व्यक्तित्व में हमने पहले देखा कि कभी भी उन्होंने खुलकर किसी बहस या चर्चा में हिस्सा नहीं लिया है। इसलिए एक खास किस्म की गूढ़ता उनकी अभिव्यक्ति में हमेशा मौजूद रही है। कविता में हम जहाँ अंतर्विरोध देखते हैं, मूलत: वहाँ उनके जीवन से जुड़े अनेक रहस्य हैं। कवि उन रहस्यों को न खोलने में ही अपना कौशल मानता है। यह रहस्यमयता कभी प्रेम से संबंधित है तो कभी अपनी रचना प्रक्रिया से संबंधित। रचना प्रक्रिया में निर्मित यह रहस्यमयता शमशेर को इसलिए विशिष्ट कवि बनाती है कि पूरी कविता में वे 'तुम' या 'वह' में अभिव्यक्ति करते हैं। इस संदर्भ में 'मॉडल और आर्टिस्ट' कविता प्रासंगिक है। यथा— "अब उठ जाओ/देखा न/अब उठो,/जाओ !/यह हो तुम/शब्द नहीं, न रूप/आकार, न चाप, न अर्थ/वह सत्ता/जो होने-होने को हो मेरे अंदर,/वही तुम/वही तुम/समझी?"[126]

इस तरह की गूढ़ता कवि विशिष्ट मनोदशा में ही अपनाता है क्योंकि जब किसी अत्यंत भाव प्रधान और मर्मस्पर्शी घटना, प्रसंग के बारे में उसे कुछ कहना हो तभी वह इस तरह की गूढ़ता स्वीकार करता है। दरअसल गूढ़ता से युक्त अभिव्यक्ति करना शमशेर में नई बात है, ऐसा भी नहीं है। उर्दू काव्य परंपरा का गहरा प्रभाव शमशेर के विचारों पर रहा है। इसलिए अनायास ही उनकी कविता ने भी यह प्रभाव ग्रहण किया है। सुफियाना अंदाज में भले ही शमशेर ने सीधे-सीधे रहस्यानुभूति को अपनाया न हो लेकिन प्रभाव की दृष्टि से उसकी मौजूदगी हमेशा बनी रहती है। इश्क से संबंधित कविताओं में यह चित्र बखूबी दिखायी देता है। कवि 'सौंदर्य' कविता में मार्मिक ढंग से लिखता है— "तूने मुझे दूरियों से बढ़ कर/एक अहर्निश गोद बनकर/लपेट लिया है,/इतनी विशाल व्यापक तू होगी,/सच कहता हूँ, मुझे स्वप्न में भी/गुमान न था।"[127]

वस्तुत: कवि की काव्य प्रेरणा भी रहस्यानुभूति में ही उजागर होती है। शमशेर की अन्य भी अनेक कविताओं में रहस्यवाद परक सौंदर्य देखा जा सकता है। यथा— 'दिन किशमिशी रेशमी', 'गोरा' पृ.46, 'एक मौन' पृ.53, 'होली रंग और दिशाएँ' पृ.112 (कुछ कविताएँ व कुछ और कविताएँ), 'रोम सागर के बीचोबीच' पृ.36, 'धारिदार जांघिया पीला' पृ.53 (इतने पास अपने) सजल स्नेह का भूषण केवल पृ.30, 'तील शिखर पर' पृ.40, 'उठती है मतवाली' पृ.71, (उदिता —

अभिव्यक्ति का संघर्ष), 'मैं था अभी', पृ.64, 'एक दुस्तर आध्यात्मिक प्रयास' पृ.65, (कहीं बहुत दूर से सुन रहा हूँ) आदि। इस तरह कह सकते हैं कि शमशेर ने अपनी रहस्यानुभूति के द्वारा सौंदर्य तत्व को सशक्तता प्रदान की है।: ग्रेस की काव्य संवेदना में रहस्यानुभूति भी प्रचूर मात्रा में विद्यमान है। यह गूढ़ता भाव सौंदर्य में संश्लिष्टता निर्माण करती है। फिर भी ग्रेस की रहस्यानुभूति डरावनी नहीं है। यह भी सच है कि ग्रेस की रहस्यानुभूति में पाठक चमत्कृत भी हो उठता है। दरअसल कवि ग्रेस पर एमिली डिकीन्सन की कविताओं का गहरा प्रभाव होने के कारण उन्होंने अपने निजी जीवन से संबंधित अनेक रहस्यों को कलात्मकता के साथ प्रस्तुत किया है। 'भगवंत' कविता की पंक्तियाँ बहुत ही सटीक प्रतीत होती हैं— "अंधार कडेवर घेउन/हें कोण रडाया आलें?/दृष्टित अरण्यामधलें/मातीचे चंदन ओलें..."[128] (अंधेरा गोद में लेकर/यह कौन रोने आया है?/आँखों में जंगल की/मिट्टी का चंदन है गीला।)

स्पष्ट है कि 'हे कोण रडाया आलें?' काव्य पंक्ति में ग्रेस रहस्य निर्माण करते हैं। उनके द्वारा निर्मित काव्यगत संदिग्धता ही रहस्यानुभूति का एक कारण बनती है। आलोच्य कवि की अनेक कविताएँ रहस्यानुभूति को व्यक्त करते समय अज्ञात, व्यक्ति, घटनाएँ, प्रसंगों को अत्यंत व्यापक बनाकर प्रस्तुत करती हैं। यथा— "ही अशी निर्मळ रात/अज्ञात आठवे चेहरा"[129] (ऐसी यह निश्चल रात/अज्ञात चेहरा याद आए। अथवा अज्ञेयाहुन गूढ गूढ दिसती झाडांतली वर्तुळे/तूं पाठीवर रंग आज विणले की द्राक्ष-वेलीतंले।"[130] (अज्ञात गूढ-गूढ दिखती है पेड़ों की गोलाई/रंग बुने है पीठ पर तुमने या अंगुर-लता के।)

ग्रेस की रहस्यानुभूति की विशेषता है कि वह अज्ञात, परम सत्ता के बारे में बहुत कम बोलती है। उसमें सबसे अधिक वर्णन निजी जीवन से संबंधित है। अतः ग्रेस की कविता में निजता ही रहस्यानुभूति का कारण बनी हुई है। कभी-कभी यह रहस्यानुभूति निर्मिति या सृजन के तौर पर कुछ पंक्तियाँ गौरतलब हैं— "ती फार लांबून येणार आहे म्हणून हा उशीर/मी तंद्रीत नाही— सावध आहे. करुणाष्टकातील उदासीसारखा/ती कोणत्या दिशेने येईल? मुरलँड्स म्हणजे/सत्यभ्रांतीचा प्रदेश, शरीरावर उगवलेले बोट/बोट गवत, आणि बेलगाम तारूण्याचे/प्रच्छन्न विधुर हसणे-"[131] (वह बहुत दूर से आ रही है/इसलिए देर/मैं तद्रा में नहीं, सचेत हूँ/शोकगीतों की उदासी की तरह/वह किस दिशा से आयेगी?/मुरलँड्स मतलब सत्य भ्रांति का प्रदेश,/शरीर पर उग आया द्वीप।)

प्रस्तुत कविता में आलोच्य कवि जिसका इंतजार कर रहा है, वह सृजन शक्ति है। किंतु सामान्यतः प्रेमिका या नायिका का लगने वाला यह वर्णन अत्यंत गहरा अर्थ प्रस्तुत करता है। वास्तव में ग्रेस शब्दों को रहस्य बनाकर प्रस्तुत करने की कला से

बखूबी अवगत है। अतः यह कवि अनेक बातों एवं तथ्यों को शब्दों के माध्यम से रहस्यों में छिपाकर रखता है। संभवतः यही कारण है कि उनकी कविता पर दुर्बोधता के आरोप लगाए जाते हैं। ग्रेस की काव्य संवेदना में ऐसी अनेक कविताएँ हैं। जो उनकी रहस्यानुभूति को उजागर करती हैं। जैसे— 'कलश', पृ.34, 'संयोगिनी', पृ.42, 'हळदीचे हात', पृ.43, 'प्रार्थना', पृ.48 (संध्याकाळच्या कविता), 'गुलाब वाळवण्याची गोष्ट-19', पृ.39, 'डार्लिंग-25', पृ.106 (राजपुत्र आणि डार्लिंग), 'सत्य', पृ.47, 'बनमेघ', पृ.72, 'सखी', पृ.154(चंद्रमाधवीचे प्रदेश), 'डोमकावळा', पृ.60, 'ती अशी', पृ.991(सांध्यपर्वातील वैष्णवी), 'घाव', पृ.006, 'अंतराम', पृ.09, 'ताण', पृ.166 (सांजभयाच्या साजणी), 'जळभंग', पृ.142, (बाई! जोगिया पुरुष) आदि। अतः कह सकते हैं कि ग्रेस की कविता में रहस्यानुभूति कवि कौशल की उपज है। आलोच्य कवि अपने निजी जीवन से जुड़े अनेक अनुभवों को रहस्य बनाकर प्रस्तुत करता है। यद्यपि इस रहस्यानुभूति में कवि का अवचेन मन और उससे जुड़े अनुभव अधिक हैं। ग्रेस अपनी सौंदर्य दृष्टि के आधार पर रहस्यानुभूति में सौंदर्य का निर्माण करते हैं।

क्षणबोध— शमशेर की कविता में क्षणबोध भी दिखायी देता है। वस्तुतः क्षण समय की छोटी-सी इकाई है। जहाँ अस्तित्वादी विचारधारा का प्रभाव है वहाँ क्षणबोध को तीव्र अवसर मिलता है। साथ ही जिस कवि में वैयक्तिकता की भावना होती है, वह भी क्षणवादी दर्शन को अपनाता है। वास्तव में क्षण का संबंध भूत, वर्तमान और भविष्य के संयोग में निहित है। इस संबंध में यह तथ्य भी भली-भाँति समझना होगा कि क्षणबोध का महज क्षणिकता ही अर्थ नहीं है बल्कि जीवन की समग्रता और अखंडता का स्वीकार करना है। आजादी के बाद हिंदी में नई कविता की धारणा प्रबल रही है। एक तरह से कवि स्वयं का जीवन के प्रति हर क्षण उत्तरदायित्व समझता है। वह जीवन की वास्तविकता को किसी भी कीमत पर त्याग नहीं सकता है। साथ ही हर हाल में वह जीवन जीने की पक्षधरता करता है। शमशेर 'होली:रंग और दिशाएँ' कविता में लिखते हैं— "यही सब कुछ है।/इसी गतु में/इसी युग में/इसी/हम/में।"[132]

शमशेर ने प्रस्तुत कविता सन् 1958 के आस-पास लिखी है। इसलिए नई कविता की वैचारिकी का प्रभाव इस पर स्पष्टतः दिखायी देता है। शमशेर जैसा कवि एक पल की एहमियत बेहतर समझता है। इसीलिए वह कह सकता है— "एक पल के ओट में है कुल जहान"[133]

स्पष्ट है कि शमशेर हर पल की गरिमा और महत्ता से बखूबी परिचित हैं। उन्होंने एक क्षण की बात कही है लेकिन क्षण भी यहाँ आकर विराटता धारण करता

हुआ दिखायी देता है। कवि पल में ही समग्र जहान या संसार की कामना करता है। साथ ही उनकी धारणा है कि मनुष्य की पहचान कर्म के द्वारा ही होती है। अगर इसके बीज इतिहास में देखने हो, तो अतीत के कुछ क्षणों को टटोलना पड़ता है। कवि 'और प्रलय कैसे होती है?' कविता में कहता है— ''बीज मनुज के कर्म मर्म का/इतिहासों में क्षण-क्षण तापित''[134]

इससे यह स्पष्ट होता है कि शमशेर का क्षणबोध कभी अतीत में ले जाता है तो कभी वर्तमान से रू-ब-रू होकर भविष्य की भी थाह लेता है। इस तरह का क्षणवादी चिंतन व्यक्ति की बहुलता को मानने से संबंधित है। कवि की व्यक्ति में गहरी आस्था रही है। इसलिए उनका क्षणवादी दर्शन अस्तित्ववादी विचारों से प्रभावित लगता है। ग्रेस की काव्य संवेदना में क्षणबोध प्राय: अनेक कविता में दिखायी देता है। ग्रेस की कविता में क्षणबोध से युक्त दर्शन दो कारणों से है। एक तो अस्तित्ववादी दर्शन के कारण और दूसरा अत्याधिक वैयक्तिकता के कारण। ग्रेस स्मृति के आधर पर भी उन क्षणों को अधिक सुंदर मानते हैं जो ममत्व से युक्त है। इसीलिए 'पार्श्वभूमी' कविता में उन्होंने लिखा है— ''डोळ्यांच्या बाहुल्यांना चिकटलेले/मायेचे क्षण''[135] (आँख की पुतली में चिपके/वात्सल्य के क्षण।)

अब सवाल यह है कि क्या कारण है कि कवि ममत्व के क्षण कह रहा है? दरअसल उसके जीवन में जिस वात्सल्य और ममत्व का अभाव रहा है। आलोच्य कवि उसे ही दर्शाता है। आगे चलकर इन्हीं क्षणों को कवि पावन बनाता है। 'माझ्या पावन क्षणानों' कविता देख सकते हैं— ''दीपकलिका निमाली/मंद्र वार्याच्या लयीत/माझ्या पावन क्षणांना/जावे युगांच्या छायेत''[136] (दीपमाला बुझ गई/मंद हवा की लहर से/हे मेरे पवित्र क्षणों,/जाओ युग की छाया में।)प्रस्तुत कविता के द्वारा आलोच्य कवि रात के उत्तरार्ध अर्थात भोर का वर्णन कर रहा है। ग्रेस शांति और सुकून के लिए यह समय अधिक महत्वपूर्ण मानते हैं। तभी तो कह रहे हैं 'जावे युगांच्या छायेत' वास्तव में कवि उन क्षणों को पावन मानता है, जो शांति प्रदान करते हैं। शांति और सुकून इसलिए कि ग्रेस अपने जीवन में सबसे अधिक उपस्थिति दुख की मानते हैं।

अत: एक तथ्य स्पष्ट होता है कि ग्रेस का क्षणवादी दर्शन कभी अतीत में व्याप्त दुखद स्मृतियों के साथ साहचर स्थापित करता है। तो कभी वर्तमान की निजी वेदना के साथ अपना संबंध जोड़ता है। यही बोध रामधून पृ.127, वाटा पृ.129 (चंद्रमाधवीचे प्रदेश) ओल पृ.11 (सांजभयाच्या साजणी) आदि कविताओं में भी होता है।

इस तरह कह सकते हैं कि ग्रेस की काव्यसंवेदना में भाव सौंदर्य महत्वपूर्ण पडाव है। भाव सौंदर्य की अनेक छटाएँ ग्रेस की कविता में लक्षित होती हैं। इस तरह

शमशेर और ग्रेस की सौंदर्य चेतना में भावमूलक सौंदर्य के विविध आयाम दिखायी देते हैं। इसी की अगली कड़ी विचारमूलक सौंदर्य है।

विचारमूलक सौंदर्य के विविध आयाम

जिस तरह सौंदर्य बोध में भाव महत्वपूर्ण सोपान है उसी तरह विचार के द्वारा भी सौंदर्य बोध संभव है। विचार मन की रचनात्मक अवस्था है। विचार का विकल्प चिंतन भी हो सकता है। चूँकि यह मानसिक प्रक्रिया है। कविता में विचार की क्या भूमिका है? इस संबंध में कवि बलदेव वंशी का मानना है– "कविता में विचार तत्व की संरचनात्मक मौजूदगी को पाँच विशेष अवस्थाओं अथवा चारित्रिक गुणों में बाँटकर देखा जा सकता है– परिज्ञान, अनुचिंतन, द्वंद्वात्मक तनाव, निर्णय तथा संवेदनात्मक उद्देश्य।"[137] बलदेव वंशी वरिष्ठ कवि होने के साथ-साथ चर्चित आलोचक भी हैं। उनके द्वारा अभिव्यक्त पाँच बिंदू एक तरह से कविता में विचारमूलक सौंदर्य बढ़ ाने का कार्य करते हैं। अज्ञेय ने भी भावना के अलावा बुद्धि तत्व को कला में आवश्यक माना है। उनके विचार उल्लेखनीय हैं– "साहित्य का सौंदर्य बुद्धि तत्व पर आधारित है और उसका आस्वादन भी बुद्धि का व्यापार है यानी साहित्य की रचना तथा आस्वादन दोनों की क्रियाओं में बुद्धि सक्रिय रहती है। इसके अभाव में रचना और आस्वादन दोनों संभव नहीं है।"[138] अज्ञेय के विचारों में विज्ञान का प्रभाव मौजूद है क्योंकि विज्ञान की कसौटी पर ही बुद्धि और तर्क का अधिष्ठान होता है। अज्ञेय के विचारों में निहित मूल सोच को भी हमें अच्छी तरह समझना होगा कि विज्ञानवादी युग ही महज ऐसा युग है जो अन्य युगों से अलग हो जाता है। प्रयोगवाद में यह सोच चरम पर पहुँची दिखायी देती है। सप्तक परंपरा के कवियों में भी यही बात उभरकर आयी है। अतः शमशेर पर इस सोच का प्रभाव होना स्वाभाविक है। चूँकि शमशेर भी सप्तक परंपरा के कवि रहे हैं। शमशेर और ग्रेस की काव्य संवेदना में व्याप्त विचार सौंदर्य निम्न मुद्दों के आधार पर देखा जा सकता है–

युगीन संवेदना का यथार्थ– किसी रचनाकार का दायित्व अगर समझना है तो सबसे पहले यह जानना जरूरी है कि वह अपने समय के प्रति कितना प्रतिबद्ध है। सौंदर्य चेतना में यथार्थ बोध से आशय यही है कि यथार्थवादी दृष्टिकोण अपनाकर अमूर्त सौंदर्य के स्थान पर उसे जीवन के साथ जोड़कर मूर्त बनाया जाता है। मूर्त का आधार औद्योगिक विकास है। इस संबंध में विचारणीय तथ्य है कि यथार्थ के कारण ही सौंदर्य अधिक जीवंत बनता है। शमशेर एक संवेदनाशील एवं भावुक कवि हैं। उन्होंने समसामयिक यथार्थ को मार्मिक स्वर प्रदान किया है। शमशेर की सौंदर्य

चेतना का यह एक महत्वपूर्ण पहलू माना जा सकता है। शमशेर ने अपने समकालीन परिवेश, उसके अंतर्विरोधी स्थितियों का ईमानदारी के साथ चित्रण किया है। 12 जनवरी, 1944 की एक खूनी शाम का यथार्थ चित्रण कवि 'य शाम है' कविता में करता है— "यह शाम है/कि आसमान/लपक उठी लहू-भरी दरातियाँ,/-कि आग है/धुआँ धुआँ/सुलग रहा/गवालियर के मजूर का हृदय।"[139]

मजदूरों के आंदोलन को कुचलने के लिए जो गोलियाँ बरसाई गईं, उससे कवि का हृदय आहत हुआ, और कविता का निर्माण हुआ। गौरतलब है कि यह खूनी शाम 1944 की है और कवि शमशेर ने सन् 1946 में कविता लिखी है। इसका मतलब यही है कि कवि के मानस पटल पर जो भाव चित्र बना या उसे कविता के रूप में शब्दबद्ध होने में दो वर्षों की प्रतीक्षा करनी पड़ी है। शमशेर ने सिर्फ सामाजिक एवं राजनीतिक विसंगतियों को उजागर नहीं किया है बल्कि साहित्य या कला क्षेत्र से संबंधित वास्तविकता को प्रामाणिकता के साथ प्रस्तुत किया है। उनकी 'गोया वो' कविता की कुछ पंक्तियाँ उद्धरणीय हैं— "बड़ी से बड़ी कृति यहाँ तो/कोई बड़ा ही कीमती इश्तहार है/आदमी कोई आधुनिक बाजार है/जितना ही बड़ा आर्टिस्ट जो है/उतना ही बड़ा पत्रकार है।"[140]

शमशेर अपने समय की सबसे चिंतनीय दास्तान बयान कर रहे हैं। एक ओर आधुनिकता का बिगुल जोर से बजने लगा था तो दूसरी ओर कलाओं में भी इसका प्रभाव तेजी से महसूस होने लगा। विज्ञापन और बाजार के आधार पर ही कला मूल्य निर्धारित होने लगे। विशेष रूप से जो पत्रकारिता से जुडे रहे उनकी कलाओं एवं सृजनात्मकता का परिचय लोगों को सहजता से होता गया। किंतु सवाल उन साहित्यकारों या रचनाकारों का है, जो पत्रकारिता से नहीं जुड़े हैं। शमशेर इस बाज़ारवादी सोच के खिलाफ ही आवाज उठा रहे हैं। आलोच्य कवि की प्रतिबद्धता विशिष्ट मानदडों के आधारों पर निर्धारित करना जटिल कार्य है। इसका कारण भी स्पष्ट है कि उन्होंने समसामयिक अनेक विषयों को यथार्थ स्वर दिया है। 'यह क्या सुना है मैंने' कविता सन् 1946 में मुंबई में भड़के सांप्रदायिक दंगों का सबसे दर्दनाक यथार्थ प्रस्तुत करती है। धर्म और मजहब के नाम पर कुछ लोग गुडों और मवालियों को चंद रूपये देकर खून करवाते हैं। मनुष्य के प्राणों की कीमत महज दो रूपये तक हुई। समीक्ष्य कवि लिखता है— "यह क्या सुना है मैंने कि दो रूपये सर है आज,/कुछ शहर बम्बई की जबानी खबर है आज!/पंद्रह से दो पे गिर गया बाजार कौम का!/क्या सस्ती शिरकेवार शहीदों की दर है आज!!"[141]

प्रस्तुत कविता के द्वारा शमशेर पर लगाए जानेवाले आरोप निरस्त हो जाते हैं। जिनके आधार पर उन्हें महज रोमानी, प्रेम सौंदर्य का कवि कहकर स्थापित किया गया है। सौंदर्य बोध की दृष्टि से शमशेर की यह चेतना इसलिए महत्वपूर्ण है कि

उनके यथार्थ बोध में समसामयिक संवेदना बहुत ही गहरे स्तर पर प्रकट होती है। इस चेतना को मुखर करती उनकी अनेक कविताएँ हैं— यथा 'हमारे दिल सुलगते हैं', पृ.90 (कुछ कविताएँ व कुछ और कविताएँ), 'चीज यानी थिंग', पृ.44 (चुका भी हूँ नहीं मैं), 'बहुत सीधे-से प्रश्न' (बात बोलेगी) आदि। उल्लेख्य कविताओं में युगीन संवेदना का स्वर यथार्थ रूप में मुखर हुआ है। इसलिए सौंदर्य बोध की दृष्टि से किसी कलाकार का अपने युग से इस तरह प्रतिबद्ध होना किसी उपलब्धि से कम नहीं है। ग्रेस की कविता में सामाजिकता से जुड़े या सामाजिक प्रतिबद्धता को साकार करनेवाले संदर्भ प्रायः कम ही आते हैं। यही कारण है कि उनकी कविता पर हमेशा आत्ममग्नता या आत्मकेंद्रिता के आरोप होते रहे हैं। इन आरोपों में तथ्य भी दिखायी देता है। क्योंकि ग्रेस की कविता प्रायः रूमानियत को लेकर ही चलती है। इस संदर्भ में सोचनीय पहलू यह है कि ग्रेस स्वयं इस बात का विरोध करते हैं कि उनकी कविता में सामाजिक प्रतिबद्धता नहीं है। उनका मानना है कि कलाकार से और कौन सी सामाजिक प्रतिबद्धता की अपेक्षा आप करते हैं। अत्यंत तीखे तेवर में ग्रेस कहते हैं— "आजपर्यंत शेजारच्या पोलिस चौकीत माझ्या विरूद्ध तक्रार नाही व वेडयांच्या इस्पितळातही नोंद नाही यापेक्षा कोणते सामाजिक कार्य कलावंताकडून अपेक्षिता तुम्ही।"[142] (अब तक हमारे इलाके के पुलिस थाने में मेरे खिलाफ कोई शिकायत दर्ज नहीं हुई है। और न ही पागलखाने में मेरा नाम दर्ज है। इससे अलग कौन-सा सामाजिक कार्य आप कलाकार से चाहते हैं?) वास्तव में ग्रेस सृजनधर्मिता को ही सबसे बड़ा सामाजिक कार्य मानते हैं। कलाकार का स्वतंत्र व्यक्तित्व होता है। फिर भी वह सामाजिक सभी व्यवहारों के साथ हमेशा साझा होता है। ग्रेस की कविता सामाजिक आशय के साथ प्रत्यक्ष रूप से नहीं जुड़ती है। लेकिन उससे जुड़े परोक्ष संदर्भ हमेशा कविता में मौजूद रहते हैं। इस संदर्भ में 'कै. तुकाराम बोल्होबा अंबिले' कविता विशेष प्रासंगिक लगती है— "शब्दासाठी मरण्यांचा आक्रोश माझ्या मागे आला, माझे सुतक पाडू नको आभाळाला आहेत खांब माणूस जेव्हा हाक देईल तेव्हा मात्र थोड़ा थांब..."[143] (शब्दों के लिए मरने वालों का आक्रोश मेरे पीछे आया, मेरा शोक न मनाओ आकाश को भी है स्तंभ इन्सान जब मदद की आवाज देगा तब तुम थोडा जरूर रूकना।)

कविता की अंतिम पंक्ति विचार सौंदर्य का शीर्ष रूप है। कवि अनुरोध करता है कि जब कोई इंसान मदद के लिए याचना करेगा तब उसकी सहायता करने हेतु जरूर आगे बढ़ना। ग्रेस अपनी सामाजिक सदाशयता एक ऐसे विचार में भरते हैं, जो सही अर्थों में शाश्वत है। ग्रेस की यही सोच 'कळशी' नामक कविता में भी दिखायी देती है। यथा— "पोळत आहे ग...ऽ...ऽ तुझ्या पुळणीत/तडतडत्या लाहीसारखे/ चोख्याच्या हाडांचे पांगळे विठूपण/माझे आई चंद्रभागे!/उन्हाळयात आटलीस तरी

आट/पण आषाढाला तरी ये पंढरीत/मृगाची कळशी घेऊन...''[144] (दहक रहा रे ऽ...ऽ/तुम्हारे मरूस्थल में/लावे की तरह/चोखा की हड्डियों का अपाहिज ईश्वरत्व/मेरी माँ चंद्रभागा!/गर्मी के मौसम में सूखना/लेकिन आषाढ़ में पुन: पंढरी नगरी में आना/मृग की गागर लेकर।)

प्रस्तुत कविता का विस्तार बहुत कम है। लेकिन आशय की दृष्टि से अत्यंत सघनता विद्यमान है। पंढरपुर तीर्थ क्षेत्र है जहाँ विष्णु के अवतार विठ्ठल का मंदिर है। विठ्ठल का मंदिर चंद्रभागा नदी के तीर पर स्थित है। कवि ग्रेस चंद्रभागा नदी के लिए माँ के रूप में संबोधित करते हुए कह रहे हैं कि तुम्हारी पुलित में संत चोखोबा की हड्डियों की दाह हो रही है। अत: धूप में मृग की गागर बनकर जुरूर बरसना। वास्तव में मराठी संत परंपरा में अनेक संतों ने भक्ति आंदोलन को विशिष्ट दिशा दी है। इस संत परंपरा में कुछ दलित संतों का योगदान भी सराहीन रहा है। प्रस्तुत कविता संत चोखा मेळा को केंद्र में रखकर लिखी गई है। चूँकि संत चोखा दलित तबके का ही प्रतिनिधित्व करते हैं। पंढरपुर के नजदीक उनका गांव है, मंगलवेढा। मजदूरी करना और विठ्ठल भक्ति में लीन रहना ही उनके जीवन का मुख्य साध्य रहा। एक दिन दीवार बनाने का काम हो रहा था वहीं चोखा भी मजदूरी कर रहे थे। दुर्भाग्य से बहुत बड़ी दीवार के नीचे अनेक मजदूर दब गए जिनमें संत नामदेव ने चोखोबा की हड्डिया इकठ्ठा की और हड्डियों को पंढरपुर ले आकर विठ्ठल मंदिर के महाद्वार के सम्मुख उन्हें समाधि के रूप में दफन किया। तत्कालीन समय में दलित संतों को मंदिर में प्रवेश निषिद्ध था। अत: संत चोखोबा को जीवनभर भक्ति के क्षेत्र में संघर्ष, उपेक्षा का ही सामना करना पड़ा। ग्रेस इसलिए कह रहे हैं 'चोख्याच्या हाडांचे पांगळे विठूपण।' दरअसल विठ्ठल भक्ति में इस तरह का अपहाजित्व क्यों पैदा हुआ? यही सोचनीय पहलू है।

कवि ग्रेस के विचारों में सौंदर्य का पुट इसलिए भी दिखायी देता है कि कवि अंत में 'चंद्रभागा' नदी से याचना कर रहा है कि 'मृग की गागर' लेकर आना। अर्थात मृग की गागर अपने साथ समानता लेकर आए। जांति-पातिगत समाज को समूल नष्ट करें। अत: कह सकते हैं कि प्रस्तुत कविता उन सभी मराठी आलोचकों को न सिर्फ आगाह करती है बल्कि आलोचकीय दृष्टि में परिवर्तन लाने की भी प्रेरणा देती है। आलोच्य कवि की अन्य भी कुछ कविताएँ इस बात की प्रमाण रही हैं जो उन्हें समाजाभिमुख करती हैं। यथा— 'दोन', पृ.137 (चंद्रमाधवीचे प्रदेश), 'नदी आणि मोरपिसांचे तारण', पृ.85 (सांजभयाच्या साजणी), 'संन्यासी', पृ.43 (सांध्यपर्वातील वैष्णवी) आदि। इस तरह कह सकते हैं कि ग्रेस की कविता में सामाजिक आशय सीधे-सीधे प्रकट नहीं होता है। अगर कहीं हुआ है तो ऐसे बहुत कम संदर्भ प्राप्त होते हैं।

मृत्यु विषयक विचार स्वाधीनता के बाद मृत्यु बोध संबंधी चिंतन में विशिष्ट अंतर देखा जा सकता है। विशिष्ट इसलिए कि आजादी के पूर्व दो महायुद्धों के भयावह परिणामों से समूचा विश्व झूलस उठा। साथ ही सन् 1946-47 में बढ़ते सांप्रदायिक दंगों के कारण आम मनुष्य मृत्यु के बारे में असुरक्षा का भाव महसूस करने लगा। सन् 1950 के बाद यह भावना और अधिक जोर पकड़ने लगी। शमशेर भी इसके लिए अपवाद नहीं हैं। शमशेर के यहाँ मृत्युबोध के भिन्न-भिन्न रूप देखे जा सकते हैं। मृत्यु की व्याख्या करते हुए शमशेर 'मोहन राकेश के साथ 'तटस्थ बातचीत' कविता में लिखते हैं— ''मौत कोई सेंटीमेंट की चीज नहीं;/वह एक ठोस हस्ती है व्यक्ति के लिए/हर व्यक्ति के लिए/मौत हमारी आंखों में अचानक/देखती है— अचानक देखती है/वह दृष्टि कितनी खरी होती है।''[145]

शमशेर मृत्यु को सेंटीमेंट या मनोभाव न मानते हुए उसे ठोस बताते हैं। इसे कवि कौशल भी कह सकते हैं। मृत्यु ठोस इसलिए है कि जब तक मानव शरीर में प्राण है तब तक ही उसका अस्तित्व है। कवि की दृष्टि से जब अचानक मृत्यु का सामना करना पड़ता है तब वह सच्चाई से युक्त दृष्टि होती है। मूलतः यह विचार अस्तित्ववादी विचारधारा से प्रभावित है क्योंकि कवि मृत्यु को ठोस मान रहा है। साथ ही इसी कविता में कवि दूसरी ओर यह भी कह रहा है— ''कुछ लोगों को मौत क्यों इतनी/प्यारी लगती है/मगर वो कभी किसी को नहीं बताते/जब वह मुस्कराते हैं तो/कभी नहीं बताते कि/मौत को वह एक प्रेमिका की तरह/अपने जाम में अपने/आधे खाली जाम में/देख रहे हैं।''[146]

शमशेर कविता के पूर्वार्द्ध में मृत्यु को आकस्मिक प्रकट होनेवाली ठोस हस्ती कह रहे हैं तो उत्तरार्द्ध में जाम छलकती प्रेमिका मानते हैं। असल में इस तरह की सोच या विचार वही कवि प्रस्तुत कर सकता है, जो विचारों में होते परिवर्तन को सक्रियता से काव्यबद्ध करता है। मृत्यु को लेकर कवि की यह स्पष्टता भी उल्लेखनीय है— ''मृत्यु का यह नया रूप है स्पष्ट/हमारे जीवन के बीच।''[147]

शमशेर की यह दृढ़ धारणा है कि मृत्यु सत्य का ही रूप है। वह जब भी आती है तब मौन बनकर आती है। कवि इस बात को लेकर आशांकित लगता है कि आखिरकार मृत्यु रूपी हार हमें कौन पहनाता है? यही बात वह बारंबार टटोलता भी है। 'कितनी करुणा का सागर' कविता उद्धरणीय है—''मौन मृत्यु का हार/कौन मुझे पहनाने आता?/मैं तो उसे जानता नहीं/सत्य-सत्य-सत्य!/कौन मुझे पहनाने आता/मेरा आगत भार?/छलमल हस्य-शून्य!/मृत्यु-मृत्यु-मृत्यु!''[148]

प्रस्तुत कविता शमशेर ने सन् 1939 के दरम्यान लिखी है। यह वही कालखंड है जब द्वितीय विश्वयुद्ध का बिगुल बज चुका है। इसलिए कवि के मन में उभरते

असुरक्षा के भाव अनायास ही प्रकट होते हैं। इससे एक तथ्य यह भी उजागर होता है कि आलोच्य कवि ने मृत्यु संबंधी भिन्न-भिन्न विचार प्रस्तुत किए हैं। कभी मृत्यु को सत्य कहकर स्वीकार किया है, तो कभी दीवाने की तरह छलकते जाम में उसे प्रेमिका बनाकर निहारते रहा है। अब इस तरह का वैविध्य भावदशा या मनोदशा के अनुरूप ही दिखायी देता है। सौंदर्य यहाँ दोनों स्थितियों में है। दोनों स्थितियों में इस अर्थ में है कि मृत्यु को अंतिम सत्य मानकर स्वीकार करना श्रेष्ठ विचार को ही दर्शाता है। साथ ही मौत को आधे जाम में देखने का अंदाज इस बात का परिचायक है कि जिंदगी के हर पल को भरकस जीना है। यह विचार किसी सुंदरता से कम नहीं है। शमशेर की अन्य कविताओं में भी मृत्यु बोध के विविध रूप दिखायी देते हैं। 'हमारी जमीन', पृ.21, (इतने पास अपने), 'मृत्यु का प्रस्तर खण्ड', पृ.48, (उदिता— अभिव्यक्ति का संघर्ष), 'विसर्जित एक दीया', पृ.72, (कहीं बहुत दूर से सुन रहा हूँ) आदि। ग्रेस की कविता में मृत्यु संबंधी चिंतन बार-बार प्रस्तुत होता है। हालाँकि उनका यह चिंतन डरावना नहीं है। ग्रेस अपनी कविता में मृत्यु और स्वप्न को एक ही धरातल पर देखते हैं। क्यों न हो जो कवि स्वयं डंके की चोट कह रहा है— "I dont want do die before my time and I will never live after my time also"[149] वस्तुत: ग्रेस मृत्यु के बारे में सकारात्मक चिंतन प्रस्तुत करते हैं। अपने एक साक्षात्कार में ग्रेस स्वयं कहते हैं कि "जीवनाला फसविणारा किंवा दगा देणारा घटक म्हणून मी मृत्युकडे पाहत नाही. तर जीवनाचे त्यातील सुख-दु:खाचे अनुसंधान राखणारा सहन शक्तीचा घटक म्हणून मी त्याकडे पाहतो।"[150] (मृत्यु को मैं जीवन को गुमराह करनेवाला या धोखेबाज के रूप में नहीं देखता हूँ। बल्कि उसे जीवन में सुख-दुख का समन्वय करने वाला शक्तिस्रोत मानता हूँ।)

मृत्यु के संबंध में अनेक साहित्यकारों ने चिंतन किया है। लेकिन ग्रेस का चिंतन पथ से हटकर जान पड़ता है। यहाँ एक तथ्य यह भी समझना होगा कि भारतीय दर्शन मृत्यु का संबंध दुख के साथ जोड़ता है। वही ग्रेस इसे सुख-दुख के परिप्रेक्ष्य में देखते हैं। नि:संदेह यहाँ कवि ग्रेस के विचार पाश्चात्य दर्शन एवं साहित्यकारों से प्रभावित लगते हैं। संभवत: इसीलिए ग्रेस लिखते हैं— "जीवन कुशीत घेऊन, मृत्यु उशीत ठेवून/इथे आलो मी,/तक्राररहित रूजलो मी/न्हालो आयुष्य पसरून, या ऋतुशून्य पावसात"[151] (जिंदगी को गोदी में लेकर,/मृत्यु सिरहाने रखकर/यहाँ आया हूँ मैं,/बिना किसी शिकायत के/जिंदगी को फैलाकर,/इस मौसमहीन बारिश में।)

मृत्यु को भी चुनौती देने वाला यह कवि जब अत्यंत आत्मविश्वास के साथ कहता है कि मृत्यु को मैं सिरहाने रखकर आया हूँ। अथवा अन्य एक कविता में 'मृदुगंधाचे मरण' अवधारणा प्रयुक्त करता है। जीवन के अंतिम और शाश्वत सत्य

की ओर ग्रेस पाठकों को ले जाते हैं। मृत्यु के लिए मृदुगंध विशेषण का प्रयोग कर अपना दृष्टिकोण भी व्यक्त करता है। ग्रेस ने अपने जीवन के अंतिम पड़ाव पर मृत्यु से संबंधित अनेक कविताएँ लिखी हैं। यद्यपि यह संघर्ष कवि खुद कर रहा है। वह उसे 'पंचतत्वांची साऊलगाणी-हॉस्पिटलमधील' में कहते हैं— "Not the sky nor the earth/Will come to relieve you, reindeer/My dearmost; only the distance/in between, and that is always/on razors cdge! What else/lyrical attitude means"[152]

ग्रेस की कविता में मृत्यु संबंधी उल्लेख बार-बार आता है। चूँकि कवि ने बचपन से ही दुःख के अनेक पड़ाव अनुभव लिए हैं। परिणामतः ग्रेस की अनेक कविताओं में मृत्यु विषयक चिंतन प्रकट हुआ है। कुछ कविताएँ उल्लेखनीय हैं— 'निर्मळा', पृ.25, 'तहान', पृ.37, 'मरण', पृ.44, 'वाराणसी', पृ.46, 'सावली', पृ.47, 'शिल्प', पृ.50, 'हाक', पृ.51, 'अंगाईपण', पृ.57, 'वार्ता', पृ.63 (संध्याकाळच्या कविता), 'फुलांचे दिवे', पृ.06, 'माई', पृ.20, 'आईचे गाणे', पृ.36, 'गर्व', पृ.60 (चंद्रमाधवीचे प्रदेश), 'पिसे', पृ.38 (सांजभयाच्या साजणी), 'कुंचकी शोध', पृ.17, 'पत्र', पृ.77, 'सांगावा', पृ.89 (सांध्यपर्वातील वैष्णवी), 'वाळवीचा आरसा', पृ.46, 'समीरगोंदणाचे तत्व', पृ.73 (बाई! जोगिया पुरुष) आदि। जाहिर है कि ग्रेस मृत्यु संबंधी चिंतन में गहरी सकारात्मकता भरते हैं। चूँकि यह उनकी सौंदर्य दृष्टि का ही प्रतिफल है।

कलाकारों के साथ प्रतिबद्धता— समीक्ष्य कवि जिस तरह अपने अनुभवों, विचारों से प्रेरित होकर सृजन करता है। उसी तरह उसके संपर्क में आए अनेक कलाकारों, व्यक्तियों से वह प्रेरणा ग्रहण करता है। अतः शमशेर ने विविध कालाकारों, व्यक्तियों को सम्मुख रखकर अनेक कविताएँ लिखी हैं। हिंदी में शायद ही एक रचनाकार के द्वारा अन्य कलाकारों के बारे में किसी ने लिखा हो। विचार सौंदर्य की दृष्टि से देखे तो शमशेर की इस तरह की सभी कविताएँ ईर्ष्या तथा द्वेश से मुक्त हैं। उन्होंने जितने भी व्यक्तियों के बारे में कविताएँ लिखी हैं। उनमें उस कलाकार की रचनात्मकता और सकारात्मक दृष्टिकोण को ही सम्मुख रखा है। शमशेर ने किसी कलाकार के व्यक्तित्व की अपेक्षा उसकी रचनाधर्मिता को अधिक महत्व दिया है। उन्होंने लगभग चालीस कविताएँ विभिन्न कलाकारों एवं व्यक्तियों को केंद्र में रखकर लिखी हैं। इनमें से ज्यादातर लोग ऐसे हैं, जो इतिहास बन गए हैं। अपने सबसे अधिक चहेते कवि निराला के बारे में शमशेर 'निराला के प्रति' कविता में लिखते हैं— "हाँ, तुम्ही हो, एक मेरे कवि;/जानता क्या मैं/हृदय में भर कर तुम्हारी साँस किस तरह माता,/(ओ विभूति परंपरा की)/समझ भी पाता तुम्हें यदि मैं कि

जितना चाहता हूँ महाकवि मेरे!''[153]

शमशेर कविता के द्वारा निराला का स्मरण कर रहे हैं। उनके राह भटके जीवन को निराला की काव्यात्मकता ही दिशा दे सकी है। शमशेर एक तरह से 'निराला के प्रति' कविता में कृतज्ञता भी ज्ञापित कर रहे हैं। विचार सौंदर्य की दृष्टि से शमशेर की और एक कविता पर विस्तार से सोचना जरूरी है। उनकी इस कविता का शीर्षक है 'निशा निमंत्रण के कवि से'। प्रस्तुत कविता हरिवंशराय बच्चन पर लिखी गई है। शमशेर निशा निमंत्रण के कवि से अनुरोध करते हैं कि ऐसे गीत मत गाओ। इसका कारण यह है कि निशा निमंत्रण वाले गीत कवि जब सुनता है तो वह अत्यंत भाव विभोर हो उठता है। चूँकि हरिवंशराय बच्चन की पहली पत्नी का जब निधन हुआ, उसकी याद में बच्चन ने अनेक कविताएं लिखी हैं। अब सवाल यह है कि यहाँ विचार सौंदर्य का विधान कैसे हुआ? इस तथ्य को समझने के लिए शमशेर के व्यक्तित्व से जुड़ी कुछ घटनाओं को गहराई से समझना पड़ता है। यथा— कवि शमशेर की पत्नी की मृत्यु भी विवाह के बाद कुछ ही वर्षों में हुई है। आलोच्य कवि यही समतुल्यता निशा निमंत्रण लिखने वाले बच्चन में भी देखता है। इसलिए वह कहता है— ''मत गाओ यह गीत!/मैं बिखर पड़ूँगा पागलपन में।/ओ दूर अजान मुसाफिर/यह हँसी मरूस्थल की है।''[154]

मरुस्थल की हँसी कवि की मनोदशा को व्यक्त करती है। शमशेर ने जिन कलाकारों के साथ अपनी प्रतिबद्धता जतायी है, वे सभी विभिन्न कलाओं से संबंधित रहे हैं। कविताओं के शीर्षक पर गौर करने से ज्ञात होता है कि इनमें कुछ साहित्यकार हैं, चित्रकार, संगीतकार, कम्युनिष्ठ पार्टी के साथ जुडे आंदोलक भी हैं। खास तौर पर कुछ अपने समकालीन कलाकार मित्रों के बारे में भी शमशेर ने कविताएँ लिखी हैं। किंतु इसमें ऐसे अनेक कलाकार हैं जो शमशेर के पूर्ववर्ती भी हैं। इस परिप्रेक्ष्य में एक तथ्य स्पष्ट रूप से सम्मुख आता है कि शमशेर ने जितने भी कलाकारों के बारे में कविताएँ लिखी हैं। ये कविताएँ संबंधित कलाकारों के कला कौशल को ही दर्शाती है। न कि उनके व्यक्तित्व को या आलोच्य कवि और उनके संबंधों को। विचार सौंदर्य इससे भिन्न नहीं है कि कोई कवि इस तरह की वस्तुनिष्ठता अपनाते हुए अन्य कलाकारों के बारे में कविता लिखता हो। विचार सौंदर्य का और एक महत्वपूर्ण पहलू शमशेर की कविता में दिखायी देता है, वह है कला एवं कलाकारों का समन्वय। यह समन्वय भारतीय तथा पाश्चात्य दोनों स्तर पर दिखायी देता है। 'अमन का राग' कविता में यही समन्वय लक्षित होता है। बानगी के तौर पर कुछ पंक्तियाँ द्रष्टव्य हैं— ''देखो ने हकीकत हमारे समय की कि जिसमें/होमर एक हिंदी कवि सरदार जाफरी को/इशारे से अपने करीब बुला रहा है कि जिसमें/फैयाज खाँ बिटाफेन के कान में कुछ कह रहा है/मैंने समझा कि संगीत

की कोई अमरलता हिल उठी/मैं शेक्सपियर का ऊँचा माथा उज्जैन की/घाटियों में झलकता हुआ देख रहा हूँ/और कालिदास को वैमर के कुंजों में विहार करते/और आज तो मेरा टैगोर मेरा हाफिज मेरा तुलसी मेरा गालिब/एक-एक मेरे दिल के जगमग पावर हाउस का कुशल आपरेटर है।''[155]

प्रस्तुत पंक्तियाँ विचार मूलक सौंदर्य की दृष्टि से सबसे मार्मिक प्रतीत होती हैं। कलाकारों से संबंधित कुछ अन्य उल्लेखनीय कविताएँ भी निम्नवत हैं— 'रूद्रदत्त भारद्वाज की शहादत की पहली वर्षी पर', पृ.42, 'अज्ञेय से', पृ.72, 'ऐसा ही प्रण', पृ.91, 'वसंत पंचमी की शाम 1948', पृ.93, 'माई', पृ.94, 'यामा' कवि से पृ.157, 'भुवनेश्वर', पृ.158, (कुछ कविताएँ व कुछ और कविताएँ), 'सारनाथ की एक शाम' पृ.22, 'एक दोस्त से', पृ.51, 'मोहन राकेश के साथ तटस्थ बातचीत', पृ.300, 'गिन्सबर्ग के लिए', 'त्रिलोचन को', पृ.81, (चुका भी हूँ नहीं मैं), 'पिकासोई कला', पृ.23, 'विजय सोनी के चित्र', पृ.34, 'अनिल चौधरी के चित्र', पृ.55, 'फान गाँग का एक चित्र', पृ.55, 'एक विदा', पृ.62, 'रावल गोस्वामी के चित्र', पृ.67, 'प्रभाकर माचवे', पृ.69, (इतने पास अपने), 'एक पत्र', पृ.72, 'शशि बकाया की याद में', पृ.13, (उदिता — अभिव्यक्ति का संघर्ष), 'स्वर्गीय रजिया सज्जाद जहीर', पृ.87, 'बाबा हमारे', 'नागार्जुन बाबा', पृ.47, 'रघुवीर सहाय', पृ.52, 'नेरूदा', पृ.61, 'मेमायर्स' पढ़ने के बाद', पृ.61 (काल, तुझसे होड़ है मेरी) आदि।

उल्लेख्य कविताएँ इस तथ्य की परिचयायक हैं कि शमशेर ने कलाकारों के बारे में लिखते हुए अत्यंत विस्तृत धरातल पर विचार किया है। दरअसल इस तरह की विचार प्रधानता कवि मन में करुणा से उपजी है। ग्रेस की कविता में विविध कलाकारों एवं व्यक्तियों को केंद्र में रखा गया है। वास्तव में ग्रेस अपने विचारों को व्यापक आयाम देते हैं। इसमें से अनेक रचनाकार ऐसे हैं, जिनसे कवि प्रत्यक्ष रूप से कभी नहीं मिला है लेकिन उनकी सृजनशीलता का सचमुच कायल रहा है। मूलत: आलोच्य कवि के विचारों में सुंदरता इसलिए भी दृष्टिगत होती है। ग्रेस के व्यक्तित्व में जो बहुआयामी पहलू हैं, उनका अंत:संबंध विविध कलाओं के साथ सदाशयता के साथ जुड़ने के कारण ही है। तभी तो ग्रेस के विचार हॉलीवुड अभिनेत्री इन्ग्रिड, बर्गमन तक पहुँचते हैं। तो कभी नूरजहाँ, डॉ. झिवॅगो, संत तुकाराम, आरती प्रभु, रॉबिन्सन जेफर्स, संत एकनाथ सभी मूर्त हो उठते हैं। ग्रेस की 'जळे पान्हयात पदर' कविता की कुछ पंक्तियाँ गौरतलब हैं। ''शब्द मोजता-मोजता/तुक्या झोपला दाराशी/ आणि हंबरत आले/वेडे राऊळ पायाशी!/काळे सावळे वासरु/पाय चाटाया लागले/जळे पान्हयात पदर/माझे अभंग भिजले।''[156] (शब्द गिनते-गिनते/तुक्या सोया दर पर/ रांभते हुए आए/प्रभु आस धरे मन में/आकर गिरे चरणों में/काला-साँवला बछड़ा/पैर

चाटने लगा/जले प्रेमभरा आँचल/भीगे हैं मेरे अंभग।)

जाहिर है कि कवि ग्रेस संत तुकाराम के प्रति महज आदर भाव ही प्रकट नहीं करते हैं बल्कि उस प्रसंग को भी उजागर करते हैं, जिसमें तत्कालीन ब्राह्मणों की क्रूरता निहित है। 'तुकाराम गाथा' पानी में फेंकने का क्रूर व्यवहार तत्कालीन कुछ ब्राह्मणों ने किया है। लेकिन ग्रेस का मानना है कि इस क्रूरता से संत तुकाराम ('संत' शब्द का प्रयोग मराठी में भक्त कवि के रूप में प्रयुक्त किया जाता है।) को संवरने के लिए स्वयं विठ्ठल भक्ति ने ही आत्मबल प्रदान किया है। 'काळे सावळे वासरू' इसी बात का परिचायक है। कवि ग्रेस की यह खूबी है कि उन्होंने कलाकारों के साथ सहानुभूति ही प्रकट नहीं की है बल्कि उससे तत्कालीन यथार्थ के साथ जोड़ने का भी सफल प्रयास किया है। और ऐसा करते हुए आलोच्य कवि ने वैचारिक संतुलन बनाए रखा है। इसीलिए विचारों में सुंदरता दिखायी देती है। सुरों की सम्राज्ञी लता मंगेशकर पर भी ग्रेस ने अपनी कलम चलायी है। इस दृष्टि से 'लता मंगेशकर' कविता उल्लेखनीय है। यथा— "सांग साजणी कुठे ठेवू मी/तुझा उमलता गळा?"[157] (बाताओ सजनी कहाँ रखूँ मैं/तुम्हारी सुरीली आवाज?)

इससे स्पष्ट है कि ग्रेस हर कलाकार की सर्वोच्च विशेषता कविता में प्रस्तुत करते हैं। अमेरिकन कवि रॉबिन्सन जेफर्स ने अपनी पूरी जिंदगी किराये के मकान में बितायी। लेकिन जीवन के अंतिम पड़ाव में उसने अपना घर समुद्र तट पर बनाया जो सुंदरता का श्रेष्ठतम रूप हैं। उन्होंने 'रॉबिन्सन जेफर्स चे घर' कविता लिखी है। बानगी के तौर पर कुछ पंक्तियाँ देख सकते हैं— "समुद्रापुढे बांधलेल्या घराचे/मला आज आले पुन्हा आठव/पियानोतल्या प्रार्थनांच्या स्वरांचे/शिरे काळजाच्या तळी वैभव"[158] (समुद्र तट पर बनाये घर का/होता है आज मुझ बार-बार स्मरण/पियानो से निकले प्रार्थना के स्वर/बेध जाए हृदय तले।)

ग्रेस की कविता विचारों के स्तर पर न सिर्फ कलाकारों के साथ जुड़ती है बल्कि उसमें कुछ ऐसे व्यक्तित्व भी उभरकर आते हैं जिनका समीक्ष्य कवि जीवन में अहम् स्थान रहा है। 'माझे शिक्षक शिवराम पंत' कविता में कवि लिखता है— "दुर्बोध, हट्टी स्वभावशैली/असून ही इतके साधे सरळ सुभाषित/तुम्ही माझ्याकडून कसे बरे/रचून, रचवून/घेतलेले?"[159] (दुर्बोध, आग्रही स्वभाव शैली/होकर भी इतना सरल सुवचन/आपने, मुझसे कैसे/रचाया?)

स्पष्ट है कि ग्रेस की कविता में काव्य नायक, नायिका सामान्य से सामान्य व्यक्ति भी बनता है। उनके द्वारा लिखित 'इनोसन्ट एलीस' पृ.31 (चंद्रमाधवीचे प्रदेश) अथवा 'माझा अनभिज्ञ साथी कॉ. बर्धन' (सांजभयाच्या साजणी) इसी विचार का वहन करनेवाली कविताएँ हैं। इसी तरह ग्रेस की अन्य कविताओं में भी कलाकार तथा विशेष व्यक्तियों को अत्यंत आदर के साथ प्रस्तुत किया गया है। कुछ

कविताएँ उल्लेखनीय हैं। 'भेट', पृ.41, 'इन्ग्रिड बर्गमन', पृ.38, 'घोडे', पृ.61, 'वार्ड नं. 6', 'आर्थोपिडिक', पृ.22 (संध्याकाळच्या कविता), 'माशांचे डोळे-3', पृ.17, 'दोघी', पृ.19, 'नूरजहाँ', पृ.25, 'एकांत', पृ.68 (राजपुत्र आणि डार्लिंग), 'सत्य', पृ.47, 'फलांचा गुच्छ', पृ.74, 'मरलीन मन्रो', पृ.1300, 'आरती प्रभु', पृ.133, 'उदासिनी', पृ.147 (चंद्रमाधवीचे प्रदेश) 'कमाली पथ', पृ.74 'श्री ज्ञानेश्वराची नवी विराणी', पृ.96, 'धूपउजळण', पृ.109 (सांजभयाच्या साजणी), 'पासकिलीज आयलंड' पृ.151, 'निग्रेस', 'रिबेका', पृ.159 (सांध्यपर्वातील वैष्णवी) 'अभिषेक दूसरा', पृ.32, 'अभिषेक पाचवा', पृ.35, 'एकनाथी गाढवाची हाक', पृ.128, 'माझ्या पाडशाळेतील शेवटचे पत्र', पृ.139 (बाई! जोगिया पुरुष) आदि।

अत: कह सकते हैं कि ग्रेस की कविता में अनेक कलाकारों को सम्मानपूर्ण स्थान प्राप्त हुआ है। दरअसल ग्रेस की सौंदर्य दृष्टि का ही यह परिचायक है। इस संदर्भ में सवाल हो सकता है कि उपर्युक्त संदर्भों के आधार पर ग्रेस की सौंदर्य दृष्टि का मापन कैसे हो सकता है? वस्तुतः जिन कलाकारों और व्यक्तियों का चयन ग्रेस ने किया है। असल में वहाँ बहुत बडा सांस्कृतिक संदर्भ निहित है। ऐसे सांस्कृतिक संदर्भों और प्रसंगों को कविता में प्रस्तुत करने हेतु निर्मिति या सृजन के स्तर पर ले जाना पड़ता है। और यह कौशल कवि ग्रेस में प्रचूरतम दिखायी देता है। भारतीय और पाश्चात्य कलाओं एवं कलाकारों का समन्वय ग्रेस अपनी कविता में करते हैं। इस क्रम में शमशेर की कविताओं में श्रममूलक सौंदर्य भी महत्वपूर्ण आयाम दिखायी देता है।

श्रममूलक सौंदर्य— सर्वप्रथम यह स्पष्ट करना आवश्यक है कि श्रममूलक सौंदर्य को विचार मूलक के अंतर्गत क्यों रखा गया है? इसमें दोराय नहीं कि श्रम की प्रतिष्ठा अपने आप में बहुत बड़ा विचार है। अक्सर शमशेर को विशुद्ध सौंदर्य का कवि कहकर उनकी मार्क्सवाद सौंदर्यदृष्टि हमेशा हाशिए पर रखी गयी है। पूंजी के आधार पर जो वर्गव्यवस्था बनती है वहाँ संघर्ष अनिवार्यतः होता है। मार्क्सवाद पूंजी के आधार पर होनेवाले शोषण के खिलाफ आवाज़ उठाता है। साथ ही पूंजी के आधार पर पनपती समाज व्यवस्था का भी विरोध करता है। शमशेर ऐसी वर्ग व्यवस्था का यथार्थ चित्रण करते हैं। यह चित्रण एक तरह से शमशेर की मार्क्सवाद सौंदर्य दृष्टि को ही उजागर करता है। इस संदर्भ में उनकी 'बैल' कविता अत्यंत प्रासंगिक प्रतीत होती है। कविता की कुछ पंक्तियाँ विचारणीय हैं— "मैं वह गुट्ठल काली कड़ी कूब वाला बैल हूँ/जो अकेला धीरे-धीरे छः मील खींचकर ले जाते हुए/ढेले पर ऊपर तक लदा हुआ माल/स्टेशन से दूर गोदाम तक/चुपचाप धीरे-धीरे, आँखें बाहर को निकली हुई,/त्यौरी चढ़ी हुई, काँधे जोर लगाते हुए/सीना और छाती

आगे को झुककर,/जोर लगाते हुए।''[160]

जाहिर है कि शमशेर उस वर्ग को चित्रित कर रहे हैं, जो शोषण का शिकार हुआ है। कविता में एक ओर ऐसा चित्र भी कवि खड़ा करता है, जिससे यह महसूस होता है कि कवि खुद की बात अभिव्यक्त कर रहा है। एक हद तक यह बात ठीक भी लगने लगती है। क्योंकि कविता का विधान 1972-73 के दरम्यान हुआ है। फिर भी बैल सदृश्य स्वयं की अवस्था दिखाकर कवि क्या जताना चाहता है? और ऐसे विचार में सौंदर्य की प्रतीति कैसे हुई? आदि सवालों पर विचार होना जरूरी है। कविता में श्रमजीवी वर्ग के शोषण का यर्थाथ वर्णन है। कवि स्वयं कहता भी है— ''मुझे वह इस तरह निचोड़ता है जैसे/घानी में एक-एक बीज कसकर दबाकर पेरा जाता है।''[161]

इससे स्पष्ट है कि आलोच्य कवि उस शोषण को दर्शाता है, जिसकी नींव महज पूँजी है। इस तरह के वर्णन में सौंदर्य इस दृष्टि से है कि कवि शोषण के खिलाफ घृणा करने का विचार कविंता में अभिव्यक्त करता है। कवि स्वयं इस आधार पर होनेवाले शोषण के खिलाफ है। शमशेर मूलतः संतुलन को ही सौंदर्य मानते हैं। इस दृष्टि से कवि सामाजिक संतुलन का भी होना जरूरी मानता है। उनका यही विचार सौंदर्य का चरम रूप है। इस परिप्रेक्ष्य में यह बात भी गौरतलब है कि कवि श्रम का विरोध नहीं करता है, वह श्रम का पक्षधर ही है। और क्यों न हो कवि स्वयं कर्मरत रहने की प्रेरणा भी देता है। 'कर्म करो' कविता इसी बात की द्योतक है— ''कर्म की शक्ति का अनन्ततः/मानस लहरों में हो/ज्योति-फहराव।/अंधकार वरो नहीं/चमक उठे जीवन का अपनाव/प्रतिक्षण स्वतः।/कर्म करो, अतः/कर्म करो!''[162]

स्पष्ट है कि कवि कर्मरत होने की प्रेरणा देता है। दीनता त्यागने का संदेश कविता में भरता है। विचार सौंदर्य की दृष्टि से यह रूप अनूठा है। इस तरह स्पष्ट है कि समीक्ष्य कवि की कविता में विचारमूलक सौंदर्य के विविध आयाम दिखायी देते हैं। भाव और विचार मूलक सौंदर्य के अलावा मूल्य सौंदर्य भी शमशेर की काव्य संवेदना का महत्वपूर्ण अंग है।

ग्रामीण सरोकार— शमशेर की अपेक्षा कवि ग्रेस के काव्यानुभव में गाँव और उससे जुड़े संदर्भ अधिक आते हैं। यद्यपि गाँव और अंचल से कवि का प्रत्यक्ष संबंध नहीं रहा है। इसके बावजूद उनकी कविता में ग्रामीण सरोकार सौंदर्य वृद्धि कार्य करते हैं। ग्रेस का बचपन नागपुर शहर में बीता है। किंतु यह तथ्य भी हमें भली-भाँति समझना होगा कि नागपुर भी कोई बडा महानगर नहीं है। और तत्कालीन समय यही उस शहर की पहचान रही है। लेकिन ग्रेस की घुमक्कडी प्रवृत्ति ही उन्हें ग्राम संस्कृति के साथ जोड़ती है। वरिष्ठ मराठी लेखक भालचंद्र नेमाड़े जिसे देशीयता

की अवधारणा में बांधते हैं। वास्तव में इसी देशीयता की झलक ग्रेस की कविता में विद्यमान है जिससे उनके देशीयता से संबंधित विचारों को समझने में सहायता होती है। कवि ग्रेस की अनेक स्मृतियाँ ग्राम के साथ जुड़ती हैं। इससे रसिक अवश्य इस संभ्रम में पड़ता है कि ग्रेस ग्रामीण जीवन का चित्रण करनेवाले कवि है। सौंदर्यशास्त्रीय दृष्टि से देखा जाए तो ग्रेस अपनी काव्य संवेदना में गाँव या ग्रामीण सरोकारों का प्रयोग सोद्देश्य करते हुए दिखते हैं। वस्तुतः ग्रेस की कविता का पाठक अधिकतर शहरों में बसा है। लेकिन उसके मन में गाँव के प्रति आकर्षण है। क्यों न हो वह भी तो गाँव से ही शहर आकर बसा है। इस दृष्टि से ग्रेस के ग्रामीण सरोकार और उससे संबंधित विचार सचमुच सौंदर्य विधान में कारगर सिद्ध होते हैं।

इसमें दो राय नहीं कि ग्रेस ने ग्राम्य जीवन को बडी ही शिद्दत के साथ पहले निरीक्षण किया और फिर उसे काव्यानुभव बनाकर कविता में चित्रित किया है। इस आधार पर यह भी मुहर नहीं लगायी जा सकती कि ग्रेस की कविता महज ग्राम्य जीवन की कविता है। 'गाँव' कविता की कुछ पंक्तियाँ द्रष्टव्य हैं— "आभाळ जिथें घन गर्जे/तें गांव मनाशी निजले,/अंधार भिजे धारांनी/घर एक शिवेवर पडलें.../अन पाणवठयाच्या पाशीं/खचलेला एकट वाडा"[163] (अकाश जहाँ बादल गरजता है/वह गाँव मन में बसा है/घर एक ओर बसा है/पनघट के पास/धँसी हुई अकेली हवेली।)'खचलेला एकट वाडा' पंक्ति उस दृश्य की सूचक है जो सीधे-सीधे गांव से संबंधित है। 'अंधार भिजे धारांनी' पंक्ति एक ओर चमत्कृत भी करती है, तो दूसरी ओर गांव से जुड़ी अनुभूति को अधिक सघन करती है। आमतौर पर ऐसा भी दिखायी देता है कि ग्रेस जहाँ आवास करते हैं वहाँ के परिवेश को उन्होंने समग्रतः अपना लिया है। अतः अपने आवासीय परिवेश को भी वे गांव के रूप में स्थापित करते हैं। 'गावतल्या आठवणी' कविता इस दृष्टि से अत्यंत मार्मिक है। ग्रेस लिखते हैं— "गावात पोचलो तेव्हा/अंधार पसरला नव्हता/डोहात वाकला मेघ/प्रतिबिंब न्हयाळित होता"[164] (गाँव जब पहुँचा/अंधेरा नहीं था फैला/बाँध में झुका बादल।)

इस तरह कह सकते हैं कि ग्रेस की कविता में ग्राम्य जीवन से जुड़े अनेक समसामायिक संदर्भ नित नयापन लेकर आते हैं। आलोच्य कवि की कुछ अन्य कविताओं में भी ग्रामीण संस्कृति मुखर हुई है। इन कविताओं में 'संग', पृ.32, 'गाणे', पृ.45 (संध्याकाळच्या कविता), 'पाऊस गाणे', पृ.28, 'झोका', पृ.55, 'पारवा', पृ.71, 'उखाणे', पृ.79, 'ऊनकावळा', पृ.101 (चंद्रमाधवीचे प्रदेश), 'नदीची सांगता', पृ.48, 'ताण', पृ.116 (सांजभयाच्या साजणी), 'मुलींच्या कविता', पृ.83, 'सारंगा', पृ.129, (सांध्यपर्वातील वैष्णवी), 'पाऊस समजावणी', पृ.93 (बाई! जोगिया पुरुष) आदि उल्लेखनीय है। अतः कह सकते हैं कि ग्रेस की कविता में गाँव का चित्रण सिर्फ विचारों के धरातल पर ही नहीं है बल्कि ग्राम

संस्कृति के प्रति कवि के मन में जो गहरी आस्था है, वह भी ग्रेस को देशीयता के स्तर तक ले जाती है।

मूल्य सौंदर्य के विविध रूप

सौंदर्य भी मूल्य के रूप में स्वीकृत किया गया है। मानव विकास में कला के स्तर पर मनुष्य हमेशा सौंदर्य बोध को महत्व देता रहा है, तो संस्कृति और समाज के स्तर पर वह हमेशा मूल्यान्वेषी रहा है। सामाजिक विषमता में सतुंलन बनाए रखने का कार्य कला करती है। इस तरह का संतुलन कला का सबसे बड़ा गुण है। असल में यही मूल्य सौंदर्य है। आलोच्य दोनों कवि इसी विचार के समर्थक रहे हैं। इसमें दो राय नहीं कि मूल्याधारित कला ही सर्वश्रेष्ठ कला है। वर्तमान दौर में बढ़ती व्यावसायिकता एक तरह से कला पर हावी हो रही है। परिणामतः कला का मूल्यगत पहलू भी नदारद हो रहा है। ऐसे में अनायास ही कलाकार की मूल्यधर्मिता और कला के स्वरूप के संबंध में प्रश्न निर्माण होते हैं। भारतीय परिप्रेक्ष्य में 'कला जीवन के लिए' इस सूत्र की सार्थकता इसलिए उचित लगती है क्योंकि हिंदी साहित्य के संदर्भ में शुद्ध कलावादी या 'कला कला के लिए' विचार को किसी भी कलाकार के संबंध में पूर्णतः लागू नहीं किया जा सकता है। इस बात की पुष्टि वरिष्ठ कवि अशोक वाजपेयी के कथन से होती है, जो उन्होंने अपने एक साक्षात्कार में प्रस्तुत किया है। उनका मानना है कि "हिंदी में सच्चा कलावाद कभी आया ही नहीं। अगर आया होता तो वैचारिक ध्रुवीकरण के लिए एक वास्तविक आधार होता।"[165] इससे ज्ञात होता है कि वाजपेयी कला को जीवन के साथ जोड़कर देखने की पक्षधरता करते हैं। उनके विचार इसलिए सार्थक हैं कि भारतीय कलाओं का स्वरूप जहाँ-जहाँ साकार हुआ है, वहाँ मानव जीवन से जुड़ी प्रेरणा अवश्य रही है। मूल्य और मानव जीवन का गहरा संबंध है। मूल्य न सिर्फ प्रेरणायी होते हैं बल्कि जीवनोपयोगी भी होते हैं। शमशेर और ग्रेस के काव्य में निहित मूल्य सौंदर्य निम्न मुद्दों के आधार पर देख सकते हैं।

राष्ट्रीयता— शमशेर की कविता में राष्ट्रीयता की भावना भी मौजूद है। शमशेर के काव्य में राष्ट्रीयता दो स्तरों पर देखा जा सकती है। एक तो आजादी से पहले का चित्रण और फिर आजाद भारत की वह छवि जब भारत को अपने ही पड़ोसी देशों के साथ युद्ध करने पड़े हैं। राष्ट्रीयता एक ऐसी धारणा है जिसमें हर तरह के मतभेद भूलकर राष्ट्रीयता के सम्मान, उन्नति, सुरक्षा का विशेष ध्यान रखा जाता है। इस संबंध में गणेश शंकर विद्यार्थी अपने 'राष्ट्रीयता' नामक निबंध में लिखते हैं—

"राष्ट्रीयता जातीयता नहीं है। राष्ट्रीयता सामाजिक बंधनों का घेरा नहीं है। राष्ट्रीयता का जन्म देश के स्वरूप से होता है। उसकी सीमाएँ देश की सीमाएँ हैं।"[166]

उपर्युक्त विचारों से यह स्पष्ट होता है कि राष्ट्रीयता धार्मिक एवं सामाजिक बंधनों से परे है। इसे जाति विशेष के साथ जोड़कर नहीं देखा जा सकता है। लेकिन इस तथ्य को अनिवार्यतः मानना पड़ता है कि राष्ट्रीयता में हमेशा ही देशहित की भावना जुड़ी रहती है।

शमशेर की कविता में राष्ट्रीयता की भावना बखूबी देखी जा सकती है। कवि ने जब सृजन कार्य आरंभ तब किया भारत पराधीन स्थिति में था, और आजादी के बाद साठ और सत्तर के दशक भारत के लिए मुश्किल भरे रहे हैं। यह एक ऐसा दौर है जिसमें पड़ोसी देशों के साथ युद्ध करना पड़ा। यह स्वाभाविक ही है कि इस तरह की राजनीतिक एवं सामाजिक उथल-पुथल का प्रभाव शमशेर सरीखे संवेदनशील कवि पर अवश्य ही होता। शमशेर की 'मैं भारत गुण-गौरव गाता' कविता इस संदर्भ में प्रासंगिक है। कुछ पंक्तियाँ द्रष्टव्य हैं— "मैं भारत गुण-गौरव गाता/श्रद्धा से उनके कण-कण को/उन्नत माथ नवाता। वह भविष्य का प्रेम-सूत्र है,/इतिहासों का मर्म पूत है,/अखिल राष्ट्र का श्रम, संयम तप,/कर्मजयी, युग त्राता!/मैं भारत गुण-गौरव गाता।"[167]

प्रस्तुत कविता सन् 1947 में लिखी गई है। यह वही समय है जब राष्ट्रीयता सांस्कृतिक काव्यधारा का गहरा प्रभाव हिंदी साहित्य में छाया हुआ है। शमशेर न सिर्फ भारत की सांस्कृतिक गरिमा को उजागर कर रहे हैं बल्कि युगीन राष्ट्रीयता चेतना को हवा देने का भी कार्य करते हैं। राष्ट्रीयता का दूसरा आयाम है आजाद भारत। पड़ोसी देशों के साथ भारत को बारंबार संघर्ष करना पड़ा है। यहाँ तक कि युद्ध भी करना पड़ा है। फिर वह पाकिस्तान हो अथवा चीन। शमशेर ने भारत-चीन युद्ध के सबंध में 'सत्यमेव जयते' कविता लिखी है। इस कविता में कवि राष्ट्रीयता की भावना प्रखर रूप में उजागर करते हुए लिखता है— "कोई हिमालय पर कालख पोत सकता है?/कोई ब्रह्पुत्र से खिलवाड़ कर सकता है?/(हमारे होठ अस्सी करोड़ गुना बल से भिंच गए हैं/वर्ना जाने क्या चबा डालेंगे!) तिरंगे का अशोक चक्र घूम रहा है/दो हजार मील के घेरे में।/कैलाश पर लाल भभूत कैसे रम सकती है!"[168]

शमशेर की कविता में इस तरह के रूप प्रायः न के बराबर हैं जिसमें उन्होंने ललकार युक्त भाषा का प्रयोग किया है। दरअसल स्वदेश के प्रति अटूट निष्ठा या श्रद्धा ही कवि को ऐसा कहने के लिए प्रेरित करती है। मूलतः इसी आधार पर शमशेर लोकतंत्र भारती के कवि हैं। 'भारत की भारती' कविता इसी का परिचायक है। यथा—"भारत की भारती/देश-देश की स्वतंत्रता देवी/आज अमित प्रेम से उतारती।/निकटपूर्व, पूर्व, पूर्व-दक्षिण में/जन-गण-मन इस अपूर्व शुभ क्षण में/गाते

हैं घर में हो या रण में/भारत की लोकतंत्र भारती।''[169]

इससे यह ज्ञात होता है कि शमशेर की काव्य संवेदना में सौंदर्य का एक महत्वपूर्ण पहलू राष्ट्रीयता भी है। यह मूल्य सौंदर्य का शीर्ष रूप है। आगे चलकर यही बात उनके सत्य के उद्घाटन में दिखायी देती है।

सत्य— सत्य में सुंदरता निहित होती है। आलोच्य कवि की सत्य में दृढ़ आस्था है। यही कारण है कि शमशेर सत्य की पक्षधरता डटकर करते हैं। कवि का मानना है कि विजय सत्य की ही होती है। इसीलिए 'सत्यमेव जयते' का उद्‌घोष करते हुए दिखायी देते हैं— ''माओ ने सब कुछ सीखा, एक बात नहीं सीखी/कि झूठ के पाँव नहीं होते!/सत्य की जबान बंद हो,/फिर भी वह गरजता है!/सत्य की कसी हुई मुट्टियाँ सहसा/खुलती हैं/तो आँधियाँ आती हैं।''[170]

'सत्यमेव जयते' कविता लिखकर कवि न सिर्फ सत्य की गरिमा अभिव्यक्त करता है बल्कि सौंदर्य को सर्वोच्य मूल्य के रूप में स्थापित करता है। चूँकि यह भारत का राष्ट्रीय आदर्श वाक्य है, जो सूचित करता है कि सत्य की ही जीत होती है। यह वाक्य सारनाथ में स्थित अशोक स्तंभ के शिखर से लिया गया है जिसका मूल स्रोत मण्डकोपनिषद है। शमशेर का मानना है कि सत्य का रूख प्राय: समय के अनुरूप बदलता है लेकिन ऐसा सत्य झूठ है। अगर कोई सत्ता यह सोचकर शासन करती है कि आम जनता उनके धोखे से बेखबर है तो उनकी यह नितांत गलत फैहमी है। वह इसलिए कि जनता जानती है— ''सत्य का मुख/झूठ की आँखें/क्या — देखे!/सत्य का रूख/समय का रूख है/अभय जनता को/सत्य ही सुख है/सत्य ही सुख है।''[171]

शमशेर का मूल्यगत सौंदर्य इस दृष्टि से भी दिखायी देता है कि उन्होंने महज काव्य प्रस्तुति में ही मूल्य को वरीयता नहीं दी बल्कि अपने दैनंदिन जीवन में भी उसे अपनाया है।

स्वतंत्रता— व्यक्ति और स्वतंत्रता का अटूट संबंध है। उसके अभाव में व्यक्ति का जीवन किसी दास्तान से कम नहीं है। भारतीय संविधान में भी इसे मौलिक अधिकार के रूप में स्थान है। आरंभ में इस पहलू पर विचार करना आवश्यक है कि स्वतंत्रता, स्वाधीनता और मुक्ति तीनों अवधारणाएँ भिन्न हैं।

स्वतंत्रता में निजी तंत्र की प्रधानता रहती है तो स्वाधीनता में अपने अधीन होने का बोध मौजूद होता है। लेकिन मुक्ति में ऐसा नहीं है। असर कोई बंधा है या बद्धता का भाव है, वहाँ मुक्ति की बात आती है। प्राय: स्वतंत्र होने पर भी स्वाधीनता का अनुभव होगा ही कहा नहीं जा सकता है। इसलिए स्वतंत्रता और

स्वाधीनता दोनों अलग-अलग संकल्पनाएँ हैं। शमशेर की कविता के संबंध में राष्ट्रीयता शब्द का अर्थ देश के धरातल पर लिया गया है। इसका कारण यह है कि शमशेर ने आज़ादी के पूर्व ही लिखना आरंभ किया है। शमशेर के स्वतंत्रता मूल्य की रक्षा करते हुए अनेक कविताओं में देखा जा सकता है। यही कारण है कि शमशेर लोकतंत्र भारती के कवि बने हुए हैं। सन् 1945 में लिखी 'बात बोलेगी' कविता की अंतिम पंक्तियों में शमशेर कहते हैं— "दैन्य दानव। क्रूर स्थिति।/कंगाल बुद्धि-मजूर घर भर।/एक जनता का — अमर वर/एकता का स्वर।/अन्यथा स्वातंत्र्य— इति।"[172]

शमशेर न सिर्फ अपने युग की संवेदना को उद्घाटित करते हैं बल्कि उसके परिणामों से भी आगाह कर रहे हैं। अंतिम पंक्ति में कवि सचेत करते हुए स्पष्ट ही इशारा देता है 'अन्यथा स्वातंत्र्य इति'। असल में शमशेर का काव्य सौंदर्य इस बात में है कि उन्होंने स्वातंत्र्य की पक्षधरता बहुत ही ठोस शब्दों में की है। इसी तरह की भावना कवि 'निजामशाही— सन् 1948' कविता में अभिव्यक्त करता है— स्वातंत्र्य होना है जनतंत्र के सिपाही को।/कि अपने खून से धोना है इस सियाही को!/लगे अवाम की ठोकर निजामशाही को !"[173]

प्रस्तुत कविता के शीर्षक ही से यह स्पष्ट हो जाता है कि आजादी के बाद यह कविता लिखी गयी है। प्रश्न यह है कि शमशेर आजादी के बाद स्वतंत्रता की बात क्यों करते हैं। वह इसलिए कि सन् 1947 तक अंग्रेज शासकों का राज भारत में रहा है। लेकिन सन् 1947 के बाद भी निजामों का राज भारत के विविध प्रदेशों में रहा है। जैसे हैद्राबाद संस्थान और मराठवाड़ा (महाराष्ट्र) निजामों के अधीन था। चूँकि सामान्य लोग निजामशाही से आज़ाद होना चाहते थे। यह स्थिति महज हैद्राबाद तक ही सीमित नहीं बल्कि भारत के अन्य कुछ प्रदेशों में भी यही चित्र रहा है। इसलिए शमशेर निजाम शाही के खिलाफ अपनी आवाज बुलंद करते हुए 'लगे अवाम की ठोकर निजामशाही को' कह रहे हैं। इससे यह स्पष्ट होता है कि शमशेर स्वातंत्र्य मूल्य की रक्षा विविध संदर्भों में करते हैं।

शांति— आपस में प्रेम, भाईचारा ही शांति की अवधारणा को सफल बनाते हैं। जहाँ बैर नहीं है, वहाँ शांति है। वैश्विक संदर्भ में देखे तो युद्ध या संघर्ष का अभाव ही शांति है। शांति के बिना मानव जीवन पतन की ओर जाता है। भारतीय संस्कृति हमेशा ही शांति की पक्षधर रही है। इसका मुख्य कारण यह भी है कि प्रत्येक धर्म में शांति के संबंध में स्वतंत्र विचार व्यक्त हुए हैं। शमशेर भी मूलतः शांति को बढ़ावा देने वाले कवि हैं। उन्होंने अपनी स्वाभावगत प्रवृत्ति के अनुरूप हिंसा का विरोध करते हुए शांति की पक्षधरता की है। यही कारण है कि शमशेर 'अमन का राग'

अलापते हैं— "हर घर में सुख/शांति का युग/हर छोटा-बडा हर नया-पुराना/हर आज-कल परसों के/आगे और पीछे का युग/शांति की सिग्ध कला में डूबा हुआ/ क्योंकि इसी कला का नाम जीवन की/भरी-पूरी गति है।"[174]

शमशेर की हमेशा ही अमन और अहिंसा में आस्था रही है। उनकी यह आस्था कभी कभी उन्हें अधिक भावुक कवि के रूप में भी स्थापित करती है। शमशेर का मानना है कि आम आदमी हमेशा ही अमन चाहता है। हिंसा, युद्ध तो शासकों के अपने-अपने हथकंडे हैं। जिसके आधार पर वे जनता पर अपना शासन करते हैं। सामान्य मनुष्य कभी नहीं चाहता है कि समाज में हिंसा या असुरक्षा का माहौल बना रहे। अशांति कुछ ही लोगों के अहं का परिणाम है। कवि 'शांति के ही लिए' कविता में लिखता है— "अगर तुमसे पूछा जाए कि/सबसे बुनियादी वह पहली चीज कौन-सी है/कि मानव-मात्र के लिए जिसका होना आवश्यक है?/तो एक ही जवाब होगा तुम्हारा/एकदम पहली ही बार/फिर दूसरी बार भी,/और अंतिम बार भी/यही एक जबाब/शांति!"[175]

इससे यह स्पष्ट है कि शमशेर मूल्य सौंदर्य को काव्य में महत्वपूर्ण स्थान देते हैं। वस्तुतः मूल्य सौंदर्य के कारण सांस्कृतिक चेतना भी मन में जागृत रहती है। मूल्यों के प्रति शमशेर के मन में दृढ़ विश्वास है। समाज परिवर्तन के लिए तथा उसे उचित दिशा प्रदान करने में मूल्यों की भूमिका श्रेष्ठतम होती है। शमशेर जिस तरह मूल्यों में सौंदर्य देखते हैं; वह मूलतः उनकी सौंदर्य दृष्टि का ही परिचायक है।

धर्मनिरपेक्षता— धर्मनिरपेक्षता एक सामाजिक मूल्य है। भारतीय संविधान में भी धर्मनिरपेक्षता या सेक्यूलरिज्म को महत्वपूर्ण स्थान दिया गया है। राष्ट्र या राज्य का कारोबार धर्म के आधार पर नहीं होना चाहिए। और न ही धर्म के आधार पर किसी व्यक्ति को विशेष लाभ या सुविधा प्राप्त होनी चाहिए। अर्थात सभी धर्मों को समानता की दृष्टि से देखना और धार्मिक कट्टरता को न अपनाने की बात धर्म निरपेक्षता मूल्य में लक्षित होती है। आलोच्य कवि हिंदू है लेकिन अन्य धर्मों और उससे जुडे संदर्भों का उल्लेख ग्रेस की कविता में अत्यंत मार्मिक ढंग से प्राप्त होता है। अतः ग्रेस की काव्य संवेदना में धर्मनिरपेक्षता का वहन भी किया गया है। यही धर्मनिरपेक्षा मूल्यगत सौंदर्य की वृद्धि करती है। ग्रेस की कविताओं में विविध धर्म संप्रदायों का समन्वय दिखायी देता है। कवि कभी चर्च की शरण में जाकर अपनी प्रार्थना प्रस्तुत करता है, तो कभी वह सुफी प्रार्थना को ही आराध्य मानने लगता है। कभी उनकी काव्य संवेदना में गौतम बुद्ध और बौद्ध दर्शन से जुड़े संदर्भ उभरते हैं, तो कभी संत ज्ञानेश्वर, संत तुकाराम ('संत' शब्द यहाँ मराठी के भक्त कवियों का सूचक है।) वारकरी संप्रदाय और हिंदू दर्शन की पताका फहराते हैं। इन सभी क्रिया

किलापों से आखिर आलोच्य कवि क्या दिखाना चाहता है? यह एक अहम् मुद्दा है। ग्रेस की यह कोशिश सचमुच 'विश्वकवि' के रूप में स्थापित होने की लगती है। यद्यपि कवि इसमें कितना सफल रहा, यह अलग मसला हो सकता है। फिर भी उन्होंने जो समन्वय किया है, वह सही अर्थों में मूल्य सौंदर्य के रचाव में नितांत उपयोगी रहा है। 'प्रिस्ट' कविता की कुछ पंक्तियाँ उल्लेखनीय हैं— "हयांच्या शरीरात छिद्रांतून/आरपार शिरत असतात घरांचे/ख्रिस्तव्याकुळ नाद!"[176] (इनके शरीर में बिधते हैं, घर के/ख्रिस्त आकुल नाद।)

जाहिर है आलोच्य कवि ख्रिस्त धर्म की देवता येशू का चित्र देखते हुए आकुल हो उठता है। 'The Village' में ग्रेस लिखते हैं— "Since every town is a part/of ancient village/do not arrange the raindrops!/You know, my beloved ?/Twilight is sovereign/Arranger of my prayers,/This is my nearest church/And rest of the world/is my farthest God"[177]

कवि का मानना है कि हर शहर एक प्राचीन गाँव ही है। और बारिश का अनुमान तो आप व्यर्थ ही कर रहे हैं। क्योंकि ईश्वरीय दृष्टिकोण में भेदभाव नहीं है। वह तो मनुष्य करता है। प्रार्थना के लिए मुड़ते ईश्वर ने संध्या समय दिया है। मैं मानता हूँ कि समग्र सृष्टि ईश्वरीय का ही प्रतिरूप है। यही बात ग्रेस गौतम बुद्ध के संबंध में भी करते हैं। उन्होंने 'कवितेचा जन्म' कविता में लिखा है— "गर्भातल्या गौतमालाच गर्भात/का ओळखीची दिसावी गया?"[178] (गौतम को गर्भ में ही/क्यों लगे जानी-पहचानी गया?) अथवा "पैगंबराज्या प्रार्थना/खिन्न अजानात येती/पुन्हा देउळवातींना/नको ओलेतीची सक्ती-"[179] (पैगंबर की प्रार्थना/शांत अजान से आए/पुनः मंदिर में दीया क्यों जलाए?)

स्पष्ट है कि ग्रेस अनेक धर्मों को उनके सांस्कृतिक संदर्भों के आधर पर व्यक्त करते हैं। पहले उद्धरण में कवि महज बौद्ध धर्म के प्रति अपने विचारों को प्रकट नहीं करता है बल्कि यह भी कल्पित करता है कि गर्भावस्था में ही सिद्धार्थ अपने परम साध्य को जान गए थे। दूसरे उद्धरण में हिंदू और मुस्लिम प्रार्थना का समन्वय कह रहे हैं। उनका मानना है अगर कोई हिंदू व्यक्ति 'अजान' सुनता है तो पुनः उसे मंदिर, में जाकर दीप जलाने की क्या आवश्यकता है? 'अजान' भी तो उसकी प्रार्थना हो सकती है। दरअसल कवि ग्रेस का यह सर्वोच्च विचार है। साथ ही ग्रेस एक सर्वोच्च सामाजिक मूल्य को भी स्थापित करते हुए दिखायी देते हैं। आलोच्य कवि ने वर्तमान दौर में कट्टरतावादी तथाकथित 'जिहादवादियों' और 'हिंदूत्ववादियों' के लिए यह बहुत बड़ा संदेश दिया है। कवि की यही सोच धर्मनिरपेक्षता में सौंदर्य विधान करती है। कुछ अन्य कविताओं में भी यह धारणा प्रकट होती है। जैसे— 'आषाढ़बन', पृ.10, 'घर', पृ.60 (संध्याकाळच्या कविता), 'आगगाडीच्या कविता-

04', पृ.47 (राजपुत्र आणि डार्लिंग), 'तळपाय', पृ.33, 'हिवाळ्याच्या दिवसात', पृ.47, 'सत्य', पृ.47 (चंद्रमाधवीचे प्रदेश), 'सरत्या हिवाळ्यासाठी शेक', पृ.169 (सांध्यपर्वातील वैष्णवी), 'पडशाळा', पृ.88 (बाई! जोगिया पुरुष) आदि। इस तरह स्पष्ट है कि ग्रेस की कविता में धर्मनिरपेक्षता मूल्य भी बहुत ही सक्षमता के साथ प्रस्तुत हुआ है।

उल्लेखनीय तथ्य यह है कि ग्रेस की धर्मनिरपेक्षता महज धर्म तक सीमित नहीं है बल्कि संप्रदाय की दस्तक भी उनकी कविता में लक्षित होती है। परिणामतः आलोच्य कवि कभी सगुण की ओर झुका हुआ लगता है तो कभी कबीर पंथ का बखान करता है। ग्रेस का काव्य नायक कभी-कभी सुफी प्रार्थना में मशगूल दिखायी देता है तो कभी संत तुकाराम, संत नामदेव ('संत' शब्द यहाँ मराठी के भक्त कवियों का सूचक है।) सरीखे नायक वारकरी संप्रदाय का गुणगान करते हैं।

अतः कह सकते हैं कि ग्रेस की काव्य संवेदना में मूल्य सौंदर्य श्रेष्ठतम आधार है। समग्र विवेचन के आधार पर यह स्पष्ट होता है कि ग्रेस की काव्य संवेदना में भाव, विचार और मूल्य सौंदर्य के विविध आयाम दिखायी देते हैं। शमशेर और ग्रेस की प्रेम तत्व में गहरी आस्था रही है। दोनों कवियों की प्रेम भावना पर रोमाटिंसिज्म का गहरा प्रभाव दिखायी देता है। दोनों के प्रेम वर्णन में मासंलता का अभाव है। यह चित्रण उदात्तता के धरातल पर है। इसलिए सुंदर है। प्रेम में दुःख, अतृप्ति, तलाश, मधुर स्मृतियाँ जुड़ी हैं। दोनों कवि प्रेमानुभूति में संकेतों का प्रयोग अधिक करते हैं। दोनों कवियों ने प्रेम परक वर्णन में स्मृतियों को अधिक महत्व दिया है। शमशेर और ग्रेस के प्रकृति सौंदर्य पर स्वच्छंदतावादी प्रभाव दिखायी देता है। कभी वह कोमलतम् बना है तो कभी नए भावबोध को व्यक्त करता है। प्रकृति सौंदर्य में चित्रकारिता का प्रभाव दोनों कवियों में अधिक मात्रा में है। साथ ही प्रकृति का मानवीकरण करते हुए दोनों प्रायः अचेतन में बसी प्रकृति को अभिव्यक्त करते हैं। यह वर्णन स्थल काल निरपेक्ष लगता है। दोनों की कोशिश स्वयं को विश्वकवियों के साथ जोड़ने की दिखती है। समीक्ष्य दोनों कवियों ने मानवीय सौंदर्य का सरस वर्णन किया है। इस दृष्टि से दोनों के सौंदर्य वर्णन का आधार नारी ही है। लेकिन इस वर्णन में ठोसपन होने के बावजूद भी भद्दापन नहीं है। उसमें मूर्तता, चिकनाहट, गतिमानता, उज्जवलता जैसे तत्व हैं जिससे सौंदर्य वृद्धि हुई है। दोनों कवियों ने पुरुष सौंदर्य का भी वर्णन किया है। नारी का सौंदर्य वर्णन करते हुए आलोच्य कवियों की दृष्टि परंपरावादी है लेकिन भोगवादी नहीं है। इस वर्णन में रूमानियत का गहरा प्रभाव लक्षित होता है। साथ ही दोनों कवियों पर अतियथार्थवाद का प्रभाव है। लेकिन दोनों की कविता में किसी मजदूर स्त्री का सौंदर्य वर्णन नहीं है। या किसी विद्रोही नायिका को भी केंद्र में रखकर सुंदरता का निर्माण नहीं हुआ है।

शमशेर और ग्रेस की कविता में निराशा के स्वर में सौंदर्य बोध है। लेकिन यह वर्णन दरअसल रोमांटिसिज्म से अधिक प्रभावित है। प्रकृति और निराशा या उदासी का अंत:संबंध दोनों कवि जोड़ते हैं। दोनों कवियों ने दुख को कविता में सौंदर्य सृष्टि का आधार बनाया है। इसके कारण ही कवि आत्ममग्नता में डूबे हुए दिखते हैं। वैयक्तिकता या आत्ममग्नता दोनों कवियों को रोमांटिसिज्म की देन है। कहीं-कहीं अस्तित्ववादी दर्शन भी दिखायी देता है। बचपन से ही दोनों कवि अकेलापन सहते आए हैं। यद्यपि दोनों को कोई अफसोस नहीं है कि वे अकेले हैं। कला का मूलाधार सकारात्मक या रचनात्मक दृष्टिकोण प्रदान करना है। जीवन की कुरूपता कला में सुंदर बनती है। आलोच्य दोनों कवियों ने आशावादी दृष्टिकोण अपनाया है, जिससे जीवन के प्रति उनकी गहरी आस्था दिखायी देती है। दोनों कवियों ने माँ विषयक कविताएँ लिखी हैं। सृजन की प्रेरणा दोनों कवियों की माँ ही रही है। साथ ही दोनों के चित्रण में नास्टेल्जिया विद्यमान है। आलोच्य कवियों की रहस्यानुभूति अज्ञात सत्ता की अपेक्षा प्रत्यक्ष जीवन व्यवहार से संबंधित है। जीवन के अनेक रहस्य उसमें भरे हैं। अचेतन अनुभव भी रहस्यानुभूति में साकार हुए हैं। अत: इससे भी सौंदर्य वृद्धि हुई है। दोनों कवियों ने रचना-प्रक्रिया से जुडे रहस्यों को भी प्रस्तुत किया है। विचारमूलक सौंदर्य शमशेर और ग्रेस के काव्य में दिखायी देता है। युगीन संवेदना का यथार्थ चित्रण आलोच्य कवियों ने किया है। दोनों कवियों ने कलाकारों एवं व्यक्तियों को अपनी कविता में प्रस्तुत करते हुए सौंदर्य विधान किया है। साथ ही मूल्य सौंदर्य को भी शमशेर और ग्रेस की कविता प्रस्तुत करती है।

शमशेर और ग्रेस के जीवन में प्रेम का अभाव रहा है। लेकिन शमशेर उम्र के विशिष्ट पड़ाव पर प्रेम की तलाश में दिखते हैं। ग्रेस के यहाँ यह तलाश बचपन से ही दिखायी देती है। ग्रेस पुरानों के स्त्री पात्रों के माध्यम से भी प्रेम भावना में सौंदर्य निर्माण करते हैं। शमशेर की प्रेमभावना में मार्क्सवादी सौंदर्य दृष्टि भी दिखायी देती है। साथ ही समर्पण वृत्ति अधिक देखी जा सकती है।

ग्रेस की तुलना में शमशेर का प्रकृति चित्रण यथार्थवादी धरातल पर है। जबकि ग्रेस अचेतन में बसी प्रकृति को ही साकार करते हैं। शमशेर मात्र प्रेमिका का सौंदर्य वर्णन करते हैं लेकिन ग्रेस में प्रेमिका, सखी, बहन भी आती है। शमशेर ने पुरुष सौंदर्य में बाह्य रूप पर ही अधिक बल दिया जबकि ग्रेस पुरुष के आंतरिक सौंदर्य को उजागर करते हैं। शमशेर की कविता में दुख कभी स्वयं का है, तो कभी लोगों का व्यक्त हुआ है। लेकिन ग्रेस हमेशा ही अपना दु:ख दिखाने की होड़ में है। और उनकी कविताओं में दु:ख की तीव्रता भी अधिक है। शमशेर में आशावादिता का स्वर अधिक सघन और तीव्र है जबकि ग्रेस में यह स्वर उतना तीव्र नहीं है। शमशेर माता-पिता, पत्नी सभी को कविता में लाते हैं। उनकी माँ कभी भारत माता

बनकर आती है, तो कभी समाज सेविका। ग्रेस की माँ परंपरागत वर्णन से भिन्न रूप धारण कर प्रस्तुत होती है। ग्रेस की समग्र काव्य संवेदना में महत्वपूर्ण हिस्सा माँ है। कवि उसे महज मादा के रूप में प्रस्तुत करता है। या फिर आदिशक्ति का रूप देता है। ग्रेस की माँ विषयक कविता अतियथार्थवाद से प्रभावित है। माँ के जीवन से जुड़े अनेक निजी अनुभव कवि ने उद्घाटित किए हैं। शमशेर के यहाँ ऐसा नहीं दिखता है। शमशेर रहस्यानुभूति में प्रकृति के विराट रूपों को दिखाते हैं। ग्रेस जीवन व्यवहार से जुड़े रहस्यों को अधिक सक्षम बनाकर प्रस्तुत करते हैं। एमिली डिकिन्सन का प्रभाव यहाँ दिखायी देता है। शमशेर की रहस्यानुभूति उर्दू काव्य परंपरा से प्रभावित है। शमशेर का क्षणबोध अस्तित्ववादी विचारों से प्रभावित है तो ग्रेस हर पल को स्मृति के साथ जोड़ते हैं। शमशेर मृत्यु को सेंटिमेंट नहीं बल्कि ठोस मानते हैं। ग्रेस का मृत्यु विषयक चितंन बहुत सकरात्मक है। उन्होंने स्वप्न और मृत्यु को एक ही धरातल पर देखा है। शमशेर की काव्य संवेदना में सामाजिक सरोकार, युगीन संवेदना का चित्रण अधिक हुआ है। ग्रेस की कविता में ऐसे संदर्भ प्रायः बहुत कम हैं। शमशेर अपनी कविता में भारतीय एवं पाश्चात्य कलाकारों का समन्वय प्रस्तुत करते हुए सौंदर्य विधान करते हैं। ग्रेस के यहाँ भारतीय कम और पाश्चात्य कलाकारों को अधिक स्थान मिला है। श्रम प्रतिष्ठा के द्वारा शमशेर सुंदर विचार प्रस्तुत करते हैं तो ग्रेस देशीयता के आधार पर कविता में सौंदर्य विधान करते हैं। शमशेर ने अपनी काव्य संवेदना में राष्ट्रीयता, सत्य, स्वातंत्र्य, शांति आदि मूल्यों के आधार पर सौंदर्य निर्माण किया है तो ग्रेस धर्मनिरपेक्षता मूल्य का ही सबल समर्थन करते हुए सौंदर्य सृष्टि करते हैं।

संदर्भ संकेत सूची

01. चिंतामणी मंजूषा सहित— आचार्य रामचंद्र शुक्ल, पृ.01
02. काव्यशास्त्र — डॉ. भगीरथ मिश्र, पृ.22
03. उदिता— अभिव्यक्ति का संघर्ष — शमशेर बहादुर सिंह, पृ.भूमिका से
04. काल, तुझसे होड़ है मेरी — शमशेर बहादुर सिंह, पृ.15
05. काल, तुझसे होड़ है मेरी — शमशेर बहादुर सिंह, पृ.16
06. काल, तुझसे होड़ है मेरी — शमशेर बहादुर सिंह, पृ.997
07. उदिता— अभिव्यक्ति का संघर्ष — शमशेर बहादुर सिंह, पृ.44
08. कहीं बहुत दूर से सुन रहा हूँ — शमशेर बहादुर सिंह, पृ.21
09. कुछ और कविताएँ — शमशेर बहादुर सिंह, पृ.133
10. चुका भी हूँ नहीं मैं — शमशेर बहादुर सिंह, पृ.103
11. कुछ कविताएँ व कुछ और कविताएँ — शमशेर बहादुर सिंह, पृ.130
12. कुछ कविताएँ व कुछ और कविताएँ — शमशेर बहादुर सिंह, पृ.169
13. कहीं बहुत दूर से सुन रहा हूँ — शमशेर बहादुर सिंह, पृ.51
14. संध्याकाळच्या कविता — ग्रेस, पृ.48

15. राजपुत्र आणि डार्लिंग — ग्रेस, पृ.31
16. चंद्रमाधवीचे प्रेदश — ग्रेस, पृ.18
17. चंद्रमाधवीचे प्रेदश — ग्रेस, पृ.19
18. चंद्रमाधवीचे प्रेदश — ग्रेस, पृ.11
19. चंद्रमाधवीचे प्रेदश — ग्रेस, पृ.181
20. सांध्यपर्वातील वैष्णवी — ग्रेस, पृ.57
21. सांजभयाच्या साजणी — ग्रेस, पृ.22
22. बाई ! जोगिया पुरुष — ग्रेस, पृ.98
23. बाई ! जोगिया पुरुष — ग्रेस, पृ.98
24. कुछ कविताएँ व कुछ और कविताएँ — शमशेर बहादुर सिंह, पृ.29
25. कुछ कविताएँ व कुछ और कविताएँ — शमशेर बहादुर सिंह, पृ.29
26. कुछ कविताएँ व कुछ और कविताएँ — शमशेर बहादुर सिंह, पृ.64
27. चुका भी हूँ नहीं मैं — शमशेर बहादुर सिंह, पृ.09
28. कुछ कविताएँ व कुछ और कविताएँ — शमशेर बहादुर सिंह, पृ.22
29. उदिता-अभिव्यक्ति का संघर्ष — शमशेर बहादुर सिंह, पृ.20
30. संध्याकाळच्या कविता — ग्रेस, पृ.27
31. संध्याकाळच्या कविता — ग्रेस, पृ.24
32. संध्याकाळच्या कविता — ग्रेस, पृ.27
33. संध्याकाळच्या कविता — ग्रेस, पृ.54
34. चंद्रमाधवीचे प्रदेश — ग्रेस, पृ.13
35. चंद्रमाधवीचे प्रदेश — ग्रेस, पृ.21
36. सांजभयाच्या साजणी — ग्रेस, पृ.43
37. बाई ! जोगिया पुरुष — ग्रेस, पृ.43
38. राजपुत्र आणि डार्लिंग — ग्रेस, पृ.47
39. काल, तुझसे होड़ है मेरी — शमशेर बहादुर सिंह, पृ.100
40. काल, तुझसे होड़ है मेरी — शमशेर बहादुर सिंह, पृ.100
41. काल, तुझसे होड़ है मेरी — शमशेर बहादुर सिंह, पृ.105
42. काल, तुझसे होड़ है मेरी — शमशेर बहादुर सिंह, पृ.106
43. उदिता— अभिव्यक्ति का संघर्ष — शमशेर बहादुर सिंह, पृ.49
44. कवियों का कवि शमशेर — डॉ. रंजना अरगड़े, पृ.178
45. संध्याकाळच्या कविता — ग्रेस, पृ.33
46. चंद्रमाधवीचे प्रदेश — ग्रेस, पृ.11
47. ग्रेस विषयी — डॉ. अक्षयकुमार काळे, पृ.11
48. चंद्रमाधवीचे प्रदेश — ग्रेस, पृ.96
49. सांजभयाच्या साजणी — ग्रेस, पृ.124
50. सांध्यपर्वातील वैष्णवी — ग्रेस, पृ.107
51. हिंदी साहित्य कोश भाग-1 — संपा. डॉ. धीरेंद्र वर्मा और संपादक मंडल, पृ.349
52. हिंदी साहित्य कोश भाग-1 — संपा. डॉ. धीरेंद्र वर्मा और संपादक मंडल, पृ.349
53. कुछ कविताएँ व कुछ और कविताएँ — शमशेर बहादुर सिंह, पृ.128
54. इतने पास अपने — शमशेर बहादुर सिंह, पृ.15

55. उदिता— अभिव्यक्ति का संघर्ष — शमशेर बहादुर सिंह, पृ.54
56. उदिता— अभिव्यक्ति का संघर्ष — शमशेर बहादुर सिंह, पृ.53
57. संध्याकाळच्या कविता — ग्रेस, पृ.69
58. संध्याकाळच्या कविता — ग्रेस, पृ.71
59. चंद्रमाधवीचे प्रदेश — ग्रेस, पृ.07
60. बाई! जोगिया पुरुष — ग्रेस, पृ.17
61. बाई! जोगिया पुरुष — ग्रेस, पृ.144
62. चंद्रमाधवीचे प्रदेश — ग्रेस, पृ.176
63. हिंदी साहित्य कोश भाग— 1 — संपा. डॉ. धीरेंद्र वर्मा और संपादक मंडल, पृ.287
64. बात बोलेगी — शमशेर बहादुर सिंह, पृ.17
65. कुछ कविताएँ व कुछ और कविताएँ — शमशेर बहादुर सिंह, पृ.27
66. कुछ कविताएँ व कुछ और कविताएँ — शमशेर बहादुर सिंह, पृ.122
67. कुछ कविताएँ व कुछ और कविताएँ — शमशेर बहादुर सिंह, पृ.121
68. चुका भी हूँ नहीं मैं — शमशेर बहादुर सिंह, पृ.46
69. बात बोलेगी — शमशेर बहादुर सिंह, पृ.60
70. सांध्यपर्वातील वैष्णवी — ग्रेस, पृ.107
71. संध्याकाळच्या कविता — ग्रेस, पृ.35
72. संध्याकाळच्या कविता — ग्रेस, पृ.68
73. ग्रेस विषयी — डॉ. अक्षयकुमार काळे, पृ.94
74. राजपुत्र आणि डार्लिंग — ग्रेस, पृ.107
75. चंद्रमाधवीचे प्रदेश — ग्रेस, पृ.145
76. चंद्रमाधवीचे प्रदेश — ग्रेस, पृ.170
77. सांध्यपर्वातील वैष्णवी — ग्रेस, पृ.110
78. सांजभयाच्या साजणी — ग्रेस, पृ.04
79. सांजभयाच्या साजणी — ग्रेस, पृ.04
80. चंद्रमाधवीचे प्रदेश — ग्रेस, पृ.114
81. बाई! जेगिया पुरुष — ग्रेस, पृ.77
82. कुछ कविताएँ व कुछ और कविताएँ — शमशेर बहादुर सिंह, पृ.171
83. चुका भी हूँ नहीं मैं — शमशेर बहादुर सिंह, पृ.96
84. इतने पास अपने — शमशेर बहादुर सिंह, पृ.28
85. उदिता— अभिव्यक्ति का संघर्ष — शमशेर बहादुर सिंह, पृ.34
86. चुका भी हूँ नहीं मैं — शमशेर बहादुर सिंह, पृ.101
87. कहीं बहुत दूर से सुन रहा हूँ — शमशेर बहादुर सिंह, पृ.49
88. सांजभयाच्या साजणी — ग्रेस, पृ.03
89. चंद्रमाधवीचे प्रदेश — ग्रेस, पृ.35
90. राजपुत्र आणि डार्लिंग — ग्रेस, पृ.53
91. बाई! जोगिया पुरुष — ग्रेस, पृ.76
92. बाई! जोगिया पुरुष — ग्रेस, पृ.118
93. बाई! जोगिया पुरुष — ग्रेस, पृ.89
94. कुछ कविताएँ व कुछ और कविताएँ — शमशेर बहादुर सिंह, पृ.68

95. कुछ कविताएँ व कुछ और कविताएँ — शमशेर बहादुर सिंह, पृष्ठ–30
96. कुछ कविताएँ व कुछ और कविताएँ — शमशेर बहादुर सिंह, पृ.25
97. इतने पास अपने — शमशेर बहादुर सिंह, पृ.21
98. चंद्रमाधवीचे प्रदेश — ग्रेस, पृ.37
99. चंद्रमाधवीचे प्रदेश — ग्रेस, पृ.09
100. चंद्रमाधवीचे प्रदेश — ग्रेस, पृ.128
101. राजपुत्र आणि डार्लिंग — ग्रेस, पृ.87
102. राजपुत्र आणि डार्लिंग — ग्रेस, पृ.39
103. दै. महाराष्ट्र टाइम्स, संवाद— पुरवणी, (प्रमोद भागवत द्वारा ग्रेस का साक्षात्कार, संध्यामग्न पुरुष) 30 मई, 2010, पृ.02
104. उदिता— अभिव्यक्ति का संघर्ष — शमशेर बहादुर सिंह, पृ.17
105. उदिता— अभिव्यक्ति का संघर्ष — शमशेर बहादुर सिंह, पृ.22
106. उदिता— अभिव्यक्ति का संघर्ष — शमशेर बहादुर सिंह, पृ.27
107. कुछ कविताएँ व कुछ और कविताएँ — शमशेर बहादुर सिंह, पृ.23
108. संध्याकाळच्या कविता — ग्रेस, पृ.54
109. सांजभयाच्या साजणी — ग्रेस, पृ.20
110. चंद्रमाधवीचे प्रदेश — ग्रेस, पृ.15
111. कुछ कविताएँ व कुछ और कविताएँ — शमशेर बहादुर सिंह, पृ.117
112. उदिता— अभिव्यक्ति का संघर्ष — शमशेर बहादुर सिंह, पृ.45
113. उदिता— अभिव्यक्ति का संघर्ष — शमशेर बहादुर सिंह, पृ.33
114. इतने पास अपने — शमशेर बहादुर सिंह, पृ.19
115. उदिता— अभिव्यक्ति का संघर्ष — शमशेर बहादुर सिंह, पृ.73
116. ग्रेस विषयी — डॉ. अक्षयकुमार काळे, पृ.52
117. चंद्रमाधवीचे प्रदेश — ग्रेस, पृ.29
118. चंद्रमाधवीचे प्रदेश — ग्रेस, पृ.35
119. चंद्रमाधवीचे प्रदेश — ग्रेस, पृ.35
120. चंद्रमाधवीचे प्रदेश — ग्रेस, पृ.39
121. सांजभयाच्या साजणी — ग्रेस, पृ.35
122. बाई ! जोगिया पुरुष — ग्रेस, पृ.92
123. हिंदी आलोचना की पारिभाषिक शब्दावली — संपा. डॉ. अमरनाथ, पृ.297
124. हिंदी आलोचना की पारिभाषिक शब्दावली — संपा. डॉ. अमरनाथ, पृ.298
125. कुछ कविताएँ व कुछ और कविताएँ — शमशेर बहादुर सिंह, पृ.143
126. चुका भी हूँ नहीं मैं— शमशेर बहादुर सिंह, पृ.75
127. इतने पास अपने — शमशेर बहादुर सिंह, पृ.56
128. संध्याकाळच्या कविता — ग्रेस, पृ.24
129. संध्याकाळच्या कविता — ग्रेस, पृ.25
130. संध्याकाळच्या कविता — ग्रेस, पृ.43
131. राजपुत्र आणि डार्लिंग — ग्रेस, पृ.62
132. कुछ कविताएँ व कुछ और कविताएँ — शमशेर बहादुर सिंह, पृ.116
133. कुछ कविताएँ व कुछ और कविताएँ — शमशेर बहादुर सिंह, पृ.21

134. बात बोलेगी — शमशेर बहादुर सिंह, पृ.86
135. संध्याकाळच्या कविता — ग्रेस, पृ.19
136. सांजभयाच्या साजणी — ग्रेस, पृ.08
137. लंबी कविताएँ: वैचारिक सरोकार — बलदेव वंशी, पृ.09
138. हिंदी नयी कविता का सौंदर्यशास्त्रीय अध्ययन — डॉ. मंजू गुप्ता, पृ.211
139. कुछ कविताएँ व कुछ और कविताएँ — शमशेर बहादुर सिंह, पृ.40
140. इतने पास अपने — शमशेर बहादुर सिंह, पृ.28
141. बात बोलेगी — शमशेर बहादुर सिंह, पृ.47
142. www.youtube.com date 20/01/2017 Time 4.30 pm, (प्रिय जी. ए. महोत्सव 2010)
143. राजपुत्र आणि डार्लिंग — ग्रेस, पृ.67
144. सांजभयाच्या साजणी — ग्रेस, पृ.07
145. चुका भी हूँ नहीं मैं — शमशेर बहादुर सिंह, पृ.31
146. चुका भी हूँ नहीं मैं — शमशेर बहादुर सिंह, पृ.34
147. चुका भी हूँ नहीं मैं — शमशेर बहादुर सिंह, पृ.83
148. उदिता— अभिव्यक्ति का संघर्ष — शमशेर बहादुर सिंह, पृ.32
149. www.youtube.com date 20/01/2017 Time 4.30 pm, (प्रिय जी. ए. महोत्सव 2010)
150. ग्रेस विषयी — डॉ. अक्षयकुमार काळे, पृ.69
151. राजपुत्र आणि डार्लिंग — ग्रेस, पृ.07
152. बाई! जोगिया पुरुष — ग्रेस, पृ.69
153. कुछ कविताएँ व कुछ और कविताएँ — शमशेर बहादुर सिंह, पृ.16
154. उदिता— अभिव्यक्ति का संघर्ष — शमशेर बहादुर सिंह, पृ.51
155. बात बोलेगी — शमशेर बहादुर सिंह, पृ.78
156. सांजभयाच्या साजणी — ग्रेस, पृ.05
157. सांध्यपर्वातील वैष्णवी — ग्रेस, पृ.73
158. सांध्यपर्वातील वैष्णवी — ग्रेस, पृ.158
159. सांजभयाच्या साजणी — ग्रेस, पृ.46
160. काल, तुझसे होड़ है मेरी — शमशेर बहादुर सिंह, पृ.21
161. काल, तुझसे होड़ है मेरी — शमशेर बहादुर सिंह, पृ.21
162. उदिता— अभिव्यक्ति का संघर्ष— शमशेर बहादुर सिंह, पृ.63
163. संध्याकाळच्या कविता— ग्रेस, पृ.56
164. चंद्रमाधवीचे प्रदेश— ग्रेस, पृ.49
165. अशोक वाजपेयी की सुरेश शर्मा के साथ बातचीत— मेरे साक्षात्कार, अशोक वाजपेयी, पृ.48
166. राष्ट्रीयता— गणेश शंकर विद्यार्थी, www.hindisamay.com, 3: 54 PM, 12/10/2016
167. उदिता— अभिव्यक्ति का संघर्ष — शमशेर बहादुर सिंह, पृ.17
168. चुका भी हूँ नहीं मैं— शमशेर बहादुर सिंह, पृ.39
169. बात बोलेगी— शमशेर बहादुर सिंह, पृ.57
170. चुका भी हूँ नहीं मैं— शमशेर बहादुर सिंह, पृ.39
171. बात बोलेगी— शमशेर बहादुर सिंह, पृ.59
172. बात बोलेगी— शमशेर बहादुर सिंह, पृ.60
173. बात बोलेगी— शमशेर बहादुर सिंह, पृ.63

174. बात बोलेगी— शमशेर बहादुर सिंह, पृ.79
175. बात बोलेगी— शमशेर बहादुर सिंह, पृ.84
176. संध्याकाळच्या कविता— ग्रेस, पृ.74
177. बाई! जोगिया पुरुष— ग्रेस, पृ.31
178. सांजभयाच्या साजणी— ग्रेस, पृ.42
179. बाई! जोगिया पुरुष— ग्रेस, पृ.93

तीन

शिल्प को तराशते कवि

काव्य संवेदना के अंतर्गत शमशेर बहादुर सिंह और ग्रेस के काव्य में निहित भाव, विचार और मूल्य सौंदर्य के विविध आयाम देखे गए हैं। इस संदर्भ में यह भी सवाल निर्माण हो सकता है कि विषय वस्तु और रूप का स्वतंत्र अध्ययन करने की क्या आवश्यक है? लेकिन यह तथ्य भी समझना होगा कि कला का स्वरूप ही विषय-वस्तु और रूप के आधार पर साकार होता है। कोई भी कला कलाकार के अनुभवों, भावों, विचारों से ही सृजन के स्तर पर पहुँचती है। कलाकार बाह्य जगत् से जो अनुभव ग्रहण करता है, वही कलाकृति में आशय बनता है। किंतु आशय जिस रूप में ढलकर कलात्मक बनता है, वही उस कलाकृति का शिल्प पक्ष होता है। इस दृष्टि से आशय रचनाकार का साध्य है, तो शिल्प उसका साधन है। वास्तव में सुंदरिक या रसिक को कलाकृति की सौंदर्यानुभूति दोनों धरातल पर होती है। इसमें दोराय नहीं कि कलाकृति में रूप विधान अद्‌भुत सौंदर्य निर्माण करता है। साथ ही कलाकार के भावों और विचारों को रसिक तक पहुँचाने के लिए शिल्प महत्वपूर्ण है। दरअसल कथ्य को संप्रेषणीय बनाने का कार्य तो रूप विधान ही करता है। यथा— कल्पना, बिंब, प्रतीक, अलंकार, काव्यभाषा, शैली आदि। साथ ही अन्य ललित कलाओं के परिप्रेक्ष्य में भी दोनों कवियों के काव्य-शिल्प पर विस्तृत विचार किया है। इसमें संगीत, चित्रकला महत्वपूर्ण है।

शमशेर बहादुर सिंह और ग्रेस का काव्य शिल्प

शमशेर और ग्रेस के काव्य शिल्प पर विचार करते समय निम्न मुद्दों का विश्लेषण किया है।

कल्पनागत सौंदर्य विधान

किसी भी कला के निर्माण में कल्पना का अनन्य महत्व है। कलाकार कल्पना के द्वारा कलाकृति का सृजन करता है। एक तरह से कल्पना ही कलाकार की सृजनशीलता

में प्रेरणा या शक्ति का कार्य करती है। कल्पना का अर्थ है– 'सृष्टि करना'। यहाँ सृष्टि से आशय रचना या विधान तथा निर्माण से है। चूँकि कल्पना पर सबसे अधिक विचार पाश्चात्य काव्यशास्त्र और सौंदर्यशास्त्र में हुआ है। कल्पना को कला निर्माण की मूल शक्ति तक माना गया है। भारतीय काव्यशास्त्र और पाश्चात्य काव्यशास्त्र का अवलोकन करने से यह स्पष्ट होता है कि भारतीय परिप्रेक्ष्य में कला सृजन का मूल प्रतिभा माना गया है। और पाश्चात्य विद्वानों ने कल्पना तत्व पर बल दिया है। कल्पना को सभी ललित कलाओं में महत्वपूर्ण माना गया है। यही कारण है कि डॉ. कुमार विमल ने सौंदर्यशास्त्र के प्रमुख तत्वों में कल्पना को प्रथम स्थान दिया है। सौंदर्यशास्त्र के अंतर्गत कल्पना पर सबसे पहले कॉलरिज ने 'बायोग्राफिया लिटरैटिया' में विचार किया है। भारत में कल्पना पर विभिन्न रूपों में विचार हुआ है। इस संदर्भ में डॉ. कुमार विमल के विचार उल्लेखनीय प्रतीत होते हैं– ''प्राचीन काव्यशास्त्र और संस्कृत साहित्य में कल्पना शब्द के अनेक प्रयोग मिलते हैं, किंतु सर्वथा भिन्न अर्थ में। यहाँ कल्पना का अधिकतर प्रयोग मिथ्या ज्ञान की रचना के लिए हुआ है।''[1]

उपर्युक्त उद्धरण से स्पष्ट है कि भारतीय साहित्यशास्त्र में कल्पना का प्रयोग सृजनशक्ति या सृजन के मूल तत्व के रूप में कभी भी नहीं हुआ है। दरअसल इसका एक कारण यह भी है कि सृजन के मूल तत्वों में प्रतिभा का स्थान कोई ग्रहण न कर सकें। आगे चलकर यह धारणा आधुनिक समीक्षा में भी बड़े पैमाने पर दिखायी देती है। जब भी कल्पना का जिक्र होता है तब आसानी से उसका संबंध छायावाद या रोमांटिक कविता तक ही सीमित कर दिया जाता है। वर्तमान साहित्य का अवलोकन करें तो विविध विमर्शों की चर्चा है। इन सभी विमर्शों, दलित, स्त्री, आदिवासी, थर्ड जेंडर, मुस्लिम आदि में प्रामाणिक अनुभूति और यथार्थ पर बल है। कल्पना तत्व वहाँ हेय समझा जाता है। लेकिन इस बात को नज़र अंदाज किया जाता है कि यथार्थ भी कल्पना की सहायता से ही कलाकृति में प्रस्तुत होता है।

अत: मेरा मानना है कि हर स्तर के सृजनात्मक लेखन में कल्पना का योगदान रहता है। उसे सृजन से नदारद नहीं किया जा सकता है। वरिष्ठ कवि केदारनाथ सिंह के विचार इस संदर्भ में मार्मिक प्रतीत होते हैं– ''हिंदी में आज 'कल्पना' शब्द जो अर्थ देता है वह उसका परंपरा प्राप्त अर्थ नहीं है उसमें हम ने 'इमैजिनेशन' की ध्वनि भी जोड़ ली है। यही नहीं, इमैजिनेशन के और भी जितने कार्य हैं उन सब का बोध आज हिंदी में 'कल्पना' के द्वारा ही होता है। परंतु यह 'कल्पना' शब्द का दुर्भाग्य है कि वह उतने महत्वपूर्ण आसन पर पहुँच कर भी इमैजिनेशन का समादर न पा सका। इसका सबसे बड़ा प्रमाण यह है कि हिंदी के समीक्षकों ने कल्पना पर कम-से-कम विचार किया है। परिणामत: आज हिंदी का सामान्य पाठक कल्पना को हवाई चीज मानता है। पर बात ऐसी नहीं है। गहरे पैठ कर देखें तो कल्पना के बिना रचनात्मक

साहित्य का कहीं अस्तित्व ही नहीं है... उससे रहित होकर वह कोरा-कोरा अनुकरण रह जाता है। इसीलिए कल्पना को अनुकरण का विलोम माना जाता है।''[2] जाहिर है कि केदारनाथ सिंह कल्पना शब्द की व्यापकता Imagination की तुलना में कम मानते हैं। और हिंदी आलोचकों ने इस तत्व पर अधिक ध्यान नहीं दिया है। इसलिए अनेक भ्रांतियाँ भी कल्पना के साथ किस तरह जुड़ गई है, इस पर भी सटीक विवेचन किया है। चूँकि उन्होंने कल्पना को अनुकरण का विलोम भी कहा है। विलोम इसलिए कि कलाकार जो कुछ अनुभव करता है। उसे पूरी तरह ज्यों का त्यों कलाकृति में नहीं ले जाता है। उसमें कुछ जोड़ता और घटाता भी है। वास्तव में यही कल्पना का काम है। कल्पना मानसिक प्रक्रिया है। कलाकृति में आशय मूर्त रूप में उतरने से पहले कलाकार के मानस में प्रक्रिया घटित होती है। दरअसल यही कल्पना है। कभी इसमें संयोजन होता है, तो कभी विश्लेषण। इस परिप्रेक्ष्य में यह भी धारणा प्रकट हो सकती है कि इक्कीसवीं सदी में भोगे हुए यथार्थ का अधिक बोलबाला है। जिन आलोच्य कवियों का अध्ययन किया जा रहा है उनपर रोमांटिसिज्म का भी गहरा प्रभाव रहा है। इसमें दो राय नहीं कि रोमांटिसिज्म और कल्पना का गहरा संबंध है। चूँकि सौंदर्यशास्त्रीय अध्ययन में भी कल्पना तत्व महत्वपूर्ण माना गया है। इसका मतलब यह भी नहीं कि कल्पना महज रोमांटिसिज्म तक सीमित है। वर्तमान समय में सौंदर्यशास्त्र पर विचार करते समय समसामयिक यथार्थ और रूप तत्व दोनों पर सम्यक दृष्टि से विचार करना आवश्यक है।

उपर्युक्त समग्र विवेचन के पश्चात कहा जा सकता है कि विद्वानों ने कल्पना के संबंध में भिन्न-भिन्न विचार प्रस्तुत किए हैं। उनके मतों को पुनः उद्धृत करना शोध अध्येता का प्रयोजन नहीं है। मूलतः सृजन करते समय बिंब, प्रतीक, अलंकार, छंद सभी कल्पना के ही मूर्त रूप होते हैं। इस संदर्भ में डॉ. केदारनाथ सिंह लिखते हैं— ''भाव के स्तर पर दृष्ट वस्तुओं में अदृष्ट संबंध सूत्रों को खोज निकालने वाली मानस क्रिया का नाम कल्पना है।''[3] इससे स्पष्ट है कि कल्पना द्रष्ट और अदृष्ट में समन्वय स्थापन करती है। ''मुक्तिबोध 'कल्पना' को स्वानुभूत जीवन की पुनः सृजन करनेवाली शक्ति कहते हैं।''[4] असल में मुक्तिबोध कल्पना को स्वानुभूति के साथ जोड़ते हैं। सचमुच कोई भी कलाकार जो जीवन जीता है, जो यथार्थ वह भोगता है उसे कलाकृति में कलात्मकता के स्तर पर प्रस्तुत करता है। चूँकि यही उसकी सृजनशीलता या रचनात्मकता होती है। यह कल्पना के अभाव में संभव नहीं है। कॉलरिज ने कल्पना को समन्वयकारिणी जादुई शक्ति कहा है। दरअसल वह समन्वय और सतुंलन उन्हीं चीजों का करती है जो विरोधी या असंबद्ध लगते हैं। यह संतुलन भाव, विचार, संवेदना तीनों धरातल पर स्थापित होता है। कॉलरिज ने कल्पना के दो भेद किए हैं—

अ) प्राथमिक कल्पना (Primary Imagination)

ब) विशिष्ट कल्पना (Secondary Imagination)

वस्तुतः काव्य सृजन का कार्य विशिष्ट कल्पना के द्वारा ही होता है। आगे चलकर काण्ट इसे सौंदर्यबोधात्मक कल्पना कहते हैं। आचार्य रामचंद्र शुक्ल ने भी "कल्पना के दो भेद माने हैं— 1) विधायक कल्पना 2) ग्राहक कल्पना। उन्होंने काव्य सृजन हेतु कलाकार में विधायक कल्पना आवश्यक मानी है, तो काव्य का रसास्वादन करने हेतु पाठक या श्रोता में ग्राहक कल्पना पर बल दिया है।"[5]

आचार्य राजशेखर द्वारा निर्धारित भावयत्री और कारयत्री प्रतिभा का स्मरण किया जा सकता है। कल्पना संबंधी उपर्युक्त तात्विक विवेचन के पश्चात् कल्पना के विविध भेदों पर विचार करना आवश्यक है। विद्वानों ने कल्पना के विविध भेद किए हैं। कॉलरिज के बाद कांट ने कल्पना के तीन भेद किए हैं। इनमें पुनरूत्पादक कल्पना, उत्पादक स्वरूप कल्पना और सौंदर्यात्मक कल्पना आदि। डॉ. कुमार विमल की दृष्टि से सभी ललित कलाओं में पूरक कल्पना, मुक्तयादृच्छिकी कल्पना और तिर्यक कल्पना का अस्तित्व मौजूद रहता है। साथ ही उन्होंने काव्य कला में कल्पना के अन्य रूपों पर भी विचार किया है। डॉ. विमल की दृष्टि से रसावयव कल्पना, विभाव कल्पना और तद्भव कल्पना का रूप काव्य कला में विद्यमान रहता है। कुमार विमल ने विचार, गुण और क्रिया की दृष्टि से कल्पना के भेद किए हैं। उल्लेखनीय है कि भारतीय एवं पाश्चात्य अनेक चिंतकों ने कल्पना पर चिंतन प्रस्तुत किया है। डॉ. शांतिस्वरूप गुप्त ने भी कल्पना के भेदों पर पर्याप्त विमर्श किया है। इसलिए कि डॉ. गुप्त ने कल्पना के जो भेद बनाए हैं, उसमें पाश्चात्य तथा भारतीय विद्वानों के विचारों का निचोड़ है। शमशेर और ग्रेस की कविता में कल्पना तत्व का प्रयोग किस रूप में हुआ है, उसे निम्नवत देख सकते हैं-

पुनर्निर्मायक कल्पना का प्रयोग— वह कल्पनागत रूप है जिसमें विगत घटनाओं अथवा प्राप्त अनुभूतियों को स्मृति के आधार पर मानसिक बिंबों में बदला जाता है। और कलात्मक ढंग से प्रस्तुत किया गया है। दरअसल यह कल्पना स्मृति पर आधारित होती है। शमशेर ने पुनर्निर्मायक कल्पना का प्रयोग अत्यंत सुंदर ढंग से किया है। कवि के मन में अतीत जुड़ी अनेक स्मृतियाँ हैं। इनमें कुछ सुखद अनुभवों से जुड़ी हैं। तो कुछ दुखद अनुभवों का मूर्त रूप है। 'राग' कविता की कुछ पंक्तियाँ द्रष्टव्य हैं—"मुझसे कुछ भी पूछना भूल गया।/मुझको भी नहीं मालूम, कौन था/वह। केवल मुझे याद है।"[6]

जाहिर है कि कवि शमशेर अतीत की स्मृतियों को पुनर्निर्मायक कल्पना के द्वारा पुनः तराशते हैं। इसी तरह कुछ अन्य कविताओं में भी उन्होंने पुनर्निर्मायक

कल्पना का प्रयोग किया है। जिससे अनूठा सौंदर्य बोध होता है। यथा— 'ओ युग आ, मुझे और लिये चल, जरा सा', पृ.19 (चुका भी हूँ नहीं मैं), 'गोया वो', पृ.29 (इतने पास अपने), 'आकाश दमामा बाज', पृ.111 (बात बोलेगी) आदि। असल में सृजन के मूल में कल्पना विद्यमान रहती है। ग्रेस ने कल्पना का प्रयोग विविध रूपों में किया है। इस दृष्टि से कल्पना के विविध रूप उनकी कविता में साकार है।

इस कल्पना का संबंध अतीत की घटनाओं से है। ग्रेस की कविता में अतीत और स्मृति बारबार दस्तक देती है। असल में उन्होंने यह प्रयोग पुनर्निर्मायक कल्पना के कारण किया है। 'आठवणी' कविता में कवि लिखता है— ''पृथ्वी सारून वेडाने/ आज आठवणी येती/तुझ्या सावळ्या हातांत/जशी तुळशीची माती!''[7] (दीवानगी में धरती से कटकर/आज याद आता है/तुम्हारे साँवले हाथों में/जैसे तुलसी की मिट्टी।

स्पष्ट है कि कवि अपने अतीत को वर्तमान में दोहरा रहा है। यद्यपि जब भी ग्रेस अपने अतीत में चले जाते हैं तब दुःखद स्मृतियों को उन्होंने अधिक मात्रा में प्रस्तुत किया है। यह स्वाभाविक भी है, क्योंकि ग्रेस स्वयं कह रहे हैं— ''हे सरता संपत नाही. चांदणे तुझ्या स्मरणाचे''[8] (कहीं खत्म नहीं होता सिलसिला तुम्हारी याद का।) ग्रेस ने जहाँ-जहाँ पुनर्निर्मायक कल्पना का प्रयोग किया है, वहाँ उनकी दुखद स्मृति अनायास ही अभिव्यक्त होती है। इस संदर्भ में उनकी 'सावली', पृ.47 (संध्याकाळच्या कविता), 'माशांचे डोळे' पृ.16, (राजपुत्र आणि डार्लिंग), 'गावतल्या आठवणी', पृ.49 (चंद्रमाधवीचे प्रदेश), 'मागणे', पृ.13 (सांध्यपर्वातील वैष्णवी), 'ओल' पृ.11 (सांजभयाच्या साजणी) आदि कविताएँ उल्लेखनीय है।

रचनात्मक कल्पना — इस कल्पना में पूर्वानुभूत वस्तुओं का नव सृजन कर आकृष्ट करनेवाले बिंबों का सृजन किया जाता है। आलोच्य कवि ने रचनात्मक कल्पना का बहुत ही मार्मिक प्रयोग किया है। शमशेर अपने पूर्वानुभव से जुड़ी वस्तुओं का प्रयोग अत्यंत नए रूप में करते हैं। 'उशा' कविता में कवि प्रातः काल का वर्णन करते हुए लिखता है— ''प्रातः नभ था बहुत नीला शंख जैसे/भोर का नभ/राख से लीपा हुआ चौका/अभी गीला पड़ा है।''[9]

उपर्युक्त पंक्तियों में शमशेर जिस सुबह का वर्णन कर रहे हैं, उसमें आकाश पूरी तहर नीलिमा धारण किए हुए हैं। लेकिन कवि इस नीले आकाश में एक विशिष्ट बिंब का निर्माण करता है। 'राख से लिपा हुआ चैका' यह निश्चित ही शमशेर की पूर्वानुभूति है। ग्रामीण परिवेश में राख से चौका लिपने की संस्कृति है। उसके बाद ही चूल्हा जलाया जाता है। इस अनुभूति को शमशेर रचनात्मक कल्पना में यूँ भरते हैं कि राख से लिपे गए चैके की गीला होने की जो अवस्था है, वही अनुभूति प्रातः नभ को देखकर कवि महसूस करता है और उसे कविता में प्रस्तुत करता है। सौंदर्य

बोध का यह नवीनतम रूप है। इसी तरह अन्य कविताओं में भी शमशेर रचनात्मक कल्पना के द्वारा अनुपम सौंदर्य विधान करते हैं। इन कविताओं में उल्लेखनीय है। 'तीन तरफों का सपाट... कोना', पृ.68 (चुका भी हूँ नहीं मैं), 'रोम सागर के बीचोबीच' पृ.30 (इतने पास अपने), 'बाबा हमारे नागार्जुन बाबा' पृ.47 (काल तुझसे होड़ है मेरी), 'वह नन्हीं-सी गुलाबी सुबह' पृ.58 (कहीं बहुत दूर से सुन रहा हूँ) आदि। ग्रेस ने इस कल्पना का प्रयोग बहुत ही मार्मिक रूप में किया है। यही कारण है कि कवि सघन अंधेरे की चुनाई की बात कह रहा है। 'वेणी' कविता की पंक्तियाँ देखिए— "कसा वेचावा काळोख/ज्यांत अमृताच्या कळा/देह माझा झळा-झळा/वारियाचा/आणि ठिबकते जेव्हा/चंद्र-सारंगाचे पाणी/रक्तसुगंधाची वेणी सुकलेली।"[10] (कैसे करें अंधेरी की चुनाई/जिसमें अमृत की पीड़ा/मेरी देह लू लगी हवा की/और टपकता है जब/चाँदनी रात में मृग का पानी/सूख गई बेनी रक्तगंध की।)

स्पष्ट है कि ग्रेस कविता का सौंदर्य बढ़ाने के लिए नवसृजन कर रहे हैं। यहाँ कवि अंधेरे को वस्तुरूप में प्रस्तुत कर रहा है। यद्यपि प्रकृति का मानवीकरण किसी भी कलाकार के लिए सहज बात होती है। लेकिन ग्रेस उसे वस्तु में ढालकर अभिव्यक्त करते हैं। इस दृष्टि से यह कवि का नवसृजन भी है जो कि रचनात्मक कल्पना के लिए आवश्यक होता है। इसी तरह का प्रयोग ग्रेस 'आकाश' पृष्ठ-16', 'ओळख' पृष्ठ-14, 'पाऊस' पृ.26 (संध्याकाळच्या कविता), 'मुद्रा' पृ.64, 'दुरावा' पृ.67 (चंद्रमाधवीचे प्रदेश) आदि कविताओं में भी करते हैं।

विभाव विधायक कल्पना— यह कल्पना एक तरह से समन्वय का काम करती है। इस संदर्भ में डॉ. शांतिस्वरूप गुप्त के विचार उल्लेखनीय हैं— "जो कल्पना भाव का सामान्य आलंबन प्रस्तुत करती है, सहृदय को आश्रय की अनुकूल भूमिका में रखती है, विभाव का सम्यक स्थापन करती है, उसे विभाव-विधायक कल्पना कहते हैं।"[11] विचारों से स्पष्ट है कि इस कल्पना में भाव केंद्रित आलंबन रहता है। शमशेर 'प्रेम' शीर्षक एक कविता में लिखते हैं— "उसकी बात-बात में छल है/फिर भी है वह अनुपम सुंदर/माया ही उसका संबल है/फिर भी है वह अनुपम सुंदर/वह वियोग का बादल मेरा/फिर भी है वह अनुपम सुंदर/छाया जीवन आकुल मेरा/फिर भी है वह अनुपम सुंदर।"[12] जाहिर है कि शमशेर के मन में नायिका के प्रति जो अनुराग है, उसे उन्होंने अभिव्यक्त किया है। हालाँकि हर अवस्था या व्यवहार में नायिका या प्रेमिका के प्रति कवि अनुपम सुंदरता का ही अनुभव करता है। विविध भावों की अवस्थाएँ आलंबन प्रस्तुत करती हैं। असल में इन अवस्थाओं के चित्रण में ही विभाव निहित है। शमशेर की 'मूँद लो आँखें' पृ.152 (कुछ और कविताएँ), 'देवली जेल से एक पत्र पाकर' पृ.60 (चुका भी हूँ नहीं मैं), 'राम सागर के

बीचोबीच' पृ.32 (इतने पास अपने), 'मौन बन रहा है' पृ.12 (कहीं बहुत दूर से सुन रहा हूँ) आदि कविताओं में भी विभाव विधायक कल्पना की मार्मिक प्रस्तुति हुई है। भावों की प्रस्तुति में यह कल्पना महत्वपूर्ण मानी जाती है। ग्रेस की कविता में यह कल्पना प्रायः दुःख प्रकट करने के लिए प्रयुक्त हुई है। उनकी कविता का परिवेश दुःख की बुनियाद पर टिका है। 'हांक' कविता की कुछ पंक्तियाँ बानगी के तौर पर देखिए— "धुके अतुट दाटलें नसुन आसवांचा लळा/उरीं फुटुन पेटते गहन गारव्याची झूळा/दिशा धरून वांकले सगुण वृक्ष दुःखातले/दिसे इथुन दूरचा क्षितिजदीप मंदावला।"[13] (कोहरा नहीं छाया/है आँसूओं का साया/हृदय चीर कर निकलती है/ठंडो लहर/दिशाओं समेटकर झूके हैं/दुःख के सगुण वृक्ष यहाँ से दिखता है/दूर सूर्यास्त हुआ है।)

स्पष्ट है कि ग्रेस अपने मन के दुःख को अत्यंत मार्मिक ढंग से शब्दबद्ध करते हैं। उनकी अन्य कविताएँ भी इस दृष्टि से उल्लेखनीय है— 'गावातल्या आठवणी' पृ.49 (चंद्रमाधवीचे प्रदेश), 'देवाचा पाऊस' पृ.70 (सांजभयाच्या साजणी) आदि।

तद्भव कल्पना— इसमें एक ही आलंबन के लिए रचनाकार अनेक बिंबों का निर्माण करता है। अर्थात एक कल्पना से दूसरी और दूसरी से तीसरी का निर्माण होता है। शमशेर की कविता में इस कल्पना का प्रयोग अनेक बार लक्षित होता है। एक तरह से शमशेर इसके प्रयोग में अपना काफी अधिकार रखते हैं। 'यह विवशता' कविता द्रष्टव्य है— "यह विवशता/कभी बनती चाँद/कभी काला ताड़/कभी खुनी सड़क/कभी बनती भीत, बाँध/कभी बिजली की कड़क, जो/क्षण-प्रतिक्षण चूगती-सी पहाड़।"[14]

प्रस्तुत उद्धरण इस तथ्य को उजागर करता है कि शमशेर एक आलंबन के लिए बहुत ही कलात्मकता के साथ अनेक दृश्य बिंबों को रचते हैं। दरअसल यह विधान तद्भव कल्पना के कारण ही संभव हुआ है। इस दृष्टि से शमशेर की 'कथा मूल' पृ.52 (चुका भी हूँ नहीं मैं), 'संसार चक्के पर हैं' पृ.37 (इतने पास अपने), 'दुःख नहीं मिटा' पृ.17 (बात बोलेगी), 'आओ, उनकी आत्मा के लिए प्रार्थना करें' पृ.33 (काल, तुझसे होड़ है मेरी), 'बादलों' पृ.30 (कहीं बहुत दूर से सुन रहा हूँ) आदि कविताएँ भी गौरतलब है। यह कल्पना एक ही आलंबन के लिए भिन्न-भिन्न बिंबों का सृजन करती है। ग्रेस की कविता में इस कल्पना का प्रयोग इसलिए सक्षमता के साथ हुआ है क्योंकि ग्रेस भाव-भंगिमाओं को प्रस्तुत करने के लिए एक ही बात हर बार नए ढंग से कहते हैं। 'मुद्रा' कविता में कवि कहता है— "तुज शोधाया मी गेली/नक्षत्र निघाले आर्द्रा,/हळदीच्या हातामधल्या/घे काढून अवघ्या मुद्रा."[15] (तुम्हें ढूँढ़ने मैं गया/नक्षत्र था आर्द्रा,/हलदी के हाथों से/ले लो सब मुद्रा।)

उपर्युक्त पंक्तियों में कवि जिसे ढूँढने की बात कह रहा है। असल में वह प्रेम तत्व ही है। उसे प्रेम की हमेशा ही तलाश है। इसलिए विविध बिंबों का सृजन तद्भव कल्पना के द्वारा हुआ है।

सृजनात्मक कल्पना— इस तरह की कल्पना में दो वस्तुओं के बीच नूतन संबंध स्थापित कर तीसरे पदार्थ की सृष्टि की जाती है। कलाओं में इस कल्पना का प्रयोग अधिक किया जाता है। आलोच्य कवि शमशेर ने भी सृजनात्मक कल्पना के माध्यम से सौंदर्य के अनेक रूप उजागर किए हैं। उर्दू के वरिष्ठ कवि क़ाजी मजरूल इस्लाम के निधन पर शमशेर ने 'आकाश दमामा बाज' कविता लिखी है। यह कविता सृजनात्मक कल्पना से लबरेज है। कुछ पंक्तियाँ देखिए— "अब तुम उसी/मूक महाकाव्य के साथ/हमारी सबकी प्यारी धरती में/सहज ही समाधिस्थ हो गये हो/धरती को अपनी चेतना से/अधिक उर्वरा करने।"[16]

स्पष्ट है कि आलोच्य कवि अपने चहेते कवि काजी नजरूल इस्लाम के दफन विधि को समाधि के साथ जोड़ रहे हैं। शमशेर कल्पना करते हैं कि काजी नज़रूल का शव दफन नहीं किया जा रहा है बल्कि वह समाधिस्थ है। इस्लाम धर्म में समाधि की कल्पना शमशेर द्वारा प्रयुक्त सृजनात्मक कल्पना का ही परिचायक है। शमशेर की यही खूबी काव्य शिल्प में सौंदर्य विधान करती है। इसी तरह उनकी 'वसंत पंचमी की शाम' 1948 (कुछ और कविताएँ), 'चीज यानी थिंग' (चुका भी हूँ नहीं मैं) 'दो सतहों पर चलते हुए आप आए' पृ.40 (इतने पास अपने), 'कन्या' पृ.24 (कहीं बहुत दूर से सुन रहा हूँ) आदि कविताएँ भी उल्लेखनीय है। दो वस्तुओं के बीच नूतनता भरने के लिए कवि ने सृजनात्मकता का प्रयोग सफलता के साथ किया है। 'वेळ' कविता की कुछ पंक्तियाँ देखिए— "दूर समुद्रा शेजारी/माझे पुळणीत घर/दोन बाहुल्यांच्या हाती/निळ्या लाटांचे झुंबर..."[17] (कहीं दूर समुद्र तट पर/मेरा घर पुलिन में/दो गुंडियों के हाथों में/नीली लहरों का झूमर।)

ग्रेस नीली लहरों का झूमर कहकर सृजनात्मक कल्पना का प्रयोग कर रहे हैं। जिस घर की कल्पना कवि कर रहा है वह हकीकत में उसे बना नहीं पाता है। किंतु यह घर मूलतः पाश्चात्य कवि रॉबिन्सन जेफर्स का है, जिसने जीवन के अंतिम पड़ाव में अपना घर समुद्र तट पर बनाया है। 'लहरों का झूमर' सृजनात्मकता में सौंदर्य वृद्धि करता है।

अनुमानाश्रित कल्पना— इसके शीर्षक से स्पष्ट है कि यह कल्पना अनुमान पर आश्रित रहती है। कलाकार अनुभव और अनुमान के आधार पर सृजन करता है। शमशेर की अनेक कविताएँ उनकी अचेतना अवस्था दर्शाती हैं। अर्थात ये कविताएँ

कवि के से आयी हैं। इस दृष्टि से 'सूरज उगाया जाता' कविता की कुछ पंक्तियाँ बानगी के तौर देख सकते हैं— "सूरज/उगाया जाता/फूलों में/यदि हम/एक साथ/हँस पड़ते।"[18]

जाहिर है कि शमशेर कुछ ऐसे अनुमान प्रस्तुत करते हैं। वहाँ कवि की स्वच्छंद वृत्ति के भी दर्शन होते हैं। दरअसल ऐसा इसलिए असंभव होता दिखता है। क्योंकि शमशेर मुक्त यादृच्छिकी कल्पना का प्रयोग करते हैं। आलोच्य दोनों कवियों ने प्रायः इस कल्पना का प्रयोग किया है। यद्यपि यह अवस्था पूर्णतः जागृत नहीं है। अर्थात विशिष्ट तंद्रा में कवि काव्य सृजन करता है। ग्रेस 'संभ्रम' कविता में लिखते हैं— "ग्रीक पुराणांतील एकांतवासी श्रद्धांसारखी/मस्तकाच्या धुळींत रथाचीं चाके रूतली आहेत./शिशिरांतील विझत्या वार्याच्या प्रतिमा,/अंतः करणावर धूर उजळत आहेत, भुतकाळाच्या/तंद्रीत विसवलेल्या एखाद्या प्राचीन शहरासारख्या— "[19] (ग्रीक पुराण की विजनवासी श्रद्धा/मस्तक झूली के रथो के चाक चुभाते हैं/शिशिर के बुझते हवा बिंब,/हृदय पर धुआँ चमकता है अतीत का/तंद्रा में डूबे किसी प्राचीन शहर की तरह।)

मूलतः ग्रेस की कविता में जटिलता तभी निर्माण होती है, जब कविता वास्तविकता का दामन छोड़ती है। उपर्युक्त उद्धरण में महज अनुमान ही सृजन या कल्पना का आधार है। लेकिन यह अनुमान कवि इसलिए करता है क्योंकि सभी बिंब असंभाव्य प्रतीत होते हैं। ग्रेस की कविता में जो परिवेश चित्रित होता है। वह दरअसल संश्लिष्ट अनुभव से निर्मित है। लेकिन उसे कविता में अभिव्यक्त करने के लिए अनुमानाश्रित कल्पना ही प्रधान कार्य करती है।

मुक्तयादृच्छिकी कल्पना— इस तरह की कल्पना में कलाकार ऊँची उड़ाने भरता है। साथ ही किसी केंद्रगामी तत्व का भी अभाव होता है। कवि अपनी रूचि के अनुसार उपमानों और अप्रस्तुतों का संयोजन करता है। इसके प्रयोग में कलाकार अधिक भावविभोर दिखायी देता है। शमशेर ने इस कल्पना का प्रयोग प्रायः किया है। उनकी 'लौट आ, औ धार' कविता इसी बात की परिचायक है— "लौट आ, ओ फूल की पंखडी/फिर/फूल में लग जा/चूमता है धूल का फूल/कोई, हाय।"[20]

वाकई उपर्युक्त उद्धरण कल्पनागत सौंदर्य का सर्वश्रेष्ठ रूप है। इसका कारण यह है कि फुल की पंखुड़ी को फिर फूल में लगने का आग्रह शमशेर सरीखा सौंदर्यवादी कवि ही कर सकता है। शमशेर की अन्य भी कुछ कविताएँ इसी तथ्य की पुष्टि करती हैं। यथा— 'जाड़ों की सुबह के सात-आठ बजे' पृ.50 (इतने पास अपने) भावुक पृ.18 (कहीं बहुत दूर से सुन रहा हूँ) आदि। जैसे कि पहले कहा गया ग्रेस की कविता में असंभाव्य अनेक बातें पुनः पुनः समाविष्ट होती रहती हैं।

इसका कारण कल्पना के द्वारा मुक्त विचरण करना ही है। तभी तो कवि सफेद हाथी और सफेद पेड़ की कल्पना कर रहा है। इस संदर्भ में 'पांढरे हत्ती' कविता की कुछ पंक्तियाँ उल्लेखनीय हैं— "पांढरे शुभ्र हत्ती मग,/अंधारबनातून गेले,/ते जिथे थांबले होते/ते वृक्ष पांढरे झाले..."[21] (सफेद-सफेद हाथी/अंधेरे में डूबे जंगल से गए/वे जहाँ रूके थे/वे वृक्ष भी सफेद हो गए।)

जाहिर है कि कवि ने वृक्ष के सफेद होने की जो बात कही है वह कल्पना सौंदर्य की दृष्टि से अनूठा सृजन है। इसी तरह उनकी 'चंद्र' पृ.149 (चंद्रमाधवीचे प्रदेश), 'माया' पृ.111 (सांध्यपर्वातील वैष्णवी) आदि कविताएँ भी मार्मिक है।

तिर्यक कल्पना : यह रमणीय कल्पना का उपभेद है। यह वक्रता से युक्त कल्पना है। अनबूझ और पहेली प्रधान सृजन इसी कल्पना में किया जाता है। इस कल्पना में पूर्ण अर्थ बोध नहीं होता है और न ही पूरी तरह से गूढ़ता बनी रहती है। अर्थात संदिग्धता या अस्पष्टता की धूमिल-सी स्थिति इसमें बनी रहती है। शमशेर तिर्यक कल्पना का प्रयोग अत्यंत मार्मिक ढंग से करते हैं। इस दृष्टि से उनकी 'देख अपने लीडरों को शोक मत कर' कविता उल्लेखनीय है। कवि लिखता है— "देख अपने लीडरों को/शोक मत कर।/देश ये लीडर नहीं।/ये सभाएँ ही नहीं हिंदोस्तान।/ये पताकाएँ नहीं उसका निशान।"[22]

वास्तव में प्रस्तुत कविता में शमशेर ने समसामयिक राजनीतिक स्थितियों की पोल खोलने के लिए तिर्यक कल्पना का प्रयोग किया है। दरअसल यह कल्पना वक्रता अर्थात व्यंग्य भी करती है। इसतरह शमशेर की अधिकतर कोशिश दिखती है कि उन्होंने अनुभूत स्थितियों को मार्मिकता के साथ अभिव्यक्त किया है। चूँकि तिर्यक कल्पना भी सौंदर्य सृष्टि में अत्यंत महत्वपूर्ण मानी जाती है। संक्षेप में कह सकते हैं कि शमशेर ने कल्पनागत सौंदर्य विधान भिन्न-भिन्न स्तरों पर किया है। कभी वह पुनर्निर्मायक कल्पना, रचनात्मक कल्पना के रूप में साकार होता है। कभी विभाव विधायक, तद्भव कल्पना के रूप में लक्षित होता है। तो कभी अनुमानाश्रित, सृजनात्मक, तिर्यक, मुक्तयादृच्छिकी के रूप में प्रकट होता है। ग्रेस की कविता में तिर्यक कल्पना का अत्यधिक प्रयोग दिखायी देता है। चूँकि यह कल्पना अबूझ और पहेली प्रधान होती है। अबूझ बातों को अभिव्यक्त करने में ग्रेस हमेशा ही अग्रणी रहे हैं। संभवत: यही कारण है कि उनकी कविता में अस्पष्टता बनी रहती है। ग्रेस की 'उखाणे' शीर्षक कविता इस संबंध में बहुत ही सार्थक प्रतीत होती है। यथा— "ओळखीच्या वार्या/तुझे घर कुठे सांग?/गुरुडाच्या पंखामध्ये/डोंगराची रांग।"[23] (जानी-पहचानी हवा बता/तुम्हारा घर कहाँ है?/बाज के पंखों में/पहाड़ों की श्रृंखला।)

दरअसल कविता का शीर्षक 'उखाणे' है। यह पहेली या बुझबैल को सूचित

करता है। मराठी संस्कृति में पति का नाम पत्नी द्वारा विविध पहेलियों में तुकबंदी करते हुए उच्चारित किया जाता है। लेकिन ग्रेस ने अन्यत्र भी तिर्यक कल्पना का प्रयोग करते हुए इसे प्रस्तुत किया है। इसी तरह ग्रेस की 'नवरीचे उखाणे' पृ.69, एकाच पोरीचा उखाणा' पृ.189, 'एका साधुचा उखाणा' पृ.189 (सांध्यपर्वातील वैष्णवी) आदि कविताएँ भी उल्लेखनीय हैं।

उपर्युक्त विवेचन के आधार पर कह सकते हैं कि ग्रेस ने कल्पना का सुंदर प्रयोग सृजन में किया है। कल्पना के कारण ही उनकी बिंबधर्मिता भी विशिष्ट लक्षित होती है।

कल्पना के द्वारा बिंब की सृष्टि होती है। दूसरे शब्दों में कह सकते हैं कि कल्पना से ही बिंब का विधान होता है। इस दृष्टि से शमशेर के काव्य शिल्प में बिंबात्मक सौंदर्य भी महत्वपूर्ण पड़ाव है।

बिंबात्मक सौंदर्य

कल्पना और बिंब का गहरा संबंध है। कल्पना के द्वारा ही बिंब मूर्त रूप धारण करता है। उपर्युक्त विवेचन में कल्पना के आधार पर सौंदर्य के विविध रूपों को समझने के बाद यह देखना जरूरी है कि किस तरह आलोच्य कवियों कविता में बिंब के धरातल पर सौंदर्य विधान हुआ है। चूँकि कल्पना के द्वारा बिंब का निर्माण होता है और बिंबों से प्रतीक बनते हैं। अत: कल्पना और प्रतीकों के मध्य बिंब की भूमिका अत्यंत महत्वपूर्ण है। इस संदर्भ में सबसे पहले बिंब के सैद्धांतिक पक्ष पर सौंदर्यशास्त्रीय दृष्टि से तात्विक विवेचन करना आवश्यक है। सभी ललित कलाओं में बिंब का अस्तित्व अनन्य है। दरअसल कलाकार अपनी अनुभूति को सक्षमता के साथ मूर्त रूप देने के लिए ही बिंब योजना करता है। आधुनिक हिंदी समीक्षकों ने काव्य बिंब का प्रयोग अंग्रेजी शब्द 'Image' के समानार्थी रूप में किया है। सन् 1908 में टी. ई. हयूम ने बिंबवाद का सूत्रपात्र किया। साथ ही बिंब को ही कविता का सर्वप्रधान तत्व माना है। एजरा पाउंड के बिंब विषयक विचार उल्लेखनीय है— "बिंब वह है जो बुद्धि और भावना विषयक पूरे जटिल तंत्र को क्षण मात्र में प्रस्तुत कर देता है। यह अदृश्य विचारों की अन्विति है।"[24] जाहिर है कि जटिल और सूक्ष्म विचार तथा भावों को मूर्त बनाने का कार्य बिंब द्वारा होता है। डॉ. नगेंद्र के मतानुसार "बिंब शब्द का आधुनिक अर्थ में प्रयोग भारतीय काव्यशास्त्र में नहीं हुआ है।"[25] इससे यह ज्ञात होता है कि भारतीय परिप्रेक्ष्य में बिंब शब्द पर आधुनिक काल तक विचार नहीं हुआ है।

आधुनिक हिंदी विद्वानों में आचार्य रामचंद्र शुक्ल ने बिंब शब्द का प्रयोग सबसे पहले किया है। उसके बाद ही बिंब की तात्विक चर्चा आरंभ हुई है। नई

कविता में इस चर्चा ने अधिक जोर पकड़ा है। न सिर्फ काव्य लेखन में बिंब को महत्वपूर्ण माना गया बल्कि समीक्षकों ने काव्यलोचन के लिए भी इसे एक महत्वपूर्ण प्रतिमान माना है। डॉ. नगेंद्र का कहना है— "काव्य बिंब शब्दार्थ के माध्यम से कल्पना द्वारा निर्मित एक ऐसी मानस छबि है, जिसके मूल में भाव की प्रेरणा रहती है।"[26] वस्तुत: बिंब कल्पना से निर्मित होता है। बिंब निर्माण की प्रक्रिया मानस में आरंभ होती है। अत: बिंब के निर्माण में भाव की प्रेरणा अनिवार्यत: जुड़ी रहती है। बिंब के संबंध में और एक महत्वपूर्ण चीज है— ऐन्द्रियता। आई.ए. रिचर्ड्स ने बिंब को ऐन्द्रियानुभूति कहा है। दरअसल किसी कलाकृति में बिंब मूर्त विधान का कार्य करता है। कलाकार अपने विचारों, भावों को बिंब के आधार पर ही कलानुभूति में परिवर्तित करता है। ठीक यही बात रसिक के लिए भी लागू होती है। वह भी बिंब के धरातल पर ही कलाकृति का आस्वादन करता है। मतलब यह कि बिंब न सिर्फ सृजन में कार्य करता है बल्कि सौंदर्यनुभूति में भी काम करता है। प्राय: बिंब और विचार चित्र को एक ही समझा जाता है। लेकिन दोनों संकल्पनाएँ भिन्न-भिन्न हैं। इस संबंध में डॉ. कुमार विमल के विचार उल्लेखनीय हैं— "वास्तविकता यह है कि बिंब और विचार-चित्र में पर्याप्त अंतर है। विचार चित्र प्रत्यक्षाश्रित धारणाओं— 'कन्सेप्टस' को आधार प्रदान करता है। वह अर्थ ग्रहण का प्रकट टरकारा नहीं होता है। किंतु बिंबों का प्रत्यक्ष धारणा से कोई सीधा संबंध नहीं रहता है।"[27] जाहिर है कि विचार-चित्र प्रत्यक्ष, प्रसंगों, घटनाओं और संदर्भों पर निर्भर होते हैं। बिंबों के लिए प्रत्यक्ष धारणा का कोई संबंध नहीं है। अत: कहा जा सकता है कि बिंब किसी कलाकृति की प्राणशक्ति होती है। इस दृष्टि से चित्रात्मकता, ऐन्द्रियता, भावात्मकता बिंब के उल्लेखनीय लक्षण है। इस संदर्भ में वरिष्ठ कवि एवं आलोचक केदारनाथ सिंह के विचार उद्धरणीय हैं— "बिंब वह शब्द चित्र है जो कल्पना के द्वारा ऐन्द्रिय अनुभवों के आधार पर निर्मित होता है।"[28] उपर्युक्त विचार इस संकल्पना को और अधिक दृढ़ करते हैं कि बिंब के निर्माण में कल्पना और ऐन्द्रियानुभूति ही महत्वपूर्ण है। शब्द-चित्र यहाँ महज साधन के रूप में है।

उपर्युक्त विवेचन के पश्चात बिंब के वर्गीकरण पर विचार करना आवश्यक है। आमतौर पर बिंबों का वर्गीकरण दो दृष्टियों से किया जाता है जिसमें विषय वस्तु पर विचार होता है। या रूपगत अथवा गुणधर्म पर। किंतु पहला जो आधार रहा है उसे अधिकतर विद्वानों ने अवैज्ञानिक माना है। अत: ऐन्द्रिय आधार ही बिंबों के भेदों में महत्वपूर्ण रहा है। आलोच्य दोनों कवियों के अध्ययन हेतु ऐन्द्रिय आधार सम्मुख रखा है। वह इसलिए कि सौंदर्यशास्त्र में 'बोध' निहित है। और यहाँ ऐन्द्रिय के धरातल पर ही सौंदर्य देखा गया है। इसे निम्न मुद्दों के रूप में देखा जा सकता है-

दृश्य बिंब— शमशेर का काव्य सौंदर्य बिंबों के माध्यम से अधिक अभिव्यक्त हुआ है। मूलतः एजरा पाउंड की बिंबधर्मिता का काफी गहरा असर शमशेर के बिंब विधान में लक्षित होता है। प्रकृतिगत सौंदर्य चित्रण में शमशेर दृश्य बिंबों का प्रयोग बहुत ही खूबी के साथ करते हैं। आसमान में इन्द्रधनुष निकल आया है। आलोच्य कवि उसे अभिव्यक्त करते हुए लिखता है— "पूरा आसमान का आसमान है/एक इन्द्रधनुषी ताल/नीला साँवला हलका-गुलाबी/बादलों का धुला/पीला धुआँ..."[29]

जाहिर है कि शमशेर दृश्य बिंब को चित्रकार की आँख से उकेरते हैं। तभी तो कैनवास पर पूरा का पूरा आसमान समेटने की बात कर रहे हैं। 'नीला-साँवला, हलका-गुलाबी, बादलों का धुला पीला धुआँ में एक चित्रकार की दृष्टि ही प्रकट हुई है। चूँकि बादलों में 'पीला धुआँ' दृश्य बिंब का अनूठा रूप है। अब तक हम देख रहे थे कि चित्रकार शमशेर पूरे दृश्य को शब्द चित्र में अभिव्यक्त करने में लगे हैं। लेकिन आगे की पंक्तियों में पुनः कवि अपना हुनर दिखाते हुए लिखता है— "मेरा कक्ष, दीवारे, किताबें, मैं, सभी/इस रंग में डूबे हुए-से/मौन।"[30]

इन्द्रधनुषी रंगों में क्या-क्या डूबा है। कवि उसे अभिव्यक्त करता है। और फिर भी 'मौन' धारण किए हुए है। वास्तव में यह 'मौन' शमशेर के व्यक्तित्व को उजागर करता है। अपने भावों, विचारों को उन्होंने कभी भी खुलकर अभिव्यक्त नहीं किया है। नई कविता का आंदोलन जब अधिक सक्रिय हुआ तब अस्तित्ववादी विचारधारा भी अपना प्रभाव जमा चुकी थी। ऐसी स्थिति में शमशेर एक ऐसे बिंब की रचना करते हैं, जिसमें यह प्रभाव सहजता से देखा जा सकता है। 'एक आदमी दो पहाड़ों को कुहनियों से ठेलता' कविता की कुछ पंक्तियाँ देखिए— "एक आदमी दो पहाड़ों को कुहनियों से ठेलता/पूरब से पश्चिम को एक कदम से नापता/ बढ़ रहा है।"[31]

प्रथम पंक्ति में अस्तित्ववादी विचार लक्षित होता है तो दूसरी पंक्ति में पश्चिम को नापने की बात कवि कह रहा है। दरअसल यह संस्कृतिगत संक्रमण ही है। आज़ादी के बाद भारत में युरोपियन संस्कृति एवं सभ्यता का गहरा प्रभाव होने लगा। उसे ही शमशेर एक तरह से वाणी देते हैं। शमशेर के दृश्य बिंब में सबसे अधिक प्रकृति विषयक बिंबों को रचा गया है। यथा 'नींद' कविता की कुछ पंक्तियाँ द्रष्टव्य हैं— "देखो ओऽ वो ऽऽ.../मर्म उघारे/चमक रहे हैं तारे/खिसक रही है रात/ असंख्य/आँख/पसारे।"[32]

आलोच्य कवि रात के बिंब विधान में अत्यंत संश्लिष्टता निर्माण करता है। 'खिसक रही है रात' पंक्ति में 'खिसक' शब्द का प्रयोग कर कवि रात के प्रति स्वयं का क्या दृष्टिकोण है, उसे भी अभिव्यक्त कर रहा है। इसका सीधा मतलब यही है कि 'रात' अनेक बातों, घटनाओं, प्रसंगों और संदर्भों की साक्षी रहती है। तभी तो

असंख्य आँख पसारे सब कुछ देख रही है। इस तरह शमशेर ने अनेक कविताएँ लिखी हैं। जो दृश्य का सर्वोच्च रूप है। जैसे— 'कवि कला का फूल हूँ मैं' पृ.20 (उदिता-अभिव्यक्ति का संघर्ष), 'रक्षा' पृ.73 (बात बोलेगी) 'एक ठोस बदन अष्टधातु का-सा' पृ.105 (काल, तुझसे होड़ है मेरी), 'एक बिंब' पृ.26 (कहीं बहुत दूर से सुन रहा हूँ) आदि। दृश्य बिंब की तरह श्राव्य बिंब के द्वारा भी शमशेर का काव्य सौंदर्य और अधिक निखर उठा है। ग्रेस की कविता बिंबों से सराबोर है। उनकी कविता की मूल शक्ति बिंब विधान में ही मौजूद है। 'पळस' शीर्षक कविता में कवि कहता है— "लालभड़क सूर्याचा/माझ्यासमोर पळस/जसे पहाटेचे पाणी/न्हाऊ घालते कळस."[33] (लालिमा से तपते सूर्य का/मेरे सामने है पलूस/जैसे भोर के जल में/नहाता है कलश।)

कवि ने पलस के फूलों का मनोरम दृश्य अंकित किया है। कड़ी धूप में पलस की लालिमा सूर्य के समान ही लगती है। ग्रेस की कविता में प्रकृति का वर्णन प्राय: बिंबों की सहायता से अर्थात दृश्य बिंब के द्वारा ही अधिक हुआ है। साथ ही लोक व्यवहार तथा मानव जीवन से संबंधित अनेक घटनाएँ दृश्य बिंब में ही प्रकट होती है। दरअसल यह उनका भावों को अभिव्यक्त करने का ही तरीका है। 'अभिषेक पाचवा' कविता की कुछ पंक्तियाँ देखिए— "थकव्याने बावरलेली/खडकावर बसली मादी/खडकाच्या पृष्ठावरची/ती उकरून बघते चांदी."[34] (थकान से संभ्रमित/चट्टान पर बैठी मादा/चट्टान की उकेरती है चांदी।)

ग्रेस की कविता में बिंबधर्मिता का अधिक आग्रह लक्षित होता है। और क्यों न हो एजरा पाऊंड की बिंबात्मक अभिव्यक्ति इनमें अधिक दिखायी देती है। 'मादी' शब्द का प्रयोग कर ग्रेस न सिर्फ अपना दृष्टिकोण अभिव्यक्त करते हैं बल्कि नारी के बुनियादी स्वरूप को उजागर करते हैं। वास्तव में कवि मानव के नर और मादा दोनों रूपों को ही अधिक वरीयता के साथ प्रस्तुत करता है। एजरा पाऊंड का जिक्र इसलिए किया गया है कि उन्होंने हमेशा ही संश्लिष्ट या जटिल बिंबों का सृजन किया है। इस दृष्टि से ग्रेस कहीं भी कम नहीं है।

श्राव्य बिंब— शमशेर ने जिस तरह दृश्य बिंबों का विधान दिया है उसी तरह श्राव्य बिंबों का भी बहुत सार्थक ढंग से प्रयोग किया है। इस परिप्रेक्ष्य में यह स्पष्ट करना आवश्यक है कि श्राव्य बिंब ध्वनि से संबंधित है। आगे चलकर इसे पुन: नाद के स्तर पर भी देखा गया है। चूँकि नाद का संबंध संगीत के साथ है। टिटिहरी की आवाज में भी शमशेर सौंदर्य महसूस करते हैं। इसीलिए उन्होंने लिखा है— "पीछे छूट रही थीं/गाती हुई टिटिहरियाँ/और सघन करती-सी/रूकी हवा का धुंधला नीला मौन।"[35]

स्पष्ट है कि 'गाती हुई टिटहरियाँ' सुरीली आवाज लेकर शमशेर की कविता में उभरती है। वास्तव में हर चीज में सौंदर्य देखने का दृष्टिकोण ही ऐसा बिंब रच सकता है। यह पंक्तियाँ मिश्र बिंब की भी परिचायक हैं। क्योंकि अंतिम पंक्तियाँ दृश्य बिंब को उद्घाटित करती हैं। एक अनुभूति तुरंत दूसरे में बदल जाती है। अतः बिंबों के स्तर पर कभी-कभी चमत्कार का अनुभव भी होता है। लेकिन जब बिंब को ठीक ढंग से अगर आशंसक समझता है। तो उससे निर्मित सौंदर्य का रूप बहुत आह्लाद पूर्ण होता है। शमशेर की बिंबात्मक विधान करने की प्रक्रिया अपने समकालीन कवियों से वाकई भिन्न प्रतीत होती है। वह इसलिए कि सहजता और दुरूहता का प्रयोग शमशेर जानबुझकर करते हुए दिखते हैं। अत्यंत सहज और सामान्य अनुभूति भी बिंब विधान के द्वारा विशिष्ट बनती है। 'आधी रात' कविता इस संदर्भ में उल्लेखनीय है— ''बहुत धीरे-धीरे/बजे हैं बाऽरा.../गिना है रुक् रुक् कर मैंने/बा र ह बार/सुनो!/अब भी वैसे ही हवा में/बारा बज रहे हैं.../(बादल घिरे हुए रहे हैं दिल भर।)/एकाएक/श्वान भूकने लगे!.../गा उठा विरहा कोई दूर जाता पथ पर.../नीम के सन्नाटे में एकाएक जोड़ा/उगुओं का चीख उट्ठा-/प्रीईअ्! प्रीईअ्! पीईअ्!''[36]

उपर्युक्त कविता इस तथ्य की परिचायक है कि आलोच्य कवि भावों को संवेदना में बदलने का कार्य बिंब की सहायता से ही करता है। घड़ी की टिक्-टिक्, श्वान और उल्लुओं की चीख एक सामान्य अनुभूति है। लेकिन कवि जिस तरह उसे प्रस्तुत करता है वही सौंदर्य स्थल है। आमतौर पर उगुओं के संबंध में जो कुछ वर्णन समाज-व्यवहार और साहित्य में होता है वह प्रायः नकारात्मक ही होता है। लेकिन शमशेर की सौंदर्य दृष्टि की यह विशेषता है कि उन्होंने कविता में उल्लुओं की आवाज का बिंब रचा है। वास्तव में इस तरह का विधान वही कलकार कर सकता है जिसके जीवन में कला को समन्वित स्थान दिया गया है। इसी तरह भौतिक अनुभव से जुड़े बिंब को रचते हुए कवि 'पथरीली घास भरी इस पहाड़ी के ढाल पर' कविता में कहता है— ''इंजन की झॉयँ-झॉयँ! ग्घर्रर! ग्घर्रर लंबी स्सींई।/नहीं तो यहाँ केवल हवा के मधुर हलके स्वर ही थे।''[37]

स्पष्ट है कि शमशेर प्राकृतिक बिंबों में अधिक मशगूल रहे हैं लेकिन आधुनिक भाव बोध भी उनकी गहरी संवेदना से ओझल नहीं हो पाया है। यही बात उनके द्वारा प्रयुक्त गंध बिंब में भी लक्षित होती है। ग्रेस की कविता में शब्दों का प्रयोग बहुत ही नाप-तोलकर दिखायी देता है। अनुभूति को अभिव्यक्ति देते समय कवि इस बात का अधिक ध्यान रखता है। जिससे अनुभूति की अपेक्षा उनके कहने का ढंग अपना प्रभाव जमाता है। इस संदर्भ में निम्न उद्धरण द्रष्टव्य है— ''आजुबाजूला समुद्र गर्जतोय वर्तुळभोगी,/समुद्र गर्जतोय आजूबाजूला/तिला इथे ऐकू येतेय भूगर्भातील पाणी/ऐकू येतो तिला इथे चंद्रशाळेतील/अवांतर वारा.''[38] (आसपास समुद्र गर्जन

करता है गोलाई धर/समुद्र गरजता है आसपास/उसे सुनायी देता है भूजल/उसे सुनाई देता है चांदनी रात में/हवा की लहर।)

'चंद्रशाळेतील अवांतर वारा' पंक्ति कुछ अधिक चमत्कार उत्पन्न करती है। इस बिंब को समझने के लिए काफी मशक्कत करनी पड़ती है। आरंभिक पंक्तियाँ समुद्र की लहरों से जो आवाज उत्पन्न होती है, उसे दर्शाती हैं। हालांकि यह समग्र अनुभव प्रकृति से संबंधित है। भूगर्भ से पानी की आवाज भी विशिष्ट बिंब को ही रचती है। ग्रेस यह सभी वर्णन चाँदणी रात का कर रहे हैं। आकाश में चंद्रमा है, हलकी हवा बह रही है। चूँकि उस की भी आवाज होती है, जिसे नायिका सुन रही है। जाहिर है कि ग्रेस सौंदर्य को अनायास ही कविता में लेकर आते हैं। इसी तरह उनकी अन्य कविताएँ भी द्रष्टव्य हैं, जिसमें 'उर्मिलेच्या कविता' पृ.74 (संध्याकाळच्या कविता), 'निष्पर्ण तरुंची राई' पृ.114 (चंद्रमाधवीचे प्रदेश) 'मुलींच्या कविता' पृ.84 (सांध्यपर्वातील वैष्णवी) आदि।

गंध बिंब— शमशेर ने बिंब का विधान करते समय गंध बिंब को भी नया रूप दिया है। 'प्रकृति-रूप' कविता की कुछ पंक्तियाँ गौरतलब हैं— "आधा खिला व्यापक-सा गुलाब एक/मह-मह सुगंध शक्ति में/स्पष्टतः सुरक्षित।"[39]

कभी-कभी भावों की स्थिति भी अत्यंत जटिल होती है। हृदय में बड़ी मात्रा में उथल-पुथल निर्माण होती है। ऐसी दशा में सभी भाव सड़े पुराने लगते हैं। वास्तव में यह मानसिक अंतरद्वन्द्व की अवस्था है। शमशेर उसे 'एक प्रभातफेरी' कविता में यूँ ढालते हैं— "सड़े-पुराने अन्ध कूप गीतों के/अर्थहीन है भाव, मूक गीतों के।"[40]

जाहिर है कि शमशेर ने गंध बिंब को भी बखूबी प्रस्तुत किया है। मूलतः भाव अर्थहीन तभी बनते हैं जब मन की अनेक गुत्थियाँ उलझी रहती हैं। चूँकि इसमें निराशा, अवसाद भी मंडराता रहता है। कवि ऐसी ही मनोदशा में लिखता है। शमशेर की बिंब धर्मिता की यह एक विशेषता है कि उनके बिंब चमत्कृत करते हैं। अर्थात किसी बिंब को पढ़कर आशंसक या रसिक चमत्कृत हो उठता है। क्योंकि शमशेर के बिंब सीधे संवेदना से नहीं जुड़ते हैं बल्कि पहले बुद्धि के स्तर पर सोचना पड़ता है। तब कहीं सघन अनुभूति होती है। ग्रेस ने गंध संवेदना को भी बिंब के माध्यम से प्रस्तुत किया है। उनकी बिंब योजना की खूबी है कि वर्ण्य विषय जितना सहज है उतनी ही बिंब योजना जटिल और संश्लिष्ट है। यह संश्लिष्टता इसलिए निर्माण होती है क्योंकि कवि प्रकृति की आड़ में जीवन व्यवहार से जुड़े अनेक रहस्यों को उसमें भर देता है। 'ओल' कविता की कुछ पंक्तियाँ देखिए— "रात्रीच्या भाळावर टळले/नभगंधाचे सुने उदेपण."[41] (रात के ललाट पर/बादलों की गंध का सूनापन।)

अथवा 'व्याप' कविता में कवि लिखता है— ''सायंगंधाची सुकुमार फुले अंतरंग/ उघडून बसली आहेत.''[42] (शामगंध के सुकुमार फूल/अंतरंग खोलकर बैठे हैं।)

ग्रेस मूलतः सौंदर्यवादी कवि हैं। हर चीज में सुंदरता देखना उनकी खूबी है। 'नभगंध' और 'सायगंध' दोनों बिंब उनके सौंदर्य के कुशल चितेरे होने के परिचायक है। यही बात उनके द्वारा प्रयुक्त स्पर्श बिंब में भी लक्षित होती है। स्पर्श बिंब में भी यही बात लक्षित होती है।

स्पर्श बिंब— स्पर्श संवेदना या अनुभूति का महत्वपूर्ण रूप है। रचनाकार इस बिंब को अत्यंत कलात्मकता के आधार पर ही रच सकता है। 'सौंदर्य' कविता की कुछ पंक्तियाँ उद्धरणीय हैं— ''एक कमल सहस्त्रदली होठों से/दिशाओं को छूने लगा/ जब तूने आँख भर मुझे देखा।''[43] अथवा 'पूर्णिमा का चाँद' कविता में कवि कह रहा है— ''एक दरिया उमड़ कर पीले गुलाबों का/चूमता है बादलों के झिलमिलाते/ स्वप्न जैसे पाँव।''[44]

उपर्युक्त दोनों उद्धरणों से यह तथ्य अधिक प्रबल होता है कि शमशेर सचमुच बिंबधर्मी कवि हैं। उनकी कविता में सौंदर्य का सबसे सशक्त रूप बिंब के माध्यम से ही अभिव्यक्त होता है। क्योंकि पहले उद्धरण में नायिका के नायक को आँख भर देखने मात्र से कमल की हजारों पंखुड़ी रूपी होठ दिशाओं को चुमने लगते हैं। या पीले गुलाबों का दरिया उमड़कर बादलों को चूमने लगता है। दरअसल ये दोनों अनुभूतियाँ असंभव है। लेकिन शमशेर की कविता में इसे संभव होता हुआ देखा जा सकता है। अतः इस दृष्टि से शमशेर ऐसी अनेक असंभावनाओं को कविता में लाकर संभव बनाते हैं। वास्तव में यह बिंबों के माध्यम से ही हो सकता है। शमशेर का काव्य बिंब तब अधिक सुंदर बनता है जब वह पवित्रता की कगार पर पहुँचता है। आलोच्य कवि लिखता है— ''मैं उस स्थान को चूमना चाहता हूँ/जहाँ उसने अपना सर रखा था/तुम्हारे वक्ष पर/वह स्थान बहुत ही मुकद्दस है।''[45]

समीक्ष्य कवि ने मुकद्दस शब्द का प्रयोग किया है। जिसका अर्थ 'पवित्रता' है। दरअसल प्रस्तुत कविता शमशेर ने आख्मातोवा की कविताओं का काव्यानुवाद पढ़कर लिखी है। आख्मतोवा पाश्चात्य कवि हैं। अतः शमशेर यहाँ न सिर्फ आशय बल्कि शिल्प के स्तर पर भी प्रभावित दिखायी देते हैं। साथ ही उन्होंने मध्ययुग के सुविख्यात शायर जोश मलीहाबादी के मिस्त्रे का प्रयोग कविता के अंत में किया है। शमशेर जब किसी दूसरे कलाकार की कला पर कविता लिखते हैं तो बहुत शिद्दत के साथ कवि कौशल उपयोग में लाते हैं। इसी तरह ग्रेस की बिंब योजना में दो महत्वपूर्ण पहलू दिखायी देते हैं। एक ओर उन्होंने सभी बिंब गहरी वेदना से चुने हैं। मतलब यह कि उनकी बिंब योजना में दुःख हमेशा मौजूद है। दूसरी ओर ग्रेस के

द्वारा निर्मित बिंब चमत्कृत अधिक करते हैं। चूँकि चमत्कार वहीं उत्पन्न होता है, जहाँ असंभाव्यता अधिक बढ़ती है। 'अश्रु' कविता में ग्रेस लिखते हैं— ''आपुल्याच हातांना/आपुलाच स्पर्श मिळे/सहज तुला बघताना अश्रु जसा ये नयनी!''[46] (अपने ही हाथों को/अपना ही स्पर्श हो/सहज तुम्हें निहारते/आँसू भर आए आखों में।) अथवा 'राघववेळ' कविता में कवि कहता है— ''नभाला धरबंद नाहीं/तळहातावरील वळीव स्पर्शाचा''[47] (बादलों को कोई नियम नहीं/हथेली के ऐंठन स्पर्श का।)

जाहिर है कि ग्रेस की अंतर वेदना ही कविता में अभिव्यक्ति का विषय बनती है। प्रथम उद्धरण में कवि का अकेलापन लक्षित होता है। दूसरा उद्धरण दु:ख को उजागर करता है। कवि का यही अंदाज आस्वाद्य बिंब में भी दिखायी देता है। यही बात आस्वाद्य बिंब के संबंध में भी देखी जा सकती है।

आस्वाद्य बिंब— संवेदना के स्तरों में आस्वाद भी महत्वपूर्ण पहलू है। स्वाद की अनुभूति काव्य में अभिव्यक्त करना सहज नहीं है। फिर भी शमशेर के कहने का अंदाज भिन्न होने के कारण आस्वाद्य बिंब को उन्होंने सफलता से प्रस्तुत किया है। इस दृष्टि से 'दूब' कविता प्रासंगिक है— ''हलकी मीठी चाय-सा दिन,/मीठी चुस्की-सी बातें/मुलायम बाँहों-सा अपनाव।''[48] अथवा ''पी गया हूँ दृश्य वर्षा का,/हर्ष बादल का।''[49]

यद्यपि दोनों उद्धरणों में आस्वाद्य का रचाव कवि ने अत्यंत सहज ढंग के साथ किया है। इस बिंब में उनकी मनोदशा का भी पता चलता है। कवि की मनोवृत्ति में कुछ ऐसी सुप्त भाव-भंगिमाएँ में बसी हैं। जो यौन धारणाओं से संबंधित है। इस तरह अधिक ठोस और स्पष्ट चित्रण करना शमशेर के लिए किसी चुनौती से कम नहीं रहा है। ग्रेस की कविता में आस्वाद्य बिंबों का भी सफल प्रयोग हुआ है। इस संबंध में उनकी 'प्रश्न' कविता उल्लेखनीय है। यथा— ''हा प्रश्न चिऊचा नाही/ काऊचा घास ही विटला/खुंटीवर हलतो आहे/तो नाही माझा शेला.''[50] (यह सवाल चिड़िया का नहीं/कौअे का निवाला ही बांसी/खूँटी पर हिलता है/वह सेला मेरा नहीं।)

उपर्युक्त उद्धरण ग्रेस के जीवन से जुड़े रहस्यों में से एक है। कवि उसे अंतिम पंक्ति में अभिव्यक्त करता है। 'तो नाही माझा शेला' निश्चित रूप से बचपन की घटना का स्मरण कवि कर रहा है। अत: जब भी कवि अपनी बचपन की घटना का स्मरण करता है, तो केंद्र में माँ अवश्य होती है। यहाँ भी कवि महज संकेतों में बोल रहा है। यह मनोदशा कवि प्राय: अकेलेपन में अधिक महसूस करता है। तभी तो वह कहता है— ''हा झरणारा स्वर आकांती/दगडांमधले पिऊन दंवपण/तिन्हिसांजेला वाचित बसतो/रामकथेतील मुके शिळापण.''[51] (रिसनेवाला यह स्वर पराभूत/पत्थरों से पी लेता गीलापन/संध्या बेला में पढ़ता हूँ/रामकथा का गूँगा शिला रूप।)

वस्तुतः स्वर बेबस या असहाय तभी बनता है जब दुःख चरम पर पहुंचता है। कवि का स्वयं को पत्थर के समकक्ष देखना इस बात को सूचित करता है कि यह वेदना मूक रूप धारण कर चुकी है। इसीलिए वह पत्थर से शबनम पीने की बात कर रहा है। 'रामकथेतील मुके शिळापण' में पौराणिक संदर्भ है। यह संदर्भ 'अहिल्या' का है, जो शीला बनी हुई है। फिर भी उन्होंने यौन बिंबों को भी काव्य सौंदर्य में प्रयुक्त किया है।

यौन बिंब — यह धारणा आरंभ में ही समझनी होगी कि शमशेर की कविता में यौन से संबंधित जितने भी बिंब हैं, उनका मूल स्रोत दरअसल अतियथार्थवाद और प्रभाववादी चित्रकला रहा है। 'टूटी हुई, बिखरी हुई' की कुछ पंक्तियाँ गौरतलब हैं— "वह मुझ पर हँस रही है, जो मेरे होठों पर एक तलुए के बल खड़ी है/मगर उसके बाल मेरी पीठ के नीचे दबे हुए हैं/और मेरी पीठ को समय के बारीक तारों की तरह खुरच रहे हैं/उसके एक चुंबन की स्पष्ट परछायी मुहर बनकर उसके/तलुओं के ठप्पे से मेरे मुँह को कुचल चुकी है/उसका सीना मुझको पीसकर बराबर कर चुका है।"[52]

नायिका के बालों से पीठ खुरचने का जो बिंब कवि ने रचा है; वह सचमुच अदभुत माना जा सकता है। क्योंकि समय के बारीक तारों की तरह बाल यहाँ खुरचने की क्रिया कर रहे हैं। यहाँ वाकई पीड़ा, दुःख की अनुभूति सघन बनती है। आलोच्य कवि कुछ बिंब इतने अधिक संश्लिष्ट बना देता है कि मूल संदर्भ तक जाना फिर मुश्किल-सा हो जाता है। 'दो मोती कि दो चंद्रमा होते' कविता की कुछ पंक्तियाँ मार्मिक प्रतीत होती हैं— "दो मोती/कि दो चंद्रमा होते/दो दाने हैं/अंगारों के।"[53] वास्तव में प्रस्तुत कविता प्रेमी-प्रेमिका की प्रेम क्रीड़ा से संबंधित है। प्रकृति की आड़ में कवि अत्यंत संवेदनशील प्रसंग को उजागर करता है। लेकिन इस चमत्कार में भी सौंदर्य विद्यमान है। अतः समीक्ष्य कवि यौन बिंबों को दोनों स्तरों पर उद्घाटित करता है। एक तो स्पष्ट रूप से और दूसरा संकेत रूप में। ग्रेस की कविता पर पाश्चात्य आंदोलनों का भी गहरा प्रभाव रहा है। बिंबवाद और अतियथार्थवाद का अत्याधिक प्रभाव उनकी कविता पर दिखायी देता है। अतः यौन संदर्भों की खुलकर अभिव्यक्ति उनकी कविता में अनायास ही होती है। 'बर्फाच्या कविता' में ग्रेस लिखते हैं— "तुझ्या कुशींतील अक्षम्य स्तनांवरून वाहणारे/चंद्रवार्यातील बर्फाचे पराग"[54] (तुम्हारी गोद के अक्षम्य दोनों स्तनों से/बहनेवाले चंद्र हवा के/बर्फिले पराग।)

ग्रेस का यह स्वभावगत विशेष रहा है कि उन्होंने कभी भी स्पष्टता के लिए कोई समझौता नहीं किया है। अतः यौन विषय भी उनकी कविता में खुलकर चित्रित

हुआ है। यद्यपि इस संदर्भ में विचार के विविध पहलू हैं। यह भी बड़ी आसानी से माना जा सकता है कि इस वर्णन में अश्लीलता निहित है। लेकिन हमारी यह धारणा इसलिए है क्योंकि हम अर्थ की तह तक नहीं पहुँच पाते हैं। जब अर्थ की नींव समझ आती है, तब ग्रेस की कविता में निहित सौंदर्य भी अनायास ही उभरता है। इस परिप्रेक्ष्य में उनकी कुछ पंक्तियाँ देख सकते हैं। यथा— ''मागधी! रात्रभर तुझे जननेंद्रिय चाटत राहिलो. जिभेने,/शोषत गेलो आतले रसद्रव्य.../आणि पाहता पाहता/माझ्या/सिद्धार्थ वाणीला गर्भाशयाचे काही/गुणधर्म चिकटून आलेत...''[55] (मागधी! रातभर तुम्हारा जननेंद्रिय मैं जिह्वा से चाटता रहा/ग्रहण करता रहा आंतरिक रसद्रव्य/और देखते ही देखते/मेरी/सिद्धार्थ वाणी को गर्भाशय के कुछ/गुण चिपककर आए है।)

स्पष्ट है कि प्रस्तुत उद्धरण आरंभ में अश्लीलता को इंगित करता है। लेकिन जब इस बिंब की परतें खुलती हैं तब सौंदर्य का अनूठा रूप हमारे सम्मुख आता है। 'मागधी' किसी स्त्री के लिए संबोधन नहीं है बल्कि उस शक्ति के लिए कहा है जो सृजन का मूल है। कवि ने समग्र वर्णन सृजनशक्ति और अपनी सृजन धर्मिता को उजागर करने के लिए किया है। अब प्रश्न हो सकता है कि कवि दूसरा बिंब इसके लिए क्यों नहीं अपनाता? तो इस परिप्रेक्ष्य में इतना हो कह सकते हैं कि यही अतियथार्थवाद का प्रभाव है। साथ ही इसमें बिंबवाद का भी आग्रह मौजूद है।

आद्य बिंब— शमशेर ने आद्य बिंबों का भी सफल प्रयोग किया है। आद्य बिंब शाश्वत होते हैं। अर्थात शाश्वत चीजों, घटनाओं, प्रसंगों से संबंधित होते हैं। जैसे— नदी, पेड़, समुद्र, सूर्य, चंद्रमा, अंधकार, आकाश आदि प्राकृतिक बिंबों के साथ मिथक से जुड़ी घटनाओं और प्रसंगों के कारण भी आद्य बिंब का सशक्त प्रयोग शमशेर की कविता में हुआ है। वास्तव में इसे शमशेर के काव्य का सबल पक्ष भी कहा जा सकता है। इस संदर्भ में 'अमन का राग' कविता की काव्य पंक्तियाँ उल्लेखनीय हैं— ''मेरी देहली में प्रह्लाद की तपस्याएँ दोनों/दुनियाओं की चौखट पर/युद्ध के हिरण्यकश्यप को चीर रही है।''[56] अथवा ''हमें कोई जीत नहीं सकता तर्क से/हम तर्क से परे एक अनादि धर्मक्षेत्र के कृष्ण हैं।''[57]

प्रह्लाद और हिरण्यकश्यप का बिंब मूलत: मिथकीय संदर्भ के साथ जुड़ा है, जिसमें द्वितीय महायुद्ध के परिणामों की सुगबुगाहट सुनायी देती है। दूसरे उद्धरण में शमशेर की ललकार भी ध्वनित होती है। मन में गहरा विश्वास और भारतीयता के प्रति श्रद्धावान होकर कवि न हारने की बात कर रहा है। यहाँ तक कि श्रीकृष्ण का भी बिंब निर्मित करता है। शमशेर की यह ललकार और आस्था ही उनके काव्य सौंदर्य में वृद्धि करते हैं। साथ ही यह उन आलोचकों के लिए करारा जवाब भी है। जो शमशेर की कविता में शिथिलता खोजने की होड़ में हैं। इसी तरह शमशेर आदि

बिंबों अर्थात प्रकृति से संबंधित बिबों को भी मार्मिकता के साथ प्रस्तुत करते हैं। 'एक नीला दरिया बरस रहा' कविता की पंक्तियाँ देखिए— "एक नीला दरिया बरस रहा है/और बहुत चौड़ी हवाएँ हैं।"[58] ठीक इसी तरह 'सूर्यास्त' कविता में भी कवि सूर्यास्त के साथ अपनी मनोदशा उजागर करता है। जिस तरह सूर्यास्त होने लगता है, शाम का आरंभ होते ही उनकी भी मनोदशा में निराशा, उदासी बढ़ने लगती है। बानगी के तौर पर कुछ पंक्तियाँ देख सकते हैं— "सूर्य मेरी अस्थियों के मौन में डूबा गुट्ठल जड़े"[59] उल्लेखनीय है कि शमशेर के काव्य में शाम, सूर्य, चंद्र, रात आदि आद्य बिंबों का प्रयोग प्रचूर रूप में लक्षित होता है। वास्तव में यह शाश्वत बिंब है। इस बिंब का संबंध शाश्वत चीजों के साथ ही है। यथा— नदी, सूर्य, चंद्र, पेड़, पहाड़ संध्या, अंधेरा, सुबह, आदि अनेक रूप आद्य बिंब के देखे जा सकते हैं। इसके अलावा पौराणिक घटनाओं का भी समावेश इसी बिंब में किया जाता है। चूँकि वे घटनाएँ लोक व्यवहार में प्रचलित होती हैं। 'चूड़ा' कविता की कुछ पंक्तियाँ उद्धरणीय हैं— "मनावेगळी लाट व्यापे मनाला/जसा डोंगरी चंद्र का मावळे"[60] (अनचाही लहर मन को समेटती है/जैसे पहाडों में चंद्रास्त होता है।) अथवा "काय मागितली होती/चंद्रसूर्यांची मी सत्ता?"[61] (क्या माँगी थी मैंने/चंद्र-सूर्य की सत्ता।)

उपर्युक्त उद्धरण इस बात के प्रमाण है कि ग्रेस की कविता में आद्य बिंब का सफल प्रयोग हुआ है। इसलिए भी उनके बिंब विधान में मिश्र बिंब अधिक दिखायी देते हैं।

मिश्र बिंब— मिश्र बिंब से आशय यहाँ विविध अनुभूतियों की एकरूपता से है। जहाँ कोई भी रचनाकार एक से अधिक इंद्रिय आधारों को सम्मुख रखकर बिंब रचना करता है। यथा— दृश्य और श्रव्य का समन्वय कभी होता है। तो कहीं वह एक से अधिक ऐन्द्रिय संवेदनों का भी समन्वय करता है। शमशेर के काव्य सौंदर्य में मिश्र बिंबों का अत्यंत सरस रूप है। उनकी 'कन्या' कविता की कुछ पंक्तियाँ द्रष्टव्य हैं— "मोतियों के लिए मुमकिन है कि/वह सूरज बनकर दमक उठे/गुलाब की पंखुडियों को शरमा दे/अपनी चिकनाहट से।"[62]

उपर्युक्त पंक्तियों में दृश्य और स्पर्श बिंब का सुंदर समन्वय हुआ है। स्पर्श, श्रव्य और दृश्य का भी प्रयोग कवि सफलता के साथ करता है। 'सौंदर्य' कविता की कुछ पंक्तियाँ उद्धरणीय है— "वह जो तुम्हारे हृदय में बज रहा है/मैं उस साज में एक चांद/देखता हूँ /उसको पकड़ना चाहता रहा हूँ/मेरी अपनी इस चाह के अलावा/ मैं कुछ नहीं कुछ नहीं!"[63]

उपर्युक्त उद्धरण में आद्य बिंब भी तैयार होता है। चूँकि चाँद की बात कवि कर रहा है। लेकिन एक ओर कवि 'चांद देखने' की बात करता है तो दूसरी ओर

'हृदय में बजने' की अवस्था दिखायी है। और उसे पकड़ने की अभिलाषा भी रखता है। तीन भिन्न-भिन्न अनुभूतियों को शमशेर शिद्दत के साथ संतुलित रूप में अभिव्यक्त करते हैं। लेकिन अंतिम काव्य पंक्ति में विशेष सौंदर्य निहित है, जिसमें कवि कह रहा है— 'इस चाह के अलावा मैं कुछ नहीं'। अर्थात यह महज कवि की अभिलाषा है। दरअसल शमशेर इस बिंब के द्वारा सौंदर्य को समझने का प्रयास कर रहे हैं। मिश्र बिंब में एक से अधिक बिंबों का समन्वय रचनाकार द्वारा किया जाता है। दरअसल यह उसकी भावनाओं का तीव्र आवेग होता है। ग्रेस की कविता में पग-पग पर यह बात लक्षित होती है। यथा-- "प्रत्येक वृक्षाच्या गळ्याला/बांधलेली घंटा सतत वाजत असते./रेषमाच्या निसरडया वस्त्रासारखी घसरून."[64] (हर पेड़ के गले में/बंधा घंटा हमेशा बजता है।)

स्पष्ट है कि कवि ने श्रव्य और स्पर्श का सुंदर समन्वय किया है। इसी तरह ग्रेस की 'कावळे' कविता उल्लेखनीय है— "रूणुझुण वाजत अंधाराचे/स्पर्श जगाला जडले/आणि कावळे काळोखातिल/गंध प्राशुनी भिजले"[65] (छुम-छुम बजते अंधेरे का/जगत् को हुआ स्पर्श/और कौए अंधेरे में/गंध पी कर भीगे।)

उपर्युक्त उद्धरण दृश्य, स्पर्श, श्राव्य और गंध की श्रेष्ठ मिसाल है। इतने सारे बिंब एक साथ प्रयुक्त होने के कारण यहाँ भावों में तीव्रता और गतिशीलता अनुभव की जा सकती है। इसी से गतिशील बिंब भी उद्घाटित होता है। यही कारण है कि ग्रेस की कविता में सौंदर्य विधान होता है। इस तथ्य को उजागर करने के लिए अन्य भी कुछ कविताएँ हैं। यथा— 'कांच' पृ.21, (संध्याकाळच्या कविता), 'आठवणी' पृ.09 (चंद्रमाधवीचे प्रदेश), 'माझे युद्ध' पृ.188 (सांध्यपर्वातील वैष्णवी), 'तळापाशी' पृ.06 (बाई! जोगियापुरुष) आदि। लेकिन इसी कोशिश में कवि अनायास ही गतिशील बिंबों का निर्माण करता है।

गतिशील बिंब : शमशेर ने गतिशील बिंबों का अधिक प्रयोग किया है। इस कारण आशंसक भावात्मक तथा संवेदनात्मक स्तर पर दौड़ता रहता है। असल में यह बिंब स्थिरता के विरूद्ध है। रसिक को काफी मशक्कत के आधार पर अर्थबोध करना पड़ता है। क्यों न हो काल से होड़ लेने वाला यह कवि है। अत: गतिशील बिंब तो रहेंगे। जैसे 'जगा-सा थका-सा मन मेरा' कविता में कवि लिखता है— "जगा-सा थका-सा मन मेरा।/जग में सवेरा/मेरे बंद घर में अंधेरा।/रात बीती किसी तरह से तो/मैंने जाना मुझे मिला दिन और।"[66]

शमशेर प्रसंग और घटना को इस तरह ले आते हैं कि एक बिंब का संबंध अलग से स्थापित होता है। अर्थात यह गतिशीलता ही कविता में सौंदर्य भरती है। साथ ही कविता में ऊबाऊपन निर्माण नहीं हो पाता है। कुछ पंक्तियाँ गौरतलब हैं—

"नाव एक जा रही है/पाल उठाये/सूरज के मुखड़े के सामने/दूर तक/नाव वह मेरी है/मैं तट पर हूँ।"[67]

इससे स्पष्ट है कि शमशेर की कविता विविध बिंबों से लबरेज है। संश्लिष्ट बिंबों का प्रयोग ही उन्हें अपने समकालीन कवियों से अलग कर देता है। यद्यपि उनकी इस बिंब धर्मिता पर एजरा पाउंड का विशेष प्रभाव दिखायी देता है। गतिशीलता ग्रेस की कविता की महत्वपूर्ण विशेषता है। यह गतिशीलता अर्थ और शब्द दोनों स्तरों पर है। यही कारण है कि ग्रेस की कविता में गतिशील बिंब उभरते हैं। असल में गतिशीलता के कारण ही ग्रेस की कविता में दुरुहता भी निर्माण होती है। ग्रेस की 'पांढरा खडक' कविता उल्लेखनीय है। यथा— "तळयात बगळा उभा खडक पांढरा ये पुढे/म्हणून प्रतिबिंब हे सहज चालताना अडे/उन्हात जळसावली मृगजळी जसा पारवा/फलात जळता व त्वचा मधुर सांडणारी हवा"[68] (बाँध में बगुला खड़ा पत्थर सफेद सामने/इसलिए अक्स के चलते हुए लगे रोडा/धूप में घनछाया, मृग़ज़ल में जैसे कबूतर।)

उपर्युक्त पंक्तियाँ गतिशीलता को बढ़ाती हैं। एक बिंब के पश्चात तुरंत दूसरी अनुभूति का बोध कांव कराता है। इससे उनकी न सिर्फ कवि कुशलता लक्षित होती है बल्कि सौंदर्य भी दिखायी देता है। ग्रेस की यही खूबी उनकी कुछ अन्य कविताओं में भी दिखायी देती है। जैसे— 'स्वप्न' पृ.53 (संध्याकाळच्या कविता), 'घर' पृ.19 (चंद्रमाधवीचे प्रदेश), 'झोका' पृ.192 (सांध्यपर्वातील वैष्णवी), 'असंभवाची समज' पृ.39 (सांजभयाच्या साजणी), 'अभिषेक शष्ठी' पृ.36 (बाई! जोगिया पुरुष) आदि। इसी तरह कह सकते हैं कि ग्रेस की कविता में बिंबों की भरमार अधिक है। कवि जितनी शिद्दत से बिंबों का प्रयोग करता है उतनी ही रूचि के साथ प्रतीकों का भी प्रयोग किया है। बिंबों का प्रयोग जब बार-बार होने लगता है तब बिंब प्रतीक में ढल जाता है। उसे भी निम्नवत समझा जा सकता है।

प्रतीकात्मक सौंदर्य

शमशेर के काव्य में बिंबात्मक सौंदर्य समझने के पाश्चात् प्रतीकात्मक सौंदर्य पर विचार करना उचित है। काव्य सृजन में बिंब के साथ-साथ प्रतीक भी महत्वपूर्ण सौंदर्य तत्व है। मानव सभ्यता का जैसे-जैसे विकास हुआ उसी के साथ प्रतीकों का प्रयोग होने लगा है। दरअसल कला में प्रयुक्त प्रतीक योजना प्राय: परिवर्तित होती रहती है। इसके दो मुख्य कारण हैं, एक तो बदलता सांस्कृतिक और सामाजिक परिवेश और दूसरा कलाकार की कल्पना शक्ति। अत: इस दृष्टि से प्रतीक योजना में ये दोनों महत्वपूर्ण आधार है।

प्रतीक शब्द हिंदी में अंग्रेजी के 'Symbol' से बना है। पाश्चात्य देशों में 'प्रतीक' अर्थात 'Symbol' पर बहुत अधिक चिंतन हुआ है। हिंदी में 'प्रतीक' शब्द का प्रयोग संकेत, चिह्न तथा प्रतिरूप आदि के लिए किया जाता है। प्रतीक के संबंध में पाश्चात्य विद्वान वेबस्टर के विचार सार्थक प्रतीत होते हैं— "प्रतीक अपने संबंध सामंजस्य रूढ़ि अथवा संयोग से किसी अन्य वस्तु की ओर संकेत करता है; परंतु उसका उद्देश्य समानता अथवा सादृश्य नहीं है वह किसी अदृश्य वस्तु का दृश्य संकेत है।"[69]

उपर्युक्त विचारों से स्पष्ट है कि प्रतीक दृश्य के माध्यम से अदृश्य की ओर संकेत करते हैं। कलावादी सौंदर्यशास्त्री हेगेल ने कला का उद्गम प्रतीक के साथ ही माना है। इसीलिए उन्होंने कला के तीन भेद किए हैं— "जिसमें प्रतीकात्मक कला, शास्त्रीय कला और स्वच्छंद कला महत्वपूर्ण है।"[70] यद्यपि हेगेल का समग्र काव्य चिंतन देखें तो उसमें कलावाद का पूर्णत: आग्रह है। उन्होंने जीवनवाद का खंडन और कलावाद का मंडन किया है। प्राय: कला विषयक प्रतीक और अन्य विषयों से संबंधित प्रतीकों में अंतर किया जाता है। इस संदर्भ में डॉ. कुमार विमल के विचार द्रष्टव्य हैं— "कला जगत् के प्रतीक और अन्य प्रतीकों यथा धर्म, दर्शन या विज्ञान के प्रतीकों में मुख्यत: अंतर यह है कि धर्म, दर्शन अथवा विज्ञान के प्रतीक प्राय: सर्वथा निर्धारित एवं मान्य अर्थ रखते हैं। इन क्षेत्रों में प्रयोक्ता प्रतीकों का प्रयोग उसी परिनिष्ठित अर्थ में करता है जिसे पाठक या श्रोता उसी के साथ जानता है। किंतु कला के प्रतीकों में प्रयोक्ता और पाठक द्रष्टा या श्रोता के बीच किसी निर्धारित अर्थ के लिए ऐसा विक्षब्ध ऐकमत्य नहीं रहता है।"[71] जाहिर है कि डॉ. विमल ने अत्यंत स्पष्ट निर्देश किया है कि कलागत प्रतीकों में प्रयोक्ता और भोक्ता की एकता अनिवार्य नहीं है। कोई कलाकार किसी प्रतीक को गढ़ता है तो जरूरी नहीं कि आस्वादक भी उसी संकेत को ग्रहण करें। प्रतीकों के वर्गीकरण में दो मुख्य आधार माने गए हैं। पहला ध्वनि से संबंधित है, दूसरा दृष्टि पर निर्भर रहता है। मतलब इन्हीं दो माध्यमों से प्रतीक संप्रेषणीय बनते हैं।

प्राकृतिक प्रतीक— प्रकृति के साथ शमशेर बहुत ही मनोवेग के साथ संबंध बनाए हुए हैं। अपनी भाव-भंगिमाओं को उन्होंने प्रकृति के अंगों और परिवर्तनों के साथ जोड़ दिया है। इसीलिए प्राकृतिक प्रतीकों का प्रयोग बहुत शिद्दत के साथ किया है। कवि 'एक नीला आइना बेठोस' कविता में लिखता है— "एक नीला आइना/ बेठोस-सी यह चाँदनी/और अंदर चल रहा हूँ मैं।"[72]

दरअसल 'नीला आइना' आकाश के प्रतीक के रूप में प्रयुक्त हुआ है। तो 'चांदनी' नायिका का प्रतीक बनकर आती है। मूलत: यह बिंबात्मक प्रतीक है। और अतियथार्थ से निर्मित हुआ है। क्योंकि कवि अंदर चलने की बात करता है। यह

अंदर चलना वास्तव में अचेतन से जुड़ी अनुभूति है। इसी तरह कवि 'सत्यमेव जयते' कविता में कहता है— "कोई हिमालय पर कालख पोत सकता है?/कोई ब्रह्मपुत्र से खिलवाड़ कर सकता है?"[73]

उपर्युक्त उद्धरण में 'हिमालय' और 'ब्रह्मपुत्र' शौर्य के प्रतीक हैं। प्रतिपक्ष में खड़े राष्ट्र को कवि आगाह भी कर रहा है। इसी तरह तरू, शाम, आसमान, धरती, पहाड सरीखे प्रकृति से संबंधित प्रतीक बार-बार प्रयुक्त होते हैं। ग्रेस की सौंदर्य भावना में उनकी प्रतीक योजना अनन्य महत्व रखती है। दरअसल ग्रेस सौंदर्यवादी कवि हैं। अत: अभिव्यक्ति के स्तर पर भी सौंदर्य से युक्त रचना करना उनका साध्य है। चूँकि पाश्चात्य चिंतक हेगेल के विचारों का हम पहले ही विवेचन कर चुके हैं, जिसने कला के उद्‌गम के लिए प्रतीक को महत्वपूर्ण माना है। यद्यपि हेगेल के विचारों का प्रभाव ग्रेस की सौंदर्यवादी दृष्टि पर भी दिखायी देता है। ग्रेस की कविता में किस तरह प्रतीकात्मक दृष्टि से सौंदर्य निर्माण हुआ है। ग्रेस पर प्रतीकवादियों का गहरा प्रभाव रहा है। चूँकि प्रतीकवादियों ने कविता में भाषा के प्रयोग पर विशेष ध्यान दिया है। अत: ग्रेस भी इससे अछूते नहीं रह सके हैं। बहुभाषिकता के कारण विविध भाषाओं के शब्द उनकी कविता में दिखायी देते हैं।

ग्रेस की कविता में प्रकृति के विविध रूप मौजूद हैं, जिसकी चर्चा पहले की है। प्रकृति के अंग यहाँ प्रतीक बनकर प्रस्तुत होते हैं। उनकी अभिव्यंजना में सूर्य, नदी, चंद्र, पेड़-पौधे, पशु-पक्षी पुनः पुनः प्रकट होते हैं। इसी से ग्रेस की कविता में भाव-भंगिमाओं की सघनता और अधिक निर्माण होने लगती है। चंद्र को वात्सल्य का प्रतीक मानकर 'प्रतीक्षा' कविता में ग्रेस लिखते हैं— "तमभर घर माझे चंद्र नाही उशाला"[74] (अंधेरे से युक्त घर मेरा चाँद नहीं सिरहाने।) अथवा "अन् बालपणावर माझ्या/चंद्राची राख पसरली."[75] (और बचपन पर मेरे/चाँद की राख फैली।)

जाहिर है कि चाँद मातृवात्सल्य का प्रतीक बनकर प्रस्तुत हुआ है। कवि के जीवन में मातृ-प्रेम का हमेशा ही अभाव रहा है। इसलिए कवि चांद सिरहाने न होने का दु:ख अभिव्यक्त करता है। कवि के जीवन में प्रकृति का अहम् स्थान है। अत: अपने जीवन से जुड़ी अनेक घटनाएँ, प्रसंग उन्होंने प्रकृति के माध्यम से चित्रित किए हैं। बारीश और कवि के दु:ख का गहरा संबंध है। 'निरोप' कविता की पंक्तियाँ बानगी के तौर पर देख सकते हैं— "मी खरेच दूर निघालो/तू येऊ नको ना मागे/पाऊस कुठेतरी वाजे/हृदयाचे तुटतील धागे।"[76] (मैं सचमुच दूर निकला हूँ/तुम आओ न मेरे पीछे/कहीं तो बारीश बजे/हृदय के टूटते हैं आगे।)

कविता में बारीश दु:ख का प्रतीक बनकर आती है। इसी तरह संध्या भी प्रतीकात्मक अर्थ लेकर ही उभरती है। प्राय: अन्य कवि संध्या समय का वर्णन करते

हुए उसे निराशा, दुःख अकेलापन आदि के साथ नहीं जोड़ते हैं। लेकिन ग्रेस की कविता में संध्या समय इसी तथ्य को उजागर करता है। इसीलिए कवि 'वार्ता' कविता में लिखता है— "डोळयांच्या पाताळांत चंद्रदुःखाने पसरावें/काजळ, तशी ही सायंकाळ।"[77] (आँखों की गहराई में/चंद्र दुःख से बिखरे काजल/वैसी यह शाम।) 'चंद्र दुःख' से अभिप्राय मातृ प्रेम या वात्सल्य के अभाव से है। कवि को इसीलिए संध्या शोकपूर्ण एवं उदास अनुभव होती है। यहाँ कवि का अभिव्यक्ति कौशल दिखायी देता है। इसमें रचनात्मक सौंदर्य मौजूद है। ग्रेस ने पशु-पक्षियों को भी प्रतीक बनकर प्रस्तुत किया है। 'ऊन-2' कवि की पंक्तियाँ द्रष्टव्य हैं— "एक पारवा उदास एक घार वाहती/निळी भयाणता जळे निळे जसे निहार अंग।"[78] (एक उदास कबूतर एक चीत उड़ती है/नीले-नीले आकाश में जैसे डर समाए।) स्पष्ट है कि 'पारवा' या कबुतर उदासी का प्रतीक बनकर प्रस्तुत है।

सामाजिक प्रतीक — शमशेर मार्क्सवाद से भी प्रभावित होने के कारण उस विचारधारा का असर होना सहज ही है। उन्होंने जन-जीवन के साथ कविता को जोड़ने का भरकस प्रयास किया है। इसी से समसामयिक जीवन से जुड़े अनेक प्रतीक कविता में दिखायी देते हैं। यथा— 'हमारे दिल सुलगते हैं' कविता में कवि कहता है— "हम नंगे बदन रहते हैं झुलसे घोंसले में, बादलों-सा"[79] अथवा "होंट में सो गए शब्द/भाव में खो गए स्वर/एक पल हो गया कितने शब्द/मौन है घर।"[80]

उपर्युक्त दोनों उद्धरणों में कवि की सामाजिक प्रतिबद्धता मुखर हुई है। 'झुलसे घोंसले' अभाव दुर्दशा का प्रतीक है तो 'मौन घर' असाहयता और बेबसी का प्रतीक बनकर आये हैं। ग्रेस की काव्य चेतना में सामाजिक आशय की कविताएँ बहुत कम हैं। फिर भी उन्होंने जितनी कविताएँ सामाजिक आशय को केंद्र में रखकर लिखी हैं, उनमें सामाजिक प्रतीकों की प्रस्तुति हुई है। 'कळशी' कविता में संत चोखा मेळा दलित एवं उपेक्षित वर्ग का प्रतीक बनकर मुखर हुआ है। यह वर्ग हमेशा ही हशिये पर रखा गया है। यथा— "चोख्याच्या हाडांचे पांगळे विठूपण"[81] (चोखा की हड्डियों का अपाहिज ईश्वरत्व) स्पष्ट है कि ग्रेस समाज में प्रचलित जाति व्यवस्था का भंडाफोड़ करते हैं।

पौराणिक प्रतीक — शमशेर ने पुराण और अध्यात्म से संबंधित संदर्भों, पात्रों को प्रतीक बनाकर प्रस्तुत किया है। इससे सौंदर्यानुभूति में वृद्धि हुई है। 'न पलटना उधर' कविता की कुछ पंक्तियाँ उद्धरणीय हैं— "जहाँ इन्द्र और विष्णु एक हो"[82] या 'भाषा' कविता में शमशेर लिखते हैं— "हम तो हैं धर्मक्षेत्रे/तुम्हीं संजय स्थिरः संज्ञायुक्त।"[83]

जाहिर है कि 'इंद्र' और विष्णु एकता का प्रतीक है। तो 'संजय' विवेक का प्रतीक हैं। इसी तरह दार्शनिक प्रतीक उभरते हैं। ग्रेस की अभिव्यक्ति में महाभारत, रामायण के अनेक प्रसंग और चरित्र प्रतीक बनकर प्रस्तुत हुए हैं। वस्तुतः पुराणों से जुड़े संदर्भों को प्रस्तुत करना कवि का उद्देश्य कतई नहीं है। उन चरित्रों को, प्रसंगों को नए रूप में ढालना कवि का चरम लक्ष्य है। इससे कविता का अभिव्यंजना सौंदर्य अधिक आकर्षक बना है। 'आई-1' कविता की पंक्तियाँ गौरतलब हैं— "हे रक्त वाढतानाही/मज आता गहिवर नाही/वस्त्रात द्रोपदीच्याही/तो कृष्ण नागडा होता"[84] (अब यह रक्त बढ़ते हुए/मेरा गला न अब भर आए/वस्त्रों में द्रौपदी के वह कृष्ण भी नग्न था।)

यहाँ द्रोपदी महज महाभारत की पात्र बनकर ही प्रस्तुत नहीं है। वह माँ बनकर आती है। साथ ही कवि उसे आदिशक्ति रूप में भी प्रस्तुत करता है। तभी तो 'कृष्ण नागडा होता' का सार्थक प्रयोग कर रहा है। इसी तरह कवि जब लिखता है— "सीतेच्या वनवासातील जणु अंगी राघवशेला।"[85] (सीता के विजनवास में/जैसे अंग पर राघव सेला।)

वास्तव में ग्रेस की कविता में उन स्त्री पात्रों की पुनरावृत्ति अधिक हुई है जो अपने जीवन में अधिक दुःख सहती रही हैं। वह कभी कुंती है, तो कभी राधा। कभी अहिल्या, देवकी तो कभी उर्मिला, गांधारी। चूँकि ये सभी पात्र महाभारत और रामायण से संबद्ध है। ये सभी स्त्री पात्र उपेक्षा की प्रतीक बनकर कविता में प्रस्तुत है

दार्शनिक प्रतीक— दार्शनिक प्रतीक रहस्य संकेतों से जुड़े रहते हैं। जहाँ-जहाँ कवि आत्मविश्लेषण करता है। वहाँ एक दर्शनिक की भूमिका में नजर आता है। साथ ही अलौकिकता से जुड़े अनेक तथ्यों को कवि अपनी मनोवृत्ति के अनुरूप चित्रित करता है। 'आओ' कविता में कवि लिखता है— "वह जल में समाती हुई चली गयी है/लहरों की बूँदों में/करोड़ों किरणों/की जिंदगी/का नाटक-सा वह/मैं तो नहीं हूँ।"[86]

अंतिम पंक्ति 'मैं तो नहीं हूँ' सघन रहस्य की ओर उन्मुख करती है। प्रेमिका का वर्णन कवि कवि प्रतीकात्मक रूप में करता है। लेकिन कवि अफसोस भी जताता है कि नायिका इस बात से पूरी तरह बेखबर है। ग्रेस की कविता में रहस्य और संकेतों का प्रयोग अधिक हुआ है। सामान्य जन व्यवहार की घटना या प्रसंगों को भी कवि अलौलिक बना देता है। वास्तव में यही उनकी कविता का अभिव्यक्ति सौंदर्य है। 'जळे पान्ह्यात पदर' कविता की पंक्तियाँ उद्धरणीय हैं— "काळे सावळे वासरू/पाय चाटाया लागले/जळे पान्ह्यात पदर/माझे अंभग भिजले।"[87] (काला-साँवला बछड़ा/पैर चाटने आया/जले प्रेमभरा आँचल/भीगे हैं मेरा अंभग।)

'काळे सावळे वासरू' ईश्वर (विठ्ठल) के अर्थ में व्यंजना करनेवाली पंक्ति

है। दरअसल संत तुकाराम के साथ तत्कालीन समय में जो छल युक्त व्यवहार हुआ, कवि उससे अवगत कराते हुए उनकी भक्ति की एकनिष्ठता को भी उजागर कर रहा है। आस्था भी सौंदर्य का अंग है। कवि ग्रेस अपने जीवन में आस्तिक रहे हैं। अपने जीवन के अंतिम पड़ाव में उन्होंने कुछ तीर्थ स्थानों की यात्राएँ भी की हैं।

वैज्ञानिक प्रतीक — उल्लेखनीय तथ्य है कि शमशेर बहुआयामी कवि रहे हैं। उन्हें विविध विषयों और अंतर अनुशासनों का गहरा ज्ञान है। उन्होंने छात्रावस्था में विज्ञान से संबंधित अध्ययन किया है। अपने कैरियर का आरंभ ही उन्होंने 'मेडिसिन' या कंपाऊंडरी से किया है। अत: अनेक प्रतीक विज्ञान से जुड़े हैं। इसमें एटमी बॉम, सुई, अणु, ब्राडकास्ट, मशीनें, स्टीम इंजिन, मरहम आदि का प्रयोग उल्लेखनीय है। इस दृष्टि शमशेर महज रूमानियत से ही जुड़े नहीं थे बल्कि अपने समय की आवाज को भी अभिव्यक्त कर रहे थे। यथा— ''और वहीं/एक/बड़ी नन्हा सा/बड़ी गहराइयों वाला/अणु है अणु/नहीं मालूम?''[88]

स्पष्ट है कि 'अणु' का प्रयोग शक्ति के रूप में किया है। अत: कवि ने प्रतीकों को विविध विषय के साथ जोड़कर प्रस्तुत किया है। उनके द्वारा प्रयुक्त प्रतीकों में तार्किकता अधिक है। आसानी से पकड़ में नहीं आते हैं। ग्रेस की कविता में प्रतीकात्मक सौंदर्य विधान भी बहुत कलात्मक ढंग से हुआ है। यद्यपि इसमें सामाजिक प्रतीकों की कमी दिखायी देती है। साथ वैज्ञानिक प्रतीकों का भी अभाव रहा है।

अलंकार सौंदर्य

बिंब और प्रतीक के साथ जिस तरह सौंदर्य का अनूठा अंत:संबंध है। अलंकार के लिए भी यह बात लागू होती है। मनुष्य हमेशा ही सुंदरता का आग्रह करता रहा है। सजना, संवरना विकसित मनुष्य की मूल प्रवृत्ति है। दैनंदिन जीवन में मनुष्य जिस तरह अपने क्रियाकलापों और व्यवहार कर्म को सजाना चाहता है, यही बात उसकी अभिव्यक्ति में भी दिखायी देती है। वह अपनी बात भाषा के माध्यम से संप्रेषित करता है। किंतु उसे अधिक संप्रेषणीय बनाने हेतु वह कथन को सुंदर बनाना चाहता है। असल में यह प्रक्रिया ही अलंकार विधान है। काव्य में भावों और विचारों को शब्दों के माध्यम से सजाने का कार्य रचनाकार करता है। भारतीय और पाश्चात्य विद्वानों ने अलंकारों के महत्व पर पर्याप्त विचार-विमर्श किया है। सामान्यत: अलंकार का अर्थ 'आभूषण' माना जाता है। इसीलिए कहा गया है कि 'अलम-क्रियते अनेन इति अलंकार:'। अर्थात जो अलंकृत या आभूषित करता है वही अलंकार है। एक धारणा यह भी रही है कि अलंकार सौंदर्य निर्माण नहीं बल्कि वृद्धि

करते हैं। मलतब अलंकार सौंदर्य निर्माण का नहीं बल्कि वृद्धि का आधार है। अतः सौंदर्यशास्त्रीय दृष्टि से अलंकार तत्व पर विचार करना आवश्यक है। भारतीय आचार्यों की परंपरा का अवलोकन करने के पश्चात् यह तथ्य सम्मुख आता है कि आचार्य भामह कृत 'काव्यालंकार' उद्भट कृत 'काव्यलंकार सार संग्रह', आचार्य वामन कृत 'काव्यालंकार सूत्र', 'रुद्रट कृत 'काव्यालंकार' और रूय्यक कृत 'अलंकार सर्वस्व' आदि ग्रंथ महत्वपूर्ण हैं। मूलतः सभी आचार्यों ने अलंकार को सौंदर्य का विकल्प माना है। यद्यपि भारतीय काव्यशास्त्र में आचार्य भरत ने अलंकार पर सबसे पहले विचार किया है। आचार्य दण्डी ने अलंकार को काव्य की शोभा बढ़ानेवाला तत्व माना है— "काव्यशोभाकरान धर्मानलंकारण प्रचक्षते।"[89] इसी तरह आचार्य वामन ने भी कहा है— "काव्य ग्राह्यमलंकारात! सौंदर्यमलंकार:"[90]

उपर्युक्त परिभाषाओं में एक बात स्पष्ट है कि अलंकार काव्य का प्रधान तत्व है। आचार्य वामन रीति सिद्धांत के प्रवर्तक भी रहे हैं। उन्होंने काव्य को ग्राह्य और सौंदर्य को अलंकार कहा है। आचार्य वामन जिस सौंदर्य की बात कर रहे हैं, वह पाश्चात्य सौंदर्यशास्त्र की दृष्टि से भिन्न संकल्पना है। चूँकि सौंदर्यशास्त्र. मूलतः बोध और दर्शन पर आधारित संकल्पना है। अतः कह सकते हैं कि पाश्चात्य काव्यशास्त्र में भी अलंकारों के महत्व को स्वीकारा गया है। सौंदर्यशास्त्र में काव्यशास्त्र के उपादानों का प्रयोग सर्वथा वर्जित नहीं है। चूँकि अलंकार की जननी कल्पना ही है। और इसका मूलाधार साक्ष्य दर्शाना है। सुमित्रानंदन पंत 'पल्लव' की भूमिका में लिखते हैं— "अलंकार केवल वाणी की सजावट के लिए नहीं, वे भाव की अभिव्यक्ति के विशेष द्वार है। भाषा की पुष्टि के लिए राग की परिपूर्णता के आवश्यक उपादान है।"[91] अतः अलंकार को सौंदर्यशास्त्रीय अध्ययन में एक उपादान के रूप में ही अपनाया है। प्रस्तुत अध्ययन में अलंकारों के सभी भेदों की चर्चा न करते हुए आलोच्य कवियों ने जिन अलंकारों का उपयोग सौंदर्य विधान के लिए किया हुए उन्हीं का विश्लेषण किया है।

उपमा— शमशेर ने काव्य में सौंदर्य बढाने के लिए उपमा अलंकार का सबसे अधिक प्रयोग किया है। उपमा अर्थालंकार की कोटि में आता है। एक ही पंक्ति के भीतर अगर उपमेय और उपमान दोनों के बीच साधर्म्य के आधार पर समानता होती है, वहाँ उपमा अलंकार होता है। यथा— "शरबत-सी आँखों की बानी/नयी नित अशेष पहचानी, जानी-मानी।"[92] अथवा "आधा चाँद कटोरा काँसे का-सा/सीसे की-सी नीली रात।"[93]

जाहिर है कि शमशेर आँखों की भाषा या भावों को शरबत की उपमा देते हैं। चूँकि शरबत सी आँखों में 'सी' साधर्म्य दिखाता है। वही बात आधे चाँद के लिए

काँसे से कटोरे की उपमा दी है। और रात के लिए सीसे की उपमा दी गई है। यहाँ महत्वपूर्ण तथ्य समझना होगा कि शमशेर नए-नए उपमानों का प्रयोग करते हैं। जिससे उनका कला कौशल बखूबी समझा जा सकता है। कवि ग्रेस की अभिव्यक्ति में अलंकारों का प्रयोग सौंदर्य निर्माण का महत्वपूर्ण कारण है। उन्होंने अलंकारों के माध्यम से उन्होंने किस तरह सौंदर्य वृद्धि की है, उसे निम्न रूप में देख सकते हैं। ग्रेस ने उपमा अलंकार का सफल प्रयोग किया है। 'राघववेळ' कविता में कवि लिखता है— "शेंदरी देठांचे प्राजक्ती स्मशान'/ओंजळीतून गळताना"[94] (सिंदूरियाँ डंठल का प्राजक्त सम शवशाला/अंजुलि से रिसता है।)

कवि ने स्मशान के लिए प्राजक्त के फूल की उपमा दी है। विशेष रूप से प्राजक्त का डंठक केसरिया रंग का होता है। स्मशान में जब चिताएँ जलती हैं, तब वहाँ भी यही रंग दिखायी देता है। वास्तव में स्मशान में शांति मौजूद रहती है। प्राजक्त का फूल भी शांति के रूप में ही प्रयुक्त होता है। इसी तरह 'बहर' कविता में कवि लिखता है— "पाऊस मोगरा सजणा/सनईचे रंगित पाणी"[95] (बारीश मोगरा सजना/सनई का रंगीन पानी।) कवि ने साजन के लिए बारीश और मोगरा फूल की उपमा दी है। सौंदर्य वर्णन की इतनी कोमलता एवं तरलता अन्यत्र दुर्लभ है। वस्तुतः ग्रेस भाव को अधिक सुंदर ढंग से अभिव्यक्त करने के लिए विविध साधनों का प्रयोग करते हैं।

रूपक— शमशेर ने रूपक का भी बखूबी प्रयोग किया है। जहाँ उपमेय पर उपमान का आरोप किया जाता है। वहाँ रूपक अलंकार होता है। यहाँ समानता की अपेक्षा आरोप महत्वपूर्ण माना जाता है। इस संदर्भ 'सीता' कविता द्रष्टव्य है— "नींद के पहाड़ों के पार/सोने का जागरण है,/मौत का/एक रंगीन हरण है,/रात के पहाड़ों के पार।/राम, यह पर्णकुटी छोड़ी।/चलो, उधर!"[96]

वस्तुतः प्रस्तुत कविता मिथक से भी सराबोर है। इसमें रामायण का मार्मिक प्रसंग प्रस्तुत है, जिसमें कवि सीता अपहरण प्रसंग को रूपक में गढ़ता है। लेकिन यहाँ कवि अतिशयोक्ति का भी आधार लेता है। क्योंकि नींद के पहाड़ नहीं होते हैं। अतः रूपकातिशयोक्ति अलंकार इसमें मौजूद है। ग्रेस ने रूपक अलंकार का प्रयोग अनेक कविताओं में किया है। उनकी कविता में 'साऊल' नाम से एक बिंब का प्रयोग हुआ है। जो कवि की परछाई नहीं है बल्कि सृजनशक्ति की प्रेरणा है। कवि इसे रूपक में प्रस्तुत करते हुए लिखता है— "सुन्न बदामी चेहर्यावरती/चित्रव्यथेची उरते धून/साऊल म्हणजे उधळित उधळण/धम्मक पिवळे हळदी ऊन..."[97] (बादामी चेहरे पर/चित्रव्यथा की धून शेष/साऊल मतलब उंडेलती/पीली-पीली हलदी धूप।) इस संदर्भ में ग्रेस की अन्य कविताएँ भी उद्धरणीय हैं। बाहुली, पृ.26, आईचे गाणे, पृ.36 (चंद्रमाधवीचे प्रदेश), संसाराचे गाणे, पृ.65 (सांध्यपर्वातील वैष्णवी) आदि।

मानवीकरण— शमशेर का अलंकार सौंदर्य मानवीकरण पर निर्भर है। विशेष रूप से प्रकृति का मानवीकरण शिद्दत के साथ किया है। लेकिन शमशेर यह मानवीकरण अन्य कवियों की भांति नहीं करते हैं। इसमें अधिकतर चित्रण अचेतन की तर्ज पर है। दरअसल अचेतन पदार्थ का साक्षात चेतन व्यक्ति के रूप में चित्रण जहाँ होता है, वहाँ मानवीकरण अलंकार होता है। शमशेर की कविता अधिकतर इसी से लबरेज है। यथा— ''ठंड भी एक मुसकुराहट लिए हुए है/जो कि मेरी दोस्त है।''[98] 'रोशनी' कविता में कवि लिखता है— ''हर सुनहरी सुबह,/तुम्हारा बदन है/एक सांवलेपन के/आर-पार नाचता/बार-बार/हर सुबह।''[99]

उपर्युक्त पंक्तियाँ एक ओर रूपक अलंकार का भी निर्वाह करती हैं। तो दूसरी ओर प्रकृति का मानवीकरण। इसे सौंदर्य की अनूठी उपलब्धि माना जा सकता है। ग्रेस आत्ममग्नता में रमण करनेवाले कवि हैं। उन्होंने अपनी भाव-भावनाओं को प्रकृति के साथ जोड़ा है। अतः प्रकृति का मानवीकरण उनकी कविता में सौंदर्य वर्धक तत्व है। कवि 'ऊद' नामक कविता में लिखता है — ''करूणाघन का मोर नाचतो वृद्ध हिवाळ्यासाठी?''[100] (करुणाघन मयूर नाचता है/वृद्ध जाड़े के लिए।) अथवा 'सूर्य' कविता में सूर्य को थका हुआ किया कहा है। यह मानवीकरण का श्रेष्ठ रूप है -''थकलेला सूर्य कुणाचा?''[101] (थका हुआ सूर्य किसका?)

जाहिर है कि प्रकृति का मानवीकरण कर ग्रेस ने अभिव्यक्ति सौंदर्य में काफी वृद्धि की है। थके हुए सूर्य और वृद्ध जाड़े का वर्णन इसी बात का परिचायक है। आगे चलकर यही बात कवि ने उत्प्रेक्षा के प्रयोग में भी भर दी है।

उत्प्रेक्षा— इस अलंकार में प्रस्तुत के रूप में संभावना की जाती है। यह संभावना जाति, गुण, द्रव्य या क्रिया की दृष्टि से होती है। शमशेर ने उत्प्रेक्षा का भी प्रचूर प्रयोग किया है। जैसे— कुछ पंक्तियाँ देखिए— ''वह हँसी का फूल/ऊशा का हृदय/ बस गया है याद में मानो/अहिर्निश/साँस में एक सूर्योदय हो!''[102]

उत्प्रेक्षा में 'मानहु', 'मानो' शब्दों का प्रयोग होता हैं। एक तरह से उत्प्रेक्षा की पहचान करने में ऐसे शब्द पूरक हैं। 'प्रभात' कविता में शमशेर लिखते हैं— ''रवि/ कमल के नाल पर बैठा हुआ मानो/एक एड़ी पर टिकाये/मौन।''[103]

आलोच्य कवि का मानना है कि सूर्य कमल के नाल पर बैठकर एक एड़ी पर ध्यान टिकाए मौन बैठा है। शमशेर सूर्य को 'योगी' बना रहे हैं। प्रस्तुत की जो संभावना कवि ने की है। वह उनके कसावट भरे शिल्प की पहचान है।

संदेह— प्रस्तुत के बारे में अप्रस्तुत या काल्पनिक संदेह किया जाए तो वहाँ संदेह अलंकार बनता है। अर्थात किसी वस्तु को देखने के बाद समानता के कारण दूसरी

किसी वस्तु के बारे में संदेह होने लगता है। इसमें सुनिश्चित का अभाव रहता है। इस अलंकार को 'कि, क्या, धौं, किधौ, या, अथवा आदि शब्द वाचक का कार्य करते हैं। कवि कहता है— "हर एक शगूफा यह कहता हुआ खिलता है/शायद कि बहार आयी! शायद कि बहार आयी!"[104] शगूफा अर्थात 'फूल' कह रहा है कि बहार आयी है। लेकिन बावजूद इसके संदेह बना रहता है। कोई स्पष्टता एवं सुनिश्चितता नहीं है। एक वस्तु की समानता के कारण दूसरी वस्तु के बारे में संदेह होने लगता है। वहाँ संदेह अलंकार होता है। ग्रेस ने संदेह अलंकार के द्वारा वस्तु में अनिश्चिता भरने का सुंदर प्रयास किया है। यथा— "प्रतिबिंब गळे की पाणी/अपुल्याच दिठीशी हंसले"[105] (प्रतिबिंब रिसता है या पानी/अपनी ही नज़रों में हँस पड़ा।) अथवा 'दुरावा' कविता में कवि लिखता है— "घरामागुनी की घरातून गेले/कुणी सांजवेळी मला न कळे."[106] (घर के पीछे से या अंदर से/कोई गया है/लेकिन कौन गया है/शाम के समय समझ न आए मुझे।) उपर्युक्त दोनों उद्धरणों में 'की' शब्द संदेह सूचक है।

विशेषण विपर्यय— विपर्यय का अर्थ है— विपरीत। कथन में सौंदर्य निर्माण करने हेतु रचनाकार विशेषण को उलटा करके प्रस्तुत करता है। तब विशेषण विपर्यय अलंकार होता है। यह महज विशेषण से संबंधित है। जैसे 'एक मौन' कविता की पंक्तियाँ बानगी के तौर पर देखिए—"नशे खुमार लिए हुए वहाँ हवा में/चिनक-चिनककर मीठा दर्द-सा/होता ही रहा।"[107] अब दर्द मीठा तो नहीं हो सकता है। लेकिन शमशेर इसे संभव बनाते हैं। इसी तरह कहते हैं "इस मौन तांडव के चारों ओर"। नि:संदेह मौन तांडव भी नहीं हो सकता है। ग्रेस ने विशेष विपर्यय का बहुत कम प्रयोग किया है। उनकी 'फुले' नामक कविता इस संदर्भ में उल्लेखनीय है— "अन् फुले धराया माझी/अंधार जाहला गोरा."[108] (फुल पकड़ने मेरे/अंधेरा हुआ गोरा।)

जाहिर है कि कवि अंधेरे के लिए गोरे रंग का विशेषण प्रयुक्त कर रहा है। चूँकि अंधेरा तो काले रंग का सूचक है। लेकिन ग्रेस इसे सुंदरता के धरातल पर ले जाने के लिए ऐसे प्रयोग प्राय: करते हैं। आलोच्य कवि की यह सृजन धर्मिता है कि विशेषण का प्रयोग भी उन्होंने अपने संश्लिष्ट स्वभाव के अनुरूप किया है। इसी कारण उन्हें सौंदर्य का कवि कहना उचित है। यही बात उनके अतिशयोक्ति के प्रयोग में भी दिखायी देती है।

अतिशयोक्ति— वर्णन में अतिशयता ही अतिशयोक्ति अलंकार गढ़ती है। जहाँ किसी वस्तु की प्रशंसा करने हेतु उसका वर्णन अत्यंत बढ़ा-चढ़ाकर किया जाता है।

वहाँ अतिशयोक्ति अलंकार होता है। शमशेर की अनेक कविताओं में वस्तु, प्रसंग, घटना का वर्णन अतिशयता के साथ हुआ है। कवि अपनी भाव दशा और अवस्था को चित्रित करते हुए लिखता है— ''तकिये में सिर्फ मेरा सिर था/आँखों में/रात जल रही थी।''[109]

'आँखों' में रात का जलना भले ही कवि की वैयक्तिक अनुभूति ही है। लेकिन वह हर एक की बन सकती है, अगर कोई व्यक्ति अंतर्द्वंद्व के कारण पीड़ित है। अत: रात के जलने की बात कवि वाकई बढ़ा-चढ़ाकर कहता है। किंतु उसके मूल में भाव सौंदर्य का महत्वपूर्ण रूप है। 'कन्या' कविता में कवि कहता है— ''जहाँ उसके नन्हें पवित्र वक्ष/दीवार को कँपा रहे थे/और उसकी आँखों से फूल बरस रहे थे।''[110]

स्पष्ट है कि कवि जो दैहिक वर्णन कर रहा है उसमें पहले पवित्रता का भाव लेकर आता है। यद्यपि वक्षों के द्वारा दीवार का कंपता दिखाना, आँखों से फूलों का बरसना आदि वर्णन बहुत ही अनूठा बन पड़ा है। इस तरह का कला रूप अतियथार्थवाद की बुनियाद पर टिका है। ग्रेस की अनेक कविताओं में अतिशयता का प्रयोग **हुआ** है। कहीं-कहीं सौंदर्य वृद्धि के लिए यह प्रयोग बहुत सटीक रूप में हुआ है। **यथा—** 'सोन्याच्या मोहरा' कविता द्रष्टव्य है— ''वळचणीच्या धारांना/लावूं चंद्राची झाल्लर.''[111] (ओलती की धाराओं को/लगाए चंद्र की झालर।) अथवा ''ओंजळीत चंद्र ये तिला दिसे न चांदणी.''[112] (अंजलि में आए चाँद/उसे दिखे न चाँदनी।) प्रथम संदर्भ में कवि टपकते हुए छत का वर्णन कर रहा है। कवि ने आत्मानुभव अतिशयोक्ति में ढालकर सुंदर अभिव्यंजना की है। यही बात दूसरे उद्धरण में प्रतीत होती है।

भ्रांतिमान— इस अलंकार में सादृश्य के कारण प्रस्तुत को देखने से अप्रस्तुत का भ्रम उत्पन्न होता है। भ्रांति या भ्रम इस अलंकार का केंद्रीय तत्व है। शमशेर अपना हुनर दिखाते हुए लिखते हैं— ''तकिये पे/सुर्ख गुलाब मैंने/समझे.../दो/सेब मैंने समझे दो.../क्यों?/वो तो.. वो तो/दो दिल थे।''[113] सचमुच वर्ण विषय को प्रस्तुत करते हुए शमशेर अप्रस्तुत की ओर बहुत ही सावधानी से उन्मुख होते हैं। सावधानी इसलिए कि भाव सौंदर्य में बाधा न पहुँचे। इसलिए कवि पुरजोर कोशिश में है कि वह जो कह रहा है उसमें अपनी गरिमा बनाये रखें। और उपर्युक्त कथन इस गरिमा को बनाये भी रखता है। तभी वह गुलाब देखता है, सेब समझता है और दो दिल होने की पुष्टि भी करता है। आशंसक भ्रमित अवश्य होता है लेकन शमशेर के कहने का जो ढंग है, वह सौंदर्य से युक्त है। भ्रम इस अलंकार की मूल वृत्ति भ्रम है। ग्रेस ने अनेक कविताएँ विशिष्ट तंद्रा में भी लिखी हैं। ऐसे में कवि को भ्रांति होना स्वाभाविक ही है। कवि लिखता है— ''प्रकाश गळतो हळू हळू की चंद्र जसा

उगवे''/पाण्यावरती उमटत जाती अंधुक अंधुक दिवे.''[114] (प्रकाश धीरे-धीरे रिसता है या चाँद उग रहा है/पानी पर अंकित दीये धूंधलाते जाते हैं।)

स्पष्ट है कि चंद्र उदीयमान हुआ है। उससे चहु ओर प्रकाश छाया है। लेकिन पानी में प्रकाश घुलने से वहाँ दीये जलने की भ्रांति हो रही है। ग्रेस ने यहाँ सौंदर्य का आह्लाद से युक्त चित्रण साकार किया है।

देहलीदीप— शमशेर के अलंकार सौंदर्य में देहलीदीप महत्वपूर्ण अलंकार है। दरअसल यह अलंकार कवि विशेष के स्वभाव से संबंधित है। क्योंकि शमशेर मितभाषी हैं। उन्होंने कभी-भी खुलकर अपने मन की बात किसी से नहीं कही है। संकोच से युक्त उनका स्वभाव ही देहलीदीप के ओर ले जाता है। देहलीदीप अलंकार में एक ही शब्द दो जगहों पर अर्थ प्रतीति का कार्य करता है। यद्यपि उसका प्रयोग एक ही जगह आता है। लेकिन अर्थ वह दो जगह देता है। जिसतरह दीपावली के अवसर पर दहलिज पर दीप सजाये जाते हैं। उससे घर के बाहर और भीतर दोनों तरफ प्रकाश फैलता है। काव्य में आकर कुछ शब्द ऐसा ही कार्य करते हैं। इसमें कम शब्दों में अधिक कहने का मूल विचार विद्यमान है। शमशेर की 'एक पीली शाम' कविता की कुछ पंक्तियाँ बानगी के तौर पर देखिए— ''एक पीली शाम/पतझर का जरा अटका हुआ पत्ता/शांत ××× अब गिरा अब गिरा वह अटका हुआ आँसू/सांध्य तारक सा/अतल में।''[115]

जाहिर है कि कवि कविता के आरंभ में पीली शाम का वर्णन करते हुए अटके हुए पत्ते का वर्णन करता है। पत्ता अटका हुआ है। वह शांत है। यह तो बात प्रकृति से संबंधित है। लेकिन भाव स्थिति के आधार पर कविता के अंत में शमशेर लिखते हैं 'अटका हुआ आँसू'। उसकी अवस्था भी अटकी हुई-सी है। क्योंकि एक विशिष्ट स्पेस में कवि कह रहा है। 'अब गिरा अब गिरा' अर्थात गिरा नहीं है। मतलब कि पत्ता और आँसू दोनों की एक ही अवस्था है, न गिरने की अथवा अटके हुए रहने को। किंतु दोनों को दर्शाते हुए कवि 'शांत' शब्द का प्रयोग करता है। जो देहली दीप का सशक्त रूप है। अत: अलंकार सौंदर्य का यह दुर्लभ रूप है।

अनुप्रास योजना— जहाँ एक या अधिक वर्णों की क्रमानुपात में पुन:पुन: आवृत्ति होती है, वहाँ अनुप्रास अलंकार होता है। अर्थात इसमें व्यंजनों, वर्णों की समानता होती है। शमशेर के काव्य सौंदर्य में अनुप्रास का प्रयोग सबसे अनूठा है। और क्यों न हो, कवि स्वयं कहता है— ''सब तुक एक है/यानी कि मेरा खून।''[116]

यद्यपि यह बात उन्होंने अत्यंत व्यापक अर्थ में कही है। किंतु अनुप्रास की संगति में कवि की बात सार्थक होती है। शमशेर ने रदिफ काफिये में जितनी भी

ग़ज़लें लिखी हैं। उनमें अनुप्रास योजना स्पष्ट रूप से दिखायी देती है। जैसे— "हाय लीडर दुरंगी न कम हुए।/बीच धारा आगम थी गुड़म गुम हुए।"[117]

जाहिर है कि 'कम हुए' और 'गुम हुए' अंत्यानुप्रास की ओर निर्देश करते हैं। अनुप्रास योजना के कारण प्रायः संगीत में नाद उत्पन्न होता है। ग्रेस की कविता का सबसे सबल पक्ष प्रास योजना है। उनकी सबसे अधिक कविताएँ अनुप्रास से युक्त है। 'कावड' कविता की पंक्तियाँ गौरतलब है— "दूर दिसतात दिवे/तेलवातींच्या स्वभावे/पण अंतर भासाने/कसे भासती काजवे?"[118] (दूर दिखते हैं दीये/तेलबाती के सरीखे/लेकिन यह तो दूरी का आभास/ये हैं जुगनू चमकीले।)

जाहिर है कि 'व' वर्ण की पुनरावृत्ति अनुप्रास को दर्शाता है। चूँकि यह अत्यांनुप्रास का प्रमाण है। अनुप्रास और संगीत का गहरा संबंध है। वस्तुतः ग्रेस की कविता में अर्थ सौंदर्य की अपेक्षा शब्द सौंदर्य अधिक लक्षित होता है। इसका कारण स्पष्ट है कि अनुप्रास के कारण ही यह संभव हुआ है। शमशेर ने जिन-जिन अलंकारों का प्रयोग किया है, उसमें सौंदर्य भिन्न-भिन्न रूप लेकर उभरता है। सभी अलंकारों में 'देहलीदीप' विशेष आकृष्ट करता है।

काव्यभाषा में सौंदर्य

किसी भी कला में दो तत्व महत्वपूर्ण हैं। एक भाव और दूसरा अभिव्यंजना। कला के अनुरूप ही अभिव्यंजना के साधन भी बदलते हैं। यथा— चित्र में रंग साधन है तो संगीत में स्वर। काव्य कला में शब्द साधन है। किसी कवि के लिए काव्य सृजन में भाषा का प्रयोग आवश्यक पड़ाव है। क्योंकि कविता एक शाब्दिक कला ही है। कवि भावगत भंगिमाएँ, रमणीयता का संचार भाषा के माध्यम से ही करता है। सौंदर्यशास्त्रीय अध्ययन में काव्य भाषा का महत्व इसलिए है कि कवि विचार और भावों की कलात्मक परतें काव्यभाषा में ही खोलता है। पाश्चात्य आलोचक लिविस का मानना है कि "साहित्य या काव्य भाषा में नहीं होता बल्कि भाषा का ही होता है।"[119] इससे स्पष्ट है कि साहित्य और भाषा में अभिन्नता निहित है। कवि कर्म में सबसे अहम् पहलू भाषा ही है। सामान्य भाषा और काव्यभाषा के बारे में परमानंद श्रीवास्तव लिखते हैं— "सामान्य भाषा और काव्य भाषा के संबंध में कुछ विशेषताएँ (और कुछ विडंबनाएँ भी) हैं, जिन्हें कवि कर्म की प्रक्रिया में ही समझा जा सकता है। भाषा व्यक्तिगत चीज नहीं है, पर कविता में भाषा का प्रयोग (केवल उपयोग नहीं) कवि के सर्जनात्मक जीवन का अर्थात व्यक्तिगत पहलू है।... सामान्य भाषा सीधे जीवन की अर्थात बोलचाल की भाषा है, पर केवल इसीलिए कवि का सरोकार उससे कम नहीं हो जाता। इसके विपरीत उससे जुड़कर ही काव्यभाषा की

क्षमता का विकास होता है।''[120] जाहिर है कि काव्यभाषा का विकास कवि की सृजनशीलता पर जितना निर्भर है उतना ही वह बोलचाल की भाषा पर भी आश्रित है। चूँकि कविता में विचार और भाषा दोनों की उपस्थिति साथ-साथ होती है। प्रतीकवाद का गहरा प्रभाव शमशेर और ग्रेस की काव्यभाषा पर रहा है। वह इस अर्थ में कि प्रतीकवादियों ने माना है कि कविता में भाषा का प्रयोग सजग होकर किया जाता है। इस दृष्टि से आलोच्य दोनों कवियों के लिए यह बात पूर्णतः लागू होती है। साथ ही शमशेर और ग्रेस दोनों बहुभाषी कवि हैं। जिस तरह शमशेर उर्दू, हिंदी, अंग्रेजी के ज्ञाता हैं, उसी तरह ग्रेस भी मराठी, हिंदी, उर्दू, अंग्रेजी के विशेषज्ञ रहे हैं।

उर्दू-फारसी का प्रभाव— शमशेर की भाषा बहुलता वृत्ति उनके काव्य को समृद्ध करती है। उनके काव्य सृजन का आरंभ मूलतः उर्दू में ही हुआ है। एक तरह शमशेर उर्दू और हिंदी के दोआब कवि हैं। अतः उर्दू की नज़ाकत भी उनकी काव्य भाषा में दिखायी देती है। इस संबंध में यह भी ध्यान रखना होगा कि शमशेर ने सिर्फ उर्दू-फारसी के शब्दों का ही प्रयोग कविता में नहीं किया है बल्कि उर्दू का लहजा भी वे हिंदी में ढालते हैं। बानगी के तौर पर निम्न पद्यांश देखिए— ''मर्कजे-दर्द-जिगर लौट के फिर आया है/मर्कजे-दर्द-जिगर वो, कि है खुद मरहमे-दर्द/कुल्फतें हिज्र की सब जिससे है गर्द!''[121]

जाहिर है कि शमशेर ने हर एक अल्फाज तराशकर प्रयोग में लाया है। ग़ालिब और जोश मलिहाबादी उनके प्रिय शायर रहे हैं। अतः उन्होंने उर्दू के जिन-जिन शब्दों का प्रयोग किया है। उसमें दुरुहता की संभावना भी अधिक है। इसलिए भी शमशेर की काव्यभाषा विशिष्ट बनती है। उनकी काव्यभाषा की सौंदर्यगत परतें खोलने के लिए हमें शब्दकोश की शरण में जाना ही पड़ता है। अब 'तुर्कमान गेट' कविता में उर्दू का लहजा देखिए— ''यही अपना मकान है, जो कि था!/हाँ! यही सायबान है, जो कि था!/होंट गोया हैं सूखे पत्तों से।/खामुशी चीखती है आँखों से।''[122]

'खामोशी' शब्द में वह बात कहाँ जो 'खामुशी' में है। तभी तो उन्हें दोआब का कवि कहना उचित है। क्योंकि अन्य एक काव्यभाषागत प्रयोग भी शमशेर की कविता में ही देखा जा सकता है। जैसे— कवि ने 'जय की कविताएँ' का आरंभ देवनागरी लिपि में किया है और कविता के मध्य से अंत तक उर्दू का प्रयोग किया है। इस तरह का भाषाई और लिपिगत संगम शमशेर के अभिव्यक्ति सौंदर्य को बहुत ही रचनात्मक बनाता है।

अंग्रेजी का प्रभाव — शमशेर का अंग्रेजी भाषा पर भी प्रभुत्व रहा है। वर्ण्य विषय में सौंदर्य बढ़ाने के लिए यह उनका सोद्देश्य प्रयास रहा है। इस स्तर पर वाकई

शमशेर का प्रयोगवादी चेहरा देखा जा सकता है। जब वे लिखते हैं— "नयी टेकनीक, कोई नया ड्रामा/नये स्टेजपात्र/नये एंगिल से देख रहे हो? हम तुम्हें डिस्टर्ब तो नहीं कर रहे हैं?/डोन्ट माइंड ऐन् ओल्ड फैलो राइटर।"[123]

स्पष्ट है कि शमशेर अंग्रेजी का प्रयोग जिस सहजता के साथ करते हैं उससे आसानी से अंग्रेजी शब्द हिंदी में घुल-मिल जाते हैं। चूँकि यह मिश्रण सिर्फ भाषा के स्तर पर नहीं है बल्कि भाव के स्तर पर भी है। ऐसे प्रयोग प्राय: अज्ञेय के यहाँ हम देख सकते हैं। ग्रेस अंग्रेजी भाषा के भी मर्मज्ञ रहे हैं। उनके गद्य और पद्य में अंग्रेजी का प्रयोग इसी बात का परिचायक है। ग्रेस ने अनेक कविताओं में अंग्रेजी भाषा का प्रयोग किया है, तो कहीं पूरी कविता ही अंग्रेजी गें लिखी है। पाश्चात्य संदर्भों के संबंध में जब कवि लिखता है, वहाँ प्राय: यह स्थिति देखी जा सकती है। विसेंट वॉगगॉग और राबिन्सन जेफर्स के संबंध में कवि अंग्रेजी भाषा का प्रयोग अनायास ही करता है। इसका मार्मिक उदाहरण देखिए— "रांडेला कान कापून देणार्या त्या पेंटरच्या/जुनाट पत्राला मी नटालीकरवी उत्तर धाडले:/ Well Vinsent/I Stopped at the door of an/Angelt's house.[124] (रंडी को कान काटकर देने वाले उस गेंटर के/पुराने खत का उत्तर मैंने नर्तकी के हाथों भेजो-)

विंसेट वॉगगॉग फ्रेंच चित्रकार हैं। एक लड़की के कहने पर उन्होंने अपना कान काट दिया। इसी तरह रॉबिन्सन जेफर्स जिसने अपने जीवन के अंतिम पड़ाव में आकर समुद्र के किनारे घर बनवाया था। कवि ग्रेस लिखते हैं— "जेफर्सच्या एका पत्राला/उत्तर लिहून दे. उद्या पाऊस ओसरला/की मी धाडून देईन त्याला!/ Dear Robinson,/Now day the poct was surrounded/by Pychothants."[125] (जेफर्स के उस खत का उत्तर भेज दो/कल बारीश थमने पर मैं उसे भेज दूँगा।) स्पष्ट है कि भाषाई विविध प्रयोग ग्रेस की कविता को सौंदर्य से लबरेज करते हैं। इस तरह का समन्वय ही उन्हें सशक्त कवि के रूप में स्थापित करता है।

संस्कृत का प्रभाव— जैसे कि पहले कहा गया कि शमशेर हिंदी और उर्दू के दोआब कवि हैं। अपनी काव्यभाषा को और अधिक तराशने के लिए उन्होंने तत्सम् शब्दों का भी प्रयोग किया है। यद्यपि आलोचकों ने प्राय: उनकी भाषा में संस्कृत की कमी ही दिखायी है। लेकिन हमें यह तथ्य भी समझना होगा कि शमशेर मूलत: कला कौशल में विश्वास करते हैं। इतना अवश्य देखा जा सकता है कि शमशेर की कविता में संस्कृत का अधिक प्रयोग भले ही न हो, किंतु उनकी भाषा को इस दृष्टि से कमजोर मानना उनके प्रति किसी अन्याय से कम नहीं है। अत: 'सूर्यादय' कविता का पद्यांश उन आलोचकों के लिए करारा जबाब है— "अरूण तेज शंखध्वनि स्वर/ कंपित कर नभ पूर्व/विह्वल कर खग-बाल,/उत्तेजित कर कवि-उर-अधर,/खुली

आज नव/ज्योति-शक्ति-असि-धार!''[126]

उपर्युक्त समग्र कविता में तत्सम शब्दों का प्रयोग कवि सक्षमता के साथ करता है। इससे महज उनके भाषाई सरोकार ही उद्घाटित नहीं होते बल्कि अपने समकालीन कवियों से प्रभावित होने का भी प्रमाण देते हैं। दरअसल उन्होंने संस्कृत का प्रभाव निराला से ग्रहण किया है। तभी तो कवि कहता है— ''उठा ज्योति के मयंक।/अंक मिटा भाल के, निशंक।/मोह-सत्य भौंह बंक।/लोह सत्य प्रेम पंक।/ अन्यथा व्यथा व्यथा, वृथा...।''[127]

जाहिर है कि शमशेर भाषाई ज्ञान का प्रयोग काव्यभाषा में रचनात्मक और संरचनात्मक दोनों स्तरों पर करते हैं। आलोच्य कवि ने संस्कृत शब्दों का कविता में प्रयोग किया है। इसी से उनकी कविता अभिजात्य काव्य से भी अपना संबंध स्थापित करने का प्रयास करती है। यद्यपि ग्रेस का उद्देश्य यहाँ किसी परंपरा के साथ जुड़ने का नहीं है, वह महज सौंदर्य वृद्धि तक सीमित है। 'वैखरी' कविता में कवि कहता है— ''गवाक्शांतल्या नादनक्षीत ठेवी/कुणी अमृताची निनावी फळे.''[128] (गवाक्ष की नाद नक्षिका में रखे/कोई अमृत के बेनामी फल।)

वस्तुत: ग्रेस की कविता पर दुर्बोधता का प्रहार इसलिए भी किया जाता है कि कवि सरल शब्द प्रयोग के स्थान पर संस्कृतनिष्ठ शब्दों का प्रयोग करता है। 'गवाक्ष' का अर्थ खिड़की है। लेकिन कवि सोद्देश्य गवाक्ष शब्द का ही प्रयोग करता है। तभी तो उसे कहना पड़ा— ''माझ्या संदिग्ध भाषेवर अर्थकल्लोळाच्या/रानसावल्या उतरल्या.''[129] (मेरी संदिग्ध भाषा पर/अर्थ संभ्रम की/घिर आयी छाया।)

वस्तुत: ग्रेस इस बात को अच्छी तरह से जानते हैं कि उनकी काव्य भाषा अर्थ की दृष्टि से विविध संदेह पाठकों के मन में निर्माण करती है। इसके बावजूद उन्होंने काव्यभाषा का लहजा बदला नहीं है। मूलत: प्रयोगशीलता ही मुख्य कारण है। यही बात उनके द्वारा प्रयुक्त अंग्रेजी शब्दों में भी दिखायी देती है। इसी तरह कुछ भाषाई नवप्रयोग भी शमशेर की कविता में गौरतलब है।

भाषाई नवप्रयोग— शमशेर की काव्य भाषा में कुछ नए प्रयोग भी दिखायी देते हैं। चूँकि ऐसे प्रयोग शमशेर की कविता में ही प्राय: पाये जाते हैं। अत: भाषा शिल्प को उन्होंने अपने अनुरूप ढाला है। जैसे कवि लिखता है— ''आँख जो कि अँखुआए हुए/उपज आयी हो बहुत ही करीब/बहुत ही करीब।''[130]

उपर्युक्त पंक्तियों में शमशेर आँख के अँखुआने की बात कर रहे हैं। लेकिन अँखुआने की क्रिया कृषक संस्कृति से संबंधित है। जमीन में जब बीज डाला जाता है तब कुछ दिन पश्चात बीज से अंकुर फुटता है। वह अवस्था उपजने या उगने की होती है। अत: बीज की वह उग आने की विकसित ललक अँखुआना है। लेकिन कवि यहाँ

आँख के साथ उसका संबंध जोड़ते हुए आँख अँखुआने की बात कर रहा है। दरअसल यहाँ आँख का अँखुलाना मिलन से संबंधित है। मिलन की विकसित ललक है। वस्तुतः यह प्रेम से संबंधित बिंब कवि ने सुंदरता के साथ काव्यभाषा में भर दिया है। जिससे शमशेर की काव्यभाषा का सौंदर्य अधिक निखर उठा है। शमशेर ने कुछ शब्दों का प्रयोग प्रायः नए ढंग से किया है। उनकी 'तीन तरफों का सपाट कोना' कविता अत्यंत मार्मिक है— "तीन तरफों का सपाट/(छत और दीवारों का) कोना/तीन कोण/ तीन तस्वीरों को मिलाते हुए/मिला कर बनाते हुए/एक तस्वीर।"[131] प्रस्तुत कविता में कवि ने छत और उसके कोने की दो दीवारों से मिलकर जो स्थान बनता है, उसके लिए तीन तरफों का सपाट कोना कहा है। शमशेर की कविता में ही ऐसा प्रयोग देखा जा सकता है। क्योंकि इस तरह की नई-नई अवधारणाओं को रूढ़ करने में कवि हमेशा प्रयासरत है। दरअसल यही उनके काव्यभाषागत सौंदर्य का सबल पक्ष भी है।

संक्षेप में कह सकते हैं कि शमशेर का भाषाई सबल पक्ष ही उन्हें विशिष्ट और सौंदर्य का कवि बनाता है। साथ ही उन्हें रूपवादी कवि भी इसीलिए माना जा सकता है। इसके साथ ही शमशेर की काव्यभाषा उस वक्त कौतुहल का विषय बनती है, जब कवि व्याकरण की मान्यताओं के साथ ही प्रयोग के स्तर पर खिलवाड़ करता है। जैसे वह कविता का शीर्षक ही देता है— 'य' शाम है' अब व्याकरण की दृष्टि से विचार करें तो 'य' पर मात्रा होनी चाहिए। लेकिन शमशेर इसे आवश्यक नहीं समझते हैं। ठीक ऐसे ही दूसरी एक कविता में कवि कह रहा है— "अपने स्थिर पलकों में भींच रही है/ मेरी काली ज्योतिः/मुझको अपने अंदर लिखने।/बानी।"[132] व्याकरण की दृष्रि से देखे तो 'अपने' में लिंग दोश है। क्योंकि पलकें तो स्त्रीलिंग है। अतः 'अपनी' होना चाहिए। किंतु शमशेर जो कि प्रयोगधर्मी कवि हैं। शिल्प के आग्रही कवि हैं।

भाषा में सूक्तियों का प्रयोग : ग्रेस का अभिव्यंजना सौंदर्य काव्यभाषा की बुनियाद पर इसलिए भी टिका है क्योंकि उन्होंने अपने काव्य में अनेक सूक्तियों का प्रयोग किया है। इससे उनकी कविता का सौंदर्य और अधिक बढ़ता है। दरअसल ये पंक्तियाँ उनके जीवन दर्शन को भी अभिव्यक्त करती हैं। कवि ग्रेस का यहाँ जीवन विषयक दृष्टिकोण समझने में सहायता होती है। कुछ उदाहरण देखिए— "तमास कुणीही नसे मरण अमृताचे जसें..."[133] (अंधेरे को कोई नहीं/जैसे मृत्यु अमृत की।) अथवा "कसा काय भाषेतला शब्द होतो/जराशा सुखाने असा पोरका?"[134] (थोड़े से सुख से भी/कैसे बनता है भाषा का शब्द अनाथ।) अथवा "पाण्यावर तृष्णेचा। पेच नवा ठेवु नये!"[135] (पानी पर तृष्णा का। पेंच नया रखे नहीं।)

जाहिर है कि इसतरह के प्रयोग न सिर्फ पाठक को आकर्शित करते हैं बल्कि सौंदर्य वृद्धि की दृष्टि से भी ऐसे प्रयोग बहुत सफल हुए हैं। यद्यपि इसकी सबसे

अधिक संभावना गद्य में होती है। लेकिन ग्रेस ने उसे कविता में भी संभव बनाया है। यही कारण है कि अपने समकालीन कवियों में ग्रेस की काव्यभाषा अलग पहचान बना पायी है। उनकी यही खूबी शैली के स्तर पर भी दिखायी देती है। शमशेर की काव्यभाषा में सौंदर्य के विविध रूप तब और अधिक खुलते हैं जब काव्यभाषा का प्रयोग विविध शैलियों में ढालकर किया जाता है।

शैलीगत सौंदर्य

भाषिक अभिव्यक्ति को सक्षम बनाने के लिए शैली का प्रयोग किया जाता है। शमशेर और ग्रेस ने विविध शैलियों के प्रयोग द्वारा शिल्प को अधिक मजबूत बनाया है। मूलतः शैली कहने का ढंग ही है। उसे निम्नरूप से समझा जा सकता है।

व्यंग्यात्मक शैली— शमशेर ने अपनी समकालीन विसंगतियों को दर्शाने के लिए व्यंग्य का सशक्त प्रयोग किया है। जहाँ-जहाँ शमशेर मार्क्सवादी विचारधारा से प्रभावित नज़र आते हैं। वहाँ उन्होंने व्यंग्य के माध्यम से प्रहार किया है। कवि लिखता है— "अंधकार संकीर्ण सांप्रदायिक गलियों में/मृत्यु खेलती सट्टा जहाँ मनुज प्राणों से,/मुक्त आज गुण्डों का राज!/डूब रही है जहाँ सभ्य भारत की लाज!"[136] सन् 1946 में देश में फैले सांप्रदायिक दंगों के प्रति शमशेर तीव्र विरोध जताते हैं। भारत में हिंदू-मुस्लिम एकता हमेशा मौजूद रही है। लेकिन अंग्रेज जब भारत आए तब उन्होंने पहले हिंदू-मुस्लिम में भेद किया है। उनकी यह नीति सन् 1946 तक चरम पर पहुंच गई। लेकिन शमशेर इस जातिगत विद्वेश के प्रति व्यंग्य कसते हैं। इसी तरह राजनीति पर व्यंग्य करते हुए शमशेर लिखते हैं— "राह तो एक थी हम दोनों की,/आप किधर से आए-आए।/हम जो लूट गए, पिट गए, आप जो/राजभवन में पाए गए!"[137]

स्पष्ट है कि शमशेर अपनी समकालीन राजनीतिक विसंगतियों को दर्शाने के लिए व्यंग्यात्मक शैली अपनाते हैं। चूँकि व्यंग्य हमेशा शाब्दिक प्रहार करता है। शब्दों के माध्यम से चोंट करने की क्षमता व्यंग्य में होती है। इसी तरह व्यंग्य में जब नाटकीयता आ जाती है तब काव्यभाषा का सौंदर्य अधिक बढ़ता है।

नाटकीयता— शमशेर ने काव्यभाषा में नाटकीय शैली बखूबी अपनायी है जिससे उनका काव्य शिल्प रोचकता धारण किए हुए है। 'अफ्रीका' कविता इस संदर्भ में प्रासंगिक है— "हाय! हाय! हाय!/छोडो! छोडो!/-ना ऽऽ ई/तुम सफेद हम/काला!/ तुम्हें अब नाई/छोड़ सकता!/नाई छोड़ सकता!/नेपथ्य में ढोल बजाता है/डमाडम!

डमाडम! डमाडम।''[138]

जाहिर है कि कवि कथन में विशिष्ट नाटकीयता निर्मित करता है। यद्यपि शमशेर मितभाषी कवि रहे हैं। लेकिन काव्य भाषा में भी शब्दों की इस कटौती को उन्होंने कायम रखा है। इसके लिए उन्होंने विविध प्रयोग किए हैं। नाटकीयता का प्रयोग उसी का प्रमाण है। इस कारण काव्य भाषा में हलका-पुलकापन जरूर आता है। किंतु अर्थ के स्तर वह गंभीरता हमेशा बनी रहती है। 'चाँद से थोड़ी-सी गप्पे'' कविता में कवि कहता है— ''वाह जी वाह!/हमको बुद्धू ही निरा समझा है!/हम समझते ही नहीं जैसे कि/आपको बीमारी है/आप घटते हैं तो घटते ही चले जाते हैं/ और बढ़ते हैं तो बस यानी कि/बढ़ते ही चले जाते हैं/दम नहीं लेते हैं जब तक बिलकुल ही/गोल न हो जाये/बिलकुल गोल।''[139]

शमशेर की शैली में वैविध्य है। उपर्युक्त कविता कथन की दृष्टि से इसलिए अनूठी लगती है कि उसमें नाटकीयता अधिक है।

संबोधन शैली— शमशेर की काव्यभाषा में संबोधन शैली का भी प्रयोग हुआ है। वैसे संबोधन का प्रयोग कथा तथा नाट्य साहित्य में अधिक होता है। किंतु नए कवियों ने जो प्रयोग किए हैं। उनमें यह भी एक उल्लेखनीय प्रयास माना जा सकता है। संबोधन शैली के प्रयोग में शमशेर ने उद्गार वाचक चिह्नों का प्रयोग भी किया है और आवश्यक के अनुरूप उसे टाल भी दिया है। कथन में उत्साह का निर्माण इसी शैली के द्वारा होता है। जैसे— ''ओ युग आ/मुझे उठा/जरा सा और लिए चल, जरा सा/मेरी बहारें/युगों की बहारें हैं/आने वाली।''[140]

स्पष्ट है कि कवि युग को संबोधित करते हुए अपनी बात कह रहा है। और क्यों न हो काल, तुझसे होड़ है मेरी' कहने की सामर्थ्य भी तो शमशेर ही रखते हैं। अतः काल, युग, समय की उपस्थिति उनकी कविता में प्रायः लक्षित होती है। ग्रेस संबोधन शैली का प्रयोग अत्यंत मार्मिकता के साथ करते हैं। कभी यह संबोधन प्रत्यक्ष व्यक्ति, वस्तुओं के लिए प्रयुक्त हुआ है। तो कभी अचेत अवस्था या सृजन की विशिष्ट तंद्रा में भी कवि अदृश्य चीजों को संबोधित करता है। इस संदर्भ में उनकी 'आठवण' कविता उल्लेखनीय है— ''धुक्यातून तरंगत येणार्या प्रतिमांनो!/ फुलांच्या शोक घेऊन वाहणार्या नद्यांनो!''[141] (कोहरे से आती छबियों/फुलों का शोक संग लेकर बहती नदियों।)

सचमुच कोहरे से निर्मित कुछ बिंबों को कवि सृजन के स्तर पर देखता है। साथ ही नदियों को भी संबोधित कर रहा है। यहाँ नदी शोक का वहन कर रही है। अतः ग्रेस की कविता में सौंदर्य का प्रवेश अनायास ही होता है। इसी तरह उनकी 'मुलींच्या कविता' पृ.81 (सांध्यपर्वातील वैष्णवी) भी उल्लेखनीय है।

पत्र शैली : कविता में पत्र शैली का प्रयोग वैसे अचरज का विषय हो सकता है। लेकिन शमशेर के यहाँ ऐसी बातें ही रूपगत सौंदर्य का विषय बनती है। प्रभाकर माचवे के साथ जो पत्राचार शमशेर ने किया है, उसे कवि पद्यबद्ध करता है। कुछ पद्यांश देखिए— ''तुमने लिखा है पत्र मुझे ग़ज़लबंद कर ?/मैं आज ही हुआ हूँ यहाँ से रिलीव, मगर/जाना है नागपुर को। पहुँच जाऊँगा उधर/छब्बीस तलक। और यूं ही होते ट्रांसफर।''[142] प्रभाकर माचवे रेडियो में कार्यरत रहे हैं। हमेशा उनके तबादले की संभावना बनी रहती थी। अत: पत्र के माध्यम से शमशेर के साथ संवाद स्थापित कर हालचाल पूछा जाता है। शमशेर उसे काव्यात्मक बनाकर प्रस्तुत करते हैं। वास्तव में यह उनका प्रयोगधर्मी रूप ही है। ग्रेस की कविता में इस शैली का प्रयोग प्राय: कम ही हुआ है। उनके अंतिम काव्य संग्रह 'बाई! जोगियापुरुष' में एक कविता पत्र शैली में लिखी गई है। वस्तुत: यह संग्रह कवि जीवन का अंतिम पड़ाव है। ग्रेस ने ख्यातिलब्ध मराठी लेखक जी.ए. कुलकर्णी को संबोधित करते हुए यह पत्र या कविता लिखी है। 'माझ्या पडशाळेतील शेवटचे पत्र' में कवि लिखता है— ''जी.ए. सर,/किनार्यावर आलेल्या एखाद्या होडीला विचारले,/बये! its not the wind which shakes the/water, but the fish inside the water! तर ती खुरेखुरे उत्तर देईल काय ? काऽऽय ?/आता तर किनार्यावर होडयांचा विश्रांत विस्तारच/पसरलेला आहे!''[143] (किनारे पर आयी किसी नाव से पूछा/तो क्या वह सचमुच उत्तर देगी ?/अब तो किनारे पर नावों का/लंबा विस्तार फैला है।)

नि:संदेह कवि ने स्वयं की पीड़ा कविता में अभिव्यक्त की है। कवि जिसे 'पडशाळा' कहता है असल में वह उनकी सृजनशीलता है। या उसे रचनाप्रक्रिया भी कहा जा सकता है।

प्रश्नात्मक शैली— जहाँ संबोधन से काम नहीं बना शमशेर ने वहाँ प्रश्न शैली का प्रयोग किया है। इससे कविता में चित्रित विसंगतियाँ, समास्याएँ, अंतर्द्वंद्व समझने में अधिक सहायता होती है। यद्यपि इस शैली का प्रयोग वही कवि कर सकता है, जो कवि अपने सामाजिक दायित्व से प्रतिबद्ध है। 'बादलों के मौन गेरू-पंख' कविता की कुछ पंक्तियाँ द्रष्टव्य हैं— ''तू किधर जाता रहा है/किस दिशा की नोक-सा ओझल।''[144] अथवा ''क्या गुरुजी मनुजी को ले आयेंगे ?/हो गये जिनको लाखों जनम गुम हुए।''[145] सचमुच शमशेर की अभिव्यक्ति तब अधिक आत्मविश्वास से युक्त लगती है, जब वे किसी समकालीन बोध को कविता में प्रस्तुत करते हैं। इस शैली का प्रयोग ग्रेस की अनेक कविताओं में हुआ है। कवि के मन में जीवन-व्यवहार में प्रचलित अनेक धारणाओं, संकल्पनाओं के लेकर प्रश्न हैं। उनकी यह

सोच काव्यानुभव में भी प्रकट होती है। 'गुलाब वाळवण्याची गोष्ट' कविता उल्लेखनीय है— "बेटे सोडून गुलाब वाळवायला कुठे/जातात मुली ?/परताना वाळलेल्या गुलाबांची/ पाखरे ही त्यांच्या हातून उडून जातात/इथे इतके सुरेख उन नांदत असताना/कशाला या मुली पृथ्वीला/दुखवितात ?"[146] (द्वीप छोड़कर गुलाब सूखाने/के लिए कहाँ जाती हैं लड़कियाँ/लौटते समय सूखे गुलाब के से/पंछी भी उसके हाथों से उड़ जाते हैं/यहाँ खुशी से जीवन बिताती है/फिर क्यों यह लड़कियाँ/धरती को दुखाती है?)

वस्तुतः कोई रचनाकार जब प्रश्न शैली का प्रयोग करता है तो यह प्रयास मूलतः सृजन के स्तर पर होता है। ग्रेस ने ऐसे अनेक प्रयोग सृजन के स्तर पर सिद्ध किए हैं। इसतरह कह सकते हैं कि ग्रेस ने सौंदर्य वृद्धि के लिए काव्यभाषा में विविध शैलियों का सफल प्रयोग किया है।

संवाद शैली— कोई कवि काव्य में संवाद शैली का जब प्रयोग करता है तब पाठक की दृष्टि से कविता और कवि अधिक आत्मीय बनती है। चूँकि कवि का यह संवाद एक तरह से आशंसक के साथ भी होता है। शमशेर की कविता में अनेक स्थलों, संदर्भों में इस पर विचार हुआ है— "अमृत क्या है: सुबह/वह आई कहाँ से ?/शाम से। हाँ/ वह अंधेरों की मिठास से/पैदा हुई।"[147] जाहिर है कि आलोच्य कवि ने प्रश्न और उत्तर के माध्यम से प्रयोग करते हुए कथन में भंगिमा निर्माण की है। इसी तरह कवि अन्यत्र कहता है। यथा— "उसने मुझसे पूछा,/तुम्हारी कविताओं का क्या मतलब है?/मैंने कहा— कुछ नहीं।/उसने पूछा— फिर तुम इन्हें क्यों लिखते हो?/मैंने कहा— ये लिख जाती हैं।"[148] कविता में जो संवाद चल रहा है, उससे यह तैय करना मुश्किल हो जाता है कि कवि का संवाद आखिरकार किसके साथ हो रहा है? फिर भी उसमें काव्य सौंदर्य बना रहता है। वह इसलिए कि कवि यहाँ आत्मपरीक्षण कर रहा है। वस्तुनिष्ठता की दृष्टि से अपनी कविताओं की ओर देख रहा है। चूँकि यह इतना सहज नहीं होता है। अतः संवादधर्मिता की दृष्टि से शमशेर काव्य का सौंदर्य अनूठा है।

संकेतात्मक शैली— अभिव्यक्ति में संकेतात्मकता कोई नई बात नहीं है। वर्ण्य-विषय से संबंधित अनेक तथ्यों को संकेतों में भरा जाता है। रचनाकार वैयक्तिक जीवन से जुड़े अनेक रहस्यों को भी संकेतों में भरने लगता है। शमशेर की कविता में संकेतों की भरमार-सी है। वह इसलिए कि कवि का व्यक्तित्व भी अनेक संश्लिष्ट बातों से युक्त है। उन्होंने कभी उसे सीधे-सीधे नहीं कहा है। संकेतों की यही अधिकता शमशेर को गूढ़ता की ओर ले जाती है। 'तुर्कमान गेट' कविता में कवि लिखता है— "यही अपना मकान है, जो कि था!/हाँ! यही सायबान है, जो कि था!/होंट गोया है सूखे पत्तों से।/खामुशी चीखती हैं आँखों से *** इन्हीं

गलियों में थे तो गालिब भी।/नींद क्यों रात भर नहीं आती!''[149] स्पष्ट है कि शमशेर दो कालखंडों की ओर ले जाते हैं। गालिब के समय के साथ स्वयं अपने समय की तुलना करते हैं। दिल्ली शहर की अवस्था तब कैसे थी और अब संजय गांधी ने तुर्कमान गेट इलाके में गोलियाँ चलाने का जो आदेश पुलिस प्रशासन को दिया था। उससे वहाँ की जो हालत है, उसे संकेतों में व्यक्त किया है। शमशेर की कविता में दो शब्दों के बीच भी बहुत कुछ कहने की क्षमता निहित है। उन्होंने विशिष्ट स्पेस को कविता में बड़ी शिद्दत के साथ रखा है। यथा— ''अचानक एक हल्की-सी बहुत/ नर्म आवाज कानों में पड़ी/भई कभी मिलो! ...कभी-कभी/मिल लिया करो!... मिलो!... कुछ सुनाओ।''[150]

जाहिर है कि शमशेर स्पेस (अंतराल) और संकेतों का सबसे अधिक प्रयोग करते हैं। आधुनिक हिंदी कविता में शमशेर एक मात्र ऐसे कवि हैं जिन्होंने स्पेसिंग या अंतराल का सबसे अधिक प्रयोग कविता में किया है। काव्यभाषा में जब संकेतों और अंतराल का प्रयोग कवि करता है तब कविता का सौंदर्य सही मायने में दोगुणा हो जाता है। अतः कह सकते हैं कि शमशेर ने काव्यभाषा को समृद्ध करने और अभिव्यक्ति का सौंदर्य बढ़ाने के लिए भिन्न-भिन्न शैलियों का प्रयोग किया है। ग्रेस की कविता संकेतों से सराबोर है। चूँकि आत्मपरक कविताएँ अधिक होने के कारण कवि जब अपने जीवन से जुड़े वैयक्तिक प्रसंग, घटनाओं को प्रस्तुत करता है, तब वह संकेतों में ही अपनी बात कहता है। एक तरह से अपने जीवन से संबंधित रहस्यों को ही प्रस्तुत करता है। 'पाषाणाचे घोडे' कविता में ग्रेस यौन अनुभव को संकेतात्मक रूप से निम्नवत भरते हैं— ''तिच्या देहाची वस्त्रदूर षरम/माझ्या देहात आली/तेव्हा;/माझ्या घोड्यांना मी आंघोळ घातली/या झर्याच्या निर्मळ/पाण्याने।''[151] उसके शरीर की नग्न लज्जा/मुझमें समा गई/तब/मैंने अपने घोड़ों को नहलाया/इस झरने में/पानी से।)

उपर्युक्त कविता अतियथार्थवाद से लबरेज है। तभी तो कवि यौन अनुभव को संकेत में अभिव्यक्त कर रहा है। दरअसल घोड़ा प्रतीक रूप में पुरुष जनेंद्रिय को संकेतित करता है। ग्रेस की यह अनन्य विशेषता है कि किसी भी प्रसंग और दृश्य को वर्ण्य विषय बनाने के लिए भाषा और शैली सशक्त प्रयोग करते हैं। 'देहाची वस्त्रदूर शरम' मूलतः नग्नता की ओर इंगित करती है। किंतु कवि सौंदर्य की कसौटी पर उसे चित्रित करता है। उनकी यही खूबी उलटबाँसी शैली में भी दिखायी देती है।

उलटबांसी शैली— उलटबासी का अर्थ है— विपरीत कथन। यह प्रवृत्ति मूलतः नाथ साहित्य और आगे चलकर संत कवियों में भी देखी जा सकती है। चूँकि हिंदी में संत कबीर और मराठी में संत एकनाथ की उलटबांसियाँ हमेशा उद्धृत होती हैं।

साथ ही मराठी परिवेश में पत्नी अपने पति का नाम काव्य बद्ध शैली में प्रस्तुत करती है। इसे मराठी परिवेश में 'उखाणा' कहा गया है। ग्रेस ने इस शैली में अनेक कविताएँ लिखी हैं। इस दृष्टि से पहेली और उलटबांसी का समन्वय उनकी कविता में लक्षित होता है। 'नवलगीत' में कवि लिखता है— "सांज थबकली/गाईपाशी/हंबरते का वाट?"[152] कवि संध्या के थमने और राह के रांभने की बात करता हैं। दोनों क्रियाएँ असंभव है। लेकिन कवि इसके द्वारा जो मूल भाव सूचित करना चाहता है, वह कुछ और है। गाय तो बछड़े के लिए रांभती है। इसी चीज का अभाव कवि अपने जीवन में अनुभव करता है। वह अपने जीवन में भी वात्सल्य का अभाव महसूस करता है। इसी तरह 'नवरीचे उखाणे' कविता की पंक्तियाँ द्रष्टव्य हैं— "चंदनाच्या झोपाळयाला/इंधनाचे भय/वाधिणीच्या दुधावर/आली कशी साय?"[153] (चंदन के झूले को लगे इंधन का भय/शेरनी के दूध से कैसे आए मलाई।)

उपर्युक्त उद्धरण इस तथ्य को उजागर करता है कि चंदन तो खुशबू देता है। समाज में इसी तरह जो अच्छे लोग हैं उन्हें भी काफी हद तक भली-बुरी बातें, निंदा सहनी ही पड़ती है। ठीक ऐसे ही कुछ लोग होते हैं जिनसे सभी इसलिए कन्नी काटते हैं क्योंकि उनका व्यवहार बुरा है। किंतु कभी-कभी ऐसे लोग भी स्नेह युक्त और सदाशयता का व्यवहार करने लगते हैं। जो वाकई अचरज की बात है। दरअसल पहेली शैली के द्वारा भी कवि ने काव्यगत सौंदर्य की गरिमा बढ़ाई है।

आलोच्य कवि की अभिव्यंजना में जिस तरह विविध शैलियों के मिश्रण के कारण सौंदर्य वृद्धि हुई है। ठीक उसी तरह उनके शिल्प पक्ष में सौंदर्य बढ़ाने के लिए अन्य ललित कलाओं का भी योगदान रहा है।

शमशेर और ग्रेस का काव्य शिल्प तथा अन्य ललित कलाएँ

शमशेर और ग्रेस का व्यक्तित्व मूलतः बहुआयामी रहा है। हमेशा ही कुछ नया सिखना और उसे अपनी कविता में जोड़ने का उनका आग्रह रहा है। यही कारण है कि शमशेर और ग्रेस का काव्य-शिल्प और उसकी बुनावट पर ललित कलाओं का गहरा प्रभाव दिखायी देता है। यद्यपि इसमें दो राय नहीं कि सभी ललित कलाओं का आपसी अंत:संबंध है। दरअसल यह संबंध भले ही प्रत्यक्ष न हो लेकिन परोक्ष अवश्य रहता है।

कविता और संगीत का अंत:संबंध— कविता और संगीत का गहरा अंत:संबंध है। संगीत के कारण कविता में सौंदर्य वृद्धि होती है। शब्द और स्वर की घनिष्ठता के कारण कविता और संगीत का अंत:संबंध दिखायी देता है। सुमित्रानंदन पंत 'पल्लव'

की भूमिका में लिखते हैं— "कविता विश्व का अंतरतम संगीत है, उसके आनंद का रोमहास है, उसमें हमारी सूक्ष्मतम दृष्टि का मर्म प्रकाश है। जिस प्रकार कविता में भावों का अंतरस्थ हृदय स्पंदन अधिक गंभीर, परिस्फुट तथा परिपक्व रहता है। उसी प्रकार छंद बद्ध भाषा में भी राग का प्रभाव, उसकी शक्ति अधिक जाग्रत, प्रबल तथा पूरिपूर्ण रहती है।"[154]

स्पष्ट है कि पंत कविता में संगीत के प्रयोग पर बल देते हैं। उपर्युक्त विचारों में एक तरह से कविता के अभिलक्षण ही प्रतिपादित हुए हैं। यही धारणा डॉ. कुमार विमल की भी रही है। उनका मानना है— "कविता का नाद सौंदर्य, भाव प्रकाश अथवा अर्थ-वैमल्य बहुत दूर तक कवियों की संगीत-चेतना और लय-निर्वाह पर निर्भर करती है। कविता की यह संगीतात्मकता प्रधानतः दो रूपों में व्यक्त होती हैं, जिन्हें हम शब्द संगीत और भाव संगीत या अर्थ संगीत कह सकते हैं।"[155] डॉ. विमल ने कवियों की संगीत चेतना में नाद, लय और कर्म वैमल्य को प्रधानता दी है। उनके विचारों से यह भी तथ्य उजागर होता है कि कविता में संगीत की मौजूदगी शब्द और अर्थ दोनों स्तरों पर होती है। इस संदर्भ में पुनः पंत के विचार प्रांसगिक लगते हैं। उनका कहना है— "भाषा का और मुख्यतः कविता की भाषा, प्राण राग है। राग ही के पंखों की अबाध उन्मुक्त उड़ान में लयमान होकर कविता सांत को अनंत से मिलाती है। राग ध्वनि लोक निवासी शब्दों के हृदय में परस्पर स्नेह तथा ममता का संबंध स्थापित करता है।"[156]

पंत के विचारों में काव्यात्मकता अधिक है। लेकिन उनके विचार कविता और संगीत के मर्म को दर्शाते हैं। सौंदर्यशास्त्रीय दृष्टि से विचार करने पर यह ज्ञात होता है कि कविता में छंद और लय के कारण ही सौंदर्य निर्माण होता है। साथ ही रचनाकार कुछ विशिष्ट शब्दों के द्वारा नाद सौंदर्य कविता में भरता है। अतः इस दृष्टि से कविता और संगीत में गहरा संबंध बनता है। दरअसल कविता और संगीत के अंत:संबंध की प्राचीन परंपरा रही है। लेकिन आधुनिक काल में आकर हम देखते हैं कि कविता और संगीत में अंतर बढ़ता गया है। क्योंकि कविता से छंद जब दरकिनार हुए तब से काव्य में संगीत तत्व की चर्चा ही कम होने लगी है।

मुख्यतः हिंदी में मुक्तछंद की जो परंपरा चल पड़ी है, तभी से दोनों ललित कलाओं में आपसी दूरी बढ़ती गई है। यद्यपि आधुनिक हिंदी कविता में लयात्मकता का स्तर बहुत ही सशक्त है। लेकिन बात जब छंद, राग, नाद की आती है तब प्रायः इन तत्वों का अभाव ही देखा जा सकता है। दूसरा एक कारण इस संदर्भ में महत्वपूर्ण लगता है कि आधुनिक काल में आकर न सिर्फ सामाजिक और सांस्कृतिक, धार्मिक स्तर पर बदलाव आया है बल्कि राजनीतिक स्तर पर भी काफी उथल-पुथल दिखायी देती है। आज़ादी के बाद साहित्य के क्षेत्र में भी अनेक पड़ाव देखे जा सकते

हैं। व्यक्ति केंद्रित साहित्य की प्रधानता इस कालखंड में अधिक है। व्यक्ति और उससे जुड़ी समस्याओं का चित्रण कविता में आधिक होने लगा और कविता छंद से प्राय: अलग हो गई है। लेकिन ऐसी स्थिति में भी पाश्चात्य प्रभाव ग्रहण कर कुछ साहित्यकार भारत में लिख रहे थे। जिनकी कविता में ललित कलाएँ अपना प्रभाव बनाए हुए हैं। शमशेर और ग्रेस ऐसे ही कवि हैं। ग्रेस की कविता और अन्य ललित कलाओं का गहरा संबंध है। इसमें संगीत और चित्रकला विशेष उल्लेखनीय है। इन दोनों कलाओं में बतौर कलाकार के ग्रेस का योगदान नहीं है। लेकिन ग्रेस दोनों कलाओं की अनेक बारिकीयों से अवगत रहे हैं। इसका प्रयोग उन्होंने कविता में भी किया है। इस परिप्रेक्ष्य में सर्वप्रथम संगीत की चर्चा आवश्यक है। संगीत के कारण ग्रेस की कविता विशेष बनी है। इस संबंध में उनका कहना है— ''संगीत, लय, शब्द आणि नाद यांच्या दुर्मिळ गुंफणीमुळे ती अद्भुत झाली आहे।''[157] (संगीत, लय, शब्द और नाद के दुर्लभ समन्वय के कारण ही वह अद्भुत बनी है।) जाहिर है कि ग्रेस की कविता में संगीतात्मकता के कारण सौंदर्य का अनूठा रूप मौजूद है। इसलिए कोमलता, आह्लाद, आकर्षण आदि गुण उनकी कविता में लक्षित होते हैं। संगीत कला और काव्यकला के बारे में विचार करते हुए ग्रेस लिखते हैं— ''संगीत ही प्रत्यक्ष संवेदनांवर आधारलेली सर्वश्रेष्ठ ललितकला आहे. काव्यकला ही कोणत्याही संवेदनांवर प्रत्यक्ष आधारलेली नाही, तर ती संवेदनांच्या शब्द प्रतिमांवर आधारलेली कला आहे. म्हणून काव्यकलेचा संबंध शब्द व भाषेच्या मार्फतच येतो. त्यामुळे काव्य कलेच्या आस्वादाला भाषेच्या मर्यादा पडतात. संगीतकला कलावंताच्या अंगाने कंठग्रंथी, स्वरयंत्र यांच्या साहयाने निर्माण होते. म्हणजे गाण्याचे साधन कलवंताला मिळवावे लागत नाही, ते त्याला निसर्गानेच दिलेले असते. आस्वादाच्या अंगाने कानाशी संगीताचा संबंध येतो. त्यामुळे आस्वादकालाही ते साधन मिळवावे लागत नाही।''[158] (संगीत प्रत्यक्ष संवेदनाओं पर आधारित श्रेष्ठ ललित कला है। काव्यकला प्रत्यक्ष संवेदनाओं पर आधारित नहीं है। वह तो संवेदनाओं के शब्द बिंबों पर आधारित कला है। अत: काव्यकला का संबंध शब्द और भाषा के द्वारा ही आता है। उससे काव्यकला के आस्वाद में बाधा आती है। संगीत कला कलाकार के कंठ और स्वर यंत्र की सहायता से निर्मित होती है। अर्थात गाने के लिए कलाकार को साधन अर्जित नहीं करना पड़ता है। वह उसे प्रकृति के द्वारा ही प्राप्त होता है। आस्वाद की दृष्टि से संगीत का संबंध कान से है। इसलिए आस्वादक को भी वह साधन प्राप्त नहीं करना पड़ता है।) ग्रेस के विचार इस बात की मिसाल है कि संगीत की अनेक बुनियादी बातों से उनका गहरा संबंध है। इस संदर्भ में यह भी तथ्य महत्वपूर्ण है कि उन्होंने अपने संगीत विषयक ज्ञान का उपयोग कविता में किया है। उसे निम्नवत समझ सकते हैं— आलोच्य दोनों कवियों ने संगीतात्मक सौंदर्य का विधान बखूबी

किया है। कभी वह छंद के स्तर पर है तो कभी नाद और लय के स्तर भी दिखायी देता है।

नाद प्रधान शब्दों का प्रयोग— ध्वनि और लय संगीत के महत्वपूर्ण आधार है। शमशेर ने अपने भावों की भंगिमाएँ प्रस्तुत करने के लिए नाद प्रधान शब्दों का प्रयोग किया है। इससे न सिर्फ सौंदर्य वृद्धि हुई है बल्कि भावों की उत्कटता और तीव्रता भी सशक्त रूप में प्रकट हुई है। यह बात आरंभ ही में स्पष्ट करना आवश्यक है कि श्राव्य बिंब के अंतर्गत संगीत की दृष्टि से विचार नहीं हुआ है। यद्यपि प्रायः सभी रचनाकार श्राव्य बिंब या ध्वनि बिंब का प्रयोग करते हैं। अतः उन्होंने नाद प्रधान शब्दों का प्रयोग सप्रयोजन किया है। शमशेर ने कुछ ऐसे भी प्रयोग किए हैं, जिसमें 'रेडियो पर एक योरपीय संगीत सुनकर' भी कविता लिखी है। उल्लेख्य कविता के शीर्षक से स्पष्ट है कि कवि ने रेडियो पर योरपीय संगीत सुनकर भी उन्हीं भावों को कविता में बांधने की कोशिश की है। इसी तरह उनकी 'धूप' कविता की कुछ पंक्तियाँ भी द्रष्टव्य हैं— "थप्-थप् केले के पातों पर हाथों से/हाथ दिये जाए/थप थप..."[159] 'थप्-थप्' में अनुरणात्मक ध्वनि है। केले पातों पर हाथों से थपेड़े लगाने पर विशिष्ट ध्वनि या नाद का निर्माण होता है। दरअसल संगीत शमशेर की कविता में बड़ी सहजता के साथ प्रविष्ट होता है। फिर वह नृत्य संगीत ही क्यों न हो। यथा— "नाच हैं खिल् खिल् खिल/कुसमों-से चरनों का लोच लिये/थिरक रही हैं/भीनीं भीनीं/सुंगधियाँ।"[160] इससे स्पष्ट है कि शमशेर नाद युक्त शब्दों के द्वारा संगीतात्मकता निर्माण करते हैं। साथ ही नृत्य की भंगिमाएँ कविता में शब्द बद्ध करते हैं। यह सौंदर्यानुभूति का अनूठा संगम है। इस बात की पुष्टि डॉ. रंजना अरगड़े के कथन से भी होती है— "उनकी कविताओं में गहरे स्तर पर संगीत है। वस्तुतः देखा जाए तो सौंदर्य, विशाद, संगीत और प्रेम उनकी कविताओं में इस तरह गुंथे हुए हैं कि वही उनकी कविता बन जाते हैं"[161] संगीत और कविता का यह तानाबाना इसलिए भी गुंथा हुआ है कि शमशेर संगीत के मर्मज्ञ हैं। इसी तरह ग्रेस ने नाद युक्त शब्दों का प्रयोग कर कविता में संगीतात्मकता निर्माण की है। उनकी 'आई-' कविता इस दृष्टि से उल्लेखनीय है— "ती गेली तेव्हा रिमझिम/पाऊस निनादत होता"[162] (वह चली गई तब/रिमझिम बरसात हो रही थी।)

उपर्युक्त पंक्ति में 'निनादत' शब्द आया है। यह संगीत में प्रयुक्त होता है। ग्रेस की अनेक कविताओं में इस शब्द की आवृत्ति हुई है। दरअसल उनका यह संगीत प्रेम ही है। इसी तरह कवि लिखता है— "पाण्यालाही निनाद अगणित"[163] (पानी को भी गूंजना निरंतर) अथवा "चाफ्याच्या झाडापाशी/अंधार जसा गंधार निनादत येतो।"[164] (चंपा के पौधे के पास/अंधेरा छाया जैसे गंधार गूंजता है।)

वस्तुतः यह आलोच्य कवि का संगीतात्मक प्रयोग है। 'गंधार' शब्द की पुनरावृत्ति के कारण भी ग्रेस की कविता में संगीत पुनः पुनः दस्तक देता है। संगीत में गंधार मूलतः कोमल स्वर है। ग्रेस 'घर' कविता में लिखते हैं— "तुझे घर उभे आहे,/मालकंसाच्या अवरोहांत उतरणार्या/गंधारा सारखे।"[165] (तुम्हारा घर है/मालकंस के अवरोह में/उतरनेवाले/गंधार की तरह।)

'मालकंस' एक राग है। यह अत्यंत गंभीर प्रकृति का राग माना जाता है। साथ ही मध्य रात में गाया जाने वाला यह राग भैरवी थाट से उत्पन्न है। ग्रेस ने महज भारतीय संगीत ही नहीं बल्कि इराणी, यूरोपियन संगीत सुनकर भी कविताएँ लिखी हैं। उनकी 'इराणी संगीताच्या प्रतिमा' पृ.31 (संध्याकाळच्या कविता) उल्लेखनीय है। इसी तरह ग्रेस ने छंदों का प्रयोग कर काव्य सौंदर्य में अभिवृद्धि की है।

छांदसिक सौंदर्य— छंद और सौंदर्य का आंतरिक संबंध है। शमशेर ने परंपरागत छंदों की अपेक्षा नवसृजन कर नए छंदों का प्रयोग किया है। नए छंद का प्रयोग इस अर्थ में कि उन्होंने परंपरागत छंदों के साथ तोड़-मरोड़ की है। प्रत्येक प्रयोगधर्मी कवि अपनी सुविधा के अनुरूप छंदों का प्रयोग करता है। इस संबंध में पाश्चात्य चिंतक रेने वेलेक का मानना है कि "कभी-कभी प्रत्येक लेखक अपना एक अलग छंदशास्त्रीय आदर्श गढ़ लेता है और किसी भी संप्रदाय या कवि को किसी एक ही बंधे हुए सिद्धांत पर रखकर, परखना अनुचित है।... छंद विधान को वर्णिक, मात्रिक और बलाघात युक्त आदि में बाँटना न केवल अपर्याप्त है, अपितु भ्रामक भी है।"[166] इससे स्पष्ट है कि छंद का उपयोग हर एक रचनाकार अपनी सुविधा के अनुरूप करता है। आधुनिक हिंदी कविता में प्रायः आज़ादी के बाद की कविता में यह बात भली-भांति लक्षित होती है। इसी परिप्रेक्ष्य सुमित्रानंदन पंत के विचार भी नई सोच प्रदान करते हैं। उनका कहना है कि "हिंदी का संगीत केवल मात्रिक छंदों ही में अपने स्वाभाविक विकास तथा स्वास्थ्य की संपूर्णता प्राप्त कर सकता है, उन्हीं के द्वारा उसमें सौंदर्य की रक्षा की जा सकती है।"[167] जाहिर है कि पंत छंद के प्रति काफी आग्रही हैं। उन्होंने कविता में छंद को अनिवार्य तत्व माना है। आधुनिक हिंदी कविता का अवलोकन करें तो यह स्पष्ट होता है कि उत्तरोत्तर वह छंदबद्धता से मुक्त हुई है। किंतु मुक्तछंद का दामन पकड़ने के बाद भी पूरी तरह छंद से मुक्त नहीं है। उसमें विशिष्ट लय, मात्राओं का प्रयोग हमेशा ही बना रहा है। शमशेर इसमें अग्रणी रहे हैं। संगीत की दृष्टि से शमशेर की कविताओं में छंदों का अध्ययन दो धरातल पर संभव है। एक तो संस्कृतनिष्ठ छंदों की दृष्टि से और दूसरा उर्दू की तर्ज पर की गई सर्जना के आधार पर।

संस्कृत गर्भित छंदों का प्रयोग— शमशेर संस्कृत के भी ज्ञाता रहे हैं। अतः उन्होंने संस्कृतनिष्ठ छंदों का प्रयोग भी कविता में किया है। इसलिए संगीत की दृष्टि से उनकी कविता और अधिक समृद्ध लगती है। अपने साक्षात्कार में शमशेर स्वयं कहते हैं— "'संध्या' तथा 'प्रेम की पाती' में मैंने छंद प्रयोग किये हैं। मैंने उस पुराने छंद के जीवित रूप को रखना चाहा है। जीवित रूप से मेरा मतलब है, छंद का जो संस्कृत में निश्चित रूप है वह नहीं, पर वैसा, जिससे उसके रूप एवं अर्थ की संभावनाएँ ज्यादा खुलें।"[168] स्पष्ट है कि शमशेर ने संस्कृत छंदों में से कुछ छंदों का प्रयोग अवश्य किया है। किंतु उसे ज्यों का त्यों नहीं अपनाया है। उन्होंने मौलिकता बनाए रखी है। 'संध्या' कविता में विद्युन्माला छंद का प्रयोग हुआ है। इसे 'विद्युल्लता' भी कहते हैं। यह छंद आठ वर्णों का होता है। अर्थात प्रत्येक चरण आठ वर्णों से युक्त होता है। चरण में मगण, मगण और दो गुरू होते हैं। और अंत में यति होती है। जैसे— "संध्या दीर्घात्मीया/उच्छवासांगी प्रीया/स्वर्गंगा अपनों की/इतने पास अपने?"[169] असल में यह वर्णिक छंद है। पहली पंक्ति में आठ वर्ण आए हैं। वही बात अन्य पंक्तियों में भी देखी जा सकती है। यथा—

ऽ ऽ ऽ ऽ ऽ ऽ   ऽऽ ऽऽऽ ऽऽ
"सं ध्या दी र्घा त्मी या   उच्छ वासांगी प्रीया"

स्पष्ट है कि विद्युन्माला छंद चार खंडों का होने के बावजूद भी शमशेर ने तीन खड़ों का प्रयोग किया है। साथ ही वर्तनी की दृष्टि से 'प्रिया' शब्द उचित है। लेकिन प्रयोगशील कवि शमशेर शब्दों के साथ तोड़-मरोड करते हुए 'प्रीया' लिखते हैं। वास्तव में इसे छंदबद्ध करने के लिए ही कवि ऐसा प्रयोग करता है। इस तरह का परिवर्तन ही संगीत में आरोह-अवरोह का कार्य करता है। शमशेर संगीत के मर्मज्ञ होने के कारण उन्होंने इसे खूब अंजाम दिया है। यही बात पंचचामर छंद में भी दिखायी देती है। 'पंचचामर' छंद के प्रत्येक चरण में जगण, रगण, जगण, रगण, जगण और एक गुरू के क्रम से सोलह वर्ण होते हैं। साथ ही पादांत में यति का प्रयोग किया जाता है। कभी-कभी चार तथा आठ वर्णों पर भी यति का प्रयोग होता है। कवि प्रायः युद्ध और संघर्ष का वर्णन करने के लिए इस छंद का प्रयोग करते हैं। 'य शाम है' कविता इस संदर्भ में उद्धरणीय है—

।   ऽ । ऽ
'य' शाम है
।ऽ ऽ।ऽ। ऽ। ऽ ।ऽ ।ऽ।ऽ। ऽ
कि आसमान खेत है पके हुए अनाज का।"[170]
ज   र   ज   र   ज   गु

यह तथ्य भी महत्वपूर्ण है कि शमशेर यदि परंपरागत छंदों के साथ तोड़-मरोड़ करते हैं तो भी वह संगीत उपयोगी है। दरअसल शमशेर की मान्यता रही है कि नये का आग्रह करते समय पुराने को पूरी तरह नष्ट भी नहीं करना है। 'प्रेम की पाती' कविता में भी कवि का यही प्रयास दिखता है—

ऽ । ऽ ऽ ।ऽ ऽ। ऽ ऽऽ ऽ । ।ऽ। ऽऽ ऽऽ

"कौन के पीतम कौन की पाती आस लगाय दीया न बाती।"[171]

प्रस्तुत कविता में 'पंक्ति' छंद का प्रयोग हुआ है। इसमें भगण और दो गुरु अंत में प्रयुक्त होते हैं। साथ ही लघु और गुरु अंत में प्रयुक्त होते हैं। साथ ही लघु गुरु का स्थान भी सुनिश्चित रहता है। वर्णवृत्त छंद का ही यह एक भेद है। किंतु शमशेर ने इसमें काफी परिवर्तन किया है। छंदशास्त्र की दृष्टि से 'दोहा' छंद का प्रयोग भी शमशेर ने कलात्मकता के साथ किया है। दोहा छंद मूलतः अपभ्रंश से विकसित है। शमशेर इस छंद का भी प्रयोग करते हैं। जहाँ संभव है वहाँ उन्होंने शास्त्रीय आधार पर छंद विधान किया है। किंतु जहाँ प्रयोगशीलता अपनायी है, वहाँ मिश्रित छंद प्रयोग है। और क्यों न हो, सन् साठ के बाद हिंदी कविता में अनेक कवियों ने मिश्रित छंदों का प्रयोग किया है, जिन्हें नाम भी नहीं मिल पाया है। काव्य सौंदर्य की दृष्टि से फिर भी उनकी गरिमा महत्वपूर्ण है। शमशेर दोहा छंद का प्रयोग निम्नवत करते हैं—

"सागर तट की छाँवली मात्राएँ — 13
नयन भरे आकाश — 11
विदा-क्षितिज स्मृति में लिये — 13
मनु-मानस न हताश।"[172] — 11

वास्तव में यह अर्ध सम् मात्रिक छंद है। दोहा में प्रथम चरण में 13 द्वितीय चरण में 11, तृतीय चरण में 13 और चतुर्थ में पुनः 11 मात्राएँ प्रयुक्त होती हैं। चूँकि उपर्युक्त उद्धरण में इसका प्रयोग सफलता के साथ हुआ है। अतः संगीतात्मकता की दृष्टि से यह एक महत्वपूर्ण उपलब्धि है। इसी तरह शमशेर ने उर्दू का प्रभाव ग्रहण कर उर्दू छंदबद्ध रचनाओं का सृजन किया है। चूँकि यह स्वाभाविक भी है। इस संदर्भ में शमशेर स्वयं कह रहे हैं— "मैं हिंदी और उर्दू का दोआब हूँ/मैं वह आईना हूँ जिसमें आप हैं।"[173] सचमुच हिंदी और उर्दू दोनों भाषाओं के प्रति शमशेर का गहरा सरोकार रहा है। ग्रेस ने छंदों का सटीक प्रयोग करते हुए काव्य का अभिव्यंजना सौंदर्य बढ़ाया है। यद्यपि उन्होंने पुराने छंदों की तर्ज़ पर ही नए-नए प्रयोग किए हैं। ग्रेस की कविता में संस्कृत गर्भित छंदों का प्रयोग अधिक हुआ है।

शिखरिणी — इस छंद के प्रत्येक चरण में सत्रह वर्ण होते हैं। भगण, मगण, नगण, सगण, एक लघु और एक गुरू के क्रम से वर्णों की प्रस्तुति होती है। यह दरअसल

वर्णिक छंद है। इसमें छठे और ग्यारहवें वर्ण पर यति होती है। ग्रेस की 'उदयास्त' कविता इसी छंद में लिखी गई है। यथा—

।ऽ।   ।।ऽ।ऽ   ।।।   ऽ।   ऽऽ   ।ऽ
"विराट   शिवमंदिरे   विकल   धूप   त्यांचा   जळे
।ऽ।   ।।   ।ऽ   ऽ   ।।।   ऽ।ऽऽ   ।ऽ
फुटून   मग   रक्त   ये   सरळ   काळजाला   मिळे."[174]

(विराट शिवमंदिर विकल धूप उसमें जले/निकलकर खून सीधे हृदय से जा मिले।)

ग्रेस ने वर्ण की दृष्टि से सत्रह वर्णों का प्रयोग किया है लेकिन यति का ध्यान नहीं रखा है। यहाँ उनका अंदाज प्रयोगशील रहा है। इसी तरह उनकी अस्त पृ.100, हिमसंध्या पृ.102 (चंद्रमाधवीचे प्रदेश) कविताएँ भी उल्लेखनीय है।

अष्टाक्षरी छंद प्रयोग — ग्रेस ने अष्टाक्षरी छंद का प्रयोग कर भावों को बहुत ही तरलता प्रदान की है। इसमें उन्होंने आठ वर्णों का प्रयोग किया है। 'शुभ्र बगळ्यांचा जाळ' कविता द्रष्टव्य है— "दाना खापरीत ठेव — 08, धर जाळात खापरी — 08, फुटे दाण्याची कवटी — 08, होता लाहीची गोवरी... 08, होता लाहीची गोवरी — 08, येई राखेलाही फूल."[175] — 08 (दाने खरपरैल में रखिए/खपरैल आग पर रखिए/फटे दाने की खोपड़ी/जब बने लाई के उपले/आए राख में भी फूल।)

कविता और संगीत का समन्वय करना ग्रेस के लिए सामान्य-सी बात है। 'फुटे दाण्याची कवटी' पंक्ति सृजन या रचना-प्रक्रिया की ओर संकेत है। वास्तव में सृजन का क्षण ऐसे ही होता है। कवि इसलिए राख से फूल बनने की बात कहता है। इसी तरह ग्रेस ने अभंग छंद का भी प्रयोग किया है।

अभंग छंद — मराठी भाषा में 'अभंग' सबसे पुरातन छंद माना जाता है। विविध मराठी संत यथा— ज्ञानेश्वर, एकनाथ, नामदेव, तुकाराम, रामदास आदि ने इस छंद का बखूबी निर्वाह किया है। अतः उन्होंने अभंग छंद में भी अपनी काव्य संवेदना को अभिव्यक्त किया है। वस्तुतः अभंग के दो प्रकार माने गए हैं। बड़ा अभंग और छोटा अभंग। बड़े अभंग में चार चारण होते हैं। पहले तीन चरणों में छह वर्ण आते हैं और चौथे चरण में चार वर्ण होते हैं। संत नामदेव इस छंद के प्रवर्तक माने गए हैं। आलोच्य कवि लिखता है— "अर्धा माझा भास, अर्धसत्य तुझे/त्याच्यासाठी ओझे आभाळाचे।/माझ्या तंद्रीवीण तुला दुःख नाही/तसू तसू साही जडपण।"[176] (आधा आभास मेरा, आधा सत्य तुम्हारा/उसके लिए बोझ आकाश का/मेरी तंद्रा बगैर तुम्हें दुःख नहीं/तसू तसू साही जडत्व।) जाहिर है कि ग्रेस ने अभिव्यक्ति के स्तर पर प्रयोग करने का हुनर ही पाया है। आगे चलकर ओवी छंद से भी इस तथ्य की पुष्टि होती है।

ओवी छंद — इस छंद के चार चरण होते हैं। आरंभिक तीन चरणों के अंत में यमक आता है। कभी-कभी तीन चरणों की भी ओवी बनती है। चौथा चरण छोटा होता है। इसलिए यह साढे तीन चरणों की ओवी मानी जाती है। प्रत्येक चरण में वर्ण की शिथिलता होती है। ग्रेस ने काव्य का अभिव्यक्ति सौंदर्य बढ़ाने के लिए इसका बखूबी प्रयोग किया है। उनकी 'पारंबीची माया' कविता देखिए— ''पारंबीच्या पाठी। वडाची सावली।/एखाद्याचा वाली। एखादाच।।/क्रौंच पक्ष्यासाठी। आगीचा कां डोंब?।/अशी बोंबा बोंब। करू नये।।''[177] (जटाओं के पीछे। बरगद की छाया।/किसी का पालनहार। कोई एक।/क्रोंच पंछी के लिए। आग की क्यों ज्वाला?/ ऐसा शोर-शराबा। करना नहीं।) स्पष्ट है कि कवि ग्रेस ने अभिव्यंजना में सौंदर्य वृद्धि करने के लिए नए-नए प्रयोग किए हैं। यद्यपि यह प्रयोग कवि ने अपने परिवेश के अनुकूल किए हैं। अत: संगीत और कविता का अनन्य संबंध स्थापित होता है।

उर्दू से प्रभावित छंद प्रयोग— शमशेर ने उर्दू की तर्ज पर ग़ज़ल, रूबाइयाँ, सानेट, नज़्म, क़ते आदि का भी प्रयोग किया है। इसी से शमशेर के छंद विधान में एक नया पड़ाव लक्षित होता है। ग़ज़ल के बारे में शमशेर लिखते हैं— ''ग़ज़ल एक लिरिक विधा है, जिसकी कुछ अपनी शर्तें हैं, अपना प्रतीकवाद है, अपनी जीवंत परंपरा ग़ज़लें मैंने थोड़ी ही और केवल अपने गाने-गुनगुनाने के लिए ही लिखीं।''[178] यद्यपि शमशेर कह रहे हैं कि ग़ज़लें उन्होंने गुनगुनाने के लिए लिखी हैं किंतु इससे निश्चित रूप से उनका कृतित्व समृद्ध हुआ है। रदीफ-काफिये के आधार पर उन्होंने ग़ज़लों में जो सौंदर्य भर दिया है, वह सचमुच अनूठा है। उर्दू काव्य में ग़ज़ल का अहम् स्थान है। फारसी से उर्दू और उर्दू से हिंदी में स्वतंत्र अस्तित्व बनाकर ग़ज़ल निर्माण हुई है। लेकिन अरबी में उसकी मूल प्रेरणा निहित है। अरबी में प्राय: राजाओं को खुश करने के लिए कसीदे लिखे जाते थे, जो शृंगार से ओत-प्रोत होते थे। आगे चलकर इन्हीं कसीदों को फारसी कवियों ने ग़ज़ल के रूप में स्वीकार किया। हिंदी में अमीर खुसरो से यह परंपरा लक्षित होती है। वास्तव में ग़ज़ल का अर्थ 'गुफ्तगू' माना जाता है। जो प्रेमिका से यौवन और प्रेम के विविध संदर्भों में एकांत चर्चा से संबंधित है। हिंदी में भारतेंदु युग से लेकर दुष्यंत कुमार तक अनेक शायरों ने अपनी बयाने-अदा से हिंदी पाठकों को खुश किया है। चूँकि आजकल भी अनेक शायर लिख रहे हैं। शमशेर ने भी अपनी ग़ज़लों से रसिकों को सौंदर्यानुभूति करायी है। 'कुछ और कविताएँ' में संग्रहित ग़ज़ल बानगी तौर पर देख सकते हैं—

''चरण/ अरकान	फ	ऊ	लुन	फ	ऊ	लुन	फ़	ऊ	लुन	फ़	ऊ	लुन
गण	।	ऽ	ऽ	।	ऽ	ऽ	।	ऽ	ऽ	।	ऽ	ऽ
शेर १.	य	हाँ	कुछ्	र	हा	हो	तो	हम	मुँह	दि	खा	एँ
	उ	न्हों	ने	बु	ला	या	है	क्या	ले	के	जा	एँ
शेर २.	कु	छा	पस	में	जै	से	ब	दल	सी	ग	ई	हो

ह मा री दु आ एँ तु म्हा री ब ला एँ''[179]

जाहिर है कि शमशेर ने उर्दू का प्रभाव अवश्य ग्रहण किया है। लेकिन खड़ीबोली को दरकिनार नहीं होने दिया है। 'दिखाएँ' 'जाएँ' सरीखे प्रयोग खड़ीबोली के द्योतक हैं। संगीत की दृष्टि से अगला रूप है— नज़्म। किसी एक ही भाव और विषय पर लिखी गई लंबी कविता को उर्दू-फारसी में नज़्म कहा जाता है। शिल्प संरचना की दृष्टि से नज़्म की प्रथम पंक्ति और दूसरी पंक्ति में तुक आता है। कभी यह तुक दूसरी और चौथी पंक्ति में भी आता है। वर्णनात्मकता और तुकबंदी नज़्म के लिए आवश्यक माने जाते हैं। 'टूटी हुई बिखरी हुई' शमशेर की विख्यात नज़्म है। इसके अलावा भी शमशेर ने अनेक नज़्में लिखी हैं, जो तुकांत की दृष्टि से गौरतलब है। यथा— ''जिधर भी देखता हूँ मैं तेरा ही अक्स उभरता है:/अभी तक मेरी आँखों में तेरी तस्वीर फिरती है!/बुलंदी पा के, दुनिया से यकायक तेरा उठ जाना!/पहुँच कर अपनी मंजिल पर कोई तकदीर फिरती है।''[180]

उपर्युक्त उद्धरण में प्रथम और दूसरी पंक्ति में तुक मिला है। साथ ही दूसरी और चौथी में भी यही बात लक्षित होती है। उर्दू में ऐसी ही अदायगी रूबाई में भी लक्षित होती है। चार पंक्तियों का संयोग ही रूबाई है। रूबाई में पहली, दूसरी और चौथी पंक्ति एक ही रदीफ-काफिये में बद्ध रहती है। रूबाइयों का वर्ण्य विषय प्राय: दर्शन, नीति, धर्म से संबंधित होता है। शमशेर ने अनेक रूबाइयाँ लिखी हैं। जैसे— ''वह काम मुरादाबाद में हम कर आए,/दुनिया में ऊँचा अपना परचम कर आए!/बच्चों की, जवानों की उमीदों की वो ईद।/उस दर्द का हम जा के मातम कर आए!''[181]

आलोच्य कवि उपर्युक्त पंक्तियों में प्रथम, द्वितीय और चतुर्थ में 'कर आए' एक ही रदीफ-काफिये में युगीन धार्मिक संवेदना प्रस्तुत करता है। इसी तरह शमशेर ने 'किते' या 'कत्आ' भी लिखे हैं। प्राय: कुछ ऐसे विषय भी होते हैं जिन्हें ग़ज़ल के एक ही शेर में अभिव्यक्त करना असंभव हो जाता है। ऐसी स्थिति में संबंधित विषय को एक से अधिक शेरों की सहायता से प्रस्तुत किया जाता है। शेरों के इस समूह को ही 'कत्आ' कहते हैं। संरचना की दृष्टि से 'कतआ' भी रूबाई के समान ही होता है। इसमें चार पंक्तियाँ होती हैं। दूसरी और चौथी पंक्ति में तुक पाया जाता है। एक कत्आ पेश है— ''जगह-जगह तेरी बातें थीं, तेरे चर्चे थे,/जमाना क्या वो हमको नहीं याद, क्या कुछ था?/जो 'कारवाँ' से उठी थी सदाए-बाँगे जरस,/उसी पर चलता अगर बादाबाद... क्या कुछ था।''[182]

प्रस्तुत किता शमशेर ने सुविख्यात एकांकी एवं नाटककार भुवनेश्वर को याद करते हुए लिखा है। भुवनेश्वर की असमय मृत्यु हो जाती है। इस बात का गहरा असर शमशेर पर पड़ा है। अपनी मनोदशा को उन्होंने 'कत्आ' में अभिव्यक्त किया

है। 'कारवाँ' शब्द का जिक्र उद्धरण में आया है, भुवनेश्वर के एकांकी-संग्रह का नाम है। इसमें दूसरी और चौथी पंक्ति में तुक की समानता लक्षित होती है। आगे चलकर शमशेर अपनी यही अभिव्यक्ति की अदा 'सानेट' में भी दिखाते हैं। सानेट की अवधारणा के बारे में डॉ. रंजना अरगड़े लिखती हैं— " सॉनेट मूलतः इटालियन काव्य प्रकार है, जो सामान्यतः चौदह पंक्तियों का होता है। उसकी प्रास पद्धति भी निश्चित होती है। प्रायः चौदह पंक्तियों के इस काव्य रूप में जो बात कही जाती है, वह किसी भी पद्धति का हो (पेटरार्कन, स्पेंसरियन, शेक्सपीरियन) उसकी अंतिम दो पंक्तियों में एक तरह से पूरी बात का समाहार किया जाता है।"[183] इससे यह ज्ञात होता है कि शमशेर महज भारतीय परंपरा ही नहीं बल्कि पाश्चात्य देशों की भी अभिव्यंजना पद्धति के साथ जुड़ रहे हैं। उसमें कवि सफल भी हुआ है। उनका एक सानेट काफी चर्चित रहा है। जैसे— "बैठा हुँ तॅ रहा गया हूँ बैठा ही मैं/ उठ्ठ हुँ अगर तॅ यह नहीं है मालूम।"[184]

कुल चौदह पंक्तियों में यह सानेट लिखा गया है। इसमें प्रास योजना का प्रयोग आलोच्य कवि ने बहुत ही मार्मिक ढंग से किया है। अपने अकेलेपन की स्थिति और निराशा को उजागर करते हुए यह सानेट लिखा है। इसके अंत में शमशेर ने नोट किया है कि "एक ही रूबाई के अंतर्गत रूबाई के लिए निश्चित छंदों में से दो-तीन विभिन्न छंद तक प्रयुक्त हो सकते हैं। इस सानेट में मैंने रूबाई के लिए निश्चित छंदों में से कइयों का प्रयोग किया है।"[185] यह सच्चाई है कि शमशेर ने अनेक छंदों का मिश्रण करते हुए उपर्युक्त सानेट लिखा है। इस सानेट का वास्तविक सौंदर्य तब खुलता है जब शमशेर वर्ण विषय का समाहार अंतिम दो पंक्तियों में स्पष्ट करते हैं— "बेकस की हँसी है मेरा जीना, शमशेर/मरना है सुकून माँगना भी मेरा।"[186]

उपर्युक्त उद्धरण से यह ज्ञात होता है कि शमशेर पाश्चात्य काव्य परंपरा से भी अधिक सघनता से जुड़े हैं। इसीलिए ग़ज़ल से लेकर रूबाइयों, कितों, सानेट, नज़्म तक उनकी सौंदर्य दृष्टि का परिचय होता है। वास्तव में उल्लेख्य सभी छंद रूप एक तरह से काव्य रूप ही है, जो कि उर्दू के हैं। अतः इस संदर्भ में यह सवाल नहीं उठना चाहिए कि उर्दू के काव्य रूपों को छंदों के रूप में क्यों प्रयुक्त किया गया है। ठीक यही बात उनके द्वारा लिखे गए भजन और गीतों के संदर्भ में भी लागू होती है।

गेयता— संगीत तत्व की दृष्टि से भजन और गीत दोनों महत्वपूर्ण उपादान है। शमशेर में अध्यात्मिक वृत्ति भी लक्षित होती है। यह निश्चित ही मार्क्सवाद के विपरीत व्यवहार है। लेकिन उनकी सोच हमेशा ही किसी भी वाद से परे जाने की रही है। इसलिए अनेक काव्य रूपों का विधान उनके द्वारा संभव हो पाया है। भजन

के कारण उनका अभिव्यक्ति सौंदर्य और अधिक शाश्वत हो उठा है। दरअसल यह काव्य रूप ही है। फिर संगीत के धरातल पर यह सौंदर्य वृद्धि करनेवाला उपादान है। इस भजन को अनायास ही गुणगुनाने पर संगीत की गहरी अनुभूति होने लगती है। वास्तव में यही सौंदर्यानुभूति है। जैसे— ''हरि मोरी आड़, हरि हि मोरी आड़।/हरि मोरी झाँकी, हरि हि केंवाड।।/हरि जमुना-मन्थन मोरे, हरि ही/थाम्हे दुख के पहाड़।/ हरि सँग ज्ञान-ध्यान मोहे मधुऋतु/हरि बिन सकल उजाड़।''[187]

शमशेर ने उपर्युक्त भजन सन् 1953-58 के बीच लिखा है। यह ऐसा दौर है जब नई कविता अपने नव प्रयोगों के कारण हिंदी में एक नया अध्याय जोड़ रही है। इसी तरह शमशेर ने गीत भी लिखे हैं। उन्हें लिरिक कवि माना गया है। भावों की तरलता और तीव्रता जब बढ़ती है तब गीत उभरकर आते हैं। वस्तुतः गीत और संगीत का नाभिनाल संबंध है। शमशेर की समग्र कविताओं में से छह गीत रचनाएं प्राप्त होती हैं। आकार की दृष्टि से यह गीत पर्याप्त छोटे हैं। शमशेर के द्वारा रचित 'सावन की उनहार' गीत शास्त्रीय संगीत की पार्श्वभूमि में ही तैयार हुआ लगता है। जैसे— ''सावन की उनहार/आँगन-पर।/मधु बरसे, हुन बरसे/बरसे— स्वाँति धार/ आंगन पार।/सावन की उनहार।''[188]

उपर्युक्त गीत में शमशेर ने सावन के दिनों में बरसती बारीश का वर्णन किया है। राग की दृष्टि से इसमें मिय्या मल्हार और मधमाद सारंग दोनों का योग संभव है। चूँकि तरल भाव-भंगिमाओं की अभिव्यक्ति के लिए प्रस्तुत राग का प्रयोग होता है। अ1सर बारीश का वर्णन करने हेतु मिय्या मल्हार का प्रयोग होता है। 'उनहार', 'पार', 'धार' आदि शब्दों के कारण गेयता और अधिक बढ़ी है। इसी तरह और एक गीत है जो संगीतात्मकता का अनूठा रूप है। इसमें कवि ने निश्चित ही शास्त्रीय संगीत का आधार लिया होगा। यथा— ''निंदिया सतावे मोहें सँझही से सजनी।/ सँझही से सजनी।।1।।/प्रेम-बतकही/तनक हू न भावे/संझही से सजनी ।।2।।/ निंदिया सतावे मोहे 0।/छलिया रैन/कजर ढरकावे/सँझही से सजनी ।।3।।/निंदिया सतावे मोहे 0।/दुअि नैना मोहे/झुलना झुलावें/सँझही से सजनी ।।4।।/निंदिया सतावे मोंहे।''[189]

कवि शृंगार के द्वारा विरह आकुलता अभिव्यक्त करता है। आमतौर पर देखा जाता है कि विरह वर्णन में नायिका अपने मन की बात या विरह दशा प्रकट करते हुए गीत का आधार लेती है। लेकिन शमशेर की कविता में इसके विपरीत घटित होता है। यहाँ गीत में नायक की तड़प है, वह स्वयं अपनी मनोदशा, विरह आकुलता गीत में भरता है। यही तो शमशेर की कविता का वास्तविक सौंदर्य है। अत्यंत भावुक एवं संवेदनशील पुरुष को नायक बनाकर पेश करने का कार्य शमशेर जैसा संवेदनशील कवि ही कर सकता है। चूँकि यह उनकी प्रयोगशीलता भी है। मतलब यहाँ दोनों

स्तर पर सौंदर्य मौजूद है। एक तो वस्तु के स्तर पर और दूसरा शिल्प के स्तर पर।

लयात्मकता — शमशेर हमेशा ही शिल्प के प्रति सजग एवं सचेत रहे हैं। इस दृष्टिकोण को सम्मुख रखते हुए उन्होंने लयात्मकता के द्वारा काव्य शिल्प में सौंदर्य निर्माण किया है। वस्तुतः कवि स्वयं ही अपने एक साक्षात्कार में कहता है— "हर चीज मुझसे बातें करती है और मैं यह चाहता हूँ कि उसकी अपनी जो लय है... हर चीज की अपनी एक रिद्म होती है। शुरू में यह मेरी बहुत कोशिश होती थी कि जिस चीज को मैं देख रहा हूँ... और यह बात आयी पेंटिग की तरफ से यानी लय या रिद्म जो है वो संगीत वाली पेंटिग भी होती है जो कविता में भी आती है। भावनाओं की भी एक लय होती है। इसमें मैं एक मोटी-सी मिसाल यह भी देता हूँ कि आप जितने पेडों को देखें, नीम का पेड़ देखें, बरगद के पेड़ को देखें, इमली को देखें और तमाम केले वगैरह। हर एक की रिद्म अलग-अलग है। जब हम उनका चित्रण कर रहे हैं तो उनकी खास रिद्म है, वो आनी चाहिए।"[190] स्पष्ट है कि शमशेर एक कलाकार के रूप में अपने आस-पास की चीजों को महसूस करते हैं। कभी संगीतकार के रूप में तो कभी चित्रकार की आँख से देखते हैं। साथ ही कवि कल्पना से भी उसे महसूस करता है। यही कारण है कि उन्होंने अपने आस-पास की हर चीज में रिद्म या लय महसूस की है। यहाँ उनका दृष्टिकोण अधिक रोमांटिकता से युक्त लगता है। वास्तव में लय कविता का महत्वपूर्ण अंग है। सौंदर्यानुभूति की दृष्टि से लय का विशिष्ट महत्व है। शमशेर की हमेशा कोशिश रही है कि लय, गति, कंपोजिशन, संतुलन के अलावा भी कविता में कुछ और अधिक होना चाहिए। उन्होंने हमेशा कविता में सरलता, तरलता निर्माण करने हेतु लय विधान किया है। कविता चाहे छंदबद्ध हो या फिर मुक्त छंद में। इन दोनों स्थितियों में लय का महत्व होता है। 'उदिता — अभिव्यक्ति का संघर्ष' काव्य संग्रह में अधिकतर कविताएँ 16 मात्राओं की प्रचलित लय से युक्त है। इस संदर्भ में 'मैं भारत गुण-गौरव गाता' कविता उल्लेखनीय है—

S S I I   I I S I I   S S   S S S   I I S   I I   I I   S
"मैं भारत गुण गौरव गाता   श्रद्धा से उसके कण-कण को।"[191]

इसी तरह 'आज हृदय भर-भर आता है' पृ.21, 'आज मई की शाम अकेली' पृ.41, 'मौन ही राग' पृ.47, 'मेरा झूठा मान' पृ.59 (उदिता अभिव्यक्ति का संघर्ष) आदि कविताओं में भी 16 मात्राओं की लय दिखायी देती है। छंदबद्धता के कारण जो सौंदर्य शमशेर की कविता में निर्माण हुआ है, वही बात लयात्मकता में दिखायी देती है। अतः कह सकते हैं कि शमशेर ने लय का प्रयोग सौंदर्य विधान हेतु किया है। लेकिन इसमें उनका प्रयोगशील दृष्टिकोण बहुत अधिक लक्षित होती है।

सौंदर्यानुभूति में लय का अनन्य महत्व है। ग्रेस की कविता में लयात्मकता अनेक कविताओं में लक्षित होती है। उनकी जो कविता छंदबद्ध नहीं है उसमें भी प्रायः लय का अनुभव किया जा सकता है। यथा— ''देवाच्या गावामध्ये/वेताळाचा पार/घुबडाच्या डोळ्यालाही/कारूण्याची धार।''[192] (ईश्वर के गाँव में/बेताल का चैपाल/उगू की आंखों में/करूणा की धारा।)

कवि को लयात्मकता के प्रति अधिक आकर्षण है। अपने एक साक्षात्कार में वह कहता है—''मला वृत्ताचं जबरदस्त आकर्षण आहे. बिलकुल रक्तात आहे माझ्या, अहो लय आपल्या शरीरात किती भिनली असते, ते अनुभवलं आहे का? नाड़ी बघा हाताची लय सापडते. लहान मुलाच्या टाळूला हात लावून बघा लप-लप लय सापडते. रक्तामध्ये सुद्धा वाहताना सापडते. लययोग असतो लययोग.''[193] (मुझे छंद का जबरदस्त आकर्षण है। बिलकुल मेरे रोम-रोम में बसा है। अरे, लय हमारे शरीर में कितनी समायी है। कभी महसूस किया है? हाथ की नस देखिए। छोटे बच्चे के माथे पर हाथ लगाकर देखिए वहाँ भी लय मिलेगी। रक्तसंचरण में भी लयात्मकता होती है। यह लययोग है।) सचमुच, ग्रेस ने हर चीज में लय महसूस की है। इसलिए उनकी कविता में लयात्मकता अनायास ही प्रयुक्त हुई है।

कविता और चित्रकला का अंतःसंबंध

कविता और संगीत का जो रिश्ता है वही संबंध कविता और चित्रकला का भी रहा है। कविता और चित्रकला के अंतःसंबंधों को उजागर करने के लिए पाश्चात्य देशों में एक उक्ति ही चल पड़ी है। Painting is a mute Poetry, Poetry a speaking Picture.''[194] चित्र मूक कविता है और कविता सवाक् चित्र है। चूँकि प्लेटो और अरस्तू ने भी कविता और चित्रकला के साम्यगत संदर्भों को बारबार उजागर किया है। डॉ. कुमार विमल ने शास्त्रीय परंपरा के अनुसार काव्य और चित्रकला दोनों का आधार अनुकरण ठहराया है। उनका कहना है कि ''काव्य कला और चित्रकला का सादृश्य या पारस्परिक अंतः संबंध इससे भी पुष्ट होता है कि इन दोनों की विषय वस्तु में प्रायः कई दृष्टियों से समानता रहती है। और कला का इतिहास हमें कई ऐसे उदाहरण देता है, जहाँ काव्य के विषय ने काव्य को प्रभावित किया है।''[195] जाहिर है कि कवि काव्य की विषय वस्तु समाज से ही ग्रहण करता है। अर्थात अपनी जीवनानुभूति को ही काव्यानुभूति का रूप देता है। यह बात एक चित्रकार में भी दिखायी देती है। चित्रकार भी अनुभूति को ही कलानुभूति के रूप में कैनवास पर उकेरता है। भारतीय चित्रकार अवनीन्द्रनाथ ठाकुर के विचारों को उद्धृत करते हुए डॉ. कुमार विमल लिखते हैं— ''काव्य और चित्र-दोनों कलाओं में 'संगति' का

तात्विक महत्व है। काव्य में वह संगति रहती है, जो ध्वनियों और वर्णों के उच्चारण सौंदर्य से निर्मित होती है और श्रवण का विषय होती है तथा चित्रकला में वह संगति रहती है, जो विभिन्न आकृतियों या रंग-रेखाओं के अनुपात से निर्गत होती है और चा्शु का विषय होती है।''[196] स्पष्ट है कि संगति के कारण ही काव्य और चित्रकला में तात्विक साम्य उभरता है। अगर हम संगति को छंद मान ले तो पुन: इसका संबंध संगीत के साथ स्थापित होता है। अत: चित्रकला और काव्यकला में संगति का अर्थ संतुलन भी लिया जाता है। काव्य में वर्णों और ध्वनियों का संतुलन ही सौंदर्य वर्धक है तो चित्रकला में रंग, रेखाओं का संतुलन ही चित्र को सुंदर बनाता है। वस्तुत: काव्य में शब्द चित्रों का प्रयोग होता है, तो चित्रकला में रंगचित्रों को उकेरा जाता है। इस तरह ललित कलाओं में सभी कलाएँ तात्विक दृष्टि से एक दूसरे के साथ काफी नजदीकी से जुड़ी हैं।

हिंदी में ऐसे कम ही कवि हैं जो चित्रकारिता के मर्मज्ञ हैं। और चित्रकारिता का उपयोग उन्होंने अपने काव्य में किया है। इसमें मुख्यत: महादेवी वर्मा, शमशेर बहादुर सिंह, जगदीश गुप्त, अज्ञेय का नाम अत्यंत आदर से लिया जाता है। चूँकि बांग्ला में रवींद्रनाथ ठाकुर भी विशेष उल्लेखनीय रहे हैं। इस संदर्भ में यह भी सवाल है कि कोई कलाकार अन्य कलाओं के साथ क्यों जुड़ता है? एक तो वह जिस कला को माध्यम बनाकर विचार व्यक्त करता है, उसे अधूरा महसूस करता है। दूसरा वह सौंदर्य वृद्धि करने के लिए अन्य कला का समन्वय करते हुए अभिव्यक्ति करता है। इसे ही कुमार विमल ने ''सिन्थेसिस ऑफ लिटररी एण्ड विजुअल फॉर्म्स' (Synthesis of literery visual forms)''[197] कहा है। पाश्चात्य कवि बोदलेयर भी यही धारणा रखते हैं। उनका मानना हैं ''संगीत, साहित्य, चित्रकला आदि सभी कलाओं में ऐन्द्रिय अनुभूतियों द्वारा समान भावनाओं को उद्दीप्त करने की सभ्यता होती है।''[197]

वाकई सभी ललित कलाओं में ऐन्द्रिय बोध प्रधान है। रचना प्रक्रिया के धरातल पर देखें तो तीनों कलाएँ भिन्नता धारण किए हुए हैं। यह भिन्नता अभिव्यक्ति के धरातल पर भी दिखायी देती है। क्योंकि यहाँ माध्यमों की भिन्नता पायी जाती है। फिर भी ललित कलाओं का आपसी संबंध दृढ रूप में बना रहता है। इस संदर्भ में यह भी एक विचारणीय पहलू है कि क्या कारण है भारतीय परिवेश में दोनों ललित कलाओं चित्रकला और काव्य कला को समन्वय करना पड़ा है? डॉ. ज्योतिष जोशी का मानना है कि ''पाश्चात्य और भारतीय सौंदर्यशास्त्र में वही कविता उत्कृष्ट मानी जाती रही है, जिसमें चित्रमयता रही है और चित्र भी वही उत्कृष्ट माना गया है। जिसमें कविता जैसी सूक्ष्म धर्म छवियों को खोलने की शक्ति हो। कविता और चित्रकला के आपसी संबंध पर संसार भर से बहुत से उदाहरण जुटाए

जा सकते हैं जो एक दूसरे की पूरक बनकर अपनी सिद्धि करती रही है।''[199] इससे यह स्पष्ट होता है कि कलाओं के अंत: संबंध पर ही किसी विशिष्ट कला की पहचान बनती है। प्राचीन परंपरा से ऐसी अनेक कविताएँ देखी जा सकती हैं, जिनके आधार पर चित्रकला विकसित हुई है। साथ ही ऐसे अनेक चित्र हैं जिन्हें देखकर कवियों ने कविताएँ लिखी हैं। वास्तव में यह परंपरा पश्चिम में आरंभ हुई है। सुविख्यात चित्रकार लियोनार्द द विन्शी ने अपनी पुस्तक 'पैरेगन' में कविता और चित्रकला का अंत:संबंध दिखाया है। भारतीय परंपरा का अवलोकन करें तो कृष्ण काव्य से प्रेरणा लेकर अनेक शैलियों में कृष्ण की रास लीलाओं का चित्रांकन देखा जा सकता है।

शमशेर की कविता में भी चित्रकला का प्रभाव स्पष्टत: लक्षित होता है। चित्रकला के कारण उनका काव्य सौंदर्य अधिक खिल उठा है। इस परिप्रेक्ष्य में डॉ. रंजना अरगड़े का कहना है— ''शमशेर की अधिकांश रचनाएँ चित्र का सा आभास देती हैं। कुछ शिल्प का सा भी। यहाँ तक कि कुछ रचनाओं का जन्म ही चित्र से हुआ है, जैसे 'सींग और नाखून' या 'घनीभूत पीड़ा'।''[200] जाहिर है कि शमशेर की अनेक कविताएँ ऐसी हैं, जो चित्रकारिता से आयी है। एक कुशल चित्रकार होने के कारण शमशेर के यहाँ पेंटिग और कविता का सुंदर समन्वय है। मुक्तिबोध के विचार भी इस तथ्य की पुष्टि करते हैं— ''शमशेर की मूल मनोवृत्ति एक इंप्रेशनिस्टिक चित्रकार की है। इंप्रेनिशास्टिक चित्रकार अपने चित्र में केवल उन अंशों को स्थान देगा जो उसके संवदेनज्ञान की दृष्टि से, प्रभावपूर्ण संकेत शक्ति रखते हैं। वह दृश्य चित्र में उन्हीं अंशों को स्थान देता है कि जो उसके संवेदना ज्ञान की दृष्टि से उस दृश्य के अत्यंत महत्वपूर्ण, अंत: प्रगाढ़, प्रभावपूर्ण, अंग हैं।''[201] सचमुच, शमशेर की चित्रकला की परतों को मुक्तिबोध ने मार्मिकता से उद्घाटित किया है। यह तो निश्चित है कि शमशेर जिस कालखंड में चित्र उकेर रहे थे। वह समय प्राय: सन् 1935–1953 के दरमियान का रहा है। और इस दौर में भारतीय भाषाओं के बीच जिस तरह स्वच्छंदतावाद एवं यथार्थवाद के बीच संघर्ष चल रहा था। उसी तरह चित्रकला में यह कालखंड बंगाल स्कूल एवं प्रोग्रेसिव आर्टिस्ट ग्रुप की मान्यताओं के बीच संघर्ष का कालखंड रहा है।

शमशेर और ग्रेस की कविता में चित्रकला का प्रभाव

सौंदर्य के कुशल चितेरे शमशेर की हमेशा ही कोशिश रही है कि कला के द्वारा माध्यमांतर जरूरी है। मतलब एक कला में जो विशिष्ट माध्यम प्रयुक्त होते हैं वहीं माध्यम दूसरी कला में प्रविष्ट हो जाए। इसलिए उनकी कविता में चित्रकला अनायास ही प्रवेश करती है। शमशेर ने ऐसी अनेक कविताएँ लिखी हैं, जो चित्रकार की

कलागत विशेषता दर्शाती हैं। साथ ही कुछ कविताएँ ऐसी भी हैं जो शमशेर ने महज कुछ चित्र देखकर लिखी हैं। उन्होंने कुछ स्केच भी बनाए हैं। और उसे पुनः कविता में प्रस्तुत करने की कोशिश की है। इस संदर्भ में 'भावुक' स्केच उल्लेखनीय है— ''आँख मूँद लेता हूँ जब-जब/आ जाती हो सम्मुख/हँसुली पहने;/पीले तन पर से खिसकाएँ आँचल।''[202]

वास्तव में शमशेर का यह स्केच सिर्फ कागज पर उभकर नहीं आता है बल्कि मानस पटल पर अंकित जो प्रतिछबि है, वह काव्य बद्ध होकर प्रकट होता है। चूँकि शमशेर की चित्रकला पर प्रभाववादी आंदोलन, सर्रियालिज्म का गहरा प्रभाव रहा है। इससे उनकी कविता भी प्रभावित दिखती है। शमशेर की चित्रकला में ही नहीं कविता में भी कुछ भारतीय तथा पाश्चात्य चित्रकारों की मौजूदगी है। इस संदर्भ में उनकी 'पिकासोई कला' पृ.23, 'विजय सोनी के चित्र' पृ.34, 'अनिल चौधरी के चित्र' पृ.54, 'फान गौग् का एक चित्र' पृ.62, 'रावल गोस्वामी के चित्र' पृ.69 (इतने पास अपने) आदि कविताएँ महत्वपूर्ण है। पिकासो की कला के बारे में शमशेर लिखते हैं— ''रेखाएँ तनों का तनावों का लिबास/लिबास रंग प्रतिबिम्ब आत्यंतिक/तालमेल निरपेक्ष नाटकीय/स्थिरतरीय रेखाएँ और रंग।''[203]

जाहिर है कि शमशेर की कविता में चित्रकला की अभिव्यक्ति महज शब्दों के स्तर पर ही दिखायी नहीं देती बल्कि अनुभूति भी चित्रकला का दामन पकड़े रहती है। 'राबल गोस्वामी के चित्र' कविता में कवि इसे ही इंगित करता है। यथा— ''पारदर्शी नीलाहटें/निर्निमेष प्रश्नों के/कुंकुम रेखाचित्रों में/निर्वासित सम्राज्ञियाँ/आनन झलका जातीं/किसी-किसी कैनवास के चषक में।''[204]

शमशेर चित्रकला के साधनों को कविता में लेकर आते हैं। यह उनके काव्य शिल्प की अनूठी विशेषता भी है। नीला और पीला रंग तो उनकी कविताओं में बार-बार प्रयुक्त होता है। और क्यों न हो नीला रंग तो अतियथार्थवादी आंदोलन में अतीव प्रिय रंग रहा है। अतः चित्रकला की यह विशेष बात शमशेर कविता में प्रयुक्त करते हुए लक्षित होते हैं। यही कारण है कि कवि कहता है 'एक नीला आइना बेठोस' पृ.21 (कुछ कविताएँ), 'एक नीला दरिया बरस रहा' पृ.09, 'क्षीण नीले बादलों में' पृ.799 (चुका भी हूँ नहीं मैं) 'नील शिखर पर' पृ.40 (उदिता — अभिव्यक्ति का संघर्ष) आदि। शमशेर के चित्र और काव्य के समन्वय के बारे में डॉ. नामवर सिंह के विचार मार्मिक प्रतीत होते हैं— ''इस चित्रशाला में इतने रंगों की लीला है, तरह-तरह के रंगों की इतनी घुलावट है कि सबका विवरण देना लगभग अंसभव है। हिंदी कविता में रंगों का ऐसा महोत्सव अन्यत्र दुर्लभ है।''[205] निःसंदेह शमशेर की कविता में रंगों की विविधता है। यहाँ शाम भी पीली नजर आती है। शमशेर सरीखे चित्रकार ही 'पीली शाम' को चित्रित कर सौंदर्य वृद्धि कर

सकता है। और एक चित्रकार ही यह कहने की क्षमता रखता है— "धूल में लिपटा हुआ है आसमान।"[206] अथवा "गुलालः/धूल में/फैली/सुबहें।"[207]

'कत्थई गुलाब' शमशेर की कविता में ही साकार हो सकता है जिसमें कवि लिखता है— "कत्थई गुलाब/दबाए हुए हैं/नर्म नर्म/केसरिया साँवलापन मानो/शाम की।"[208] चूँकि गुलाब के अनेक रंग है लेकिन कत्थई रंग का गुलाब आलोच्य कवि की सृजनशीलता है। इसी तरह शमशेर ने चित्रलिपि का प्रयोग भी कविता में किया है। बानगी के तौर पर 'चीन' कविता की पंक्तियाँ गौरतलब है—

"देख कर
गंभीर शपथ की एक
तलवार सीधी अपने सीने पर
रखी और प्रण लिया
किः
वह आकाश की माँग का फूल
जब तक मैं चूम न लूँगा
चैन से न बैठूँगा।"[209]

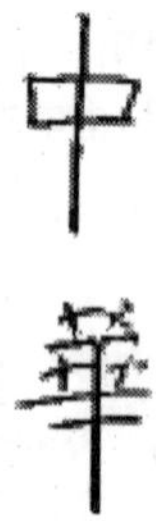

वास्तव में यह चीनी भाषा है। शमशेर ने इसे हिंदी में ढाला है। उन्होंने कविता के आरंभ में लिखा है कि "मैंने इन अलग-अलग संकेताक्षरों के मूल अर्थों की भाव-भूमि से लाभ उठा कर यह स्वतंत्र रूपक पल्लवित किया है।"[210] कवि स्वयं आत्मस्वीकृति देकर कह रहा है कि चीनी संकेताक्षरों के आधार पर मैंने यह रूपक गढ़ लिया है। इसका मूल कारण यही है कि शमशेर की चित्र तथा चित्रलिपि के प्रति गहरी आस्था रही है। अतः उन्होंने कविता में चित्रकारिता का हुनर दिखाने के लिए भरसक प्रयास किया है। इसी से कविता और चित्रकला का गहरा अंतःसंबंध उनकी रचनाधर्मिता में लक्षित होता है। अतः कह सकते हैं कि शमशेर की रचनाधर्मिता में कविता के साथ संगीत और चित्रकला का नाभिनाल संबंध है। अंतरानुशासन से जुड़ने के कारण उनकी कविता का फलक अधिक व्यापक हुआ है।

यद्यपि ग्रेस चित्रकला के साथ कलाकार के रूप में नहीं जुड़े हैं। लेकिन चित्रकला में खासतौर पर रंगों की उनकी गहरी समझ रही है। इसका उपयोग उन्होंने कविता में भी किया है। नीला रंग आलोच्य कवि का पसंदीदा रंग है। चूँकि यह रंग अतियथार्थवादी आंदोलन में भी काफी चर्चित रंग रहा है। 'निळाई' कविता में कवि लिखता है— "निळेगार वारे जळाची शिराणी/निळ्या चंद्रओवीत संध्या डुले/निळे दुःख चोचीत घेऊन आली/निळ्या पाखरांची निळी पाउले."[211] (नीलीसद हवा जल की शिराणी/नीली चंद्र ओवी में संध्या झूमे/नीला दुख चोच में लेकर आए/नीले पंछियों के नीले कदम।) अथवा "देहाच्या भोवती रिंगण घालती निळाईत राने"[212]

(देह के ईर्द-गिर्द घेरा डाले खेत।)

स्पष्ट है कि ग्रेस ने नीले रंग को वरीयता देते हुए उससे काव्य सौंदर्य निर्माण किया है। संध्या समय का चित्र शब्द बद्ध करते हुए कवि लिखता है— ''सर्वत्र उधळता दिसतो/संध्येने रंग गुलाल-''[213] (चहु ओर उंडेलता दिखेता/संध्या का रंगीन गुलाल।) ग्रेस की कविता में दो रंग बारबार प्रयुक्त आते हैं। एक नीला और दूसरा केसरिया। इसके अलावा पीली शाम भी यहाँ चित्रित है, जो कि कवि का गहरा दुःख दर्शाती है। 'पंथ-विराम' कविता में कवि लिखता है— ''पिळवटलेले काळिज संध्या।''[214] (दुःखी हुआ मन संध्या समय।)

उपर्युक्त विवेचन से यह स्पष्ट होता है। ग्रेस को चुनिंदा रंगों के प्रति गहरा लगाव रहा है। अतः कह सकते हैं कि ग्रेस ने स्केच अथवा चित्र का प्रत्यक्ष रूप से उपयोग कविता में भले ही नहीं किया हो लेकिन रंगों की जानकारी का भरकस प्रयोग किया है। इस प्रयोग में अनेक स्थलों पर उनकी सौंदर्यवादी दृष्टि का परिचय होता है। रंग योजना की दृष्टि से ग्रेस की अन्य कविताएँ भी उल्लेखनीय हैं— 'उखाणा', पृ.11, 'पहाट' पृ.16, 'चुडा' पृ.33, 'भेट' पृ.41, 'संयोगिनी' पृ.42, 'हळदीचे हात' पृ.16, 'सावली' पृ.47, 'आसवात पापणी' पृ.68 (सांध्याकाळच्या कविता), 'प्रणाली' पृ.14, 'संन्याशी' पृ.43 (संध्यपर्वातील वैष्णवी) आदि। संध्या समय जब गायें लौटकर आती हैं तब वह गोधुलि समय माना जाता है। इस अनुभव को कवि अपनी सौंदर्य दृष्टि से एक चित्रकार की तरह ही चित्रित करता है। 'गाई' कविता की पंक्तियाँ देख सकते हैं— ''गाई घरांत आल्या आकाश धूळ ल्याले/असल्या धुळीत उड़ती घननीळ चिंब ओले।''[215] (गाय गोशला में आयीं/आकाश में धूल बिखरी/ऐसी धूल में उड़ता है/घन नीला-गीला।)

गाय के पैरों से निकली धूल आकाश में विशिष्ट रंग धारण कर रही है। कवि अत्यंत मनोरम चित्र अंकित करता है। यहाँ एक चित्रकार रंगों के जो सेड्स कैनवास पर उकेर सकता है। वही बात ग्रेस शब्दों के माध्यम से कह रहे हैं। संक्षेप में ग्रेस की कविता में चित्रकला का प्रयोग प्रत्यक्ष नहीं है लेकिन रंग योजना की दृष्टि से यह प्रयोग अवश्य सफल हुआ है। इस तरह कह सकते हैं कि शमशेर और ग्रेस का काव्यशिल्प सौंदर्य से लबरेज है। चूँकि दोनों कवि कला में सौंदर्य सत्ता अनिवार्यतः मानते हैं।

शमशेर और ग्रेस ने काव्य-शिल्प पर अधिक जोर दिया है। दरअसल दोनों कवियों ने वर्ण्य विषय को अभिव्यक्ति के स्तर पर सुंदर बनाने के लिए काव्य के कला पक्ष पर अधिक बल दिया है। अतीत की सुखद और दुःखद स्मृतियों को पुनर्निर्मायक कल्पना के द्वारा उन्होंने काव्य कला में प्रस्तुत किया है। दो वस्तुओं के बीच नया संबंध स्थापित करने हेतु दोनों कवियों ने सृजनात्मक कल्पना का आधार

लिया है। दोनों कवियों ने अनुमानाश्रित कल्पना के प्रयोग में अचेतन की बातें उजागर की हैं। साथ ही मुक्तयादृच्छिकी में दोनों की स्वच्छंद दृष्टि का बोध होता है। अनेक असंभाव्य बातें शमशेर और ग्रेस की कविता में संभव होती हुई दिखती हैं। दोनों कवियों ने तिर्यक कल्पना का प्रयोग कर वर्ण्य विषय में पहेली तथा अस्पष्टता निर्माण की है। शमशेर और ग्रेस की बिंब योजना पर एजरा पाउंड की बिंबधर्मिता का गहरा प्रभाव दिखायी देता है। एजरा पाउंड ने जटिल और संश्लिष्ट बिंबों का प्रयोग किया है। ये बिंब पाठकों को चमत्कृत करते हैं। दोनों कवियों की बिंब योजना में अतियथार्थवाद का भी प्रभाव रहा है। दोनों कवियों की मनोदशा का संबंध शाम के बिंब से जुड़ता है। शमशेर और ग्रेस ने प्रतीकों का सुंदर प्रयोग किया है। साथ ही अलंकारों के कारण भी दोनों कवियों का काव्य सौंदर्य से युक्त है। दोनों कवि बहुभाषिक हैं। अतः भाषाई कसावट उनके काव्य में लक्षित होती है। विविध शैलियों के प्रयोग के कारण भी आलोच्य कवियों की अभिव्यक्ति में सौंदर्य वृद्धि हुई है। दोनों कवि ललित कलाओं के मर्मज्ञ हैं। अतः संगीत और चित्रकला का प्रभाव भी दर्शनीय है। इसलिए दोनों कवियों का काव्य माध्यमांतर करता हुआ दिखायी देता है। गेयता के कारण भी दोनों के काव्य में सौंदर्य निर्माण हुआ है।

शमशेर की अपेक्षा ग्रेस ने दुःखद स्मृतियों को पुनर्निर्मायक कल्पना में अधिक स्थान दिया है। साथ ही ग्रेस ने यौन बिंबो का भी अधिक प्रयोग किया है। शमशेर की सामाजिक प्रतीक योजना पर मार्क्सवाद का प्रभाव है। तो ग्रेस के यहाँ इस बात का अभाव दिखायी देता है। साथ ही वैज्ञानिक प्रतीकों का प्रयोग भी ग्रेस की कविता में नहीं हुआ है। शमशेर के अलंकार सौंदर्य में देहली दीप विशेष है तो ग्रेस का काव्य सौंदर्य अनुप्रास योजना पर निर्भर है। जहाँ शमशेर उर्दू-फारसी अंग्रेजी, संस्कृत का प्रभाव लेकर विविध प्रयोग काव्यभाषा के स्तर पर करते हैं। वही ग्रेस की कविता संस्कृत और अंग्रेजी तक सीमित रही है। संबोधन, पत्र तथा प्रश्नात्मक शैली के कारण जहाँ दोनों कवि समीप नज़र आते हैं। शमशेर द्वारा प्रयुक्त व्यंग्यात्मक और नाटकीय शैली सौंदर्य वृद्धि का अपना स्वतंत्र अस्तित्व बनाती है। शमशेर संस्कृत गर्भित छंदों का प्रयोग करते हुए उर्दू-फारसी से प्रभावित छंदों की भी योजना करते हैं। लेकिन ग्रेस का काव्य महज संस्कृत से प्रभावित छंदों तक सीमित है। शमशेर की कविता में चित्रकला की प्रत्यक्ष योजना हुई है तो ग्रेस की कविता में परोक्ष रुप में चित्रकला की मौजूदगी है। यह रंगों के स्तर पर विशेष रुप से दिखता है। संगीत का सर्वत्र प्रयोग ग्रेस की कविता में हुआ है लेकिन शमशेर की कविता में इसकी आवृत्ति कम लक्षित होती है। दोनों कवियों के काव्य सौंदर्य में परिवेश की भिन्नता भी विशिष्टता निर्माण करती है। शमशेर के भजनों में उत्तर भारतीय परिवेश का लहजा है, जो सौंदर्य का अनूठा रूप है। तो ग्रेस 'उखाणा' प्रस्तुत कर मराठी परिवेश

को उजागर करते हैं। साथ ही नाथ और संत साहित्य से प्रभाव ग्रहण कर उलटबांसी की योजना करते हैं। इससे भी ग्रेस की कविता सौंदर्य का मूर्त रूप बनती है।

संदर्भ संकेत सूची

01. सौंदर्यशास्त्र के तत्व — डॉ. कुमार विमल, पृ.142
02. कल्पना और छायावाद — डॉ. केदारनाथ सिंह, पृ.09
03. कल्पना और छायावाद — डॉ. केदारनाथ सिंह, पृ.19
04. कामायनी: एक पुनर्विचार — मुक्तिबोध, पृ.03
05. चिंतामणि भाग 2 — आ. रामचंद्र शुक्ल, पृ.89
06. कुछ कविताएँ व कुछ और कविताएँ — शमशेर बहादुर सिंह, पृ.19
07. चंद्रमाधवीचे प्रदेश — ग्रेस, पृ.09
08. चंद्रमाधवीचे प्रदेश — ग्रेस, पृ.114
09. कुछ कविताएँ व कुछ और कविताएँ — शमशेर बहादुर सिंह, पृ.23
10. सांजभयाच्या साजणी — ग्रेस, पृ.16
11. साहित्य में कल्पना तत्व — शांतिस्वरूप गुप्त, पृ.129
12. काल, तुझसे होड़ है मेरी — शमशेर बहादुर सिंह, पृ.98
13. संध्याकाळच्या कविता, — ग्रेस, पृ.51
14. कुछ कविताएँ व कुछ और कविताएँ — शमशेर बहादुर सिंह, पृ.59
15. चंद्रमाधवीचे प्रदेश — ग्रेस, पृ.64
16. बात बोलेगी — शमशेर बहादुर सिंह, पृ.114
17. चंद्रमाधवीचे प्रदेश — ग्रेस, पृ.13
18. कुछ कविताएँ व कुछ और कविताएँ — शमशेर बहादुर सिंह, पृ.85
19. संध्याकाळच्या कविता, — ग्रेस, पृ.49
20. कुछ कविताएँ व कुछ और कविताएँ — शमशेर बहादुर सिंह, पृ.120
21. संध्याकाळच्या कविता, — ग्रेस, पृ.20
22. बात बोलेगी — शमशेर बहादुर सिंह, पृ.42
23. चंद्रमाधवीचे प्रदेश — ग्रेस, पृ.29
24. साहित्य सिद्धांत — रेने वेलेक, आस्टिन वारेन, पृ.126
25. आस्था के चरण — नगेंद्र पृ.148
26. काव्य बिंब — नगेंद्र पृ.135
27. सौंदर्यशास्त्र के तत्व — डॉ. कुमार विमल, पृ.217, 218
28. आधुनिक हिंदी कविता में बिंब विधान — केदारनाथ सिंह, पृ.23
29. कुछ कविताएँ व कुछ और कविताएँ — शमशेर बहादुर सिंह, पृ.49
30. कुछ कविताएँ व कुछ और कविताएँ — शमशेर बहादुर सिंह, पृ.49
31. कुछ कविताएँ व कुछ और कविताएँ — शमशेर बहादुर सिंह, पृ.87
32. इतने पास अपने — शमशेर बहादुर सिंह, पृ.60
33. चंद्रमाधवीचे प्रदेश — ग्रेस, पृ.07
34. बाई! जोगिया पुरुष — ग्रेस, पृ.35
35. कुछ कविताएँ व कुछ और कविताएँ — शमशेर बहादुर सिंह, पृ.162

36. उदिता, अभिव्यक्ति का संघर्ष — शमशेर बहादुर सिंह, पृ.35
37. चुका भी हूँ नहीं मैं — शमशेर बहादुर सिंह, पृ.77
38. राजपुत्र आणि डार्लिंग — ग्रेस, पृ.13
39. काल, तुझसे होड़ है मेरी — शमशेर बहादुर सिंह, पृ.104
40. चुका भी हूँ नहीं मैं — शमशेर बहादुर सिंह, पृ.46
41. बाई! जोगिया पुरुष — ग्रेस, पृ.12
42. बाई! जोगिया पुरुष — ग्रेस, पृ.18
43. इतने पास अपने — शमशेर बहादुर सिंह, पृ.56
44. कुछ कविताएँ व कुछ और कविताएँ — शमशेर बहादुर सिंह, पृ.22
45. काल, तुझसे होड़ है मेरी — शमशेर बहादुर सिंह, पृ.64
46. चंद्रमाधवीचे प्रदेश — ग्रेस, पृ.14
47. संध्याकाळच्या कविता, — ग्रेस, पृ.13
48. कुछ कविताएँ व कुछ और कविताएँ — शमशेर बहादुर सिंह, पृ.36
49. कुछ कविताएँ व कुछ और कविताएँ — शमशेर बहादुर सिंह, पृ.37
50. सांध्यपर्वातील वैष्णवी — ग्रेस, पृ.86
51. बाई! जोगिया पुरुष — ग्रेस, पृ.12
52. कुछ कविताएँ व कुछ और कविताएँ — शमशेर बहादुर सिंह, पृ.132
53. चुका भी हूँ नहीं मैं — शमशेर बहादुर सिंह, पृ.94
54. संध्याकाळच्या कविता, — ग्रेस, पृ.77
55. सांध्यपर्वातील वैष्णवी — ग्रेस, पृ.187
56. बात बोलेगी — शमशेर बहादुर सिंह, पृ.79
57 चुका भी हूँ नहीं मैं — शमशेर बहादुर सिंह, पृ.66
58. चुका भी हूँ नहीं मैं — शमशेर बहादुर सिंह, पृ.09
59. चुका भी हूँ नहीं मैं — शमशेर बहादुर सिंह, पृ.22
60. संध्याकाळच्या कविता, — ग्रेस, पृ.33
61. सांजभयाच्या साजणी — ग्रेस, पृ.87
62. कहीं बहुत दूर से सुन रहा हूँ — शमशेर बहादुर सिंह, पृ.24
63. चुका भी हूँ नहीं मैं — शमशेर बहादुर सिंह, पृ.90
64. राजपुत्र आणि डार्लिंग — ग्रेस, पृ.82
65. चंद्रमाधवीचे प्रदेश — ग्रेस, पृ.175
66. उदिता, अभिव्यक्ति का संघर्ष — शमशेर बहादुर सिंह, पृ.52
67. काल, तुझसे होड़ है मेरी — शमशेर बहादुर सिंह, पृ.64
68. राजपुत्र आणि डार्लिंग — ग्रेस, पृ.19
69. प्रतीक व बिंब का सौंदर्यशास्त्र और छायावाद — डॉ. राजकुमार शर्मा, पृ.25
70. पाश्चात्य काव्य चिंतन — डॉ. करूणाशंकर उपाध्याय, पृ.122
71. सौंदर्यशास्त्र के तत्व — डॉ. कुमार विमल, पृ.259
72. कुछ कविताएँ व कुछ और कविताएँ — शमशेर बहादुर सिंह, पृ.21
73. चुका भी हूँ नहीं मैं — शमशेर बहादुर सिंह, पृ.39
74. चंद्रमाधवीचे प्रदेश — ग्रेस, पृ.16
75. चंद्रमाधवीचे प्रदेश — ग्रेस, पृ.50

76. चंद्रमाधवीचे प्रदेश — ग्रेस, पृ.173
77. संध्याकाळच्या कविता, — ग्रेस, पृ.63
78. चंद्रमाधवीचे प्रदेश — ग्रेस, पृ.112
79. कुछ कविताएँ व कुछ और कविताएँ — शमशेर बहादुर सिंह, पृ.90
80. कुछ कविताएँ व कुछ और कविताएँ — शमशेर बहादुर सिंह, पृ.95
81. सांजभयाच्या साजणी — ग्रेस, पृ.07
82. कुछ कविताएँ व कुछ और कविताएँ — शमशेर बहादुर सिंह, पृ.125
83. चुका भी हूँ नहीं मैं — शमशेर बहादुर सिंह, पृ.65
84. चंद्रमाधवीचे प्रदेश — ग्रेस, पृ.37
85. चंद्रमाधवीचे प्रदेश — ग्रेस, पृ.114
86. कुछ कविताएँ व कुछ और कविताएँ — शमशेर बहादुर सिंह, पृ.67
87. सांजभयाच्या साजणी — ग्रेस, पृ.05
88. चुका भी हूँ नहीं मैं — शमशेर बहादुर सिंह, पृ.12
89. काव्यदर्श — आचार्य दण्डी, पृ.2/1
90. काव्यालंकार सूत्र — आचार्य दण्डी, पृ.1/1/2
91. पल्लव — सुमित्रानंदन पंत, पृ.32
92. उदिता, अभिव्यक्ति का संघर्ष — शमशेर बहादुर सिंह, पृ.37
93. उदिता, अभिव्यक्ति का संघर्ष — शमशेर बहादुर सिंह, पृ.39
94. संध्याकाळच्या कविता, — ग्रेस, पृ.13
95. चंद्रमाधवीचे प्रदेश — ग्रेस, पृ.88
96. चुका भी हूँ नहीं मैं — शमशेर बहादुर सिंह, पृ.59
97. सांजभयाच्या साजणी — ग्रेस, पृ.124
98. कुछ कविताएँ व कुछ और कविताएँ — शमशेर बहादुर सिंह, पृ.131
99. काल, तुझसे होड़ है मेरी — शमशेर बहादुर सिंह, पृ.106
100. चंद्रमाधवीचे प्रदेश — ग्रेस, पृ.66
101. चंद्रमाधवीचे प्रदेश — ग्रेस, पृ.163
102. बात बोलेगी — शमशेर बहादुर सिंह, पृ.66
103. चुका भी हूँ नहीं मैं — शमशेर बहादुर सिंह, पृ.63
104. कुछ कविताएँ व कुछ और कविताएँ — शमशेर बहादुर सिंह, पृ.107
105. संध्याकाळच्या कविता, — ग्रेस, पृ.25
106. चंद्रमाधवीचे प्रदेश — ग्रेस, पृ.67
107. चुका भी हूँ नहीं मैं — शमशेर बहादुर सिंह, पृ.84
108. चंद्रमाधवीचे प्रदेश — ग्रेस, पृ.90
109. कुछ कविताएँ व कुछ और कविताएँ — शमशेर बहादुर सिंह, पृ.127
110. कहीं बहुत दूर से सुन रहा हूँ — शमशेर बहादुर सिंह, पृष्ठ–24
111. संध्याकाळच्या कविता, — ग्रेस, पृ.12
112. चंद्रमाधवीचे प्रदेश — ग्रेस, पृ.150
113. कुछ कविताएँ व कुछ और कविताएँ — शमशेर बहादुर सिंह, पृ.
114. संध्याकाळच्या कविता, — ग्रेस, पृ.44
115. कुछ कविताएँ व कुछ और कविताएँ — शमशेर बहादुर सिंह, पृ.29

116. चुका भी हूँ नहीं मैं — शमशेर बहादुर सिंह, पृ.10
117. बात बोलेगी — शमशेर बहादुर सिंह, पृ.71
118. बाई! जोगिया पुरुष — ग्रेस, पृ.42
119. हिंदी नयी कविता का सौंदर्यशास्त्रीय अध्ययन — डॉ. मंजू गुप्ता, पृ.339
120. कवि कर्म और काव्यभाषा — परमानंद श्रीवास्तव, पृ.03
121. उदिता, अभिव्यक्ति का संघर्ष — शमशेर बहादुर सिंह, पृ.90
122. काल, तुझसे होड़ है मेरी — शमशेर बहादुर सिंह, पृ.29
123. चुका भी हूँ नहीं मैं — शमशेर बहादुर सिंह, पृ.31
124. सांध्यपर्वातील वैष्णवी — ग्रेस, पृ.178
125. सांध्यपर्वातील वैष्णवी — ग्रेस, पृ.180
126. कहीं बहुत दूर से सुन रहा हूँ — शमशेर बहादुर सिंह, पृ.31
127. कुछ कविताएँ व कुछ और कविताएँ — शमशेर बहादुर सिंह, पृ.56
128. सांध्यपर्वातील वैष्णवी — ग्रेस, पृ.90
129. सांध्यपर्वातील वैष्णवी — ग्रेस, पृ.175
130. चुका भी हूँ नहीं मैं — शमशेर बहादुर सिंह, पृ.09
131. चुका भी हूँ नहीं मैं — शमशेर बहादुर सिंह, पृ.68
132. उदिता, अभिव्यक्ति का संघर्ष — शमशेर बहादुर सिंह, पृ.37
133. संध्याकाळच्या कविता, — ग्रेस, पृ.46
134. चंद्रमाधवीचे प्रदेश — ग्रेस, पृ.62
135. सांजभयाच्या साजणी — ग्रेस, पृ.49
136. उदिता, अभिव्यक्ति का संघर्ष — शमशेर बहादुर सिंह, पृ.87
137. काल, तुझसे होड़ है मेरी — शमशेर बहादुर सिंह, पृ.41
138. काल, तुझसे होड़ है मेरी — शमशेर बहादुर सिंह, पृ.25
139. कुछ कविताएँ व कुछ और कविताएँ — शमशेर बहादुर सिंह, पृ.108
140. चुका भी हूँ नहीं मैं — शमशेर बहादुर सिंह, पृ.18
141. सांजभयाच्या साजणी — ग्रेस, पृ.17
142. कुछ कविताएँ व कुछ और कविताएँ — शमशेर बहादुर सिंह, पृ.110
143. बाई! जोगिया पुरुष — ग्रेस, पृ.139
144. इतने पास अपने — शमशेर बहादुर सिंह, पृ.15
145. बात बोलेगी — शमशेर बहादुर सिंह, पृ.72
146. राजपुत्र आणि डार्लिंग — ग्रेस, पृ.30
147. इतने पास अपने — शमशेर बहादुर सिंह, पृ.31
148. कुछ कविताएँ व कुछ और कविताएँ — शमशेर बहादुर सिंह, पृ.18
149. काल, तुझसे होड़ है मेरी — शमशेर बहादुर सिंह, पृ.29
150. बात बोलेगी — शमशेर बहादुर सिंह, पृ.106
151. चंद्रमाधवीचे प्रदेश — ग्रेस, पृ.87
152. सांध्यपर्वातील वैष्णवी — ग्रेस, पृ.59
153. सांध्यपर्वातील वैष्णवी — ग्रेस, पृ.70
154. पल्लव — सुमित्रानंदन पंत, पृ.40,41
155. सौंदर्यशास्त्र के तत्व — कुमार विमल, पृ.71

156. पल्लव — सुमित्रानंदन पंत, पृ.28
157. ग्रेस विषयी — डॉ. अक्षयकुमार काळे, पृ.64
158. ग्रेस विषयी — डॉ. अक्षयकुमार काळे, पृ.61
159. कुछ कविताएँ व कुछ और कविताएँ — शमशेर बहादुर सिंह, पृ.63
160. कुछ कविताएँ व कुछ और कविताएँ — शमशेर बहादुर सिंह, पृ.63
161. कवियों का कवि शमशेर — डॉ. रंजना अरगड़े, पृ.131
162. चंद्रमाधवीचे प्रदेश — ग्रेस, पृ.37
163. सांजभयाच्या साजणी — ग्रेस, पृ.72
164. सांजभयाच्या साजणी — ग्रेस, पृ.72
165. संध्याकाळच्या कविता, — ग्रेस, पृ.60
166. साहित्य सिद्धांत — रेने वेलेक, आस्टिन वारेन, पृ.223
167. पल्लव — सुमित्रानंदन पंत, पृ.35
168. कवियों का कवि शमशेर — डॉ. रंजना अरगड़े, पृ.96
169. इतने पास अपने — शमशेर बहादुर सिंह, पृ.13
170. कुछ कविताएँ व कुछ और कविताएँ — शमशेर बहादुर सिंह, पृ.40
171. चुका भी हूँ नहीं मैं — शमशेर बहादुर सिंह, पृ.28
172. काल, तुझसे होड़ है मेरी — शमशेर बहादुर सिंह, पृ.70
173. शमशेर का अर्थ — ज्योतिष जोशी, पृ.31
174. चंद्रमाधवीचे प्रदेश — ग्रेस, पृ.99
175. सांजभयाच्या साजणी — ग्रेस, पृ.51
176. चंद्रमाधवीचे प्रदेश — ग्रेस, पृ.126
177. बाई! जोगिया पुरुष — ग्रेस, पृ.48
178. कुछ कविताएँ व कुछ और कविताएँ — शमशेर बहादुर सिंह, पृ.77
179. कुछ कविताएँ व कुछ और कविताएँ — शमशेर बहादुर सिंह, पृ.147
180. सुकून की तलाश — शमशेर बहादुर सिंह, पृ.66
181. काल, तुझसे होड़ है मेरी — शमशेर बहादुर सिंह, पृ.26
182. सुकून की तलाश — शमशेर बहादुर सिंह, पृ.60
183. कवियों का कवि शमशेर — डॉ. रंजना अरगड़े, पृ.117
184. चुका भी हूँ नहीं मैं — शमशेर बहादुर सिंह, पृ.55
185. चुका भी हूँ नहीं मैं — शमशेर बहादुर सिंह, पृ.55
186. चुका भी हूँ नहीं मैं — शमशेर बहादुर सिंह, पृ.55
187. कहीं बहुत दूर से सुन रहा हूँ — शमशेर बहादुर सिंह, पृ.71
188. कुछ कविताएँ व कुछ और कविताएँ — शमशेर बहादुर सिंह, पृ.60
189. कुछ कविताएँ व कुछ और कविताएँ — शमशेर बहादुर सिंह, पृ.161
190. अन्यत्र — अशोक वाजपेयी, पृ.68
191. उदिता, अभिव्यक्ति का संघर्ष — शमशेर बहादुर सिंह, पृ.17
192. सांध्यपर्वातील वैष्णवी — ग्रेस, पृ.88
193. ग्रेस: वेदना आणि सौंदर्य — संपा. अजय देशपांडे, पृ.292
194. Eassy 'on the Glory of Athens — (3461), Barkan Leonard, mute poetry spaikng Picture, prthuton university press, london, 2012, Page— 28

195. सौंदर्यशास्त्र के तत्व — डॉ. कुमार विमल, पृ.55
196. सौंदर्यशास्त्र के तत्व — डॉ. कुमार विमल, पृ.57
197. सौंदर्यशास्त्र के तत्व — डॉ. कुमार विमल, पृ.62
198. शमशेर और उनकी कविता — डॉ. राहुल, पृ.76
199. समकालीन कला — संपा. ज्योतिष जोशी, पृ.15, 16
200. कवियों का कवि शमशेर — डॉ. रंजना अरगड़े, पृ.149
201. आजकल (शमशेर मेरी दृष्टि में — मुक्तिबोध, वर्ष 66 अंक: 9, पूर्णांक 795, जनवरी, 2011) — संपा. सीमी ओझा, पृ.05
202. कहीं बहुत दूर से सुन रहा हूँ — शमशेर बहादुर सिंह, पृ.17
203. इतने पास अपने — शमशेर बहादुर सिंह, पृ.23
204. इतने पास अपने — शमशेर बहादुर सिंह, पृ.69
205. कविता की जमीन और जमीन की कविता — नामवर सिंह, पृ.165
206. कुछ कविताएँ व कुछ और कविताएँ — शमशेर बहादुर सिंह, पृ.32
207. कुछ कविताएँ व कुछ और कविताएँ— शमशेर बहादुर सिंह, पृ.113
208. इतने पास अपने— शमशेर बहादुर सिंह, पृ.17
209. कुछ कविताएँ व कुछ और कविताएँ— शमशेर बहादुर सिंह, पृ.70
210. कुछ कविताएँ व कुछ और कविताएँ— शमशेर बहादुर सिंह, पृ.70
211. चंद्रमाधवीचे प्रदेश— ग्रेस, पृ.98
212. चंद्रमाधवीचे प्रदेश— ग्रेस, पृ.98
213. चंद्रमाधवीचे प्रदेश— ग्रेस, पृ.136
214. सांजभयाच्या साजणी— ग्रेस, पृ.75
215. सांध्यपर्वातील वैष्णवी— ग्रेस, पृ.18

परिशिष्ट

मेरी निगाह में फिरते हैं शमशेर और ग्रेस

शमशेर बहादुर सिंह का जीवन परिचय

जन्म एवं परिवेश : 3 जनवरी, 1911 में देहरादून के जाट परिवार में जन्मे शमशेर बहादुर सिंह का व्यक्तित्व साधारण में भी असाधारण है। उनका जन्मनाम कुलदीप सिंह है। शमशेर का पैतृक गाँव 'एलम' है, जो मुजफ्फरनगर जिले में आता है। उनकी परवरिश अध्यात्मिक परिवेश में हुई है।

माता-पिता और परिवार : मध्यवर्गीय परिवार में जन्मे शमशेर के पिता बाबु तारीफ सिंह कलेक्टरी में चीफ रीडर थे। शमशेर की माता का नाम प्रभुदेवी है। मात्र नौ साल की उम्र में ही शमशेर को मातृशोक हुआ। शमशेर के भाई तेजबहादुर सिंह की भी कविता में गहरी रूचि रही है। सन् 1929 में धर्मदेवी के साथ शमशेर का विवाह संपन्न हुआ।

शिक्षा : शमशेर की प्रारंभिक शिक्षा देहरादून में हुई है। सन् 1928 तक के. पी. मिशन हाईस्कूल में शमशेर की आरंभिक शिक्षा पूरी हुई। उन्होंने सन् 1931 में इंटरमिडियट किया। तदुपरांत सन् 1933 में उन्होंने उर्दू, भूगोल, अंग्रेजी, तत्वज्ञान विशय में स्नातक (बी.ए.) की उपाधि प्राप्त की। उन्होंने अंग्रेजी साहित्य में एम. ए. करने हेतु इलाहाबाद विश्वविद्यालय में प्रवेश लिया। किंतु कुछ कारणवश वे फाइनल नहीं कर सके।

नौकरी, व्यवसाय : रोजी-रोटी की तलाश में शमशेर ने त्रिलोचन के साथ 'कहानी' पत्रिका में संपादन शुरू किया। बनारस में रामेश्वरी गर्ल्स कॉलेज में कुछ समय तक नौकरी की। सुमित्रानंदन पंत जी ने उन्हें इंडियन प्रेस में भी काम दिया, जिसे शमशेर ने अच्छी तरह किया। शमशेर ने सन 1978 में सोवियत संघ (मास्को) की यात्रा कर वहाँ पर काव्य पाठ किया। वे 1981 से 1985 तक उज्जैन में प्रेमचंद सृजनपीठ के अध्यक्ष बने रहे। सन 1985 में बीमार अवस्था में वे डॉ. रंजना अरगडे के साथ सुरेंद्रनगर आ गए। लगभग आठ वर्ष तक वे गुजरात में ही रहे।

सम्मान तथा पुरस्कार : शमशेर को सन् 1977 में 'चुका भी हूँ नहीं मैं' काव्य संग्रह के लिए 'साहित्य अकादमी पुरस्कार' प्राप्त हुआ है। इसी रचना को मध्यप्रदेश साहित्य परिषद ने 'तुलसी पुरस्कार' से सम्मानित किया है। सन् 1987 में शमशेर को पुनः मध्यप्रदेश सरकार ने 'मैथिलीशरण गुप्त पुरस्कार' से सम्मानित किया है। साथ ही मध्य प्रदेश सरकार ने शमशेर को पुनः सन् 1989-90 में 'कबीर सम्मान' से अलंकृत किया है। अतः विभिन्न पुरस्कारों से सन्मानित शमशेर हमेशा ही निर्लिप्त साधना में श्रद्धा भाव से लीन रहे हैं। ऐसे कर्मठ व्यक्तित्व की साहित्यिक साधना 12 मई, 1993 ई. में अहमदाबाद में मृत्यु के साथ खंडित हुई।

शमशेर बहादुर सिंह का साहित्यिक परिचय

कुछ कविताएँ : शमशेर का पहला काव्य संग्रह है 'कुछ कविताएँ'। यह संग्रह सन् 1959 में जगत् शंखधर प्रकाशन से प्रकाशित हुआ है। इस संग्रह में कुल 36 कविताएँ संकलित हैं जो प्रायः 1956 से 1958 के दरमियान लिखी गई हैं। शमशेर के 'कुछ कविताएँ' तथा 'कुछ और कविताएँ' दोनों संग्रह सन् 1984 में पहली बार एक ही किताब के रूप में राधाकृष्ण प्रकाशन, नई दिल्ली की ओर से प्रकाशित हुए हैं। इसी का दूसरा संस्करण सन् 2004 में प्रकाशित हुआ है। शमशेर ने यह संग्रह अपने मित्र नरेंद्र शर्मा को समर्पित किया है। शमशेर ने 'कुछ कविताएँ' संग्रह में अपने समय के अनेक कवियों को केंद्र में रखकर कविताएँ लिखी हैं। जैसे— निराला, अज्ञेय, मुक्तिबोध, त्रिलोचन सरीखे अपने समकालीन कवियों पर कविताएँ लिखी हैं। इस संग्रह की अनेक कविताओं में प्रकृति विषयक कविताएँ भी हैं। यथा— 'एक नीला आइना बेठोस', 'पूर्णिमा को चाँद', 'उषा', 'एक पीली रात्रि', 'शाम होने को हुई', 'शाम है', 'सुबह', 'रात्रि', 'सागर तट', 'वसंत आया, 'धूप', 'पूरा आसमान का आसमान' आदि।

कुछ और कविताएँ : 'कुछ और कविताएँ' शमशेर का दूसरा काव्य संग्रह है। प्रस्तुत संग्रह पाँच उपखंडों में विभाजित है, जिसमें गीत, ग़ज़ल, रुबाइयाँ, और शेर मिलाक 49 रचनाएँ हैं। प्रस्तुत काव्य संग्रह सन् 1961 में राजकमल प्रकाशन, नई दिल्ली से प्रकाशित हुआ है। शमशेर ने इसे केदार, त्रिलोचन और नागार्जुन, बबी और नरेश, कवि श्री सच्चिदानंद वात्सायन और दोस्त नईम खाँ को समर्पित किया है। शमशेर ने प्रस्तुत संग्रह पाँच उपखंडों में विभाजित किया है जिसमें गीत, ग़ज़ल, रुबाइयाँ और शेर हैं।

चुका भी हूँ नहीं मैं : शमशेर का यह तीसरा काव्य संग्रह है। यह संग्रह सन् 1975 में राधाकृष्ण प्रकाशन, नई दिल्ली से प्रकाशित है, जिसमें 50 कविताएँ संग्रहित हैं। इसका दूसरा संस्करण सन् 1982 में प्रकाशित हुआ है। सन् 1977 में साहित्य अकादमी पुरस्कार से सम्मानित इस संग्रह की कविताओं का चयन जगत् शखधर ने किया है। शमशेर ने यह संग्रह बच्चन जी को समर्पित किया है। प्रस्तुत संकलन में ऐसी अनेक कविताएँ हैं, जिनसे शमशेर के समकालीन कवियों से मुखातिब होने का अवसर मिलता है। यथा— 'सारनाथ की एक शाम' (त्रिलोचन), 'मोहन राकेश के साथ एक तटस्थ बातचीत', 'गिन्सबर्ग', 'मुक्तिबोध', 'गजेंद्रपाल सिंहः एक दोस्त से', 'भुवनेश्वर' सरीखे अनेक चरित्र हमारे सम्मुख आते हैं। कवि का अकेलापन 'मृत्यु-इच्छा', 'अंधेरे की यात्रा की अनुभूति' आदि कविताओं में गूँज उठती है।

इतने पास अपने : इस चौथे काव्य संग्रह को राजकमल प्रकाशन, नई दिल्ली ने सन् 1980 में प्रकाशित किया है। इसका दूसरा संस्करण सन् 2011 में प्रकाशित हुआ है। प्रभाकर माचवे को समर्पित इस संग्रह में 33 कविताएँ संकलित हैं। इस काव्य संग्रह की अधिकतर कविताएँ सन् 1975 के बाद की हैं। प्रस्तुत काव्य संग्रह को 'इतने पास अपने' यह शीर्षक डॉ. नरेंद्र वशिष्ठ ने सुझाया है। पूर्ववर्ती संग्रहों की भाँति इसमें भी अनेक व्यक्तित्व या चरित्र कविताओं का अहम् हिस्सा बनते हैं। यथा— 'पिकासोई कला', 'गोया वो राम सागर बीचों बीच', 'विजय सोनी के चित्र', 'एक स्टिल लाइफ', 'अनिल चौधरी के चित्र', 'असंभव', 'फानगौग का एक चित्र', 'एक विदा', 'रावत गोस्वामी के चित्र', 'प्रभाकर गाचवे', 'शोभा' आदि।

उदिता-अभिव्यक्ति का संघर्ष : 'उदिता अभिव्यक्ति का संघर्ष' सन् 1980 में वाणी प्रकाशन, नई दिल्ली द्वारा प्रकाशित हुआ है। इसमें कुल 70 कविताएँ संग्रहित हैं। उभरती हुई प्रतिभा का उदय अर्थात— उदिता। मुख्य शीर्षक के साथ उपषीर्शक भी जुड़ा है— 'अभिव्यक्ति का संघर्ष', कवि साम्राज्यवादी शक्तियों के खिलाफ आत्मसंघर्ष करता है। जनजागरण के लिए शंखनाद करता है। शमशेर की प्रतिभा को आकार देने में उनके मामा और मामी का योगदान अनन्य है।

बात बोलेगी : शमशेर का यह छठा काव्य संग्रह है। सन् 1981 में संभावना प्रकाशन, हापुड़ से प्रकाशित हुआ है। शमशेर ने इस काव्य संकलन में राजनीतिक और सामाजिक सरोकारों को लेकर 48 कविताएँ लिखी हैं। इसमें ऐसी अनेक कविताएँ हैं जो पहले प्रकाशित हुई हैं। 'हंस' पत्रिका के शिवदान सिंह चैहान, डॉ. रामविलास शर्मा और अमृतराय आदि तीन संपादकों को समर्पित इस संग्रह का शीर्षक 'दूसरा सप्तक' की प्रमुख कविता 'बात बोलेगी हम नहीं, भेद खोलेगी बात ही' के आधार पर रखा है।

काल तुझसे होड़ है मेरी : शमशेर के विविध काव्य संग्रह प्रकाशित हुए लेकिन अभी भी कुछ ऐसी कविताएँ थीं जिनका कहीं प्रकाशन नहीं हुआ था। ये कविताएँ संकलित कर प्रकाशित करने का काम डॉ. रंजना अरगड़े ने किया है। इसका प्रथम संस्करण 1988 में तथा द्वितीय संस्करण सन् 2002 में वाणी प्रकाशन, नई दिल्ली से प्रकाशित हुआ है। शमशेर ने प्रस्तुत काव्य संग्रह रंजना अरगड़े को समर्पित किया है। इस संग्रह में कुल 33 कविताएँ संकलित हैं।

कहीं बहुत दूर से सुन रहा हूँ : शमशेर के देहावसान के पश्चात उनकी कविताओं को डॉ. रंजना अरगडे ने संपादित किया है। ये कविताएँ 'कहीं बहुत दूर से सुन रहा हूँ' संग्रह में वाणी प्रकाशन से सन् 1965 में प्रकाशित हुई हैं। इसमें कुल 45 कविताएँ संकलित हैं। जय श्रीवास्तव को समर्पित इस संग्रह में शमशेर की अंतिम कविता 'विसर्जित एक दीया' भी है।

टूटी हुई बिखरी हुई : प्रस्तुत काव्य संकलन सन् 1990 में राधाकृष्ण प्रकाशन, नई दिल्ली से प्रकाशित हुआ है। इस संकलन की कविताओं का चयन अशोक वाजपेयी ने किया है। शमशेर की समग्र काव्य साधना से कविताओं को चयन किया है।

शायर शमशेर— सुकून की तलाश : प्रस्तुत संग्रह का संपादन डॉ. रंजना अरगड़े ने किया है। यह गज़ल संकलन सन् 1998 में वाणी प्रकाशन, नई दिल्ली से प्रकाशित हुआ है। इसमें 22 गज़ले, 11 रुबाइयाँ, किता, 16 नज्में और लगभग 40 शेर हैं। इस संग्रह में 1942 से 1985 तक की रचनाएँ शामिल हैं।

गद्यकार शमशेर : शमशेर ने प्रायः सभी विधाओं में अपनी कलम चलायी है। कहानियाँ, आलोचनात्मक लेख, पुस्तक समीक्षाएँ, डायरी, पत्र, रेखाचित्र, निबंध आदि। यहाँ तक कहा जाता है कि शमशेर ने 'दो बहनें' शीर्षक से उपन्यास लेखन भी शुरू किया था जिसका पहला अध्याय 'कहानी' पत्रिका में सन् 1954 में प्रकाशित हुआ है। लेकिन यह उपन्यास पूरा नहीं हो सका है। शमशेर की लगभग चालीस गद्य रचनाएँ हैं। जिसमें आलोचनात्मक गद्य और सृजनात्मक गद्य शामिल है। उनका गद्य लेखन दो पुस्तकों में विभाजित है।

कुछ गद्य रचनाएँ : शमशेर बहादुर सिंह की 'कुछ गद्य रचनाएँ' पुस्तक का संपादन मलयज ने किया है। जिसे 1989 में संभावना प्रकाशन, हापुड़ ने प्रकाशित किया है। इस पुस्तक की भूमिका डॉ. रामविलास शर्मा ने लिखी है। इस पुस्तक के प्रकाशन के पूर्व ही मलयज की मृत्यु हुई। किंतु बाद में डॉ. रंजना अरगड़े ने इसे यत्र-तत्र परिवर्तित कर प्रकाशित किया है। 'कुछ गद्य रचनाएँ' चार उपखंडों में विभाजित है। यथा— 'दोआब', 'प्लाट का मोर्चा', 'स्केच' डायरियाँ आदि। 'दोआब' में शमशेर

के चिंतन परक सत्रह लेख संकलित हैं। 'दोआब' 1948 में सरस्वती प्रेस, इलाहाबाद से प्रकाशित हुआ था। चूँकि यह अब 'कुछ गद्य रचनाएँ' में संकलित है। शमशेर ने 'दोआब' को अपने उर्दू के उस्ताद प्रो. एजाज हुसैन को और हिंदी लेखन की प्रेरणा देने वाले शांतिप्रिय द्विवेदी को समर्पित किया है। संग्रह का पहला ही लेख 'मुसद्दस' और 'भारत भारती' की सांस्कृतिक भूमिका शीर्षक से है। 'मुसद्दस' हाली की और 'भारत भारती' मैथिलीशरण गुप्त की रचना है।

उन्होंने इस खंड में 'पगविनी', 'ग्राम्या एक परिचय', 'मुक्त छंद', 'सतरंगिनी', 'पलाश वन', 'अपनी रोटी अपना राज', 'पहाड़ी की कहानी कला सफर', 'उपेन्द्रनाथ अश्क', 'उर्दू कविता', 'इकबाल की कविता', 'उर्दू कवयित्रियाँ' जैसे बहुविध विषयो की आलोचना की है। प्रस्तुत किताब का दूसरा खण्ड है 'प्लाट का मार्चा' जिसमें तेरह कहानियाँ संकलित हैं। इस खण्ड में 'प्लाट का मोर्चा', 'तिराहा', 'स्मृति के अंक', 'दि क्रीसेन्ट लॉज', 'फरार', 'होटल की खिड़की से', 'ट्रेन में', 'यात्रा', 'पथ और दिशा', 'आग', 'नन्ही बाई', 'रास्ता चल रहा है, 'स्वगत भाषण', 'मैं एक कहानी लेखक हूँ' आदि।

शमशेर बहादुर सिंह की कुछ और गद्य रचनाएं : शमशेर का यह दूसरा गद्य संग्रह है। इसका प्रकाशन सन् 1992 में राधाकृष्ण प्रकाशन नई दिल्ली के द्वारा हुआ है। प्रस्तुत गद्य संग्रह का संपादन डॉ. रंजना अरगड़े ने किया है, जिसमें 23 निबंध व परिशिष्ट का समावेश है। वस्तुतः इस गद्य संग्रह में शमशेर का आलोचक रूप दृष्टिगत होता है। इन निबंधों में 'सामाजिक सत्य और रचना का माध्यम', 'एक बिल्कूल पर्सनल एसे', 'किस तरह आखिरकार मैं हिंदी में आया', 'भाषा और साहित्य पर एक नए दृष्टिकोण की माँग, 'अमूर्त कला', 'कला और साहित्य में प्रयोगवाद', 'फूल नहीं रंग बोलते हैं', 'एक आधुनिक विदेशी विद्वान का मौलिक हिंदी काव्य संग्रह', 'मोहभंग का साक्षात्कार और संघर्ष' आदि पर आलोचनात्मक लेखन है। जैसे— रहीम, ग़ालिब, निराला, सुभद्राकुमारी चैहान, नरेंद्र शर्मा, बालकृष्णराव, कैफी आजमी, घनश्याम आस्थाना, मुक्तिबोध, नामवर सिंह, दिविक रमेश, उपेन्द्रनाथ अश्क आदि।

संपादक शमशेर : शमशेर सन् 1939 में वे सुमित्रानंदन पंत के 'रूपाभ' में सहायक संपादक बने। 'रूपाभ' साहित्यिक पत्रिका थी। उन्हीं दिनों इलाहाबाद से नरोत्तम नागर के संपादन में 'उच्छृंखल' छपता था। यह पत्र गांधी, नेहरू के खिलाफ विचार व्यक्त करने में अग्रणी रहा है। इसमें शमशेर कार्टून बनाते थे। शमशेर ने सन् 1940 में त्रिलोचन के साथ बनारस में 'कहानी' पत्रिका का काम संभाला। वे सन् 1945-46 में मुंबई आ गए। उन्होंने मुंबई में कम्युनिस्ट पार्टी में कम्युन में रहते हुए 'नया

साहित्य' का संपादन किया। साथ ही 'माया' में सहायक संपादक बने रहे। सन् 1948-54 तक शमशेर ने 'नया पथ' और 'मनोहर कहानियाँ' में सहायक संपादक के रूप में कार्य किया है। प्रभाकर माचवे की शिफारिश से उन्होंने दिल्ली विश्वविद्यालय के उर्दू विभाग में 'उर्दू-हिंदी-कोश' का संपादन किया। यह कार्य लगभग 1966 से 1977 तक चलता रहा। विश्वविद्यालय अनुदान आयोग, नई दिल्ली की परियोजना के अंतर्गत इस काम को उन्होंने अंजाम दिया गया है।

अनुवादक शमशेर : शमशेर आर्थिक अभाव के कारण अनुवाद की ओर उन्मुख हुए। मलयज अपनी 'डायरी' में 1 जनवरी, 1978 को लिखते हैं— "पंत जी की मदद से शमशेर जी को सन् 1938 में इंडियन प्रेस में अनुवाद का काम मिला। शमशेर ने पाँच उपन्यास, एक कहानी संग्रह, एक साहित्येतिहास की पुस्तक, एक कथेतर गद्य की पुस्तक तथा कुछ कविताओं के भी अनुवाद किए हैं। उपन्यासों में पंडित रतननाथ सरशार के उर्दू उपन्यास 'कामिनी, हुश्शु, पी कहाँ: आदि का हिंदी अनुवाद किया है, जो 1948 में सरस्वती प्रेस, इलाहाबाद से प्रकाशित है। वांदा वास्लिवास्का के रूसी से अंग्रेजी में अनूदित उपन्यास का 'पृथ्वी और आकाश' शीर्षक से हिंदी अनुवाद किया है, जो सरस्वती से 1944 में छपा है। साथ ही लुई कैरोल के उपन्यास को 'आश्चर्य लोक में एलिस' शीर्षक से हिंदी में अनूदित किया जो सन् 1961 में राजकमल, नई दिल्ली से प्रकाशित है। शमशेर के द्वारा अनूदित कहानियाँ 'संसार की प्रसिद्ध कहानियाँ' शीर्षक से सन् 1938 में प्रकाशित हुई हैं।

शमशेर ने कथेतर गद्य अनुवाद में प्रो. एजाज हुसैन के 'मुख्तसीर तारीख ए—अदब-ए-उर्दू' का 'उर्दू साहित्य का इतिहास और षड्यंत्र' शीर्षक से अनुवाद किया है। उन्होंने लुई अरागाँ की कविता का अनुवाद 'गुलेला और गुलाब के फूल' शीर्षक से किया है।

चित्रकार शमशेर : शमशेर जब शारदाचरण उकील बंधुओं के दिल्ली स्थित चित्रकला केंद्र में दो साल तक शिक्षा ग्रहण कर रहे थे, उस वक्त भारतीय कला जगत् में बंगाल स्कूल का गहरा प्रभाव था। शमशेर जिस समय चित्रों का रेखांकन कर रहे थे वह समय प्राय: 1935-36 तक का है। शमशेर के लगभग तीन सौ चित्रों को रमण सिन्हा ने तीन आधारों पर वर्गीकृत किया है— विषय वस्तु के आधार पर, शैली के आधार पर और माध्यम के आधार पर। विषय वस्तु के आधार पर मानव-मुख-चित्र, व्यक्ति-चित्र (स्टिल लाइफ), निर्वसन-चित्र (न्यूड्स) भू-दृश्य-चित्र (लेंडस्केप्स) एवं अमूर्त-चित्र, शैली के आधार पर जल-रंग व स्याही से बने चित्र, पेस्टल-क्रियोन से बने चित्र तथा पेसिंल व पेन से बने रेखाचित्र के रूप में वर्गीकृत करके।

ग्रेस का जीवन परिचय

माणिक सीताराम गोडघाटे अर्थात ग्रेस का जन्म 10 मई, 1940 को (सरकारी दफ्तर में 1937) नागपुर के धंतोली प्रभाग में हुआ है। माणिक गोडघाटे को हॉलीवुड की फिल्मों में विशेष रूचि थी। उन्होंने अमेरिकन अभिनेत्री इंग्रिड बर्गमन की 'इन ऑफ द सिक्स्थ हॅपिनेस' फिल्म देखी। यहीं से माणिक गोडघाटे ने ग्रेस के रूप में स्वयं को स्थापित किया।

माता-पिता और परिवार : ग्रेस के पिता सीताराम गोडघाटे सेनादल गें नौकरी करते थे। सीताराम पंत रसिकता के कारण बुरी आदतों के शिकार थे। उनके लिए बनारस जाकर तवायफों का नाच-गाना सुनना सम्मान की बात थी। बहुत बार आदतें जरुरतें बन जाती हैं। सीताराम पंत की ये हरकते यहाँ तक बढ़ गई कि उन्हें मृत्यु शैया पर लेटी अपनी पत्नी सुमित्रा की कारुणिक पुकार भी सुनायी नहीं दी। बीमार अवस्था में ही ग्रेस की माँ सुमित्रा की मृत्यु हुई। परिणामतः आगे चलकर सीताराम पंत ठुमरी गायिकाओं के प्रति अधिक आसक्त होते गए। बाद में ग्रेस के पिता की भी मृत्यु हो गई। ग्रेस ने बचपन में ही अपनी बहनों को साथ लेकर दुनियादारी सीखना शुरू किया। माता सुमित्रा के अलावा ग्रेस की चार सौतेली माताएँ भी थीं। किंतु ग्रेस अपनी माँ के पाश्चात्य स्वयं को बहुत अकेला महसूस करने लगे। पिता की ऐयाषी और माँ की बेबसी ने ग्रेस के हृदय पर गहरी चोट की। दुख-दर्द के इस समय में डॉ.. लीला आशा की किरण बनकर आयी। ग्रेस की पत्नी का नाम डॉ.. लीला माटे है। डॉ. लीला ने एम.बी.बी.एस. की उपाधि प्राप्त की है। प्रेमविवाह के बाद डॉ. लीला बीमार हो गई और उनकी मृत्यु हो गई जिससे ग्रेस भावात्मक स्तर पर पूर्णतः टूट गए। बच्चों की परवशि की खातिर वे संवरने की कोशिश करने लगे। उनकी दो बेटियाँ हैं— ''डॉ. मिथिला और डॉ. माधवी। उनके पुत्र का नाम राघव है। पत्नी की मृत्यु के पश्चात ग्रेस ने माँ-बाप बनकर अपने बच्चों की परवरिश की।

शिक्षा : ग्रेस की प्रारंभिक शिक्षा नवयुग विद्यालय और धनवटे नगर विद्यालय

नागपुर में हुई। बचपन से ही किताबों में रूचि होने के कारण उन्होंने स्नातकोत्तर (एम.ए.) तक शिक्षा प्राप्त की है। उन्होंने मराठी विषय का अध्ययन विशेष स्तर पर किया है। ग्रेस ने अत्यंत प्रतिकूलताओं में सन् 1968 में एम.ए. प्रथम श्रेणी में उत्तीर्ण किया, जिसके लिए उन्हें ना. के. बेहरे स्वर्ण पदक भी प्राप्त हुआ है। उन्होंने पीएच. डी. हेतु डॉ. द.भि. कुलकर्णी के निर्देशन में पंजीकरण किया था किंतु कुछ कारणवश उन्होंने अपना पंजीकरण रद्द कर दिया।

नौकरी, व्यवसाय : ग्रेस ने एम.ए. तक शिक्षा अर्जित करने के पश्चात आजीविका हेतु नौकरी आरंभ की। उन्होंने मॉरिस कॉलेज नागपुर में, जो आजकल वसंतराव नाईक कला व समाज विज्ञान महाविद्यालय के रूप में जाना जाता है, मराठी भाषा का अध्यापन शुरू किया। ग्रेस अपनी अध्यापन शैली के कारण छात्र प्रिय अध्यापक रहे हैं।

साहित्यक प्रेरणा : ग्रेस ने 19-18 साल की उम्र में कवि के रूप में दस्तक दी। कवि ग्रेस की कविताएँ 'छंद' और 'सत्यकथा' पत्रिकाओं में सबसे पहले प्रकाशित होने लगीं। लेकिन एक कवि के रूप में ग्रेस की पहचान सन् 1967 में हुई है।

वैचारिक प्रभाव : ग्रेस की विचारधारा किसी भी खेमे से नहीं जुड़ी है। उनकी विचारधारा और अभिव्यक्ति हमेशा स्वतंत्र रही है। उन्होंने आशय और अभिव्यक्ति की एकरूपता पर बल दिया है। फिर भी अनेक विचारकों से ग्रेस प्रभावित दिखायी देते हैं। उन पर उर्दू की अभिजात परंपरा और अंग्रेजी के रोमांटिसिज्म का विशेष प्रभाव रहा है। साथ ही उन्हें भारतीय संत साहित्य से भी विशेष लगाव रहा है। ग्रेस एक ओर पाश्चात्य परंपरा के एमिली डिकिन्सन, वॉल्टन, एमिली ब्रांटे, रिल्के, बोदलियर, स्वॉइग, डी.एच. लारेन्स, फ्रॉस्ट, लॉर्का येटस आदि के विचारों से प्रभावित दिखायी देते हैं तो दूसरी ओर भारतीय परंपरा के चक्रधर स्वामी, संत कबीर, संत तुकाराम, संत ज्ञानेश्वर, संत रामदास, जे कृष्णमूर्ति, रवींद्रनाथ टैगोर, श्री. म. माटे, जी.ए. कुलकर्णी आदि के विचारों के प्रति उनकी गहरी आस्था प्रकट होती है।

सम्मान एवं पुरस्कार : ग्रेस ने स्वयं को हमेशा साहित्य सम्मेलनों और सम्मान एवं पुरस्कारों से दूर रखा है। उन्हें 'संध्याकाळच्या कविता' काव्य संग्रह के लिए सन् 1968 में महाराष्ट्र सरकार की ओर से 'कवि केशवसुत पुरस्कार' प्राप्त हुआ है। सन् 2012 में 'वार्याने हलते रान' ललित गद्य संग्रह 'साहित्य अकादमी पुरस्कार' से सम्मानित है। उन्हें नाग फाऊंडेशन और कृषि विकास प्रतिष्ठान की ओर से सन् 2011 में 'नागपुर भूषण' और 'विदर्भ भूषण' के रूप में सम्मानित किया गया है। उनके 'चर्चबेल' ललित गद्य संग्रह और 'राजपुत्र आणि डार्लिंग' काव्य संग्रह को

महाराष्ट्र सरकार की ओर से सन्मान प्राप्त है। 'मितवा' ललित गद्य संग्रह और 'चंद्रमाधवीचे प्रदेश' काव्यसंग्रह को सरकार की ओर से 'राज्य पुरस्कार' प्राप्त है। साथ ही मराठी साहित्य में श्रेष्ठतम योगदान के लिए ग्रेस को 'प्रिय जीए' सम्मान भी प्राप्त है। उन्हें नागपुर महापालिका ने 'कै. राम शेवाळकर पुरस्कार' से भी अलंकृत किया है।

ग्रेस का साहित्यिक परिचय

कवि ग्रेस : आधुनिक मराठी कविता में ग्रेस की कविता महत्वपूर्ण पड़ाव है। बा. सी. मर्ढेकर के पश्चात मराठी कविता को विशिष्ट मोड़ देने का कार्य कवि ग्रेस ने किया है। यह मोड़ न सिर्फ प्रतीकों के स्तर पर है बल्कि बिंबों और चित्रात्मकता के स्तर पर भी है।

संध्याकाळच्या कविता (संध्याकालीन कविताएँ) : ग्रेस का यह प्रथम काव्य संग्रह है। 'संध्याकाळच्या कविता' काव्य संग्रह का प्रकाशन सन् 1967 में पॉप्युलर प्रकाशन, मुंबई से हुआ है। प्रस्तुत काव्य संग्रह में तिरासी कविताएँ संग्रहित हैं। ग्रेस ने यह काव्य संग्रह इंग्रिड बर्गमन को समर्पित किया है। 1955-56 तक के कालखंड में लिखी ये कविताएँ छह उपखंडों में विभाजित हैं— आषाढबन, चंद्रभून, मरणगंध, स्मरणशिल्प, ऊर्मिलेच्या कविता, बर्फाच्या कविता आदि। ग्रेस की यह रचना सन् 1968 में महाराष्ट्र सरकार के द्वारा सम्मानित है और सबसे अधिक चर्चित भी रही है। 'संध्याकाळच्या कविता' अर्थात संध्या समय की कविताएँ।

राजपुत्र आणि डार्लिंग (राजकुमार और डार्लिंग) : ग्रेस का दूसरा काव्य संग्रह है 'राजपुत्र आणि डार्लिंग'। सन् 1974 में पॉप्युलर प्रकाशन, मुंबई से प्रकाशित इस संग्रह में सत्रह कविताएँ संग्रहित हैं। ग्रेस ने इस संग्रह में एक ही शीर्षक के अंतर्गत कविता को अनेक हिस्सों में विभाजित किया है। इसका प्रथम संस्करण अमेय प्रकाशन की ओर से सन् 1974 में प्रकाशित है, जो जी.ए. कुलकर्णी को समर्पित है। पुनः इस संग्रह का प्रकाशन मुंबई के पॉप्युलर प्रकाशन द्वारा प्रकाशित है। प्रस्तुत संस्करण ग्रेस ने पॉप्युलर प्रकाशन के श्री रामदास भटकळ को समर्पित किया है। इस काव्य संग्रह की कविताएँ लिरिकल या गेय नहीं है। इसमें 1955 से 1974 तक की कविताएँ संकलित हैं। कवि ने राजपुत्र और राजहंस शब्दों का प्रयोग किया है।

चंद्रमाधवीचे प्रदेश (चंद्रमाधवी का प्रदेश) : ग्रेस का यह तीसरा काव्य संग्रह है, जो सन् 1977 में पॉप्युलर प्रकाशन, मुंबई से प्रकाशित हुआ है। अब तक इसके तीन संस्करण प्रकाशित हुए हैं। लगभग 192 कविताओं का यह संग्रह कवि ने चित्रकार सुभाष अवचट, राम पटवर्धन, सुश्री मृदुला जोशी और रामदास भटकळ को समर्पित

किया है। प्रस्तुत संग्रह की कविताओं को चार उपखंडों में विभाजित किया गया है। जैसे— मातृवनातील सावल्या, चंद्रमाधवीच्या प्रदेशात, सूर्यास्ताचे पाणी, धर्मांतराच्या प्रार्थना आदि। इसमें सन् 1965-70 में लिखी कविताएँ संग्रहित हैं।

सांध्यपर्वातील वैष्णवी (सांज समय की वैष्णवी) : ग्रेस का यह चौथा काव्य संग्रह है। सन् 1995 में पॉप्युलर प्रकाशन, मुंबई से प्रकाशित इस संग्रह में 113 कविताएँ संग्रहित हैं। ग्रेस यह संग्रह एक कौए को समर्पित करते हैं। उनका मानना है कि उसके स्पर्श से ही माँ का पिडंदान हुआ है। इस संग्रह की कविताएँ तीन उपखंड़ों में विभाजित हैं। जैसे प्रार्थना पर्व के अंतर्गत तैंतीस कविताएँ हैं, सांध्यपर्व में तिरसठ कविताएँ हैं और दृष्टांत पर्व में सत्रह कविताएँ हैं।

सांजभयाच्या साजणी (सांज बेला की सखियाँ) : सन् 2006 में पॉप्युलर प्रकाशन, मुंबई के द्वारा प्रकाशित इस काव्य संग्रह में लगभग 130 कविताएँ संग्रहित हैं। आलोच्य कवि ने संग्रह के आरंभ में आत्मनिवेदन किया है। अपनी कविता की प्रेरणा बनी प्रिया को यह संकलन समर्पित है।

बाई! जोगिया पुरुष (वैदेही! जोगिया पुरुष) : ग्रेस का यह अंतिम काव्य संग्रह है। प्रस्तुत काव्य संकलन का प्रकाशन सन् 2013 में पॉप्युलर प्रकाशन, मुंबई की ओर से हुआ है। ग्रेस की मृत्यु के पश्चात् यह संग्रह प्रकाशित है। यह संग्रह चौदह उपखंडों में विभाजित है। यथा— कविता (1958-1961) पाऊस संध्येचे अभिषेक, माझे रामायण, हॉस्पिटलमधील संध्याभिषेक, आईबाईच्या द्विदल कविता, पंचतत्वाची साऊलगाणी हॉस्पिटलमधील, साऊलस्वयंवर, माझ्या धर्मक्षेत्रातील प्रेषिताची साऊलगाणी, तीन बाया, तीन व्यासकन्या, वाऱ्याचे उगमस्थळ, गंजलेल्या खिळ्यांची कहाणी, सॉंग्स ऑफ द बॅलन्सिंग स्टोन्स, कविता (1990-2011) आदि। 104 कविताओं के इस संकलन में ग्रेस के अंतर्मन की अनेक परते खुलती हैं। कवि अपनी मृत्यु नजदीक से देखता है। कैंसर की बीमारी का डटकर सामाना करते हुए कवि ग्रेस अस्पताल में भी कविता का दामन पकड़कर बैठे हैं।

गद्यकार ग्रेस : ग्रेस ने जितनी सशक्त कविता लिखी उतना ही निखार उनके गद्य में भी है। संभवत: इसीलिए साहित्य अकादमी ने उन्हें गद्यकार के रूप में गौरवान्वित किया है। ग्रेस ने सात गद्य संग्रहों का लेखन किया है, जिसमें 'चर्चबेल', 'मितवा', 'संध्यामग्न पुरुषाची लक्षणे', 'मृगजळाचे बांधकाम', 'वारयाने हलते रान', 'कावळे उडाले स्वामी', 'ओल्या वेळूची बासरी' आदि महत्वपूर्ण ललित गद्य है। इन रचनाओं का परिचय निम्नवत है—

चर्चबेल : ग्रेस द्वारा लिखित यह प्रथम ललित गद्य संग्रह है। सन् 1974 में पॉप्युलर

प्रकाशन, मुंबई ने इसका प्रथम संस्करण प्रकाशित हुआ है। बाद में पुनः सन् 1992 और सन् 2008 में द्वितीय और तृतीय संस्करण प्रकाशित हुआ। प्रस्तुत ललित गद्य में लगभग पैंतीस लेख हैं। जो ग्रेस के जीवनानुभवों से संबंधित हैं। 'वाळूचे माहेर' लेख के अलावा सभी लेख दै. तरुण भारत' में दिसंबर 1970 से दिसंबर, 1972 के दरमियान प्रकाशित हुए हैं। अवलिया तीजुद्दीन और संगीतकार रोशन को समर्पित इस संग्रह में ग्रेस महज गद्यकार ही नहीं बल्कि एक सुधी चिंतक, आलोचक के रूप में भी मौजूद है। ग्रेस ने इसमें अपने जीवन से जुड़े अनेक अनुभवों को कलात्मकता दी है। प्रस्तुत गद्य संग्रह का शीर्षक ईसाई धर्म को ध्वनित करता है जिससे समीक्ष्य कवि की धार्मिक सहिष्णुता अभिव्यक्त होती है। संग्रह में नेपालीचे गॉडप्रॉमिस, प्रीस्ट, प्रार्थना व पियानो, वेगोर हॉस्पिटल व एलिनॉर, प्रो. सॅम्युअल अलेक्झांडर, हॉस्पिटलमधील एकांत, चर्चबेल आदि निबंध इसी बात को इंगित करते हैं। ग्रेस का प्रकृति के प्रति विशेष लगाव है। 'चर्चबेल' में पशु-पक्षियों पर भी निबंध हैं। जैसे— 'चिमण्या', 'गुलमोहर', 'घोड़े', 'वाळूचे माहेर' आदि।

मितवा : ग्रेस द्वारा लिखित यह दूसरा ललित गद्य है। सन् 1987 में प्रथम संस्करण और पुनः सन् 1992 में द्वितीय संस्करण पॉप्युलर प्रकाशन, मुंबई से प्रकाशित हुआ है। सन् 2008 में द्वितीय संस्करण पुनर्मुद्रित हुआ है। ग्रेस ने प्रस्तुत गद्य संग्रह चिड़ियों को समर्पित करने का संकेत दिया है। किंतु वस्तुतः यह संग्रह उन युवतियों को समर्पित है जिनसे औपचारिक धरातल पर ग्रेस की मुलाकात हो गई, और बाद में एक गहरी स्मृति छोड़ गई जिनमें स्त्रग्धरा, शिराणी, मागधी उगेखनीय है। 'मितवा' गद्य संग्रह चार उपखंडों में विभाजित है। यथा— स्वप्नवेचणीचे शिलालेख, दंतकथांचे संदर्भ, एका वैराणसूक्ताचे अधांतर, भासचक्राचे तोल आदि। सैंतालिस लेखों के इस गद्य चिंतन में ग्रेस 'मैं' और 'तू' का संघर्ष करते हुए दिखते हैं। 'मैं' का अर्थ कवि है और 'तू' का अर्थ है कवि का जीवन। 'मितवा' का निर्माण सत्य, स्वप्न, संभ्रम के संमिश्रण से हुआ है। चूँकि यह गद्य संग्रह ग्रेस द्वारा लिखित आत्मपर ललित लेखन है। इसीलिए ग्रेस का कवि रूप 'मितवा' में आरंभ से अंत तक छाया हुआ है। ग्रेस ने इसमें सृजन की प्रक्रिया तथा स्वयं के काव्य निर्माण संदर्भ में यत्र-तत्र चिंतन भी किया है। इस दृष्टि से उनका 'दुर्बोधतेची बेसरबिंदी' विशेष उल्लेखनीय है।

संध्यामग्न पुरुषाची लक्षणे (संध्यामग्न पुरुष के लक्षण) :'चर्चबेल' और 'मितवा' के पश्चात ग्रेस का यह तीसरा गद्य संग्रह है। सन् 2002 में पॉप्युलर प्रकाशन, मुंबई से प्रकाशित इस संग्रह में 52 निबंध संकलित हैं। सन् 2008 में इसे पुनः मुद्रित किया गया है। प्रस्तुत किताब में अनेक स्केच हैं जो बाळ ठाकुर ने बनाए

हैं। ग्रेस ने प्रस्तुत संग्रह प्रतीकात्मक रूप से चींटी को समर्पित किया है। वस्तुतः यह उनकी काव्य संवेदना का प्रतीक बनकर आयी है। ग्रेस इस ललित गद्य में और अधिक खुलकर अपने विचार व्यक्त करते हैं। इसमें अनेक महिलाओं का उल्लेख हैं जिनसे ग्रेस का विशेष लगाव रहा है। वे इस ललित निबंध में स्त्री-पुरुष संबंधों को अनेक स्तरों पर रुपायित करते हैं। जिनसे रिश्तों से परे रिश्ते का भी आभास होता है। अनू, स्त्रग्धरा, मागधी, वेणु, सारथी, शिराणी, अंजनी, सैरंध्री, मालविका, केतकी, पावरी आदि का उल्लेख बारबार आता है। ग्रेस द्वारा 1974 में लिखित 'राजपुत्र आणि डार्लिंग' काव्य संग्रह की 'डार्लिंग' कविता में 'संध्यामग्न पुरुषाची लक्षणे' संकल्पना पहली बार प्रयुक्त हुई है। और प्रस्तुत ललित गद्य संग्रह सन् 2000 में प्रकाशित है।

मृगजळाचे बांधकाम (मृग़ज़ल का निर्माण) : प्रस्तुत ललित गद्य संग्रह सन् 2003 में पॉप्युलर प्रकाशन, मुंबई से प्रकाशित हुआ है। छब्बीस लेखों के इस संकलन को ग्रेस ने अपनी सृजन की प्रेरणा को समर्पित किया है। साथ ही गणनिर्देश करते हुए आत्मनिवेदन भी किया है। 'मृगजळाचे बांधकाम' ललित गद्य के सभी शीर्षक काव्यमयी छटाओं से युक्त हैं। जैसे— जुन्या घरातील औंदुबरी हाकांची लिपी, हिवाळी प्रारब्धाच्या बागांचे अभिसार, तीर्थजनांच्या डोहात यावे उगमाचे पाणी, समुद्र सोडून दूर निघाल्या जलवंतीच्या वाटा, काजव्याच्या कळयांचे घोस, नदीच्या शुभ्र धारांनी नदीचा ऊर का फुटतो, झाडांच्या उगमापाशी नसतात फुलाची गाणी आदि। स्थापित करने का प्रयास करते हैं। उनकी दृष्टि से 'सृजन का कार्य' ही 'मृगजळाचे बांधकाम' है।

वार्यानें हलते रान (हवा से लहराता खेत) : प्रस्तुत गद्य संग्रह सन् 2008 में पॉप्युलर प्रकाशन, मुंबई से प्रकाशित सबसे चर्चित ललित गद्य संग्रह है। सन् 2012 में साहित्य अकादमी पुरस्कार से सन्मानित यह कृति नवनिर्माण के बिंदुओं को उजागर करती है। 'संध्याकाळच्या कविता' काव्य संग्रह में 'वार्यानें हलते रान' कविता के आधार पर इस गद्य संग्रह का शीर्षक चुना गया है। साहित्यकार साहित्य का निर्माण कैसे करता है ? यह प्रश्न सामान्य पाठकों को हमेशा सताता है।

ग्रेस ने इस ललित गद्य में महानुभाव वाङ्मय संत ज्ञानेश्वर, संत तुकाराम, संत कबीर, जे कृष्णमूर्ति, जी. ए. कुलकर्णी, केचे, एमिली डिकिन्सन, रिल्के, डोस्टोवस्की, शेक्सपिअर, टॉलस्टॉय, ऑडेन आदि अनेक विचारकों का उल्लेख किया है। साथ ही स्त्री-पुरुष संबंधों पर भी अपने विचार यत्र-तत्र प्रकट किए हैं।

कावळे उडाले स्वामी (कौओ उड़ गए स्वामी) : 'कावळे उडाले स्वामी' ललित गद्य संग्रह का प्रकाशन सन् 2010 में पॉप्युलर प्रकाशन, मुंबई से हुआ है। इस गद्य

संग्रह के चित्रों को चंद्रमोहन कुलकर्णी ने बनाया है। ग्रेस ने यह संग्रह कैंसर की बीमारी में उनकी विशेष देखभाल करनेवाली भारती मंगेशकर को समर्पित किया है। यह ललित गद्य संकलन दो उपखंडों में विभाजित है। 'चंद्रउदयिनी वेळा' उपखंड के अंतर्गत छब्बीस ललित निबंध हैं। और 'गणमात्रांचे गणगोत' उपखंड में चौबीस ललित निबंध तथा एक पत्र संकलित हैं। ग्रेस ने इस गद्य संग्रह में गोविंदाग्रज, चक्रधर स्वामी, मधुकर केचे, कैफी आज़मी, लता मंगेशकर, पं. हृदयनाथ मंगेशकर, विन्सेंट गॉग आदि प्रतिभाशाली रचनाकारों का उगेख बहुत ही विनम्रता से किया है।

ओल्या वेळूची बासरी (गीले बाँस की बांसुरी) : 'ओल्या वेळूची बासरी' ग्रेस द्वारा लिखित अंतिम ललित गद्य संग्रह है। यह सन् 2012 में पॉप्युलर प्रकाशन, मुंबई से प्रकाशित हुआ है। साहित्य के प्रति अत्यंत निष्ठावान, आस्थावान कवि ग्रेस ने यह पुस्तक कैंसर की बीमारी का सामना करते हुए दीनानाथ मंगेशकर अस्पताल, पुणे में लिखी है। इस गद्य संग्रह में सत्रह ललित लेख संकलित हैं।

संपादक ग्रेस : कवि ग्रेस, ललित गद्यकार के साथ-साथ एक कुशल संपादक भी हैं। उन्होंने विदर्भ साहित्य संघ द्वारा प्रकाशित 'युगवाणी' पत्रिका का सन् 1970 से 1973 तीन वर्ष तक संपादन किया है। 'युगवाणी' में ग्रेस की छवि सबसे अधिक सफल संपादक के रूप में रही है। ग्रेस के पहले 'युगवाणी' पत्रिका विदर्भ प्रदेश तक सीमित थी। लेकिन ग्रेस ने संपादक का दायित्व संभालते ही महाराष्ट्र के सभी विभागों में से चर्चित लेखकों को 'युगवाणी' के साथ जोड़ा। जैसे— जी.ए. कुलकर्णी, महेश एलकुंचवार, दुर्गा भागवत, सुभाष अवचट, अनिल अवचट, श. बा. जोशी, विजय तेंडुलकर, द.ग. गोडसे, धों वि. देशपांडे, श्री. ना. पेंडसे, आरती प्रभू, गंगाधर गाडगीळ, अशोक रानडे, अशोक केळकर, भालचंद्र नेमाडे, माधव अचवल, के. नारायण काळे, इंदिरा संत आदि।

ग्रेस ने 'युगवाणी' के पश्चात रामदास भटकळ द्वारा शुरू की गई 'संदर्भ' पत्रिका का भी संपादन किया। इस पत्रिका के सात अंक प्रकाशित हुए। बाद में इस पत्रिका का प्रकाशन खंडित हुआ।

सन्दर्भ ग्रंथ सूची

हिंदी ग्रंथ सूची

1. सिंह, शमशेर बहादुर, (2004). कुछ कविताएँ व कुछ और कविताएँ (द्वितीय संस्करण, एक जिल्द में). नई दिल्ली-राधाकृष्ण प्रकाशन।
2. सिंह, शमशेर बहादुर, (1978). चुका भी हूँ नहीं मैं (द्वितीय संस्करण). नई दिल्ली-राधाकृष्ण प्रकाशन।
3. सिंह, शमशेर बहादुर, (2011). इतने पास अपने (द्वितीय संस्करण). नई दिल्ली— राजकमल प्रकाशन।
4. सिंह, शमशेर बहादुर, (1980). उदिता अभिव्यक्ति का संघर्ष (प्रथम संस्करण). नई दिल्ली— वाणी प्रकाशन।
5. सिंह, शमशेर बहादुर, (1981). बात बोलेगी (प्रथम संस्करण). हापुड— संभावना प्रकाशन।
6. सिंह, शमशेर बहादुर, (2002). काल तुझसे होड़ है मेरी (द्वितीय संस्करण). नई दिल्ली— वाणी प्रकाशन।
7. सिंह, शमशेर बहादुर, (1995). कहीं बहुत दूर से सुन रहा हूँ (प्रथम संस्करण). नई दिल्ली— राधाकृष्ण प्रकाशन।
8. सिंह, शमशेर बहादुर, (2002). सुकून की तलाश (प्रथम संस्करण) (संपा. रंजना अरगड़े). नई दिल्ली— वाणी प्रकाशन।

मराठी ग्रंथ सूची

9. ग्रेस, (2008). संध्याकाळच्या कविता (तृतीय संस्करण). मुंबई— पॉप्युलर प्रकाशन।
10. ग्रेस, (2010). राजपुत्र आणि डार्लिंग (तृतीय संस्करण). मुंबई— पॉप्युलर प्रकाशन।
11. ग्रेस, (2008). चंद्रमाधवीचे प्रदेश (तृतीय संस्करण). मुंबई— पॉप्युलर प्रकाशन।
12. ग्रेस, (1995). सांध्यपर्वातील वैष्णवी (प्रथम संस्करण). मुंबई— पॉप्युलर प्रकाशन।
13. ग्रेस, (2012). सांजभयाच्या साजणी (द्वितीय संस्करण). मुंबई— पॉप्युलर प्रकाशन।
14. ग्रेस, (2013). बाई! जोगिया पुरुष (प्रथम संस्करण). मुंबई— पॉप्युलर प्रकाशन।

सहायक ग्रंथों की सूची—

हिंदी ग्रंथ सूची

15. अमरनाथ, (2012). हिंदी आलोचना की पारिभाषिक शब्दावली (प्रथम छात्र संस्करण). नई दिल्ली— राजकमल प्रकाशन।
16. अरगड़े , रंजना, (1998). कवियों का कवि शमशेर (द्वितीय संस्करण). नई दिल्ली— वाणी प्रकाशन।
17. अरगड़े, रंजना, (1992). कुछ और गद्य-रचनाएँ शमशेर बहादुर सिंह (प्रथम संस्करण). नई दिल्ली— राधाकृष्ण प्रकाशन।
18. अरूण कमल, (1999). कविता और समय (प्रथम संस्करण). नई दिल्ली— वाणी प्रकाशन।
19. अज्ञेय, (2011). सर्जना और संदर्भ (प्रथम संस्करण). नई दिल्ली— नेशनल पब्लिशिंग हाउस।
20. अज्ञेय, (संपा.) (1999). दूसरा सप्तक (पेपरबैक प्रथम संस्करण). नई दिल्ली— भारतीय ज्ञानपीठ।
21. कुमार विमल, (1989). सौंदर्यशास्त्र के तत्व (तृतीय संस्करण). नई दिल्ली— राजकमल प्रकाशन।
22. कुमार विमल, (19700). छायावाद का सौंदर्यशास्त्रीय अध्ययन (प्रथम संस्करण). नई दिल्ली— राजकमल प्रकाशन।
23. कौर, फुलवंत, (1992). अज्ञेय-काव्य का सौंदर्यशास्त्रीय अध्ययन (प्रथम संस्करण). दिल्ली— पराग प्रकाशन।
24. गुप्त, शांतिस्वरूप, (1978). साहित्य में कल्पना तत्व (प्रथम संस्करण). दिल्ली— अशोक प्रकाशन।
25. गुप्त, गणपतिचंद्र, (2009). भारतीय एवं पाश्चात्य काव्य सिद्धांत (प्रथम संस्करण). इलाहाबाद— लोकभारती प्रकाशन।
26. गुप्ता, मंजु, (1992). हिंदी नयी कविता का सौंदर्यशास्त्रीय अध्ययन (प्रथम संस्करण). इलाहाबाद— लोकभारती प्रकाशन।
27. गोकाक, बी. के., (1990). सौंदर्य-मीमांसा (प्रथम संस्करण). दिल्ली— जगतराम एण्ड संस।
28. गोबिंद प्रसाद, (2002). कविता के सम्मुख (प्रथम संस्करण), नई दिल्ली— वाणी प्रकाशन।
29. गोबिंद प्रसाद, (2011). आलाप और अतरंग (प्रथम संस्करण). नई दिल्ली— राजकमल प्रकाशन।
30. चतुर्वेदी, रामस्वरूप, (1991). साहित्य के नये दायित्व (प्रथम संस्करण). इलाहाबाद— लोकभारती प्रकाशन।

31. चतुर्वेदी, रामस्वरूप, (2005). आधुनिक काव्य-यात्रा (तृतीय संस्करण). इलाहाबाद— लोकभारती प्रकाशन।
32. चौधुरी, इंद्रनाथ, (2010). तुलनात्मक साहित्य भारतीय परिप्रेक्ष्य (द्वितीय संस्करण). नई वाणी प्रकाशन।
33. जगदीशकुमार, (1982). शमशेर कवितालोक (प्रथम संस्करण). नई दिल्ली— राधाकृष्ण प्रकाशन।
34. जोशी, ज्योतिष, (2011). शमशेर का अर्थ (प्रथम सं.). नई दिल्ली— वाणी प्रकाशन।
35. जैन, निर्मला, (1999). रस सिध्दांत और सौंदर्यशास्त्र (प्रथम सं.). नई दिल्ली— वाणी प्रकाशन।
36. डबराल, मंगलेश, (1998). लेखक की रोटी (प्रथम संस्करण). पंचकूला— आधार प्रकाशन।
37. तिवारी, अजय, (2015). सौंदर्यशास्त्र के प्रश्न (प्रथम संस्करण). नई दिल्ली— वाणी प्रकाशन।
38. तिवारी, विश्वनाथ प्रसाद, (2011). कविता क्या है (प्रथम संस्करण पुनर्मुद्रण). नई दिल्ली— राजकमल प्रकाशन।
39. तिवारी, सियाराम, (2015). काव्यभाषा (प्रथम संस्करण), नई दिल्ली— वाणी प्रकाशन।
40. दासगुप्त, सुरेंद्रनाथ, (19600). सौंदर्य-तत्व (प्रथम संस्करण). इलाहाबाद-भारती भंडार लीडर प्रेस।
41. दिनकर, रामधारी सिंह, (2008). कवि और कविता (प्रथम संस्करण). इलाहाबाद-लोकभारती प्रकाशन।
42. नगेंद्र, (1978). भारतीय सौंदर्यशास्त्र की भूमिका (द्वितीय संस्करण). नई दिल्ली— नेशनल पब्लिशिंग हाउस।
43. नगेंद्र, (1968). आस्था के चरण (प्रथम संस्करण). नई दिल्ली— नेशनल पविलशिंग हाउस।
44. नवल, नंदकिशोर, (1986). शब्द जहाँ सक्रिय है (प्रथम संस्करण). नई दिल्ली— नेशनल पब्लिशिंग हाउस।
45. नारंग, गोपीचंद, (2010), संरचनावाद उत्तर-संरचनावाद एवं प्राच्य काव्यशास्त्र (द्वितीय संस्करण पुनर्मुद्रण). नई दिल्ली— साहित्य अकादमी।
46. पंत, सुमित्रानंदन, (1970). पगव (भूमिका). नई दिल्ली— राजकमल प्रकाशन।
47. पाठक, गजेंद्र, (2011). शमशेर की आलोचना दृष्टि (प्रथम संस्करण). नई दिल्ली— सामयिक प्रकाशन।
48. पांडेय, शिवमूर्ति, (संपा.) (1997). टी. एस. इलियट के आलोचना सिद्धांत (प्रथम संस्करण). इलाहाबाद— राका प्रकाशन।

49. पाण्डे, गोविंद चंद्र, (1994). साहित्य, सौंदर्य और संस्कृति (प्रथम संस्करण). इलाहाबाद— हिन्दुस्तानी एकेडेमी।
50. फतहसिंह, (1967). भारतीय सौंदर्यशास्त्र की भूमिका (प्रथम संस्करण). दिल्ली— नेशनल पब्लिशिंग हाउस।
51. फिशर, अंर्स्ट, (2005). कला की जरूरत (प्रथम संस्करण, पुनर्मुद्रण). नई दिल्ली— राजकमल प्रकाशन।
52. बाफना, प्रेमलता, (1983). सौंदर्यशास्त्र और आधुनिक हिंदी कविता (प्रथम संस्करण). करनाल–नटराज पब्लिशिंग हाउस।
53. बांदिवडेकर, चंद्रकांत, (2010). कविता की तलाश (प्रथम संस्करण). नई दिल्ली— वाणी प्रकाशन।
54. भार्गव, सविता, (2004). कवियों के कवि— शमशेर (प्रथम संस्करण). नई दिल्ली— स्वराज प्रकाशन।
55. भारद्वाज, विनोद (2005). कलाएँ आसपास (प्रथम संस्करण). नई दिल्ली— ललित कला अकादेमी।
56. मलयज, (संपा.) (1989). शमशेर बहादुर सिंह की कुछ गद्य रचनाएँ (प्रथम संस्करण). हापुड-संभावना प्रकाशन।
57. मन्हास, जगदीश सिंह, (2008). शिल्पकला और काव्यकला के अंत:संबंध (प्रथम संस्करण). कानपुर-अमन प्रकाशन।
58. मावडी, मोहन सिंह, (1994). चित्रकला के मूल आधार (प्रथम संस्करण). नई दिल्ली— तक्षशिला प्रकाशन।
59. मिश्र, अरूण प्रकाश, (1989). काव्य भाषा (प्रथम संस्करण). अहमदाबाद— संस्कृति प्रकाशन।
60. मिश्र, सत्यप्रकाशन, (संपा.) (1989). काव्य-भाषा पर तीन निबंध (प्रथम संस्करण). इलाहाबाद— लोकभारती प्रकाशन।
61. मिश्र, अवधेश, (संपा.) (2015). कला विमर्श (प्रथम संस्करण). पंचकूला— आधार प्रकाशन।
62. मिश्र, भगीरथ, (2015). काव्यशास्त्र (छब्बिसवाँ संस्करण). वाराणसी— विश्वविद्यालय प्रकाशन।
63. मुक्तिबोध, गजानन, (1971). नये साहित्य का सौंदर्यशास्त्र (प्रथम संस्करण). नई दिल्ली— राधाकृष्ण प्रकाशन।
64. मुक्तिबोध, गजानन, (2000). एक साहित्यिक की डायरी. दिल्ली— भारतीय ज्ञानपीठ।
65. मेघ, रमेश कुंतल, (2001). अथातो सौंदर्य जिज्ञासा (द्वितीय संस्करण). नई दिल्ली— वाणी प्रकाशन।
66. मेघ, रमेश कुंतल, (1980). साक्षी है सौंदर्य प्राश्निक (प्रथम संस्करण). नई दिल्ली—

नेशनल पब्लिशिंग हाउस।
67. मेघ, रमेश कुंतल, (2007). शील और सौंदर्य (प्रथम संस्करण). पंचकूला— आधार प्रकाशन।
68. यू, श्रीकला, (2008). समकालीन हिंदी कविता और शमशेर बहादुर सिंह (प्रथम संस्करण). मथुरा— जवाहर पुस्तकालय।
69. राहुल, (1999). शमशेर और उनकी कविता (प्रथम संस्करण). दिल्ली— भावना प्रकाशन।
70. लाल, नागेश्वर, (1979). आधुनिक हिंदी कविता में बिंब विधान (प्रथम संस्करण). पटना— पुस्तकम् प्रकाशन।
71. वर्मा, निर्मल, (2011). शब्द और स्मृति (पाँचवा संस्करण). नई दिल्ली— भारतीय ज्ञानपीठ।
72. वाजपेयी, अशोक, (2011). अन्यत्र (प्रथम संस्करण). नई दिल्ली— राजकमल प्रकाशन।
73. वाजपेयी, नन्ददुलारे, (1997). नई कविता (प्रथम संस्करण). नई दिल्ली— प्रकाशन संस्थान।
74. वाजपेयी, सूनृतकुमार, (1996). पाश्चात्य सौंदर्यशास्त्र का इतिहास (प्रथम संस्करण). नई दिल्ली-- राधा पब्लिकेशंस।
75. शर्मा, रामविलास, (1983). अस्था और सौंदर्य (प्रथम संस्करण). इलाहाबाद— किताब महल प्रकाशन।
76. सिंह, बच्चन, (2001). आधुनिक हिंदी आलोचना के बीज शब्द (प्रथम संस्करण). दिल्ली— वाणी प्रकाशन।
77. सिंह, दूधनाथ, (संपा.) (2011). एक शमशेर भी है (प्रथम संस्करण). नई दिल्ली— राजकमल प्रकाशन।
78. सिंह, वीरेंद्र, (1983). बिंबों से झाँकता कवि शमशेर (प्रथम संस्करण). जयपुर— पंचशील प्रकाशन।
79. सिंह, केदारनाथ, (1996). कल्पना और छायावाद (द्वितीय संस्करण). नई दिल्ली— वाणी प्रकाशन।
80. सिंह, नामवर, (2011). कविता की जमीन और जमीन की कविता (प्रथम संस्करण पुनर्मुद्रण). नई दिल्ली— राजकमल प्रकाशन।
81. सिंह, केदारनाथ, (1994). आधुनिक हिंदी कविता में बिंब विधान (प्रथम राधाकृष्ण संस्करण). नई दिल्ली— राधाकृष्ण प्रकाशन।
82. सिन्हा, रमण, (2013). शमशेर का संसार (प्रथम संस्करण). नई दिल्ली— वाणी प्रकाशन।
83. हिरियन्ना, (1983). कला अनुभव (प्रथम संस्करण). नई दिल्ली— पूर्वोदय प्रकाशन।

84. त्रिपाठी, राममूर्ति, (2008). काव्य तत्व विमर्श (प्रथम संस्करण), नई दिल्ली— वाणी प्रकाशन।

मराठी ग्रंथ सूची

85. ऐनापुरे, जी. के., (2015). ग्रेसची कविता— अर्थबोधाचे तपशील (प्रथम आवृत्ती). नागपूर— विजय प्रकाशन।

86. करंदीकर, गो. वि., (2004). साहित्यमूल्यांची समीक्षा (प्रथम आवृत्ती). पुणे— पद्मगंधा प्रकाशन।

87. करंदीकर, गो. वि. (2010). परंपरा आणि नवता (दूसरी आवृत्ती पुनर्मुद्रण). मुंबई— पॉप्युलर प्रकाशन।

88. काळे, अक्षयकुमार, (2009). ग्रेस विषयी (प्रथम आवृत्ती). नागपूर— विजय प्रकाशन।

89. कुरुंदकर, नरहर, (2007). रूपवेध (दुसरी आवृत्ती). पुणे— देशमुख आणि कंपनी (पब्लिशर्स)।

90. कुलकर्णी, गो. म., (2000). रसग्रहण कला आणि स्वरूप (तिसरी आवृत्ती). पुणे— कॉन्टिनेन्टल प्रकाशन।

91. कुलकर्णी, द. भि., (2014). समीक्षेचा एकांत (प्रथम आवृत्ती). औरंगाबाद— स्वरूप प्रकाशन।

92. गाडगीळ, सुधीर, (2011). मुक्काम (तिसरी आवृत्ती). पुणे— उत्कर्ष प्रकाशन।

93. ग्रेस, (2008). चर्चबेल (तिसरी आवृत्ती). मुंबई— पॉप्युलर प्रकाशन।

94. ग्रेस, (2008). मितवा (दुसरी आवृत्ती पुनर्मुद्रण). मुंबई— पॉप्युलर प्रकाशन।

95. ग्रेस, (2008). संध्यामग्न पुरुषाची लक्षणे (प्रथम आवृत्ती पुनर्मुद्रण). मुंबई— पॉप्युलर प्रकाशन।

96. ग्रेस, (2012). मृगजळाचे बांधकाम (प्रथम आवृत्ती पुनर्मुद्रण). मुंबई— पॉप्युलर प्रकाशन।

97. ग्रेस, (2008). वा-याने हलते रान (प्रथम आवृत्ती). मुंबई— पॉप्युलर प्रकाशन।

98. ग्रेस, (2010). कावळे उडाले स्वामी (प्रथम आवृत्ती). मुंबई— पॉप्युलर प्रकाशन।

99. ग्रेस, (2012). ओल्या वेळूची बासरी (प्रथम आवृत्ती). मुंबई— पॉप्युलर प्रकाशन।

100. जोग, रा. श्री., (1954). सौंदर्यशोध आणि आनंदबोध (प्रथम आवृत्ती पुनर्मुद्रण). पुणे— व्हीनस प्रकाशन।

101. जोशी, चं. वि., (2016). ग्रेस अंबरफुलांचे दिवे (प्रथम आवृत्ती). अहमदनगर— गतू प्रकाशन।

102. जोशी. मल्हार, (1961). विचार सौंदर्य (प्रथम आवृत्ती पुनर्मुद्रण). पुणे— व्हीनस प्रकाशन।

103. डहाके, वंसत, (2013). काव्यप्रतीती (प्रथम आवृत्ती). नागपूर— विजय प्रकाशन।

104. देशपांडे, प्रकाश, (2012). आधुनिक मराठी कविता— एक विश्लेषण (प्रथम आवृत्ती). औरंगाबाद— स्वरूप प्रकाशन।
105. देशपांडे, अजय, (संपा.) (2015). ग्रेस वेदना आणि सौंदर्य (प्रथम आवृत्ती). नागपूर— विजय प्रकाशन।
106. देसाई, माधवी, (2014). ग्रेस कविता आणि स्त्रीप्रतिमा (प्रथम आवृत्ती). कोल्हापुर— अक्षर प्रकाशन।
107. निपुणगे, ह. ल., (संपा.) (2016). ग्रेस— 'जोगिया पुरुष' (प्रथम आवृत्ती). पुणे— पुष्पक प्रकाशन।
108. परांजपे, जयंत, (2012). ग्रेस आणि दुर्बोधता (प्रथम आवृत्ती). नागपुर— विजय प्रकाशन।
109. पाटणकर, वसंत, (2014). ग्रेस यांची कविता— काही निरीक्षणे, अनेक प्रश्न (प्रथम आवृत्ती). मुंबई— शब्द पब्लिकेशन।
110. पाटील, शरद, (1988). अब्राह्मणी साहित्यांचे सौंदर्यशास्त्र (प्रथम आवृत्ती). पुणे— सुगावा प्रकाशन।
111. बर्दापूरकर, प्रवीण, (2013). ग्रेस नावाचं गारूड (प्रथम आवृत्ती). नागपूर— विजय प्रकाशन।
112. बांदिवडेकर, चंद्रकांत, (2008). साहित्याचे मर्म — शोध आणि बोध (प्रथम आवृत्ती). पुणे— पद्मगंधा प्रकाशन।
113. बेडेकर, दि. के. (2008). साहित्य— निर्मिती व समीक्षा (सहावी आवृत्ती). मुंबई— लोकवाङ्मय गृह।
114. मालशे, मिलिंद व जोशी, अशोक, (2007). आधुनिक समीक्षा-सिद्धांत (प्रथम आवृत्ती). मुंबई— मौज प्रकाशन गृह।
115. मुलमुले, नंदकुमार, (2005). रचनेच्या खोल तळाशी (प्रथम आवृत्ती). नागपूर— संवादिनी फीचर्स अॅण्ड कम्युनिकेशन्स।
116. यादव, आनंद, (1989). साहित्याची निर्मितिप्रक्रिया (प्रथम आवृत्ती). पुणे— मेहता पब्लिशिंग हाउस।
117. रसाळ, सुधीर, (2011). कविता आणि प्रतिमा (तिसरी आवृत्ती). मुंबई— मौज प्रकाशन गृह।
118. सरदेशमुख, त्र्यं. वि. (1985). धुके आणि शिल्प (प्रथम आवृत्ती). पुणे— सन पब्लिकेशन्स।
119. हवालदार, श्रीनिवास, (2014). ग्रेसच्या कविता धुक्यातून प्रकाशाकडे (प्रथम आवृत्ती). पुणे— कॉन्स्टिनेन्टल प्रकाशन।

अंग्रेजी ग्रंथ सूची

120. Agrawala, Prithvi, (1980). Aesthetics Principles of Indian Art. (First edition). Varanasi — Prithvi Prkashan

121. Chatterji, P.C. (1968). Fundamental Question in Aesthetics. (First Edition). Shimla — Indian Institute of Advanced Study.

122. Dev, Amiya, and Das, Sisir Kumar, (Editor) (1988). Comparative Literature Theory and Practice. (First Edition). Shimla — Indian Institute of Advanced Study.

123. Heller, Agnes, and Fecher, Ferenc, (Editor) (1986). Reconstructing Aesthetics (First Edition). New york — Basil Blackwell.

124. Zepentnek, Steven Totosyde, (1998). Comparative literature Theory, Method, Applicatiom (First Edition). Amsterdan — Rodopi B. V.

पत्र-पत्रिकाएँ-

हिंदी पत्रिकाएँ

1. अजेय कुमार, (संपा.), विष्णु खरे, (अतिथि संपा.). (फरवरी 2012). उद्भावना (वर्ष 26 अंक 27). दिल्ली।

2. अजेय कुमार, (संपा.), (जुलाई 2012). उद्भावना (वर्ष 27 अंक). दिल्ली।

3. आजम, वीरेन्द्र, (संपा.) (जुलाई-सितंबर 2010). शीतल वाणी (वर्ष 30 अंक 6). सहारनपुर (उ. प्र.)

4. ओझा, सीमा, (संपा.) (जनवरी 2011). आजकल (वर्ष 66 अंक— 9 पूर्णांक 795). नई दिल्ली।

5. गांधी, प्रेमचंद, (संपा.) (अगस्त 2011). कुरजां (प्रवेशांक). जयपुर।

6. जोशी, जोतिष, (संपा.) (जुलाई-अक्तूबर 2008, नवंबर 2008, फरवरी 2009). समकालीन कला (अंक —36,37). नई दिल्ली— ललिता कला अकादेमी।

7. जोशी, ज्योतिष, (संपा.) (जुलाई-अक्तूबर 2010, नवंबर 2010, फरवरी 2011). समकालीन कला (अंक — 42,43). नई दिल्ली— ललिता कला अकादेमी।

8. जोशी, जोतिष, (संपा.) (मई-नवंबर 1995). समकालीन कला (अंक — 15,16). नई दिल्ली— ललिता कला अकादेमी।

9. तिवारी, विनोद, (संपा.) (मई-नवंबर 1995). समकालीन कला (अंक— 11). नई दिल्ली— ललित कला अकादेमी।

10. बिष्ट , पंकजसिंह (संपा.) (सितंबर 1993). आजकल (अंक 589 वर्ष 49). नई दिल्ली।

11. भार्गव, दुलारेलाल, (संपा.) (फरवरी 1924). माधुरी (वर्ष-2 खंण्ड— 2). लखनऊ।

12. भारद्वाज, शशि, (संपा.) (जनवरी-फरवरी 2011) भाषा (वर्ष 50 अंक 3). नई दिल्ली— केंद्रीय हिंदी निदेशालय।
13. शुक्ल, श्रीप्रकाश, (संपा.) (मार्च 2011). परिचय (अंक— 10). वाराणसी।
14. शुक्ल, त्रिभुवननाथ, (संपा.) (अक्तूबर 2011). साक्षात्कार (अंक 382). भोपाल — मध्य प्रदेश साहित्य अकादमी।
15. श्रीवास्तव, एकांत, व खेमानी, कुसुम (संपा.) (फरवरी 2011). वागर्थ (अंक 187). कोलकाता— भारतीय भाषा परिषद।
16. सालोदिया, उमराव, (संपा.) (जनवरी 2011). मधुमती (वर्ष 51 अंक— 1). उदयपुर— राजस्थान साहित्य अकादमी।
17. सिंह, नामवर (संपा.) (अरूण कमल, कार्यकारी संपादक) (जनवरी-मार्च 2011). आलोचना (सहस्त्राब्दी अंक चालीस). नई दिल्ली— राजकमल प्रकाशन।
18. सिंह, मुरली मनोहर प्रसाद, (जुलाई-सितंबर 2011). नया पथ (वर्ष 25 अंक 3). नई दिल्ली।

मराठी पत्रिकाएँ

19. कुलकर्णी, सु. प्र., (संपा) (मार्च 2012). महाराष्ट्र साहित्य पत्रिका (अंक— 339). पुणे— महाराष्ट्र साहित्य परिषद।
20. गुंडी, नीलिमा, (संपा.) (2012). भाषा आणि जीवन (वर्ष 30 अंक 3). पुणे।
21. देशपांडे, अजय, (संपा.) (जुलै-ऑगस्ट-सप्टेंबर 2013). युगवाणी (वर्ष 62 अंक 2). नागपूर— विदर्भ साहित्य संघ।
22. भावे, श्री. मा., (संपा.) (मे 2012). नवभारत (वर्ष 65 अंक 8). सातारा।
23. लेले, विजय, (संपा.) (जुलै 2012). स्त्री (वर्ष 82 अंक— 928). पुणे।
24. शेवडीकर, राम, (संपा.) (2012). उद्याचा मराठवाडा (दिवाळी अंक). नांदेड।

कोश-

हिंदी कोश

1. नेने, गो. प., व जोशी, श्रीपाद, (संपा.) (1971). बृहत मराठी-हिंदी शब्दकोश (प्रथम संस्करण). पुणे— महाराष्ट्र राष्ट्रभाषा सभा।
2. भारद्वाज, विनोद, (संपा.) (2015). बृहत आधुनिक कला कोश (प्रथम संस्करण पुनर्मुद्रण). नई दिल्ली— वाणी प्रकाशन।
3. मद्दाह, मुहम्मद मुस्तफा खाँ, (संपा.), (20100). उर्दू-हिंदी शब्दकोश (बारहवाँ संस्करण). लखनऊ— उत्तर प्रदेश हिंदी संस्थान।
04. वर्मा, धीरेन्द्र, व अन्य (संपा.) (2013) हिंदी साहित्य कोश (तृतीय संस्करण पुनर्मुद्रण). वाराणसी— ज्ञानमण्डल लिमिटेड।

5. वर्मा, रामचंद्र, (संपा.) (1966). मानक हिंदी कोश (पाँचवा खण्ड). प्रयाग— हिंदी साहित्य सम्मेलन।
6. जोशी, श्रीपाद, (संपा.) (1999). अभिनव शब्दकोश (हिंदी-मराठी-हिंदी व मराठी-हिंदी) (दहावी आवृत्ती). पुणे— प्रगती बुक्स।

मराठी कोश

7. आपटे, वा. गो., (2014). विस्तारित शब्दरत्नाकर (चौथे पुनर्मुद्रण). पुणे— वरदा प्रकाशन।

अंग्रेजी कोश

8. Kelly, Michael, (Editor) (1998). Encyclopedia of Aesthetics (Volume—v) New york : Oxford University Press.

●●●